权威·前沿·原创

皮书系列为
"十二五""十三五"国家重点图书出版规划项目

中国社会科学院创新工程学术出版项目

文化蓝皮书

BLUE BOOK OF CHINA'S CULTURE

中国文化消费需求景气评价报告（2019）

ANNUAL EVALUATION REPORT ON CHINA'S CULTURAL CONSUMPTION DEMAND(2019)

主　编／王亚南
联合主编／张晓明　祁述裕　向　勇
副主编／刘　婷　赵　娟　魏海燕

社会科学文献出版社
SOCIAL SCIENCES ACADEMIC PRESS (CHINA)

图书在版编目(CIP)数据

中国文化消费需求景气评价报告.2019/王亚南主编.--北京：社会科学文献出版社，2019.3
（文化蓝皮书）
ISBN 978-7-5201-4396-7

Ⅰ.①中… Ⅱ.①王… Ⅲ.①文化生活-消费-顾客需求-研究报告-中国-2019 Ⅳ.①G124

中国版本图书馆CIP数据核字（2019）第036658号

文化蓝皮书
中国文化消费需求景气评价报告（2019）

主　　编／王亚南
联合主编／张晓明　祁述裕　向　勇
副 主 编／刘　婷　赵　娟　魏海燕

出 版 人／谢寿光
责任编辑／张　超

出　　版／社会科学文献出版社·皮书出版分社（010）59367127
　　　　　地址：北京市北三环中路甲29号院华龙大厦　邮编：100029
　　　　　网址：www.ssap.com.cn
发　　行／市场营销中心（010）59367081　59367083
印　　装／天津千鹤文化传播有限公司
规　　格／开　本：787mm×1092mm　1/16
　　　　　印　张：22　字　数：332千字
版　　次／2019年3月第1版　2019年3月第1次印刷
书　　号／ISBN 978-7-5201-4396-7
定　　价／108.00元

本书如有印装质量问题，请与读者服务中心（010-59367028）联系

▲ 版权所有 翻印必究

本项研究获得以下机构及其项目支持

中国社会科学院创新工程学术出版项目
中共云南省委宣传部云南省哲学社会科学创新工程
云南省社会科学院中国人文发展研究与评价重点实验室

发布机制	中国人文发展研究与评价实验室
合作单位	云南省社会科学院文化发展研究中心
	中国社会科学院中国文化研究中心
	国家行政学院社会和文化教研部
	北京大学文化产业研究院
	社会科学文献出版社
	光明日报文化产业研究中心
联盟单位	上海交通大学国家文化产业创新与发展研究基地
	武汉大学国家文化创新研究中心
	中国传媒大学文化产业研究院
顾　　问	王伟光　周文彰　赵　金
首席科学家	王亚南　张晓明　祁述裕　向　勇
学术委员会	（以姓氏笔画为序）

王亚南	王国华	毛少莹	尹　鸿	邓泳红
包霄林	边明社	朱　岚	向　勇	刘　巍
刘玉珠	齐勇锋	祁述裕	花　建	李　涛
李向民	李康化	杨　林	杨正权	何祖坤
宋建武	张晓明	张瑞才	陈少峰	范　周
金元浦	周庆山	孟　建	胡惠林	殷国俊
高书生	崔成泉	章建刚	傅才武	童　怀
谢寿光	蒯大申	熊澄宇		

主　　　编　王亚南

联 合 主 编　张晓明　祁述裕　向　勇

副 主 编　刘　婷　赵　娟　魏海燕

编　　　委　（以姓氏笔画为序）

方　彧（执行）　邓云斐（执行）　冯　瑞
曲晓燕　吴　敏　汪　洋（执行）
沈宗涛（执行）　张　超　袁春生（执行）
郭　娜（执行）　惠　鸣　温　源　谢青松
意　娜　窦志萍

撰　　　著

总 报 告　王亚南　刘　婷　方　彧

技 术 报 告　王亚南　方　彧

城乡排行报告　王亚南　赵　娟　梁自平

城镇排行报告　王亚南　陈勇强　魏海燕

乡村排行报告　王亚南　冯　瑞　魏海燕

子 报 告　（以文序排列）

张　林　刘　婷　袁春生　肖云鑫　赵　娟
马建宇　汪　洋　郭　娜　蒋坤洋　杨媛媛
宫　珏　邓云斐　李　雪　沈宗涛　张　戈
平金良　代　丽　秦瑞婧

主要编撰者简介

王亚南 云南省社会科学院研究员，文化发展研究中心主任，中国人文发展研究与评价实验室首席科学家，云南省中青年社会科学工作者协会会长。主要研究方向为民俗学、民族学及文化理论、文化战略和文化产业研究，主要学术贡献有：①1985年首次界定"口承文化"概念，随后完成系统研究，提出口承文化传统为人类社会的文明渊薮，成文史并非文明史起点；②1988年解析人生仪礼中"亲长身份晋升仪式"，指出中国传统"政亲合一"社会结构体制和"天赋亲权"社会权力观念；③1996年开始从事文化战略和文化产业研究，提出"高文化含量"的"人文经济"论述，概括出中心城市以外文化产业发展的"云南模式"；④1999年提出"现代中华民族是56个国内民族平等组成的国民共同体"和"中国是国内多民族的统一国家"论点，完成国家社会科学基金项目"中华统一国民共同体论"；⑤2006年以来致力于人文发展量化分析检测评价体系研创，相继主编撰著连年出版《中国文化消费需求景气评价报告》（2011年起）、《中国文化产业供需协调检测报告》（2013年起）、《中国公共文化投入增长测评报告》（2015年起）、《中国人民生活发展指数检测报告》（2016年起）、《中国民生消费需求景气评价报告》（2018年起）、《中国健康消费与公共卫生投入双检报告》（2018年起），新增《中国经济发展结构优化检测报告》（2019年）、《中国社会建设均衡发展检测报告》（2019年）。

刘　婷 云南省社会科学院民族文学研究所研究员，博士，美国威斯康星大学访问学者，云南省中青年学术与技术带头人后备人才，云南省社会科学院"民族文化保护与发展"研究创新团队首席专家,云南省社会科学院文化发展研究中心秘书长,云南省中青年社会科学工作者协会秘书长,中国西南民族研究学会灾害研究专业委员会秘书长,《云南文化发展蓝皮书》副主编。主要研究方向为文化人类学,代表作《民俗休闲文化论》(专著)、《休闲民俗与文化传承》(专著)、《中国西部民族文化通志·礼仪卷》(主编),主持国家社会科学基金一般项目"韧性理论视角下的哈尼族异地搬迁与社区重构研究"、西部项目"云南少数民族民俗文化保护的新思路",在《民族文学研究》、《西南民族大学学报》、《云南社会科学》、International Journal of Business Anthropology 等刊物发表论文数十篇。全程参与研创"中国人文发展量化分析检测评价系列",合作发表《面向协调增长的中国文化消费需求——"十五"以来分析与"十二五"测算》《中国文化产业未来十年发展空间——以扩大文化消费需求与共享为目标》《各省域文化产业未来十年增长空间——基于需求与共享的测算排行》等论文和研究报告,参与组织撰著"中国人文发展量化分析检测评价系列"年度报告,负责人员组织和撰稿统筹。

赵 娟 云南省社会科学院民族文学研究所副研究员,《云南文化发展蓝皮书》副主编,云南省中青年社会科学工作者协会秘书处主任。主要研究方向为古典文学、民族文化和文化产业研究,合著出版《经典阅读与现代生活》。全程参与研创"中国人文发展量化分析检测评价系列",合作发表《以国家统计标准分析各地文化产业发展成效》《中国文化产业未来十年发展空间——以扩大文化消费需求与共享为目标》《各省域文化产业未来十年增长空间——基于需求与共享的测算排行》等论文和研究报告,参与组织撰著"中国人文发展量化分析检测评价系列"年度报告,负责文稿统改。

方 彧 中国老龄科学研究中心副研究员,中国社会科学院博士。主要研究方向为口头传统、老龄文化和文化产业研究。全程参与研创"中国人文发展量化分析检测评价系列",合作发表《中国文化产业新十年路向——基于文化需求和共享的考量》《中国文化产业发展空间：4 万亿消费需求透析》《深化文化体制改革机制创新的若干现实问题透析》等论文和研究报告，参与组织撰著"中国人文发展量化分析检测评价系列"年度报告，负责文稿统改及英译审校。

摘　要

1997～2017年，全国城乡居民文教消费总量由2974.79亿元增至29695.31亿元，增加26720.52亿元，20年间总增长898.23%，年均增长12.19%。最高增长年度为2002年，增长率27.28%；最低增长年度为2008年，增长率4.10%。同期，全国城乡文教消费人均值由241.84元增至2141.91元，增加1900.07元，20年间总增长785.67%，年均增长11.52%。在此期间，31个省域城乡文教消费总量年均增长均超过10%，其中2个省域城乡年均增长超过15%；26个省域城乡文教消费人均值年均增长超过10%，其中无省域城乡年均增长超过15%。

2017年，全国城乡居民文教消费需求继续保持增长：总量增长9.93%，人均值增长9.31%。以人均值衡量，文教消费年度增长较明显低于产值增长，也略微低于城乡居民收入增长，但明显高于居民总消费增长，而显著低于居民积蓄增长。全国文教消费城乡比指数比上年缩小1.38%，地区差指数比上年缩小0.38%。城乡差距、地区差距正是我国"不平衡不充分的发展"最具代表性的方面。

各省域城乡综合文教消费需求景气评价排行结果：城乡、地区无差距理想值横向测评，湖南、贵州、黑龙江、辽宁、内蒙古为"2017年度城乡景气指数排名"前5位；历年各地自身基数值纵向测评，西藏、江苏、青海、贵州、宁夏为"1997～2017年城乡景气指数提升"前5位；贵州、云南、河南、安徽、宁夏为"2002～2017年城乡景气指数提升"前5位；贵州、云南、宁夏、广西、青海为"2007～2017年城乡景气指数提升"前5位；西藏、贵州、海南、湖南、广西为"2012～2017年城乡景气指数提升"前5位；西藏、四川、湖南、重庆、黑龙江为"2016～2017年城乡景气指数提升"前5位。

目 录

Ⅰ 总报告

B.1 中国城乡文化教育消费需求景气总体评价
——20年以来分析与2017年度测评
……………………………… 王亚南 刘 婷 方 彧 / 001
一 全国城乡文化教育消费需求增长态势 ……………… / 002
二 全国城乡文化教育消费相关背景情况 ……………… / 007
三 全国文化教育消费城乡、区域协调状况 …………… / 013
四 全国城乡文化教育消费需求景气指数测评 ………… / 018

Ⅱ 技术报告与综合分析

B.2 中国文化消费需求景气评价体系技术报告
——兼析1997~2017年文化民生需求态势
……………………………………… 王亚南 方 彧 / 022

B.3 全国省域城乡文化教育消费需求景气评价排行
——1997~2017年测评与2020年预测
………………………………… 王亚南 赵 娟 梁自平 / 054

001

B.4 全国省域城镇文化教育消费需求景气评价排行
　　——1997~2017年测评与2020年预测
　　……………………………… 王亚南　陈勇强　魏海燕 / 085

B.5 全国省域乡村文化教育消费需求景气评价排行
　　——1997~2017年测评与2020年预测
　　……………………………… 王亚南　冯　瑞　魏海燕 / 113

Ⅲ 省域城乡报告

B.6 湖南：2017年度城乡景气指数排名第1位 ……………… 张　林 / 141
B.7 西藏：1999~2017年城乡景气指数提升第1位 ………… 刘　婷 / 151
B.8 贵州：2002~2017年城乡景气指数提升第1位 ………… 袁春生 / 160
B.9 江苏：1997~2017年城乡景气指数提升第2位 ………… 肖云鑫 / 170
B.10 黑龙江：2017年度城乡景气指数排名第3位 …………… 赵　娟 / 180
B.11 重庆：2016~2017年城乡景气指数提升第4位 ………… 马建宇 / 189

Ⅳ 省域城镇报告

B.12 安徽：2002~2017年城镇景气指数提升第1位 ………… 汪　洋 / 198
B.13 云南：2007~2017年城镇景气指数提升第1位 ………… 郭　娜 / 208
B.14 辽宁：2017年度城镇景气指数排名第3位 ……………… 蒋坤洋 / 218
B.15 宁夏：2007~2017年城镇景气指数提升第3位 ………… 杨媛媛 / 227
B.16 海南：2012~2017年城镇景气指数提升第3位 ………… 宫　珏 / 237
B.17 上海：2017年度城镇景气指数排名第9位 ……………… 邓云斐 / 247

Ⅴ 省域乡村报告

B.18 四川：2016~2017年乡村景气指数提升第1位 ………… 李　雪 / 257

B.19　广西：2007～2017年乡村景气指数提升第3位 ………… 沈宗涛 / 267

B.20　广东：2007～2017年乡村景气指数提升第6位 ………… 张　戈 / 277

B.21　山东：2016～2017年乡村景气指数提升第6位 ………… 平金良 / 286

B.22　湖北：2016～2017年乡村景气指数提升第7位 ………… 代　丽 / 296

B.23　天津：2007～2017年乡村景气指数提升第11位 ……… 秦瑞婧 / 306

Abstract ……………………………………………………………… / 316

Contents ……………………………………………………………… / 318

皮书数据库阅读**使用指南**

总 报 告
General Report

B.1
中国城乡文化教育消费需求景气总体评价
——20年以来分析与2017年度测评

王亚南 刘 婷 方 或*

摘 要： 2017年，全国城乡居民文教消费需求继续保持增长：总量增长9.93%，达到29695.31亿元；人均值增长9.31%，达到2141.91元。以人均值衡量，文教消费年度增长较明显低于产值增长，也略微低于城乡居民收入增长，但明显高于居民总消费增长，而显著低于居民积蓄增长。全国文教消费城乡比指数比上年缩小1.38%，地区差指数比上年缩小0.38%。

---

* 王亚南，云南省社会科学院研究员，文化发展研究中心主任，主要研究方向为民俗学、民族学及文化理论、文化战略和文化产业研究；刘婷，云南省社会科学院民族文学研究所研究员，博士，主要研究方向为文化人类学；方或，中国老龄科学研究中心副研究员，中国社会科学院博士，主要研究方向为口头传统、老龄文化和文化产业研究。

城乡差距、地区差距正是我国"不平衡不充分的发展"最具代表性的方面。2017年全国总体城乡综合景气指数测算：1997年以来20年纵向测评、2002年以来15年纵向测评、2007年以来10年纵向测评、2012年以来5年纵向测评显著高于基数值，一年以来纵向测评略微高于基数值；城乡、地区无差距年度横向测评明显低于理想值，主要原因在于城乡差距、地区差距仍持续存在。

关键词： 全国城乡　文教消费　景气评价　综合测评

在"以人民为中心"的发展思想指导下，"全面建成小康社会"应当用民生指标来衡量，"全面小康"建设进程中的文化发展目标也必须落实在自身的"出发点和落脚点"之上。本文分析了20年以来全国城乡居民文教消费需求增长总体态势，检测了2017年度全国城乡文教消费需求景气总体状况，对文化民生需求发展动态进行检验。这既是全国城乡文教消费需求景气状况总体评价，又为各地城乡文教消费需求景气评价排行提供演算基准。至于近期年度转为文化教育消费综合检测，详见本书技术报告相关说明。

一　全国城乡文化教育消费需求增长态势

文教消费需求总量是文化产业生产总量实际进入居民日常生活消费的具体表现，也是文化建设和文化生产的发展成果实际转化为人民群众文教消费需求的具体体现。全国城乡文教消费需求总量增长状况可以提供一种宏观视角，有利于把握城乡总体态势，本文分析测算从全国城乡文教消费总量增长开始。

（一）城乡文化教育消费总量增长态势

1997~2017年全国城乡文教消费需求总量增长态势见图1，其中包含城乡综合、城镇与乡村单行三个层面的文教消费需求总量增长态势。城镇与乡村之和即为城乡综合总量，二者相互对应共同构成全国总体格局，有必要放在一起进行对比分析。

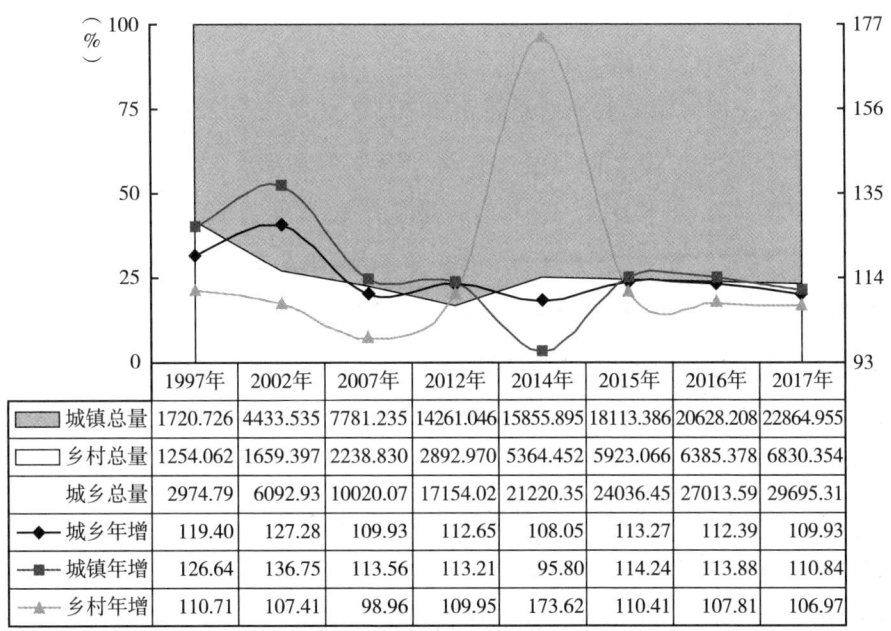

图1 全国城乡文教消费需求总量增长态势

左轴面积：城镇与乡村文教消费总量（亿元转换为%），城乡间变动呈比例关系，二者（保留3位小数避免合计值小数误差）之和为城乡总量。右轴曲线：城乡（附城镇、乡村）年度增长指数（上年＝100，小于100为负增长）。数据演算依据为国家统计局《中国统计年鉴》相应年卷，图中前几个五年时段末年对接，文中描述增长变化包括省略年度，全书同。

图1将全国城镇与乡村文教消费总量绝对值转换为图形面积直观比例，同时展示出1997年以来城乡之间的增长互动关系，二者增长指数曲线之间的第三条曲线即为城乡综合增长指数。

1997~2017年，全国城乡居民文教消费总量由2974.79亿元增至29695.31亿元，增加26720.52亿元，20年间总增长898.23%，年均增长12.19%。最高增长年度为2002年，增长率为27.28%；最低增长年度为2008年，增长率为4.10%。其中，第一个五年（1997~2002年，后同）年均增长15.42%，第二个五年（2002～2007年，后同）年均增长10.46%，第三个五年（2007～2012年，后同）年均增长11.35%，第四个五年（2012～2017年，后同）年均增长11.60%。各五年时段城乡总量值增长比较，第四个五年年均增幅低于第一个五年3.82个百分点，但高于第二个五年1.14个百分点，也高于第三个五年0.25个百分点。①

同期，全国城镇文教消费总量由1720.73亿元增至22864.95亿元，增加21144.22亿元，20年间总增长1228.79%，年均增长13.81%。最高增长年度为2002年，增长率为36.75%；最低增长年度为2014年，增长率为-4.20%。其中，第一个五年年均增长20.84%，第二个五年年均增长11.91%，第三个五年年均增长12.88%，第四个五年年均增长9.90%。各五年时段城镇总量值增长比较，第四个五年年均增幅低于第一个五年10.94个百分点，亦低于第二个五年2.01个百分点，也低于第三个五年2.98个百分点。

同时，全国乡村文教消费总量由1254.06亿元增至6830.35亿元，增加5576.29亿元，20年间总增长444.66%，年均增长8.84%。最高增长年度为2014年，增长率为73.62%；最低增长年度为2007年，增长率为-1.04%。其中，第一个五年年均增长5.76%，第二个五年年均增长6.17%，第三个五年年均增长5.26%，第四个五年年均增长18.75%。各五年时段乡村总量值增长比较，第四个五年年均增幅高于第一个五年12.99个百分点，亦高于第二个五年12.58个百分点，也高于第三个五年13.49个百分点。

全国城乡之间文教消费总量增长比较，第一个五年，城镇总量增长为乡村总量增长的487.78%，城镇年均增幅高出乡村15.08个百分点；第二个五年，城镇总量增长为乡村总量增长的216.24%，城镇年均增幅高出乡村5.74个百分点；第三个五年，城镇总量增长为乡村总量增长的285.01%，城镇年均增幅高出乡村7.62个百分点；第四个五年，城镇总量增长为乡村

---

① 本项检测演算数据库每一次运算均无限保留小数，难免会与按稿面两位小数演算产生的小数有出入，此属机器比人工精细之处，并非误差。全书同。

总量增长的44.33%，城镇年均增幅低于乡村8.85个百分点。全国城乡之间文教消费需求总量增长差距长期显著扩大，近几年乡村总量增幅超越城镇，城乡增长差距转而缩小。

20年以来，全国城镇总量增长为乡村总量增长的276.34%，城镇年均增幅高出乡村4.97个百分点。这或许表明，全国乡村文教消费需求总量增长乏力。图1中城乡两条增长曲线大体呈现横向镜面峰谷对应关系，取2007~2017年数据进行相关性分析，城乡之间总量增长相关系数为-0.9057，即二者历年增长在90.57%程度上形成逆向互动，此方增长幅度提升10%，彼方增长幅度跌降9.06%，反之亦然。不过，全国城镇与乡村之间增长不平衡程度究竟如何，还需要排除其间城市（镇）化进程带来的人口分布变化因素，以城镇与乡村人均值增长态势加以精确衡量。

（二）城乡人均文化教育消费增长态势

全国人均数值无疑不会受到城市（镇）化进程带来城乡人口分布变化的影响，有利于在前后时间阶段之间、在城镇与乡村之间进行比较。1997~2017年全国城乡人均文教消费需求增长态势见图2。

图2展示出1997年以来全国城乡人均文教消费历年绝对值变化态势，同时展示出城乡综合、城镇与乡村单行三个层面的人均文教消费增长指数。

1997~2017年，全国城乡人均文教消费由241.84元增至2141.91元，增加1900.07元，20年间总增长785.67%，年均增长11.52%。最高增长年度为2002年，增长率为26.43%；最低增长年度为2008年，增长率为3.57%。其中，第一个五年年均增长14.50%，第二个五年年均增长9.83%，第三个五年年均增长10.81%，第四个五年年均增长11.02%。各五年时段城乡人均值增长比较，第四个五年年均增幅低于第一个五年3.48个百分点，但高于第二个五年1.19个百分点，也高于第三个五年0.21个百分点。

同期，全国城镇人均文教消费20年间总增长534.87%，年均增长9.68%。最高增长年度为2002年，增长率为30.77%；最低增长年度为2014年，增长率为-6.61%。其中，第一个五年年均增长15.01%，第二个

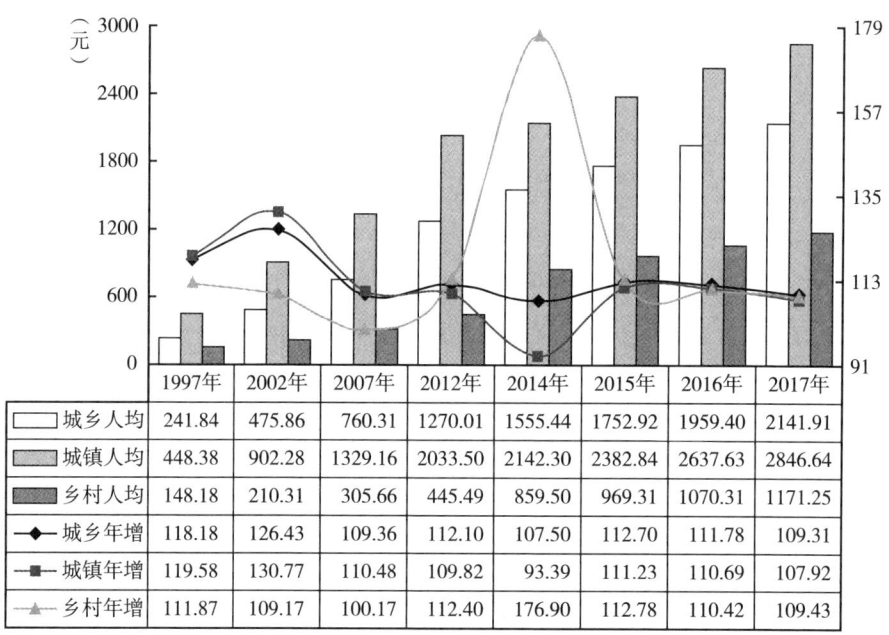

图 2　全国城乡人均文教消费需求增长态势

左轴柱形：城乡（左）、城镇（中）、乡村（右）文教消费人均值（元）。右轴曲线：城乡、城镇、乡村人均值年度增长指数（上年 = 100，小于 100 为负增长）。另需说明，近年来年鉴始发布 2014 年以来城乡人均值数据，与总量数据之间存在演算误差，对应年鉴同时发布的产值人均值和总量分别演算的文教消费率有出入，本文恢复采用自行演算城乡人均值，后同。

五年年均增长 8.06%，第三个五年年均增长 8.88%，第四个五年年均增长 6.96%。各五年时段城镇人均值增长比较，第四个五年年均增幅低于第一个五年 8.05 个百分点，亦低于第二个五年 1.10 个百分点，也低于第三个五年 1.92 个百分点。

同时，全国乡村人均文教消费 20 年间总增长 690.42%，年均增长 10.89%。最高增长年度为 2014 年，增长率为 76.90%；最低增长年度为 2007 年，增长率为 0.17%。其中，第一个五年年均增长 7.25%，第二个五年年均增长 7.76%，第三个五年年均增长 7.83%，第四个五年年均增长 21.33%。各五年时段乡村人均值增长比较，第四个五年年均增幅高于第一个五年 14.08 个百分点，亦高于第二个五年 13.57 个百分点，也高于第三个五年13.50个百分点。

全国城乡之间文教消费人均值增长比较，第一个五年，城镇人均值总增长为乡村人均值增长的241.43%，城镇年均增幅高出乡村7.76个百分点；第二个五年，城镇人均值总增长为乡村人均值增长的104.34%，城镇年均增幅高出乡村0.30个百分点；第三个五年，城镇人均值总增长为乡村人均值增长的115.83%，城镇年均增幅高出乡村1.05个百分点；第四个五年，城镇人均值总增长为乡村人均值增长的24.55%，城镇年均增幅低于乡村14.37个百分点。全国城乡之间文教消费人均值增长差距长期持续扩大，近几年乡村人均值增长超越城镇，城乡增长差距明显缩小。

20年以来，城镇人均值总增长为乡村人均值增长的77.47%，城镇年均增幅低于乡村1.21个百分点，前后对比城乡差距总体呈现为缩小。然而不能忽视，城镇与乡村之间长期增长失衡，原因确实在于乡村增长明显乏力。不过，即便在前三个五年时段，城镇与乡村人均值增长差距也没有总量增长差距那样巨大。同样取2007~2017年数据进行相关性分析，城乡之间人均值增长相关系数为-0.9003，即二者历年增长在90.03%的程度上形成逆向互动，城乡增长非均衡性程度极高。

前后时段之间、城镇与乡村之间人均绝对值及其增长比较只是一种初级的比较，还需要把全国城乡人均文教消费需求增长放到经济增长（取人均产值来体现）、民生增进（取人均收入、总消费和积蓄来体现）背景当中，这样才具有更加令人信服的可比性。这就是本项评价体系构思并设置其他各项测评指标的事实根据和数理依据所在。

二 全国城乡文化教育消费相关背景情况

（一）文化教育消费与经济社会基本面关系态势

全国城乡总体分析是全面展开各地城乡文教消费需求景气评价排行的基础，相关经济、社会背景因素透析理应从全国开始。1997~2017年全国人均产值与城乡人均收入、消费（本项研究划分为非文消费与文教消费两个部分）、积蓄关系态势见图3。

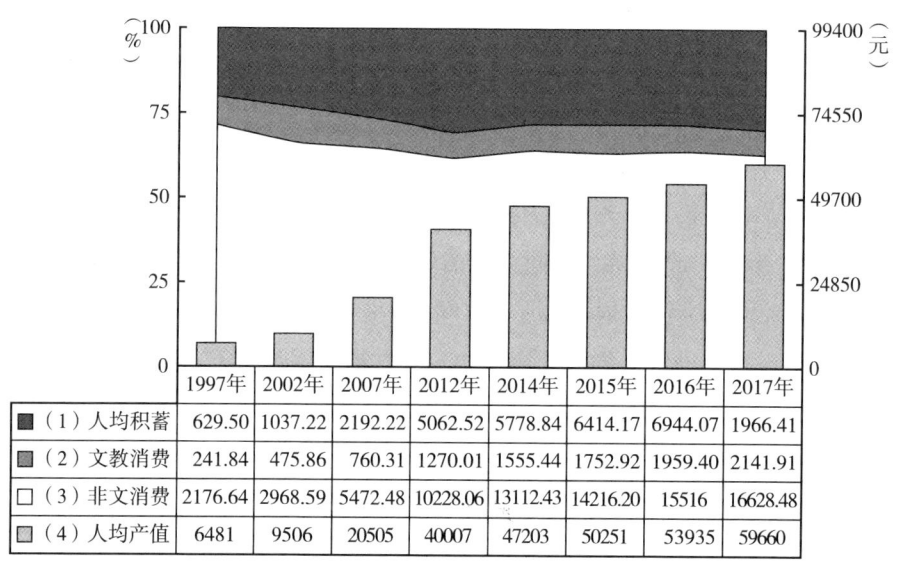

图3 全国人均产值与城乡人均收入、消费、积蓄关系态势

左轴面积：城乡人均积蓄、文教消费、非文消费（元转换为%），（1）+（2）+（3）= 人均收入，（2）+（3）= 人均总消费，（1）+（2）= 人均非文消费剩余（亦即居民收入与文教消费之差），各项数值变动呈比例关系。右轴柱形：人均产值（元），2016年产值数据按历年惯例据《中国统计年鉴》2018年卷校订。

图3将1997年以来城乡人均收入、消费与积蓄各项绝对值转换为图形面积比例，直观地表现出全国城乡文教消费需求与其经济、社会背景因素协同增长的相互关系态势。通过图3里各类数值演算，可以清楚地得出以下结论。

第一个五年，全国人均产值年均增长7.96%，城乡人均收入年均增长8.02%，总消费年均增长7.33%，积蓄年均增长10.50%，文教消费年均增长14.50%。城乡人均文教消费年均增长幅度极显著高于同期人均产值年均增幅6.54个百分点，极显著高于城乡人均收入年均增幅6.48个百分点，极显著高于总消费年均增幅7.17个百分点，显著高于积蓄年均增幅4.00个百分点。此间，全国城乡文教消费需求出现明显提升态势，恰好对应了中国逐步实现"基本小康"建设目标、民众精神文化需求上升的社会背景。

第二个五年，全国人均产值年均增长16.62%，城乡人均收入年均增长13.46%，总消费年均增长12.59%，积蓄年均增长16.15%，文教消费年均增长9.83%。城乡人均文教消费年均增长幅度极显著低于同期人均产值年均增幅6.79个百分点，显著低于城乡人均收入年均增幅3.63个百分点，明显低于总消费年均增幅2.76个百分点，显著低于积蓄年均增幅6.32个百分点。此间，全国城乡文教消费需求高涨得以充分显现，正对应和反映了中国文化产业蓬勃发展、文化建设掀起高潮的社会背景。

第三个五年，全国人均产值年均增长14.30%，城乡人均收入年均增长14.47%，总消费年均增长13.03%，积蓄年均增长18.22%，文教消费年均增长10.81%。城乡人均文教消费年均增长幅度显著低于同期人均产值年均增幅3.49个百分点，显著低于城乡人均收入年均增幅3.66个百分点，明显低于总消费年均增幅2.22个百分点，极显著低于积蓄年均增幅7.41个百分点。此间，在人均产值、居民人均收入和总消费年均增幅均明显提高，而人均积蓄年均增幅更显著提高的情况下，人均文教消费年均增幅却明显降低。社会背景原因在于：面临国内物价上涨与国际金融危机夹击，我国社会保障体系建设滞后的问题显露，民众为"自我保障"而抑制消费加大积蓄，"非必需"精神文化消费首先受到挤压。

第四个五年，全国人均产值年均增长8.32%，城乡人均收入年均增长10.05%，总消费年均增长10.30%，积蓄年均增长9.49%，文教消费年均增长11.02%。城乡人均文教消费年均增长幅度明显高于同期人均产值年均增幅2.70个百分点，较明显高于城乡人均收入年均增幅0.97个百分点，略微高于总消费年均增幅0.72个百分点，较明显高于积蓄年均增幅1.53个百分点。此间，"拉动内需，扩大消费，改善民生"的国策发挥作用，"十二五"规划"保证居民收入增长与经济发展同步"的约束性指标产生效果，全国城乡文教消费需求增长出现明显回升。

1997~2017年贯通起来，全国人均产值年均增长11.74%，城乡人均收入年均增长11.47%，总消费年均增长10.79%，积蓄年均增长13.53%，文教消费年均增长11.52%。城乡人均文教消费年均增长幅度略微低于同期人均产值年均增幅0.22个百分点,略微高于城乡人均收入年均增幅0.05个百分点,略微高于总消费年均增幅0.73个百分点,明显低于积蓄年均增幅2.01个百分点。

20年以来考察,全国城乡文教消费需求增长滞后于经济发展,领先于城乡收入增长,领先于城乡总消费增长,但受到城乡积蓄增长的一定挤压。其间,第四个五年各方面"增长协调性"状况明显好于第三个五年,亦明显好于第二个五年,而较明显不及第一个五年。

在全国城乡人均文教消费需求与其相关背景因素增长关系综合分析的基础之上,至此就可以按照本项评价体系设定的指标系统,进一步展开城乡文教消费相关增率比变化带来的各项相关性比值测算。

(二)文化教育消费相关性比值变动态势

1997~2017年全国城乡文教消费相关性比值变动态势见图4。

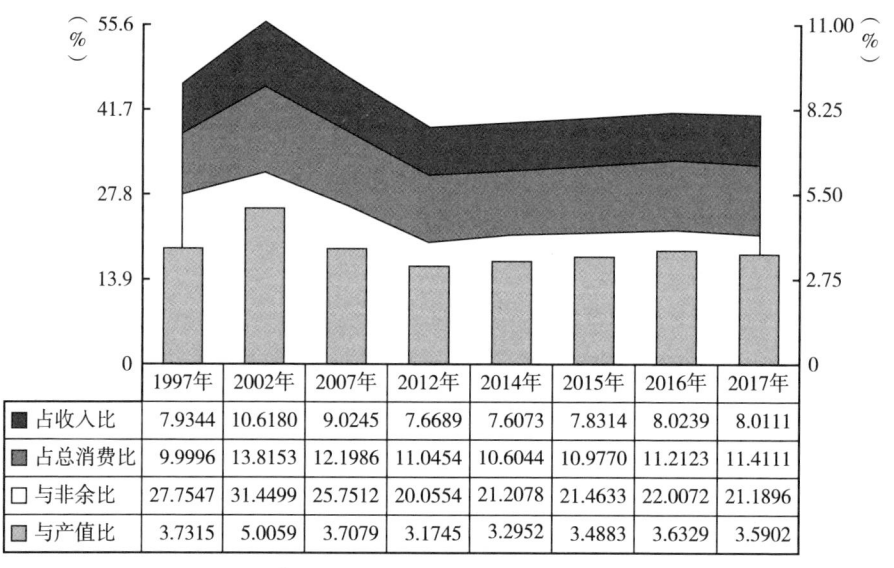

图4 全国城乡文教消费相关性比值变动态势

左轴面积:城乡人均文教消费占收入比(文教消费比)、占总消费比(文教消费比重)、与非文消费剩余(简称"非余")比(%),各项比值历年升降呈直观比例。右轴柱形:城乡人均文教消费与产值比(文教消费率)(%)。保留4位小数以便精确演算各项比值变化。

1. 文化教育消费与产值关系变化状况

1997~2017年，全国城乡文教消费与产值比（文教消费率）由3.73%下降至3.59%，降低0.14个百分点。其间，此项比值在1997~2000年、2002年、2009年、2012~2013年、2015~2016年10个年度出现增高，其余11个年度为降低。最高比值为2002年的5.01%，最低比值为2011年的3.11%，总体上呈现下降态势。

分阶段考察全国城乡此项比值变化动态，第一个五年前后（1997年与2002年）对比，提高1.27个百分点；第二个五年前后（2002年与2007年）对比，降低1.30个百分点；第三个五年前后（2007年与2012年）对比，降低0.53个百分点。各五年时段全国城乡此项比值升降变动，第二个五年显著逊于第一个五年，第三个五年则明显好于第二个五年。

第四个五年前后（2012年与2017年）对比，全国城乡此项比值提高0.42个百分点，文教消费需求增长与经济发展的协调性逆转明显上升。

2. 文化教育消费与收入关系变化状况

1997~2017年，全国城乡文教消费占居民收入比（文教消费比）由7.93%上升至8.01%，升高0.08个百分点。其间，此项比值在1997~2002年、2013年、2015~2016年9个年度出现增高，其余12个年度为降低。最高比值为2002年的10.62%，最低比值为2014年的7.61%，总体上呈现上升态势。

分阶段考察全国城乡此项比值变化动态，第一个五年前后（1997年与2002年）对比，提高2.68个百分点；第二个五年前后（2002年与2007年）对比，降低1.59个百分点；第三个五年前后（2007年与2012年）对比，降低1.36个百分点。各五年时段全国城乡此项比值升降变动，第二个五年显著逊于第一个五年，第三个五年则较明显好于第二个五年。

第四个五年前后（2012年与2017年）对比，全国城乡此项比值提高0.34个百分点，文教消费需求增长与居民收入增高的协调性逆转明显上升。

3. 文化教育消费与总消费关系变化状况

1997~2017年，全国城乡文教消费占居民总消费比（文教消费比重）由10.00%上升至11.41%，升高1.41个百分点。其间，此项比值在1997~2002年、2010年、2013年、2015~2017年11个年度出现增高，其余10个年度为降低。最高比值为2002年的13.82%，最低比值为1997年的10.00%，总体上呈现上升态势。

分阶段考察全国城乡此项比值变化动态，第一个五年前后（1997年与2002年）对比，提高3.82个百分点；第二个五年前后（2002年与2007年）对比，降低1.62个百分点；第三个五年前后（2007年与2012年）对比，降低1.15个百分点。各五年时段全国城乡此项比值升降变动，第二个五年显著逊于第一个五年，第三个五年则明显好于第二个五年。

第四个五年前后（2012年与2017年）对比，全国城乡此项比值提高0.37个百分点，文教消费需求增长与居民总消费增加的协调性逆转明显上升。

4. 文化教育消费与非文消费剩余关系变化状况

1997~2017年，全国城乡文教消费与非文消费剩余比由27.75%下降至21.19%，降低6.56个百分点。其间，此项比值在2000年、2002年、2005年、2009年、2014~2016年7个年度出现增高，其余14个年度为降低。最高比值为2002年的31.45%，最低比值为2013年的19.93%，总体上呈现下降态势。

分阶段考察全国城乡此项比值变化动态，第一个五年前后（1997年与2002年）对比，提高3.70个百分点；第二个五年前后（2002年与2007年）对比，降低5.70个百分点；第三个五年前后（2007年与2012年）对比，降低5.70个百分点。各五年时段全国城乡此项比值升降变动，第二个五年显著逊于第一个五年，第三个五年则略微好于第二个五年。

第四个五年前后（2012年与2017年）对比，全国城乡此项比值提高1.13个百分点，文教消费需求增长与居民必需消费之外余钱增多的协调性逆转明显上升。

全国城乡文教消费需求背景的相关性比值分析表明，在城乡文教消费需求增长与全国经济发展、城乡民生进步的协调性关系中，1997～2017年文教消费占收入比、占总消费比呈上升态势，与产值比、与非文消费剩余比呈下降态势。其中，第一个五年各项比值全面呈现显著的提升态势；第二个五年各项比值全面呈现显著的下降态势；第三个五年各项比值全面呈现显著的下降态势；第四个五年各项比值全面呈现较明显的提升态势。

三 全国文化教育消费城乡、区域协调状况

检测城镇与乡村之间文教消费需求的协调增长，同时也检测地区之间城乡文教消费需求的协调增长，这是本项研究评价的独到设计。至此再把全国城乡文教消费需求增长放到城乡之间、地区之间协调增长背景当中，同样可以看出具有可比性的状况和具有警示性的动向，有利于进一步展开分析评价。1997～2017年全国人均文教消费城乡比、城乡地区差变动态势见图5。

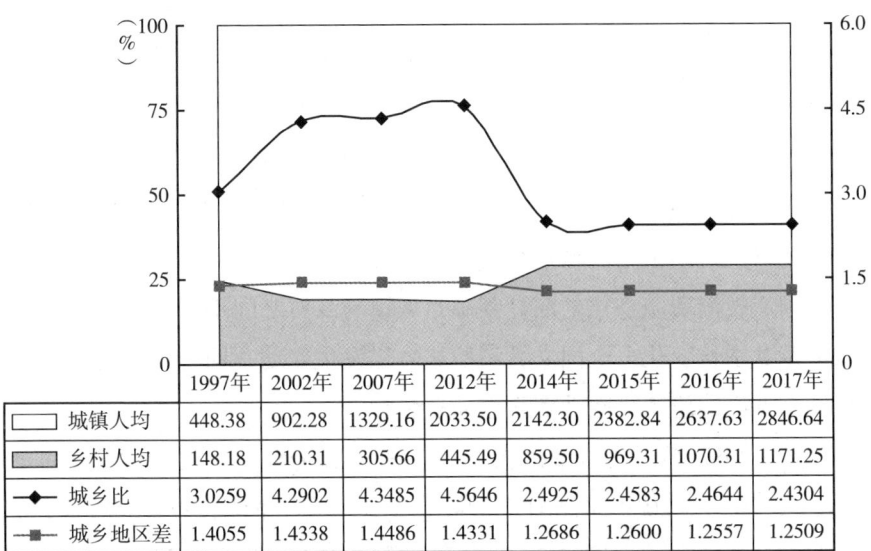

图5 全国人均文教消费城乡比、地区差变动态势

左轴面积：城镇、乡村人均文教消费（元转换为%），城乡间变动呈比例关系。右轴曲线：文教消费城乡比（乡村=1），城乡文教消费地区差（无差距=1）。

（一）文化教育消费城乡比扩减态势

1997~2017年全国人均文教消费城乡比由3.0259缩小至2.4304，较明显缩小19.68%。其间，文教消费城乡比在2000年、2003年、2005年、2008年、2012年、2014~2015年、2017年8个年度出现缩减，其余13个年度为扩增。最小城乡比为2017年的2.4304，最大城乡比为2013年的4.7213，总体上呈现缩小态势。

分阶段考察全国人均文教消费城乡比变化动态，第一个五年前后（1997年与2002年）对比，扩大41.78%；第二个五年前后（2002年与2007年）对比，扩大1.36%；第三个五年前后（2007年与2012年）对比，扩大4.97%；第四个五年前后（2012年与2017年）对比，缩小46.76%。全国人均文教消费城乡比在第一个五年极显著扩大，第二个五年略微扩大，第三个五年略微扩大，第四个五年极显著缩小。

特别需要注意其间的社会背景：近十年来，中央将解决"三农"问题列为重中之重，1999~2011年农村税费改革在各地分层推进，直至彻底免除数千年来的农业税；2004年以来连年出台涉农"一号文件"，以求推动全国及各地乡村加快发展。然而，在此期间，全国人均文教消费城乡比却"逆动"显著扩大，并多年持续，近几年才明显缓解，不得不让人感到震惊。众多中心城市决意实施"国际赶超"战略，其建设发展具有更大的加速度，无形中折损了全国城乡均衡发展的应有成效。

全国文教消费城乡比的演算基础是城镇与乡村之间不同的人均文教消费绝对值及其增长变化。全国文教消费城乡比发生变动，同时受到全国城镇与乡村两个方面的历年文教消费需求动态影响。

1997~2017年，全国城镇人均文教消费由448.38元增至2846.64元，增加2398.26元，20年间总增长534.87%，年均增长9.68%；乡村人均文教消费由148.18元增至1171.25元，增加1023.07元，20年间总增长690.42%，年均增长10.89%。20年以来，全国城镇人均文教消费需求年均增长低于乡村年均增长1.21个百分点，乡村年均增长幅度为城镇年均增幅的112.50%，导致文教消费城乡比略微缩小。

分阶段考察，第一个五年，全国城镇人均文教消费总增长101.23%，年均增长15.01%；乡村人均文教消费总增长41.93%，年均增长7.25%。乡村年均增长幅度低于城镇年均增幅7.76个百分点，文教消费城乡比极显著扩大。

第二个五年，全国城镇人均文教消费总增长47.31%，年均增长8.06%；乡村人均文教消费总增长45.34%，年均增长7.76%。乡村年均增长幅度低于城镇年均增幅0.30个百分点，文教消费城乡比略微扩大。

第三个五年，全国城镇人均文教消费总增长52.99%，年均增长8.88%；乡村人均文教消费总增长45.75%，年均增长7.83%。乡村年均增长幅度低于城镇年均增幅1.05个百分点，文教消费城乡比略微扩大。

第四个五年，全国城镇人均文教消费总增长39.99%，年均增长6.96%；乡村人均文教消费总增长162.91%，年均增长21.33%。乡村年均增长幅度高于城镇年均增幅14.37个百分点，文教消费城乡比极显著缩小。

（二）城乡文化教育消费地区差扩减态势

1997~2017年全国城乡人均文教消费地区差由1.4055缩小至1.2509，较明显缩小11.00%。其间，城乡人均文教消费地区差在1997~1998年、2003年、2005年、2007年、2010~2017年13个年度出现缩减，其余8个年度为扩增。最小地区差为2017年的1.2509，最大地区差为2009年的1.4596，总体上呈现逐渐缩小态势。

分阶段考察全国城乡人均文教消费地区差变化动态，第一个五年前后（1997年与2002年）对比，扩大2.01%；第二个五年前后（2002年与2007年）对比，扩大1.03%；第三个五年前后（2007年与2012年）对比，缩小1.07%；第四个五年前后（2012年与2017年）对比，缩小12.71%。全国城乡人均文教消费地区差在第一个五年略微扩大，第二个五年略微扩大，第三个五年略微缩小，第四个五年较明显缩小。

同样特别需要注意其间的社会背景：从1999年开始，国家相继实施西部大开发、东北老工业基地振兴、中部崛起几大区域发展战略,力图促进这些地区的发展赶上东部。然而,在此期间,全国城乡人均文教消费地区差却"逆动"逐渐扩大,并多年持续,近几年才转而缩小,不能不令人感到意外。东部若干省市争相实行"率先现代化"战略,其建设发展抢占更为有利的先机,无形中折损了全国区域均衡发展的应有成效。

全国城乡文教消费地区差发生变动,同时受到全国及31个省域城乡文教消费需求历年增长动态影响。全国城乡人均文教消费地区差扩大,意味着较多省域城乡人均文教消费需求与全国城乡总体平均水平相比,分别趋于偏高或偏低的两极分化。

城乡文教消费地区差的扩减变化尽管不如文教消费城乡比的扩减变化那样明显,但同样值得加以关注。事实上,国家"十二五"规划注重"增强城乡区域发展的协调性",相应推进一系列"综合治理"措施,已经开始看到成效:进入"十二五"之后,全国文教消费城乡比多年扩大之势得以逆转,文教消费地区差也转而缩小,这些都是颇为有益的动向。

全国居民文教消费城乡比、地区差不过是各地既有城乡比、地区差的集中反映,而历史遗留的各方面既有城乡差距、地区差距还比较大,构成中国"非均衡性"社会结构体制鸿沟。为了全面揭示当前各地此项城乡差距、地区差距现实状况,特附各地居民文教消费城乡比、地区差对比,见图6。各地城镇、乡村数值形成直观比例体现城乡差距,城乡综合数值形成直观比例体现地区差距。

我国"不平衡不充分的发展"大至整个民生消费需求领域,小至精神文化消费需求领域,都有十分明显的反映。其中文教消费人均值城乡综合演算首位上海为4615.38元,末位西藏为482.06元,前者是后者的9.57倍,此即区域间两地对比最大差距;城镇首位上海为5087.20元,乡村末位西藏为238.58元,前者是后者的21.32倍,此即城乡间两极对比最大差距。在"全面小康"建设进程目标年2020年为期不远之际,眼下这样一种全国纵向城乡之间、横向区域之间的双重"非均衡性"格局确实需要改变。

■ 城乡人均值　■ 城镇人均值　□ 乡村人均值

地区	城乡人均值	城镇人均值	乡村人均值
内蒙古（1.6091/1.0521）	2253.49	2636.70	1638.59
黑龙江（1.6809/1.1073）	1912.06	2289.51	1362.11
湖北（1.8193/1.0800）	1970.64	2420.90	1330.67
海南（1.8682/1.1626）	1793.60	2236.15	1196.98
吉林（1.8774/1.0914）	1946.05	2445.36	1302.54
广西（1.9076/1.2409）	1625.86	2151.53	1127.87
重庆（2.0620/1.0424）	2051.10	2528.46	1226.21
福建（2.1143/1.0593）	2014.92	2483.46	1174.58
河北（2.1424/1.2335）	1641.68	2172.67	1014.12
河南（2.1614/1.2434）	1620.62	2226.94	1030.30
宁夏（2.1691/1.0559）	2022.23	2629.71	1212.38
安徽（2.2068/1.1787）	1759.18	2372.22	1074.96
浙江（2.2133/1.3511）	2893.83	3521.10	1590.87
天津（2.2178/1.2604）	2699.75	2978.98	1343.22
江西（2.2263/1.2217）	1667.15	2235.36	1004.08
云南（2.2637/1.2301）	1648.96	2363.14	1043.95
山西（2.2706/1.0941）	1940.37	2559.43	1127.20
山东（2.2986/1.0537）	2026.91	2622.47	1140.90
贵州（2.3083/1.1217）	1881.24	2731.29	1183.26
湖南（2.3230/1.3656）	2925.03	3972.95	1710.23
甘肃（2.3566/1.2494）	1607.74	2341.92	993.75
江苏（2.3789/1.3144）	2815.31	3450.50	1450.46
陕西（2.4178/1.0926）	1943.47	2617.89	1082.76
全国（2.4304/1.2509）	2141.91	2846.64	1171.25
辽宁（2.4435/1.1931）	2555.45	3164.29	1294.97
四川（2.6211/1.2834）	1534.83	2221.90	847.71
广东（2.7693/1.2348）	2644.87	3284.28	1185.96
青海（2.8183/1.1825）	1751.05	2528.25	897.08
北京（3.2922/1.8295）	3918.62	4325.16	1313.75
新疆（3.5179/1.2216）	1667.21	2629.49	747.46
上海（4.1706/2.1548）	4615.38	5087.20	1219.79
西藏（4.3759/1.7749）	482.06	1043.98	238.58

图6　2017年各地居民文教消费城乡比、地区差对比

坐标轴：各地地名附居民文教消费城乡比（左，乡村=1，城镇=乡村倍差值，例如西藏城镇人均值为乡村4.3759倍），地区差（右，无差距=1，以全国人均值为基准1衡量，上海人均值向上偏差115.48%，西藏人均值向下偏差77.49%，全国总体地区差取31个省域绝对偏差值的平均值加基准值1），按城乡比从小到大顺序自上而下排列。横向柱形：左为城乡人均值（元），中为城镇人均值（元），右为乡村人均值（元）。各地城镇、乡村人均值左右对比直观体现城乡差距，各地城乡综合人均值上下对比直观体现地区差距。

据既往20年动态推演测算，2020年全国文教消费城乡比将为2.3518，相比当前较明显缩减；地区差将为1.2354，相比当前略微缩减。2035年全

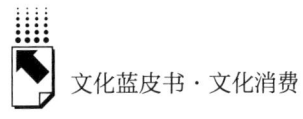

国文教消费城乡比将为1.9954,相比当前继续极显著缩减;地区差将为1.2367,相比当前略微缩减。

四 全国城乡文化教育消费需求景气指数测评

综合以上分析,20年以来,全国城乡文教消费需求总量年均增长12.19%,人均值年均增长11.52%;城乡文教消费增长略微低于产值增长,略微高于城乡收入增长,略微高于总消费增长,明显低于积蓄增长;人均文教消费城乡比缩小19.68%,地区差缩小11.00%。2017年,全国城乡居民文教消费需求继续保持高增长:总量增长9.93%,达到29695.31亿元;人均值增长9.31%,达到2141.91元。以人均值衡量,文教消费年度增长较明显低于产值增长,也略微低于城乡居民收入增长,但明显高于居民总消费增长,但显著低于居民积蓄增长。全国文教消费城乡比指数比上年缩小1.38%,地区差指数比上年缩小0.38%。城乡差距、地区差距正是我国"不平衡不充分的发展"最具代表性的方面。这些都集中体现在全国城乡文教消费需求景气指数的综合测评演算中。

1997~2017年全国城乡文教消费需求景气指数变动态势见图7。全国城乡文教消费需求景气指数基于不同时间段、不同基准值的各类测评结果均落实在2017年之上。景气指数取百分制,以便横向衡量百分点高低,纵向衡量百分比升降。

(一)各年度无差距理想值横向测评

在各年度理想值横向测评中,城乡文教消费总量份额值以全国总量基准值(全国份额为100%)来衡量,人均绝对值、相对比值以全国城乡平均值来衡量,相关增率比以上年为基准来衡量,份额、增率上升或高于全国平均值"加分",份额、增率下降或低于全国平均值"减分";城乡比和地区差以无差距理想状态加以衡量,无论是全国还是各地,只要存在城乡比和地区差,一律实行"扣分"。

中国城乡文化教育消费需求景气总体评价

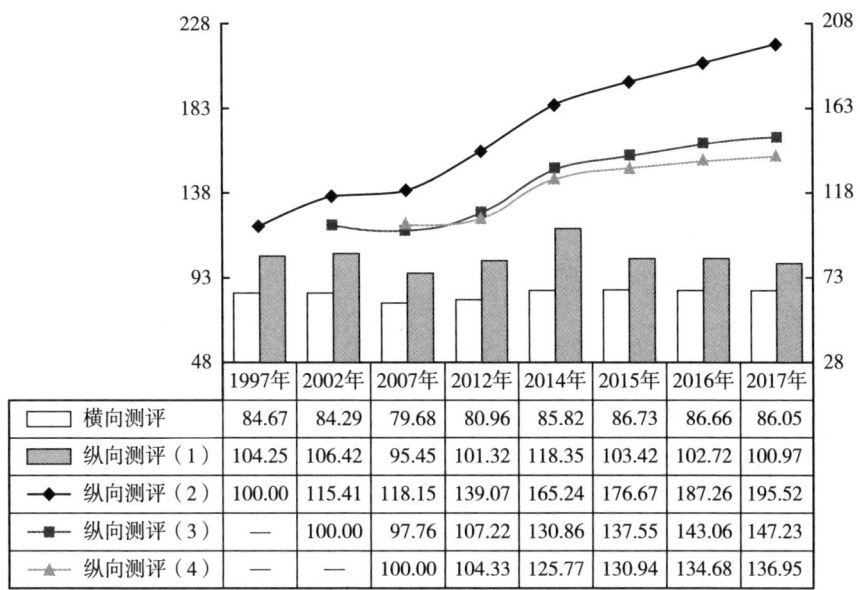

图7 全国城乡人均文教消费需求景气指数变动态势

左轴柱形：左横向测评（无差距理想值＝100）；右纵向测评（1），上年＝100。右轴曲线：纵向测评（起点年基数值＝100），（2）以1997年为起点，（3）以2002年为起点，（4）以2007年为起点。

以全国文教消费相关增率比达到平衡，城乡、地区之间实现无差距状态为"理想值"100，2017年全国城乡此项景气指数为86.05，低于城乡、地区理想值13.95%，也低于上年0.61个点。

各年度（包括图中省略年度）此项景气指数对比，全部21个年度均低于理想值100；1997年、2000年、2002年、2005年、2009年、2011～2015年10个年度高于上年指数值，其余11个年度低于上年指数值。其中，最高值为2015年的86.73，最低值为2008年的79.18。这是由于，全国城乡文教消费总量和人均绝对值、相对比值作为各地基准，同样也自为基准，文教消费相关增率比、城乡比和地区差就成了全国总体的重要衡量指标。

在此项测评中，全国城乡总体"失分"可能来自文教消费相关增率比降低，更有可能来自城乡比和地区差的存在。只要城乡比和地区差缩小，全

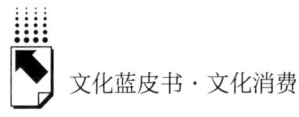

国城乡总体景气指数就能够上升;只有彻底消除城乡比和地区差,全国城乡总体景气指数才能够达到"理想值"100。

(二)1997年以来20年基数值纵向测评

在此项纵向测评中,全国城乡文教消费总量份额值、人均绝对值、相对比值、相关增率比、城乡比和地区差一概以自身20年前相应数值为起点年基数值加以衡量,无论是全国总体还是各地,各项指标数值优于起点年"加分",逊于起点年"减分",最终平衡各项指标间升降得失。以下各类纵向测评同理,区别仅在于起点年及其基数值不同。

以1997年为起点基数值100,2017年全国城乡此项景气指数为195.52,高于1997年起点基数95.52%,也高于上年8.26个点。

1997年以来20年各年度此项景气指数对比,1998~2017年20个年度高于起点年基数值100,其余1个年度低于起点年基数值;1998~2000年、2002年、2004~2005年、2009~2017年15个年度高于上年指数值,其余6个年度低于上年指数值。其中,最高值为2017年的195.52,最低值为1998年的101.46。

(三)2002年以来15年基数值纵向测评

以2002年为起点基数值100,2017年全国城乡此项景气指数为147.23,高于2002年起点基数47.23%,也高于上年4.17个点。

2002年以来15年各年度此项景气指数对比,2005~2006年、2010~2017年10个年度高于起点年基数值100,其余6个年度低于起点年基数值;2005年、2009~2017年10个年度高于上年指数值,其余6个年度低于上年指数值。其中,最高值为2017年的147.23,最低值为2008年的95.62。

(四)2007年以来10年基数值纵向测评

以2007年为起点基数值100,2017年全国城乡此项景气指数为136.95,高于2007年起点基数36.95%,也高于上年2.27个点。

2007年以来10年各年度此项景气指数对比，2009~2017年9个年度高于起点年基数值100，其余2个年度低于起点年基数值；2009年、2011~2017年8个年度高于上年指数值，其余3个年度低于上年指数值。其中，最高值为2017年的136.95，最低值为2008年的96.96。

（五）逐年度上年基数值纵向测评

以2016年为起点基数值100，2017年全国城乡此项景气指数为100.97，高于上年基数值0.97%。此项指数逐年进行测评，很容易看出历年变化动态。

逐年度此项景气指数对比，1997~2000年、2002~2003年、2005年、2009年、2011~2017年15个年度高于上年起点基数值100，其余6个年度低于上年起点基数值；2000年、2002年、2005年、2009年、2011~2014年8个年度高于上年指数值，其余13个年度低于上年指数值。其中，最高值为2014年的118.35，最低值为2008年的95.34。

在各类纵向测评中，"失分"来自城乡文教消费总量份额值下降（全国份额基准不发生作用），人均绝对值负增长（全国层面2007年乡村总量、2001年城镇人均值负增长）或增长率下降，相对比值和相关增率比降低，城乡比和地区差扩大；反过来，"得分"则来自城乡文教消费总量份额值上升，人均绝对值增长，相对比值和相关增率比提高，城乡比和地区差缩小。

尽快实现经济发展与基本民生、文化民生增进的同步协调，切实保证"人民共享发展成果"，扼制城乡差距、地区差距多年来不合时宜的"逆动"扩大之势，继而尽快缩小直至消除城乡差距和地区差距，应当是实现"以人民为中心的协调、共享发展"的主要着力点。其实已经可以看到，"十二五"规划实施显现出明显成效。

技术报告与综合分析

Technical Report and Comprehensive Analysis

B.2
中国文化消费需求景气评价体系技术报告

——兼析 1997~2017 年文化民生需求态势

王亚南 方 彧*

摘　要： 本文系"中国文化消费需求景气评价体系"技术报告，基于全国城乡综合演算数据，对基础数据来源、数据推演方法、相关数值关系、具体指标测算加以说明，并分析各类数据事实所反映出来的全国城乡文教消费需求基本态势。本项评价体系通用于省域城乡综合测评、城镇与乡村单行测评、中心城市测评，城镇、乡村和中心城市评价指标同构，演算方法

---

* 王亚南，云南省社会科学院研究员，文化发展研究中心主任，主要研究方向为民俗学、民族学及文化理论、文化战略和文化产业研究；方彧，中国老龄科学研究中心副研究员，中国社会科学院博士，主要研究方向为口头传统、老龄文化和文化产业研究。

同理，某些特殊的技术性细节在此一并交代，不再重复阐释。

关键词： 文化（文教）消费　景气评价　城乡综合测评　指标与方法

本书为《中国文化消费需求景气评价报告》第 9 个年度卷，本文系"中国文化消费需求景气评价体系"技术报告，对评价指标系统和测评演算方法进行阐述。同时，文中基于全国城乡综合演算数据，对基础数据来源、数据推演方法、相关数值关系、具体指标测算加以说明，并分析各类数据事实所反映出来的全国城乡文教消费需求基本态势。其中，总报告已详细分析的文教消费总量和人均值增长、城镇与乡村增长差距从简，而文教消费与产值、收入、总消费、积蓄之间的关系以及地区之间增长差距适度展开考察。

此项评价的历时起点由当前最新数据年度 2017 年回溯 20 年，以便长时段、纵向度检测从"基本小康"到"全面小康"推进整整 20 年的文化民生发展。

一　基础数据来源及其演算方法

本项评价体系通用于省域（除台港澳以外省级行政区划设置，包括省、自治区和直辖市）城乡综合测评、城镇与乡村单行测评，所使用的基础数据出自每年正式出版的国家统计局《中国统计年鉴》，各地相关统计年鉴数据作为辅助校验参考。同一来源的数据具有同一统计制度之下的口径同一性和标准同一性，能够确保全国及各省域之间数据演算的通约性及其测评结果的可比性。统计年鉴历年卷一般在每年年底出版，正式公布前一个年度统计数据。2017 年统计数据为年鉴 2018 年卷新近出版公布的最新数据。

本项评价体系采用的基础数据包括：全国及各地产值，全国及各地居民收入、总消费（从中又区分出非文消费与文教消费）、积蓄（收入与总消费之差）。

（一）文化（文教）消费总量数值的演算处理

文化教育消费总量数据需要通过多重演算衍生得出。

在现行统计制度下，全国及各地居民各类消费支出分为城镇与乡村两个方面分别统计，因而城乡综合数据需要结合相应范围城乡人口分布数据，推算得出城乡综合总量和人均数值。东部、中部、西部和东北四大区域的各类数据在《中国统计年鉴》里多年阙如，需要根据相关省域数据再推算得出。其间数据关系及演算方法见表1。《中国统计年鉴》2005年卷开始提供四大区域城镇、乡村居民总消费及文化教育综合人均值等数据，但由于无法回溯以往年度，本项研究评价仍然通过自己的演算方法得出相应数据，以保持历年的一致性。

人口数据对于演算各类总量数值和人均数值具有基础意义，必须首先做如下说明。

（1）国家统计局"国家统计数据库"曾经校订《中国统计年鉴》历年卷公布的全国城乡人口数据，包括省域人口数据，本项评价体系演算数据库及时跟进采用；同时按照统计规范，转换为年平均人口数据进行演算，相应演算数值与本项研究早期成果（使用年末人口数据）会有微小出入。

（2）《中国统计年鉴》历年卷公布的全国城乡总人口包括军队等特殊群体（计入城镇人口），分地区人口不涉及，加之演算全国及各地人口最终需转换为年平均人口，全国年平均总人口不严格等于各省域年平均人口之和，由此演算的全国总量数值与各省域总量之和有出入，未予平衡，原样保留。

（3）《中国统计年鉴》未逐年提供分地区城乡人口分布数据。本项研究出于逐年开展演算测评的需要，依据2000~2005年省域城镇与乡村人口各自年均增长率，推算2001~2004年省域城镇与乡村人口年均增长值；又依据2005~2009年省域城镇与乡村人口各自年均增长率，推算2010年省域城镇与乡村人口增长值。最后按省域城乡总人口进行平衡处理，得出相应年度城乡人口分布数值，再分别转化为城镇与乡村年平均人口，据此进行相关演算。

表1　城镇与乡村数据来源、城乡数值关系及综合演算

范围和内容	相应基础数据具体出处	引入人口参数	人口数据出处
全国城镇居民收入、总消费、文化（文教）消费	《中国统计年鉴》"6~21城镇居民分地区人均可支配收入""6~24城镇居民分地区人均消费支出"，需演算总量	→全国城镇总量↓全国城乡总量→综合人均值↑→全国乡村总量	《中国统计年鉴》"2~7分地区人口的城乡构成和出生率、死亡率、自然增长率"（基础数据均为年末人口数，需演算转化成年平均人口）。年鉴历年卷章号章名，表号表名多有不同，以2015年卷（发布2014年数据）为准
全国乡村居民收入、总消费、文化（文教）消费	《中国统计年鉴》"6~25农村居民分地区人均可支配收入""6~28农村居民分地区人均消费支出"，需演算总量		
省域城镇居民收入、总消费、文化（文教）消费	同上全国城镇部分。各地总量分别演算未经平衡，各地之和不等于全国总量	→省域城镇总量↓省域城乡总量→综合人均值↑→省域乡村总量	
省域乡村居民收入、总消费、文化（文教）消费	同上全国乡村部分。各地总量分别演算未经平衡，各地之和不等于全国总量		
四大区域城镇居民收入、总消费、文化（文教）消费	相关省域总量之和引入相应范围城镇人口参数反推人均值	←区域城镇总量↓区域城乡总量→综合人均值↑←区域乡村总量	《中国统计年鉴2005》开始提供四大区域城镇、乡村居民消费数据，因无法回溯以往年度，本项研究仍自行演算；2015年卷开始提供全国及各地城乡综合居民人均收入、消费细分数据，本项研究采用，此前诸多年度仍自行演算
四大区域乡村居民收入、总消费、文化（文教）消费	相关省域总量之和引入相应范围乡村人口参数反推人均值		
全国及省域城乡居民收入、总消费、文化（文教）消费人均值	《中国统计年鉴》（2015年卷首次）"6~17全国居民分地区人均可支配收入""6~20全国居民分地区人均消费支出"，需演算总量	全国及省域居民收入、消费人均值直接使用，另需演算总量	
全国及省域、四大区域产值总量、人均值	全国数据："3~1国内生产总值"；省域数据："3~9/3~10地区生产总值/人均值"；四大区域数据：相关省域综合演算	全国、省域产值数据直接使用，四大区域产值数据演算得出	

注：本项研究多年前率先展开民生数据城乡综合演算，引来国家统计制度及其数据发布改进，《中国统计年鉴》2015年卷首次提供2014年居民人均收入、消费（包括可验证之分类消费）城乡综合演算数据。经两年使用验证，年鉴发布的"人民生活"城乡综合人均值与仍需自行测算的总量之间存在演算误差，对应年鉴同时发布的产值人均值和总量分别演算居民收入比、居民消费率、文教消费率等，人均值演算与总量演算结果均有出入，因而本项检测回归采用自行演算城乡人均值，必要时附年鉴提供的城乡人均值作为参考。

此外，西藏缺1997～1998年数据，相应年度全国总量演算不包含此二地，即计算总量的人口基数对应减除。

（二）各项人均值基础数据具体出处

1. 人均产值

（1）全国人均产值。历年全国产值人均值（也包括总量）数据依照《中国统计年鉴》2018年卷校订。2017年全国产值数据亦为《中国统计年鉴》2018年卷提供的初步核实数据，到下一年度仍有必要按照《中国统计年鉴》2019年卷再予修订。

（2）省域人均产值。各省域产值人均值（亦包括总量）数据见于《中国统计年鉴》历年卷。此外，国家统计局"国家统计数据库"曾经校订历年各省域人均产值数据，本项评价体系及时跟进采用，于是省域人均产值相关演算数值与本项研究此前推出的相应成果可能会有细微出入。依照《中国统计年鉴》2015年卷，又曾校订少数几地2010年以来的产值数据。

2. 居民人均收入

全国及省域城镇、乡村居民人均可支配收入（以往对乡村称为"纯收入"）数据见《中国统计年鉴》历年卷。结合相应年度全国及省域城乡人口分布数据演算，即可得到全国及省域城乡综合人均收入数值。

3. 居民人均总消费

全国及省域城镇、乡村居民人均总消费数据见《中国统计年鉴》历年卷。结合相应年度全国及省域城乡人口分布数据演算，即可得到全国及省域城乡综合人均总消费数值。在本项研究中，人均总消费数值又区分为人均非文消费数值与文教消费数值。

4. 居民人均文化（文教）消费

全国及省域城镇、乡村居民人均文教消费数据见《中国统计年鉴》历年卷"教育文化娱乐"统计项（2015年卷改现称，2012年卷开始统称"文教娱乐"，之前城乡统计项名称不统一）。再结合相应年度全国及省域城乡人口分布数据演算，即可得到全国及省域城乡综合人均文教消费数值。《中国统计年鉴》发布数据原先对城镇居民文化消费、教育消费予以区分，而对乡村居民文化消费、教育消费未予区分，笼统视为"文化消费"，这样检测得出的文化消费城乡比存在误差；近几年对城镇、乡村居民文化消费、教育消费皆不再区分，本文亦相应综合分析整个"教育文化娱乐"消费分类项（简称"文教消费"），这样检测得出的文教消费城乡比更加准确。

在较早年度统计年鉴里，《各地区农村居民家庭平均每人生活消费支出》统计项曾经列出细目，倘若依此排除其中"教育消费"部分，则乡村"文化消费"所剩无几。这或许就是乡村居民"文化教育消费"不便予以区分的原因所在。

本项研究多年前率先展开民生数据城乡综合演算，引来国家统计制度及其数据发布改进。《中国统计年鉴》2015 年卷首次提供 2014 年居民人均收入、消费（包括可验证之分类消费，文教消费亦在其中）城乡综合演算数据，本项检测采用作为"特例数据"而"嵌入"使用，此前诸多年度仍系自行演算，原有数据库测算模型保持不变，以保证历年通行检测的系统性。经两年使用验证，年鉴发布的城乡综合人均值与仍需自行测算的总量之间存在演算误差，对应年鉴同时发布的产值人均值和总量分别演算文教消费率，人均值演算与总量演算结果均有出入，因而本项检测回归采用自行演算城乡综合人均值，以保证数据库测算模型的规范性及其历年通行测评的标准化。

5. 居民人均积蓄

居民收入数据与总消费数据之差（消费剩余）即为居民积蓄数值。本项研究一向使用"积蓄"概念，以区别于已经存入银行的"储蓄"，"积蓄"包括放在任何地方的"余钱"，理应远远高于"储蓄"。同时，本项研究集中于关注居民积蓄，可以避开在银行储蓄中清晰划分"居民部门"、"政府部门"和"企业部门"储蓄的难题。

中国民众历来注重积蓄的传统反而是主动抑制消费，社会保障体系建设滞后更促使广大民众加大积蓄以求"自我保障"，积蓄由此成为当今中国社会之"必需"。这意味着，中国民众在"必需消费"之外，还有"必需积蓄"——诸如家庭购房"基金"、子女教育"基金"、个人病老"基金"

等，于是"非必需"的精神文化消费反而成了"必需积蓄"之外的"积蓄剩余"。完善的市场经济体制必须有健全的社会保障体系与之相配套，中国经济发展长期面临国内消费需求不足的困扰，"十一五"前几年全国城乡文教消费需求增长下滑，而城乡居民积蓄普遍猛增，根本原因就在于缺乏健全的社会保障体系。

二 各项测评指标及其设计思路

本项评价体系设计并使用的测评指标一共分为3类12项。由于难寻可供借鉴的国内外现成经验数据及其测算方法，这些指标多为本项评价从实际出发，从我国现行统计制度及其既有统计数据项目出发，精心构思甚至是独创而来。

（一）数量指标：文化（文教）消费绝对数值

文教消费绝对值分为总量绝对值和人均绝对值两类数值。各地总量需转换为占全国份额值。

1. 文化（文教）消费总量份额值

城乡文教消费需求总量是文化产业生产总量实际进入日常生活消费的具体表现，也是文化建设和文化生产的发展成果实际转化为广大人民群众文教消费需求的具体体现。然而，无论是各地生产总量还是消费总量数值背后，都存在省域大小、人口多少的差异，地区经济规模、产业基础等也都存在巨大差异，总量数值在各地之间不具备可比性。本项研究主要在全国层面直接考察城乡文教消费需求总量增长态势。

各地城乡文教消费需求总量绝对值本身不具可比性，各地城乡总量增长幅度和占全国份额变化却可以进行比较。实际上，总量年均增长与份额增减变化是联系在一起的，总量年均增长排序与份额增减变化排序也是一致的。

1997~2017年全国城乡文教消费总量增长态势见图1，囿于制图篇幅，其中前几个五年时段末年直接对接，文中分析历年增长变化态势时，运用数据库后台演算功能，检测结果包含图中省略年度（后同）。

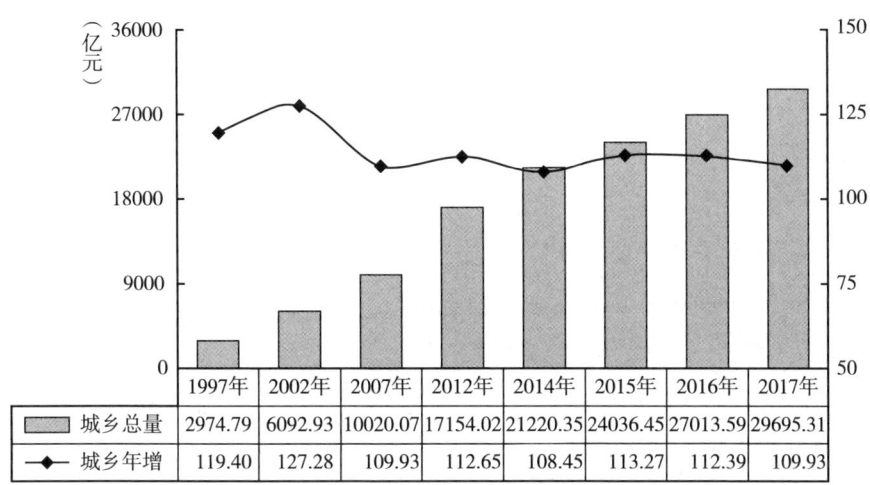

图1　1997~2017年全国城乡文教消费总量增长态势

左轴柱形：全国城乡文教消费总量（亿元）。右轴曲线：年度增长指数（上年＝100，小于100为负增长）。

各地城乡文教消费总量占全国份额升降变化，取决于全国与当地两个方面的增长差异。1997~2017年，全国城乡文教消费总量增长898.23%，年均增长12.19%。其中，第一个五年（1997~2002年，后同）总增长104.82%，年均增长15.42%；第二个五年（2002~2007年，后同）总增长64.45%，年均增长10.46%；第三个五年（2007~2012年，后同）总增长71.20%，年均增长11.35%；第四个五年（2012~2017年，后同）总增长73.11%，年均增长11.60%。最高增长年度为2002年，增长率为27.28%；次高增长年度为1997年，增长率为19.40%；最低增长年度为2008年，增长率为4.10%；次低增长年度为2014年，增长率为8.05%。

此项指标测算中，全国城乡总量自为基准，各地以自身总量占全国份额年度增减变化来衡量。在各年度横向测评里，各地以上一年自身总量占全国份额为基数，譬如设2016年各自占全国份额为100（用百分制为正文按惯例保留2位小数),则2017年东部整体测算值为99.12,东北整体测算值为96.79,中部整体测算值为102.24,西部整体测算值为100.63。这表明,用此项指标检测过去一年以来变化,中部份额较明显上升,西部份额略微上升,皆获"加分";东部份额略微下降,东北份额明显下降,皆遭"减分"。

在历年度纵向测评里,各地以起始年度自身总量占全国份额为基数,譬如设1997年各自占全国份额为100,则2017年东部整体测算值为98.87,东北整体测算值为100.43,中部整体测算值为101.64,西部整体测算值为99.23。这表明,用此项指标检测过去20年以来变化,中部、东北份额略微上升,皆获"加分";西部、东部份额略微下降,皆遭"减分"。

2. 人均文化(文教)消费绝对值

文教消费的各项相关性比值指标和比差校正指标,均需要依据人均文教消费绝对值来加以演算。所以,人均文教消费绝对值是一项基础性指标。《中国统计年鉴》历年卷直接提供了全国和省域城镇与乡村两方面的人均文教消费统计数据,但城乡综合测评还需演算得出全国及各地城乡综合人均数值。1997~2017年全国城乡人均文教消费增长态势见图2。

由图2并结合图3可以看出,在"十一五"全国人均产值接近和超越3000美元的背景下,全国城乡文教消费需求增长反而不如"十五"人均产值接近和超越1000美元期间。显然,影响广大人民群众文教消费需求,不仅仅是人均产值增长因素,还有深刻的社会发展背景因素。分析影响中国城乡文教消费需求的相关因素,特别是厘清文教消费需求增长与经济社会发展基本格局的相关关系,对于扩大城乡文教消费需求,增加城乡文教消费总量,强化文化产业发展的内生动力,促进文化与经济、社会的协调发展至关重要。

1997~2017年,全国城乡人均文教消费总增长785.67%,年均增长11.52%。其中,第一个五年总增长96.77%,年均增长14.50%;第二个五年总增长59.78%,年均增长9.83%;第三个五年总增长67.04%,年均增长10.81%;第四个五年总增长68.65%,年均增长11.02%。最高增长年度为2002年,增长率为26.43%;次高增长年度为1997年,增长率为18.18%;最

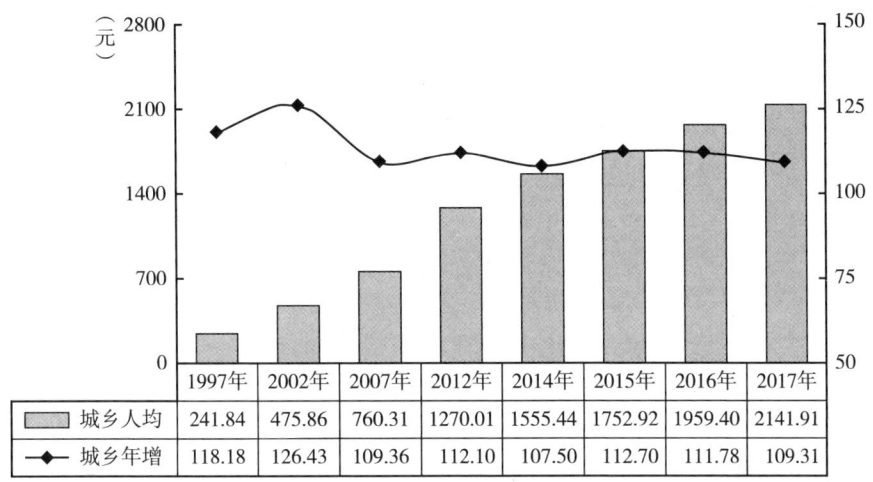

图 2　1997～2017 年全国城乡人均文教消费增长态势

左轴柱形：全国城乡人均文教消费（元）。右轴曲线：年度增长指数（上年 = 100，小于 100 为负增长）。

低增长年度为 2008 年，增长率为 3.57%；次低增长年度为 2014 年，增长率为 7.50%。由人口增长所致，各时段人均值增长率皆略低于总量增长率。

此项指标在各年度横向测评里，全国城乡总体人均值自为基准，各地以自身人均值与全国人均值之间的差距指数衡量。譬如设 2017 年全国城乡人均值为 100，对照图 8 进行比较演算（后同），东部整体测算值为 117.74，东北整体测算值为 101.73，中部整体测算值为 92.46，西部整体测算值为 81.36。这表明，2017 年，东部人均值较明显高于全国人均值，东北人均值略微高于全国人均值，此项指标检测皆获"加分"；中部人均值略微低于全国人均值，西部人均值较明显低于全国人均值，此项指标检测皆遭"减分"。

在历年度纵向测评里，全国及各地城乡均以自身起始年度相应数值为基数衡量。譬如分别设全国城乡总体 1997 年、2002 年、2007 年和 2012 年人均值为 100，则 2017 年测算值分别为 885.68、450.11、281.71 和 168.65。这意味着，分别考察 20 年及其间各五年时段以来变化，全国城乡人均值在各时段皆为显著提升，此项指标检测获显著"加分"。各地依此类推。

一般而言，全国及各地人均文教消费绝对值总是处于持续增高之中，此项指标在纵向测评中实为最为强劲的"加分"因素。但是，一旦出现年度负增长，或整个五年时段负增长，甚至是两个五年时段连续十年累计负增长（少数省域乡村层面即如此），此项指标即成为"减分"因素。"十一五"期间各年里，人均文教消费绝对值负增长导致"减分"的情况在各省域乡村间屡见不鲜，甚至在各省域城镇间也时有可见。

（二）质量指标：文化（文教）消费相对比值

尽可能利用现行统计制度下的各类国颁统计数据项，构成并衡量由此产生的各种相关性比值，正是本项评价体系从实际出发建立测评指标系统的基本方法。人均文教消费数值与人均产值、收入、总消费、积蓄数值之间的相对关系分析，尤其是从中折射出来的经济、社会发展的背景因素，是本项评价体系确立文教消费相对比值指标的依据。

1. 文化（文教）消费与产值比

居民总消费与GDP的相对比值（居民消费率）可以衡量国内民生消费拉动GDP的效应，文教消费与GDP的相对比值（居民文教消费率）同样可以衡量文教消费拉动GDP的效应，反过来看，则是我国经济增长带动民生和文化民生消费需求增长的实际效应。假设一个地区的城乡居民消费和文教消费的民生需求长期得不到有力提升，那么生产增长和文化生产增长也就背离了自身依存的基本目的，恐怕只能视为某种"把手段当成目的"的无效生产。

在此项指标的测算中，如果一个地区人均产值增长持续高涨，而城乡居民人均文教消费需求增长连年低落，那么测评分值无疑将会降低。对于各地文化产业增加值，尤其需要进行如此衡量，以破解近几年来各地之间愈演愈烈的"文化产业增加值追逐"现象，发展文化生产就是为了满足文教消费需求，遗憾的是缺乏统一标准的逐年分地区文化产业增加值统计数据。

1997～2017年全国城乡文教消费与产值增长关系态势见图3。

中国文化消费需求景气评价体系技术报告

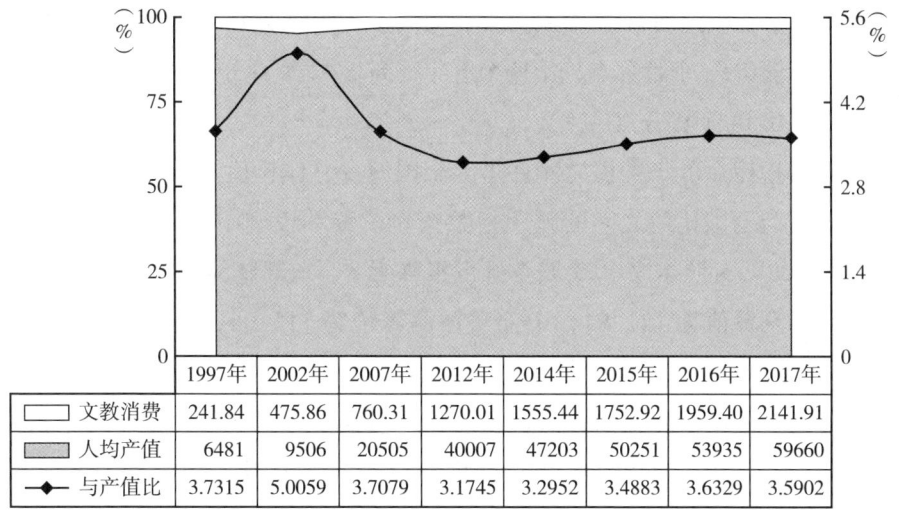

图3 全国人均产值、城乡人均文教消费及其间比例关系态势

左轴面积：全国人均产值、城乡人均文教消费（元转换为%），二者变动呈比例关系。右轴曲线：全国城乡人均文教消费与人均产值比（%）。

图3将全国人均产值、城乡人均文教消费绝对值转换为图形面积直观比例，并设置动态曲线标明文教消费与产值的比值变动态势。1997~2017年，全国城乡文教消费与产值比呈现波动下降走势，在1997~2000年、2002年、2009年、2012~2013年、2015~2016年10个年度出现增高，在2001年、2003~2008年、2010~2011年、2014年、2017年11个年度为降低。其中在进入"十一五"之后，全国人均产值接近并超越3000美元期间，城乡文教消费与产值比在若干年度连续下降。最高值为2002年的5.01%，最低值为2011年的3.11%。这就说明，人均产值数值达到特定高度，必将带来文化消费需求高涨的所谓"国际经验"，并不适用于"中国现实"。

全国城乡文教消费与产值比升降变化，取决于人均产值与人均文教消费两个方面的增长差异。1997~2017年，全国人均产值总增长820.54%，年均增长11.74%。产值总增长幅度为文教消费总增幅的1.04倍，文教消费年均增长幅度低于产值年均增幅0.22个百分点。

由于不同时期产值与文教消费增长出现差异，全国城乡文教消费与产值比在第一个五年提高1.27个百分点,第二个五年降低1.30个百分点,第三个五年降低0.53个百分点,第四个五年提高0.42个百分点,1997~2017年累计降低0.14个百分点。

此项指标在各年度横向测评里,全国城乡总体比值自为基准,各地以自身比值与全国比值之间的差距指数衡量。譬如设2017年全国城乡此项比值为100,对照本书B.3城乡排行报告表3,东部整体测算值为83.38,东北整体测算值为121.84,中部整体测算值为115.04,西部整体测算值为108.14。这表明,2017年,东北比值显著高于全国平均比值,中部比值明显高于全国平均比值,西部比值较明显高于全国平均比值,此项指标检测皆获"加分";东部比值明显低于全国平均比值,此项指标检测遭"减分"。

在历年度纵向测评里,全国及各地城乡均以自身起始年度此项比值为基数衡量。譬如分别设全国城乡总体1997年、2002年、2007年和2012年此项比值为100,则2017年测算值分别为96.21、71.72、96.82和113.10。这意味着,分别考察20年及其间各五年时段以来变化,全国城乡总体此项比值略有降低,此项指标检测"减分",其中最近5年以来明显好转。各地依此类推。

鉴于20年以来全国城乡文教消费与产值的比值处于持续波动之中,此项指标在纵向测评中成为分量较重的"变量",有较多年度成为"减分"因素。令人欣喜的是,"十二五"以来此项比值逐步提升,指数检测相应得以"加分"。

2. 文化(文教)消费占居民收入比

诚然,在各地人均文教消费绝对值背后,还存在人们收入水平的差异,文教消费占当地居民收入比显然更具有可比性。文教消费占当地居民收入比可以类比于一定收入水平下人均食物消费比重变化的"恩格尔定律关系",体现出一定收入水平下的文教消费需求,不妨作为某种"文化民生系数"的演算基础。

倘若一个地区的城乡居民文教消费在当地居民收入中占有较高比重,那么当地城乡文教消费需求相对旺盛的事实就是毫无疑义的。反之,倘若一个地区的城乡人均文教消费绝对值也许不算低,在当地居民人均收入中所占比重却偏低,那么也不能表明当地城乡文教消费需求旺盛。这就是相对比值比绝对数值更能说明问题的原因所在。

1997~2017年全国城乡文教消费与收入增长关系态势见图4。

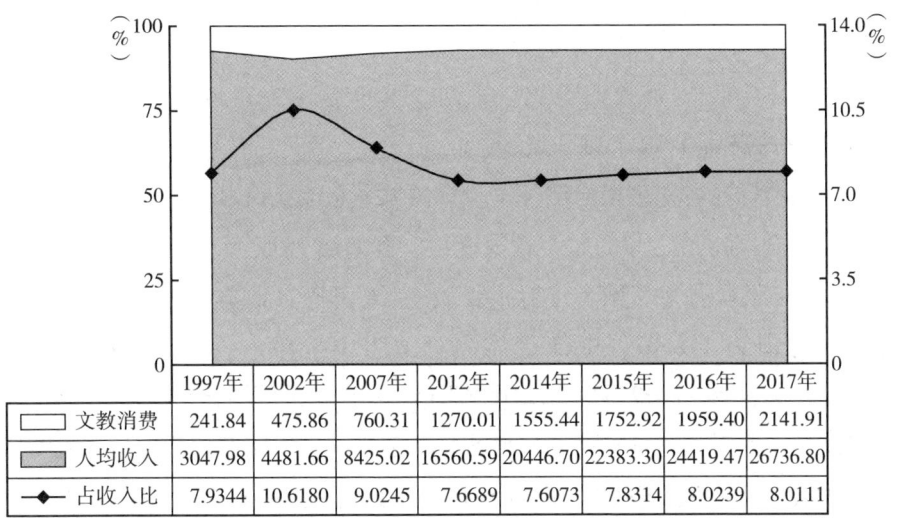

图4 全国城乡人均收入、文教消费及其间比例关系态势

左轴面积:全国城乡人均收入、人均文教消费(元转换为%),二者变动呈比例关系。右轴曲线:全国城乡人均文教消费占人均收入比(%)。

图4将全国城乡人均收入、人均文教消费绝对值转换为图形面积直观比例,并设置动态曲线标明文教消费占收入的比值变动态势。1997~2017年,全国城乡文教消费占收入比呈现波动上升走势,在1997~2002年、2013年、2015~2016年9个年度出现增高,在2003~2012年、2014年、2017年12个年度为降低。其中在进入"十一五"之后,全国城乡人均收入持续增高期间,城乡文教消费占收入比在若干年度连续下降。最高值为2002年的10.62%,最低值为2014年的7.61%。这就说明,人均收入增长导致恩格尔系数下降,必然带来文化消费需求高涨的"合理推论",也不适用于"中

国现实"。

全国城乡文教消费占收入比升降变化,取决于人均收入与人均文教消费两个方面的增长差异。1997~2017年,全国城乡人均收入总增长777.20%,年均增长11.47%。收入总增长幅度为文教消费总增幅的98.92%,文教消费年均增长幅度高于收入年均增幅0.05个百分点。

由于不同时期收入与文教消费增长出现差异,全国城乡文教消费占收入的比重在第一个五年提高2.68个百分点,第二个五年降低1.59个百分点,第三个五年降低1.36个百分点,第四个五年提高0.34个百分点,1997~2017年累计提高0.08个百分点。

此项指标在各年度横向测评里,全国城乡总体比值自为基准,各地以自身比值与全国比值之间的差距指数衡量。譬如设2017年全国城乡此项比值为100,对照本书B.3城乡排行报告表4,东部整体测算值为92.46,东北整体测算值为112.67,中部整体测算值为108.89,西部整体测算值为103.38。这表明,2017年,东北比值明显高于全国平均比值,中部比值较明显高于全国平均比值,西部比值略微高于全国平均比值,此项指标检测皆获"加分";东部比值较明显低于全国平均比值,此项指标检测遭"减分"。

在历年度纵向测评里,全国及各地城乡均以自身起始年度此项比值为基数衡量。譬如分别设全国城乡总体1997年、2002年、2007年和2012年此项比值为100,则2017年测算值分别为100.97、75.45、88.77和104.46。这意味着,分别考察20年及其间各五年时段以来变化,全国城乡总体此项比值略有提高,此项指标检测"加分",其中最近5年以来略有好转。各地依此类推。

鉴于20年以来全国城乡文教消费占收入的比值处于持续波动之中,此项指标在纵向测评中亦属分量较重的"变量",较多年度成为"减分"因素,部分年度成为"加分"因素。

3. 文化(文教)消费占居民总消费比

同样,在各地人均文教消费绝对值背后,也存在人们消费水平的差异,文教消费占当地居民总消费比更具有可比性。文教消费占当地居民总消费比可以类比于人均食物消费占总消费支出比的"恩格尔系数",体现出一定消费结构中的文教消费需求,不妨直接视为"文化民生系数"。把总消费分解为非文消费与文教消费,文教消费与非文消费的关系也就表现为文教消费占总消费比。

倘若一个地区的城乡居民文教消费在当地居民总消费中占有较高比重,那么当地城乡文教消费需求相对旺盛的事实也是确定无疑的。反之,倘若一个地区的城乡人均文教消费绝对值也许不算低,在当地居民人均总消费中所占比重却偏低,那么也不能表明当地城乡文教消费需求旺盛。在此,同样是相对比值比绝对数值更能说明问题。

1997~2017年全国城乡文教消费与总消费增长关系态势见图5。

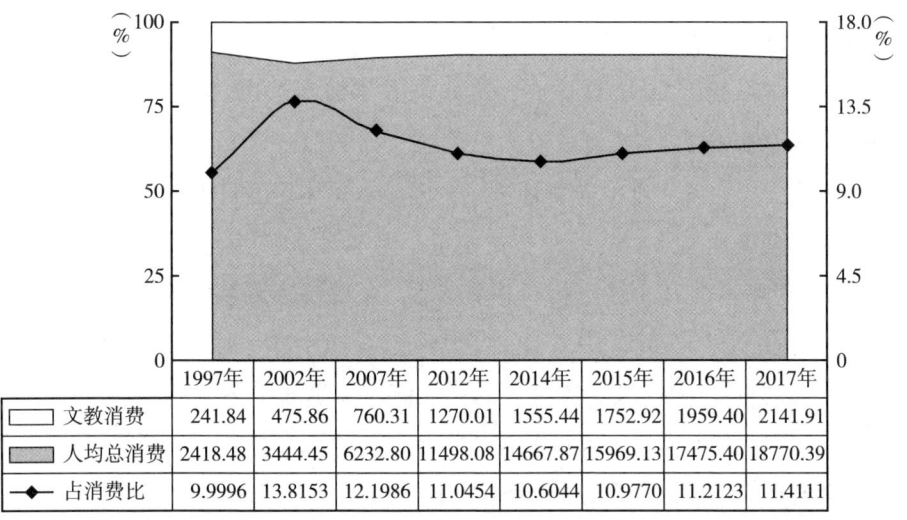

图5 全国城乡人均总消费、文教消费及其间比例关系态势

左轴面积:全国城乡人均总消费、人均文教消费(元转换为%),二者变动呈比例关系。右轴曲线:全国城乡人均文教消费占人均总消费比(%)。

图5将全国城乡人均总消费、人均文教消费绝对值转换为图形面积直观比例,并设置动态曲线标明文教消费占总消费的比值变动态势。1997~2017年,全国城乡文教消费占总消费比呈现波动上升走势,在1997~2002年、

2010年、2013年、2015~2017年11个年度出现增高,在2003~2009年、2011~2012年、2014年10个年度为降低。其中在进入"十一五"之后,全国城乡人均总消费持续增加期间,城乡文教消费占总消费比在若干年度持续下降。最低值为1997年的10.00%,最高值为2002年的13.82%。这就说明,人均总消费增长引起消费结构发生变化,必定带来文化消费需求高涨的"常识判断",同样不适用于"中国现实"。

全国城乡文教消费占总消费比升降变化,取决于人均总消费与人均文教消费两个方面的增长差异。1997~2017年,全国城乡人均总消费总增长676.12%,年均增长10.79%。总消费总增长幅度为文教消费总增幅的86.06%,文教消费年均增长幅度高于总消费年均增幅0.73个百分点。

由于不同时期总消费与文教消费增长出现差异,全国城乡文教消费占总消费比在第一个五年提高3.82个百分点,第二个五年降低1.62个百分点,第三个五年降低1.15个百分点,第四个五年提高0.37个百分点,1997~2017年累计提高1.41个百分点。

此项指标在各年度横向测评里,全国城乡总体比值自为基准,各地以自身比值与全国比值之间的差距指数衡量。譬如设2017年全国城乡此项比值为100,对照本书B.3城乡排行报告表5,东部整体测算值为94.68,东北整体测算值为107.87,中部整体测算值为109.93,西部整体测算值为98.87。这表明,2017年,中部、东北比值较明显高于全国平均比值,此项指标检测皆获"加分";西部比值略微低于全国平均比值,东部比值较明显低于全国平均比值,此项指标检测皆遭"减分"。

在历年度纵向测评里,全国及各地城乡均以自身起始年度此项比值为基数衡量。譬如分别设全国城乡总体1997年、2002年、2007年和2012年此项比值为100,则2017年测算值分别为114.12、82.60、93.54和103.31。这意味着,分别考察20年及其间各五年时段以来变化,全国城乡总体此项比值明显提高,此项指标检测"加分",其中最近5年以来略有好转。各地依此类推。

鉴于20年以来全国城乡文教消费占总消费的比值持续处于波动之中,

此项指标在纵向测评中亦属分量较重的"变量",部分年度成为"减分"因素,较多年度成为"加分"因素。

4. 文化(文教)消费与居民非文消费剩余比

对应于"非文消费",便有"非文消费剩余",文教消费与积蓄之和即为"非文消费剩余",亦即人均收入与非文消费之差。这是本项评价体系独创的一种特殊思考和变通设计,目的在于关注并测评文教消费与积蓄之间的特定关系值。如果把"非文消费"假定为物质生活和社会生活的"必需消费",那么文教消费作为"非必需"消费自然与积蓄一起归入"非文消费剩余"。这样一来,对应于"非必需"文教消费与"必需"非文消费的关系处理为文教消费占总消费比,文教消费与积蓄的关系也就处理为文教消费与非文消费剩余比。

倘若一个地区的城乡居民人均积蓄增长极度攀升,势必首当其冲直接挤压作为"积蓄剩余"的"非必需"文教消费,那么当地城乡文教消费需求萎缩的事实也就显而易见。这就是中国民众文教消费需求的"积蓄增长负相关效应"。

之所以把文教消费与积蓄的关系分析处理为文教消费与非文消费剩余比,还出于技术原因:本项评价体系的指标设计需要同样可以分别适用于城乡综合、城镇和乡村单独测评。乡村居民消费支出包括实物消费,而收入却是指"纯收入";少数地方在少数年度乡村居民人均总消费略大于人均收入,人均积蓄便成为负值,于是在测评演算中也会出现不合理的负值指数。变通设计为文教消费与非文消费剩余比,也就避开这一技术难题。

1997~2017年全国城乡文教消费与非文消费剩余增长关系态势见图6。

图6将全国城乡人均非文消费剩余、人均文教消费绝对值转换为图形面积直观比例,并设置动态曲线标明文教消费与非文消费剩余的比值变动态势。1997~2017年,全国城乡文教消费与非文消费剩余比呈现波动下降走势,在2000年、2002年、2005年、2009年、2014~2016年7个年度出现增高,在1997~1999年、2001年、2003~2004年、2006~2008年、2010~2013年、2017年14个年度为降低。其中进入"十一五"之后,全国城乡

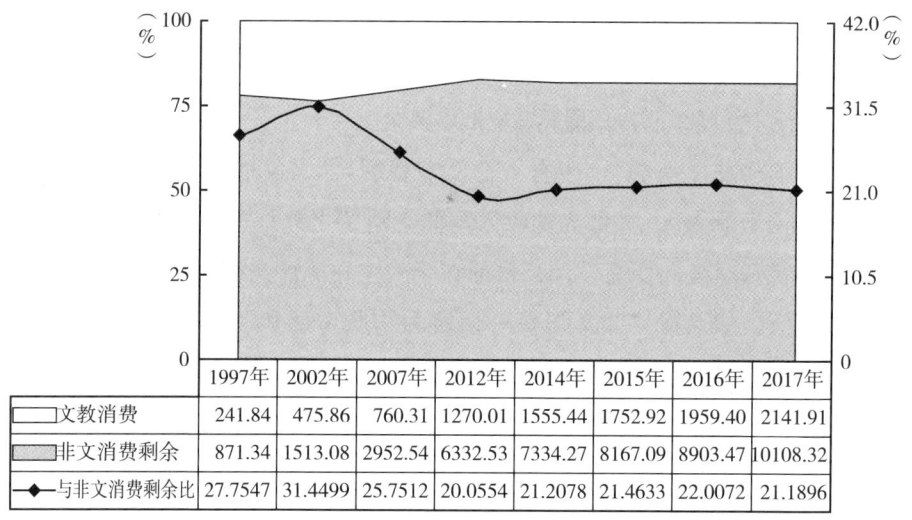

图6 全国城乡人均非文消费剩余、文教消费及其间比例关系态势

左轴面积：全国城乡人均非文消费剩余、人均文教消费（元转换为%），二者变动呈比例关系。右轴曲线：全国城乡人均文教消费与人均非文消费剩余比（%）。

人均积蓄持续增大期间，城乡文教消费与非文消费剩余比在若干年度持续显著下降。最高值为2002年的31.45%，最低值为2013年的19.93%。这就说明，人均积蓄增长造成人们"必需"消费之外余钱增多，势必带来文化消费需求高涨的"臆想假说"，还是不适用于"中国现实"。

全国城乡文教消费与非文消费剩余比升降变化，取决于人均非文消费剩余与人均文教消费两个方面的增长差异。1997~2017年，全国城乡人均非文消费剩余总增长1060.09%，年均增长13.04%。非文消费剩余总增长幅度为文教消费总增幅的1.35倍，文教消费年均增长幅度低于非文消费剩余年均增幅1.52个百分点。

由于不同时期非文消费剩余与文教消费增长出现差异，全国城乡文教消费与非文消费剩余比在第一个五年提高3.70个百分点，第二个五年降低5.70个百分点，第三个五年降低5.70个百分点，第四个五年提高1.13个百分点，1997~2017年累计降低6.57个百分点。

此项指标在各年度横向测评里，全国城乡总体比值自为基准，各地以自身比值与全国比值之间的差距指数衡量。譬如设2017年全国城乡此项比值为100，对照本书B.3城乡排行报告表6，东部整体测算值为89.98，东北整体测算值为119.32，中部整体测算值为105.07，西部整体测算值为112.08。这表明，2017年，东北、西部比值明显高于全国平均比值，中部比值较明显高于全国平均比值，此项指标检测皆获"加分"；东部比值明显低于全国平均比值，此项指标检测遭"减分"。

在历年度纵向测评里，全国及各地城乡均以自身起始年度此项比值为基数衡量。譬如分别设全国城乡总体1997年、2002年、2007年和2012年此项比值为100，则2017年测算值分别为76.35、67.38、82.29和105.66。这意味着，分别考察20年及其间各五年时段以来变化，全国城乡总体此项比值极显著降低，此项指标检测"减分"，其中最近5年以来较明显好转。各地依此类推。

鉴于20年以来全国城乡文教消费与非文消费剩余的比值大体上处于持续明显降低之中，此项指标在纵向测评中成为分量很重的"减分"因素，仅在很少几个年度成为微弱"加分"因素。

以上从四个方面考察全国城乡文教消费相关性比值变化，呈现颇为一致的变动走向，本身就可以形成一种相互验证的内在联系。这足以表明，本项评价体系精心设计选取这样一些指标，来检验城乡文教消费需求增长与全国经济发展、城乡民生增进之间的整体协调关系，无疑是确实可行的。

（三）均衡性校正指标：文化（文教）消费比差系数

尽快消除中国经济、社会、民生发展各方面的城乡差距和地区差距，实现"城乡一体化"和"区域均衡发展"，保障全国各地城乡居民的同等"国民待遇"，真正落实"以人民为中心"的发展思想，应当成为国家和地方实绩及各级政府政绩考核的主要指标，这也是当前国家建设、社会治理中最大的"维稳"要务。民生的要义首先在于社会公平，在人文发展领域尤其如此，民生至上，均衡优先，必须成为文化建设与发展的基本原则。

本项评价体系首创将衡量城乡差距的"城乡比"统计指数之倒数用

于通约演算，使"城乡比"成为测评指标；同时独创用以衡量地区差距的"地区差"测评指标，并完成全国、各大区域、省域和中心城市间的通约演算，这两项指标可以作为检验文教消费需求均等性的重要标准。文教消费的城乡差距、地区差距体现出文化需求城乡、区域之间增长不均衡的严重缺陷，"增长的缺陷"实质上就是对于增长成效的自然扣除。这两项校正指标类似于"绿色GDP"的"节能减排"折算扣除，意在推进文化发展成果的城乡、区域均等共享，促成保障社会公平的必要体制和可行机制。

1. 文化（文教）消费人均值城乡比

在当今中国，"像欧洲"一样的城市与"像非洲"一样的乡村形成鲜明对照，事实上强化了上古以来根深蒂固的"国野之分"传统社会分层格局。近几年来，国家大力推进解决"重中之重"的"三农"问题，倡导"城市反哺乡村"，已经取得显著进步。但是，各地城市发展拥有更大的加速度，城乡差距并未改观，反而迅速拉大。

文教消费城乡比表达为以乡村人均数值为1来衡量的城镇人均数值倍数比。城乡比的理想值必定是1，即城乡之间无差距，城镇与乡村人均数值之比呈现为1∶1。以各地城乡比的倒数作为权衡指数，在理想状况下1的倒数仍为1，以1衡量任何数值仍为原数值本身。只要城乡比大于1，作为其倒数的指数值便小于1，权衡折扣便发生作用；反之，若城乡比小于1出现"倒挂"，即乡村人均文教消费反而高于城镇，权衡方式奉行"矫枉必须过正"原则，自然予以"加分"。

1997～2017年全国人均文教消费城乡比变动态势见图7。

图7将全国城镇与乡村人均文教消费绝对值转换为图形面积直观比例，并设置动态曲线标明人均文教消费城乡比变动态势。1997～2017年，全国人均文教消费城乡比前后呈现较明显缩小态势，在2000年、2003年、2005年、2008年、2012年、2014～2015年、2017年8个年度呈现为缩减，1997～1999年、2001～2002年、2004年、2006～2007年、2009～2011年、2013年、2016年13个年度为扩增。其中进入"十五"后十余年间，全国

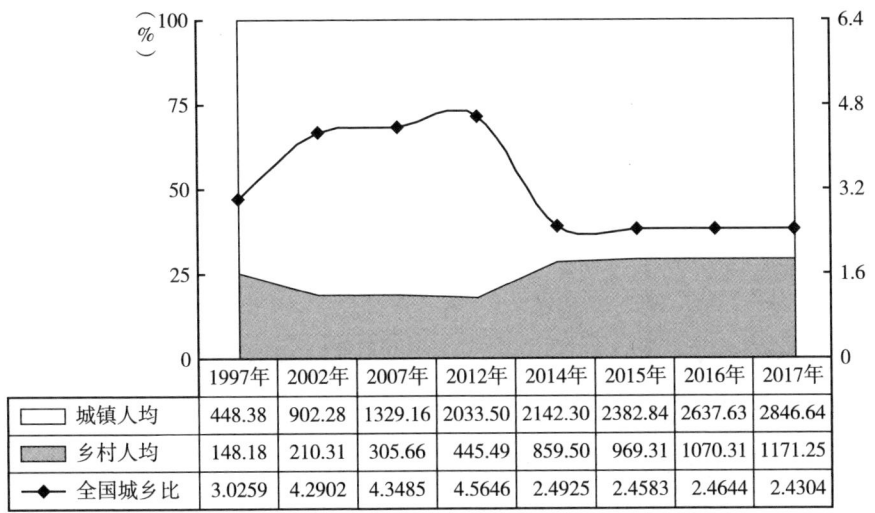

图7 1997~2017年全国人均文教消费城乡比变动态势

左轴面积：全国城镇、乡村人均文教消费（元转换为%），城乡间变动呈比例关系。右轴曲线：全国人均文教消费城乡比（乡村=1）。

人均文教消费城乡比较多年度持续扩大，乡村层面文化文教消费需求增长远远落后于城镇层面，好在近几年出现明显改观。

全国文教消费城乡比大小及其扩减变化，取决于全国城镇与乡村两个方面人均文教消费绝对值及其增长差异。鉴于总报告里已有详尽的城乡增长对比分析，此处从简。1997~2017年，全国城镇人均文教消费总增长幅度为乡村人均文教消费总增幅的77.47%，乡村文教消费年均增长幅度高于城镇文教消费年均增幅1.21个百分点。

由于不同时期城镇与乡村人均文教消费绝对值及其增长差异显著，全国文教消费城乡比在第一个五年扩大41.78%，第二个五年扩大1.36%，第三个五年扩大4.97%，第四个五年缩小46.76%，1997~2017年累计缩小19.68%。

此项指标在各年度横向测评里，以城乡比无差距理想值衡量，无论是全国还是各地，只要城乡比大于1就一律"减分"，而城乡比小于1（即城乡"倒挂"，城镇人均值反而低于乡村）反获"加分"。譬如设无差距理想值为

100，则 2017 年全国总体测算值（$1/N \times 100$，N = 城乡比）仅为 41.15，即此项指标检测"失分"达到 58.85%。对照本书 B.3 城乡排行报告表 7 依此类推，东部整体测算值为 38.61，东北整体测算值为 48.82，中部整体测算值为 45.80，西部整体测算值为 42.89。这表明，用此项指标检测 2017 年，东北"失分"较明显小于全国总体"失分"，中部、西部"失分"略微小于全国总体"失分"，东部"失分"略微大于全国总体"失分"，皆遭显著"减分"。

在历年度纵向测评里，全国及各地均以自身起始年度城乡比为基数衡量。譬如分别设全国城乡总体 1997 年、2002 年、2007 年和 2012 年城乡比数值为 100，则 2017 年测算值分别为 124.50、176.52、178.92 和 187.81。这意味着，分别考察 20 年及其间各五年时段以来变化，全国总体城乡比极显著缩小，此项指标检测"加分"，其中最近几年以来极显著好转。各地依此类推。

鉴于 20 年以来全国及各省域人均文教消费城乡比较长时间处于持续明显扩大之中，近几年逆转显著缩小，此项指标在横向测评和纵向测评中也就由前一些年的"减分"因素转变为近几年的"加分"因素。不过，在"城乡倒挂"的局部地区则成为横向测评的"加分"因素，在若干年度也成为全国及各地与上一年相比纵向测评的"加分"因素。

2. 文化（文教）消费人均值地区差

在当今中国，东部发展的"领先"与西部发展的滞后也形成鲜明对照，全国各地经济、社会、民生发展诸方面事实上存在的"准联邦制"局面极不利于单一制共和国的国家整体治理。十余年来，国家相继实施"西部大开发""中部崛起""东北老工业基地振兴"战略，但东部各地已经争相宣言"率先实现现代化"，区域发展差距较长时期继续扩大。

衡量地区差需要确定一个基准值，那就是人均文教消费全国平均值，这样才能在全国及各地之间形成可比性。以人均文教消费全国平均值为 1 来衡量各地的文教消费人均值，得到各自距离全国平均值的绝对偏差值，不论是高于还是低于皆为偏离。东部、中部、西部和东北四大区域取相应范围内各省域绝对偏差值的平均值,全国则取31个省域绝对偏差值的平均值。基准指数1加上各地绝对偏差值或其平均值,分别作为各省域、四大区域和全国文教消费地区差。地区差的理想值同样为1,即地区之间无差距,各地人均数值之比呈现为1∶1∶1……同样以地区差的倒数作为权衡指数,与城乡比倒演算的不同之处在于,这里没有"倒挂",任何地方高于全国平均值的偏离须扣除"未能带动均衡增长"的折扣,低于全国平均值的偏离须扣除"拖了均衡增长后腿"的折扣。这就是说,"领先"增长与"滞后"增长一样,同为"均衡增长"之偏差,都会"失分"。

1997~2017年全国城乡人均文教消费地区差变动态势见图8。必须说明,全国文教消费地区差必须基于全部31个省域数值进行演算,这里出于制图方便考虑,姑且用东部、中部、西部和东北四大区域代替31个省域作为示意。

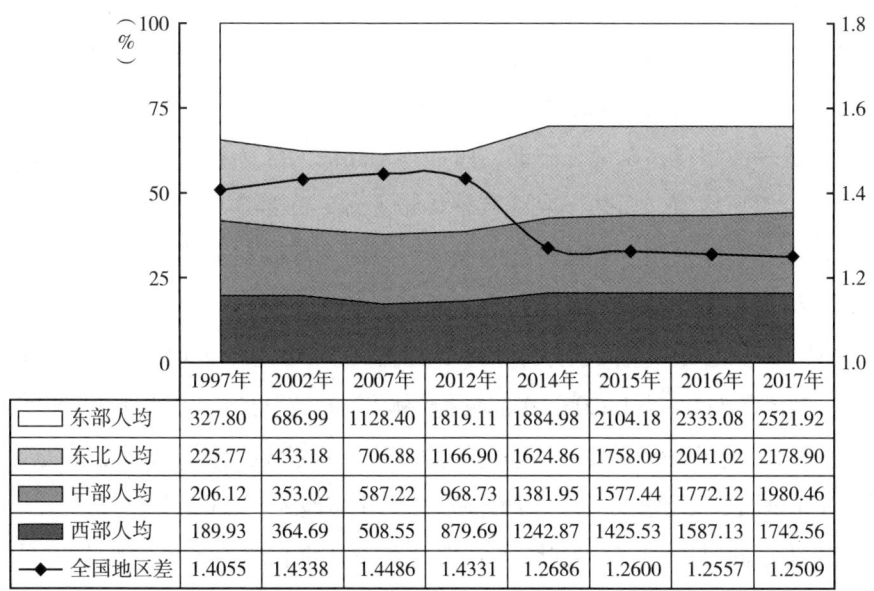

图8　1997~2017年全国城乡人均文教消费地区差变动态势

左轴面积:各地城乡人均文教消费(元转换为%),地区间变动呈比例关系。右轴曲线:全国城乡人均文教消费地区差(无差距=1)。

图 8 将东部、中部、西部和东北四大区域城乡人均文教消费绝对值转换为图形面积直观比例，并设置动态曲线标明城乡人均文教消费地区差变动态势。1997~2017 年，全国城乡人均文教消费地区差前后呈现较明显缩小态势，在 1997~1998 年、2003 年、2005 年、2007 年、2010~2017 年 13 个年度呈现为缩减，在 1999~2002 年、2004 年、2006 年、2008~2009 年 8 个年度为扩增。其中在进入"十五"之后十余年间，全国城乡人均文教消费地区差持续扩大，而最近几年则出现明显改观。

全国城乡文教消费地区差大小及其扩减变化，取决于全国及 31 省域城乡人均文教消费绝对值及其增长差异。鉴于直接使用 31 个省域数据无法融入一图，此处权变使用东部、中部、西部和东北四大区域数据举例说明。对照图 2，2017 年，东部城乡整体人均文教消费绝对值高于全国城乡人均值 17.74%，亦即东部城乡整体与全国总体基准值 1 的偏差值为 0.1774，假设这是某一省域，则该省域地区差为 1.1774。对照本书 B.3 城乡排行报告表 8，以东部 10 省域城乡人均值分别进行同样演算，取 10 省域偏差值的平均值，东部城乡文教消费地区差为 1.3654。

再进一步解释，东部、中部、西部和东北四大区域地区差取相关全部省域偏差值的平均值，而并非取区域整体偏差值。东部 10 个省域各自的偏差值远离东部整体偏差，更加偏高或偏低，因而东部城乡文教消费地区差大于东部整体偏差值。全国及东北和中西部演算依此类推。

同年，东北城乡整体人均文教消费绝对值高于全国城乡人均值 1.73%，东北城乡文教消费地区差为 1.1306；中部城乡整体人均文教消费绝对值低于全国城乡人均值 7.54%，中部城乡文教消费地区差为 1.1972；西部城乡整体人均文教消费绝对值低于全国城乡人均值 18.64%，西部城乡文教消费地区差为 1.2123。

由于不同时期 31 个省域城乡人均文教消费增长绝对值及其增长差异明显，较多省域人均值及其增长分别向"领先"与"滞后"两极偏离，以上分析用四大区域替代演示。综合 31 个省域城乡人均文教消费增长变化，全国城乡文教消费地区差在第一个五年扩大 2.01%，第二个五年扩大 1.03%，第三个五年缩小 1.07%，第四个五年缩小 12.71%，1997~2017 年累计缩小 11.00%。

此项指标在各年度横向测评里，以地区差无差距理想值衡量，无论是全国还是各地，只要存在地区差一律"减分"，而且没有"倒挂"的例外。譬如设无差距理想值为100，则2017年全国总体测算值（$1/N \times 100$，N＝地区差）为79.94，即此项指标检测"失分"达到20.06%。对照本书 B.3 城乡排行报告表8依此类推，东部整体测算值为73.24，东北整体测算值为88.45，中部整体测算值为83.53，西部整体测算值为82.49。这表明，用此项指标检测2017年，东北"失分"较明显小于全国总体"失分"，中部、西部"失分"略微小于全国总体"失分"，东部"失分"较明显大于全国总体"失分"，皆遭明显"减分"。

在历年度纵向测评里，全国及各地均以自身起始年度地区差为基数衡量。譬如分别设全国城乡总体1997年、2002年、2007年和2012年地区差数值为100，则2017年测算值分别为112.36、114.62、115.81和114.57。这意味着，分别考察20年及其间各五年时段以来变化，全国城乡总体地区差明显缩小，此项指标检测"加分"，其中最近几年以来明显好转。各地依此类推。

鉴于20年以来全国城乡地区差比较长时间处于逐渐扩大之中，近几年才逆转明显缩小，此项指标在横向测评和纵向测评中也就由前一些年的"减分"因素转变为近几年的"加分"因素。

文教消费需求的城乡差距、地区差距是城镇与乡村之间、地区之间民生和文化民生发展不平衡造成的，各省域都应对此承担责任，接受相应的折算扣除。东部、中部、西部和东北四大区域也是如此，其间的省域共同承担责任。全国总体文教消费城乡比、地区差的折算"失分"当然应由全国共同承担责任，在全国层面加以扣除。民生建设、人文发展的要义首先在于公平正义和均等协调。

（四）协调性平衡指标：文化（文教）消费相关增率比

协调性平衡指标其实是对关系值的另一类检测，不像比值那样测算绝对值关系，而是测算增长率差异，在此简单说明。本项测评向自己的直接后继者"中国人民生活发展指数检测体系"反刍学习，"引进"新增文教消费与产值、居民收入、总消费、积蓄之间4项增长率比差指标。这一类演算中全国及各地差距极其微小,在省域之间起到"平衡器"作用,避免综合评价指数畸高畸低,以细微出入确定各地排行。毕竟评价排行的目的不是分出各省域高下,而是找出全国及各地自身存在的协调性、均衡性差距。

三 指标权重分配与测评演算方式

全国各地经济社会发展极不平衡,地方经济增长及民众收入水平、消费结构、积蓄习惯等差异极大,同时应用多项衡量指标展开综合评价,有可能在各地之间达成一定平衡。各地或许会在不同指标上各有千秋,不论任何一个方面的指标优势都能够得到彰显,最后多重指标综合为统一的景气指数评价结果,在各地之间形成简捷直观的综合效应比较。

测评方式必须充分考虑到全国各地发展不平衡的现状,保证评价结果真正具有合理性和可比性。为了在各地之间实现相同起点的公平测评,本项评价体系特别设计出基于既往年度自身状况的历时性基数值纵向测评。本项评价体系各项指标及其演算权重和测评方式见表2。

在此间文教消费需求的种种量化体现中,总量份额值、人均绝对值、4项比值皆为现实状况的定量反映,没有理论值或理想值可依,分别以全国总量基数值、总体人均值、总体比值来衡量各地高下;城乡比和地区差却有无差距理想值。于是,测评演算显然应当围绕全国基数值、平均值和无差距理想值来设计。

(一)各项测评指标的权重分配

同时运用多项指标展开综合评价时,各项指标之间的权重分配便有举足轻重的意义。

各类权重值一般都没有理论值或理想值可依,而主要是一种经验值。各地人均文教消费绝对数值的可比性较差,而文教消费相对比值更具可比性,可以衡量出各地不同经济背景、收入水平、消费结构、积蓄习惯之下的文教消费需求状况，因而相对比值指标的权重高于绝对数值指标。城乡差距和地区差距持续扩大是当今中国最明显的"发展缺陷"，城乡比和地区差指标权重基于城乡、地区无差异理想状态的综合测算结果反推：由于一些地区其他指标有可能得分较高，以至于拉高综合分值，而城乡比、地区差事实上显著存在，因而此类校正指标权重应当较大，以调控综合分值达到"理想值100"的地区不宜过多，超出"理想值100"的"超理想"分值不宜过高。与此同时，在较长时段的纵向测评中，譬如历时五年、十年纵向测评中，应能保证全国大部分地区综合评价的景气指数有所提升。这就需要在横向测评"从严"而纵向测评"从宽"之间寻求有效平衡。

表2 中国文化消费需求景气评价指标及其演算权重和测评方式

序号	评价指标 分类	取值（城乡综合或单行）		演算权重	共时性理想值横向测评	历时性基数值纵向测评
1	数量指标：绝对数值	文化（文教）消费总量占全国份额变化		2	取上一年度基数值衡量	取自身起始年度基数值衡量
2	质量指标：相对比值	文化（文教）消费人均值		2.5	取全国平均值为基准衡量	
3		文化（文教）消费率（与产值比）		1.5		
4		文化（文教）消费比（占收入比）		1.5		
5		文化（文教）消费比重（占总消费比）		1.5		
6		文化（文教）消费与非文消费剩余比		1.5		
7	均衡性校正指标：比差系数	文化（文教）消费	人均值城乡比	4	取无差距理想值衡量	
8			人均值地区差	3		
9	协调性平衡指标：增长率比	文化（文教）消费历年增率	与产值增率比	1	取上一年度基数值衡量	
10			与收入增率比	1		
11			与总消费增率比	1		
12			与积蓄增率比	1		

注：本系列检测中"城乡比""地区差"逆指标权重最大，城乡差距、地区差距正是我国"不平衡不充分的发展"最具代表性的方面，历朝历代城乡鸿沟、地区鸿沟引发动荡带来内乱就是"历史周期律"的社会结构体制根源。

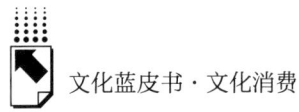

由于新增相应数值之间历年增长率比差指标,为了协调全部各项指标间演算权重分配,原有若干指标的演算权重亦相应微调。鉴于需与既往数年特别是上年推出的评价排行形成良性协调,经过反复调试并与以往横向测评、纵向测评结果对应检验,其间变动很小。这是对于"文化消费需求景气评价"的必要改进完善。

诚然,测评指标可以继续增加,指标间权重也不妨加以调整,原有权重分配比例关系可能发生变化,因而评价结果百分值不具有绝对值意义。但是,只要使用同样的指标,按照同样的权重进行演算,采用同样的测评方式得出结果,就必定具有纵向对比年度间升降、横向比较地区间高低的相对值可比性。

这样的指标权重分配同时顾及了多层次、多角度分析测评的演算模型相容性。其实,就《中国统计年鉴》基础数据严格说起来,由于各地乡村居民文化消费与教育消费数值未予区分,于是实际上的文化消费城乡比理应更大得多,因此一并进行文化教育消费分析测评想必更具有合理性和可比性。正是鉴于此,本项评价体系必须同时能够兼用于城乡综合、城镇与乡村单独三个方面的文化消费、教育消费和文化教育消费三种类型的分析测评,其评价指标系统和测评演算模型必须统一。

所有指标演算测评通用于全国总体及东、中、西部和东北四大区域整体、31个省域和36个中心城市,已分别推出31个省域城乡综合、城镇单行、乡村单行三个层面的文教消费需求景气评价排行,以及36个中心城市文化教育消费需求景气评价排行。

(二)城镇与乡村单行测评的特殊说明

有必要专门予以说明,在分别针对城镇居民与乡村居民文教消费需求景气的单行测评操作中,人均文教消费与人均产值比例关系、人均文教消费城乡比差距两项指标具有特殊性。

(1)《中国统计年鉴》发布全国及各省域人均产值数据并不区分城乡范围。在城乡综合演算测评中,人均文教消费演算为城乡综合数值,与人均产值数值形成城乡综合的比例关系值;而在城镇与乡村单行演算测评中,则是城镇或乡村单方面人均文教消费数值分别与城乡综合人均产值数值形成比例关系值,可揭示出同一经济增长背景下城乡之间文教消费需求增进的差距。其间显然有所不同,体现为综合与不同侧面的关系。

(2)本项评价体系将统计数据中用以表示城乡差距的"城乡比"设置为一项校正指标。在城乡综合演算测评中,人均文教消费城乡比揭示出城乡综合数值中实际存在的城乡差距;而在城镇与乡村单行演算测评中,人均文教消费城乡比则揭示出对应的另一方面与之形成的现实差距。其间显然也有所不同,体现为整体与不同部分的关系。

在本项评价体系实际演算操作中,各项指标同样用于城乡综合测评、城镇与乡村单行测评、中心城市测评。其数理思路在于,本项评价体系的最终测算结果——文教消费需求景气指数——并不追求具有绝对意义,而注重演算的通约性和结果的可比性;其技术可行性在于,人均文教消费与人均产值比例关系、人均文教消费城乡比差距皆为比例关系值,因而在同构的数值关系推演中,具有演算的通约性和结果的可比性。无论是城乡综合演算,或是城镇与乡村单行演算,还是中心城市演算,只要以同样的测评指标、同样的演算方式同时运用于各个地区之间、各个年度之间,演算过程就是可以通约的,演算结果也是能够加以比较的。

(三)测评方式及其结果排行

1. 共时性的理想值横向测评

各地之间共时性横向比较的理想值测评,用以比较全国及各地在同一年度里文教消费需求景气指数高低。在此测评方式中,文教消费总量份额值,与产值、收入、总消费、积蓄增率比5项指标以上年自身基数值来衡量,增大"加分"而减小"减分";人均绝对值、与产值比例值、占收入比重值、占总消费比重值、与非文消费剩余比例值5项指标以当年全国平均值为基准来衡量,取各地相应数值对应于基准值的权衡系数进行加权演算,高出全国平均值基准"加分",低于全国平均值基准"减分";城乡比和地区差2项比差值指标以无差距理想值来衡量，无论是对于全国，还是对于各地，只要存在城乡差距和地区差距，一律实行"减分"（城乡比"倒挂"的"加分"特例除外）。这样一来，全国及各地总量份额、相关增率比对应于自身基数值（全国总量可理解为占份额100%即1∶1）这一点是对等的，各地相对比值对应于全国平均值基准这一点也是对等的，全国及各地城乡比和地区差对应于无差距理想值这一点更是对等的。同一测评标准的对等保证了测评结果的合理可比，高低上下一目了然。

在理想值横向测评中，由于文教消费绝对值（包括总量份额和人均值）、相对比值均以全国平均值为基准（相对于各地占全国份额，全国总量占份额100%可理解为全国平均值，演算方式相通）来衡量，相关增率比以相对关系变化值来衡量，城乡比和地区差则以无差距理想值来衡量，即全国总体若实现相关增率比平衡，实现城乡、地区之间无差距，则达到"理想值100"，而"失分"自然出自相关增率比失衡，更有可能出自城乡差距和地区差距。所以，在目前相关增率比不平衡、城乡比和地区差明显存在的情况下，全国总体难以达到"理想值100"；时逢相关增率比提高，城乡比和地区差缩小之际，全国总体评价分值即可上升。

2. 历时性的基数值纵向测评

各地自身历时性纵向对比的基数值测评，用以对比全国及各地起始年度以来文教消费需求景气指数升降。在此测评方式中，文教消费总量份额值，人均绝对值，与产值比例值，占收入比重值，占总消费比重值，与非文消费剩余比例值，城乡比，地区差，与产值、收入、总消费、积蓄增率比共12项指标，全都以全国及各地自身起始年度相应数值为基数值（全国总量份额100%基准可理解为基数值）来衡量，取终止年度相应数值对应于基数值的权衡系数进行加权演算，有所提高即高出基数获得"加分"，若有降低即低于基数则要"减分"。这样一来，全国及各地都对等地站在同一起始年度各自起点上，测评到终止年度时若干年内自身变化状况，在同一标准下各自与自身以往相对比，增减升降显而易见。

在基数值纵向测评中，由于全部指标均以往年度自身基数值来衡量，全国总体也不会单纯等待城乡比和地区差"失分"扣减，而有可能在绝对值、相对比值和相关增率比增高，城乡比和地区差缩小多个方面，表现出超越自身以往年度基数的上升态势，从而获得"加分"。

文中图1～8仅限于全国总体状况，各地分析测评与之同构。本项评价体系的测评数据库已经完成了1991～2017年全国及东、中、西部和东北四大区域、31个省域的城乡居民综合测评、城镇居民与乡村居民单行测评的文化消费、教育消费和文化教育消费需求景气评价排行，可以随时根据需要提取其间任何年度范围、地域范围、人群分布范围和测评内容范围的演算数值，构建出所需的变动态势分析图表。可参看本书省域城乡篇、省域城镇篇、省域乡村篇子报告。

最后还应当补充说明两点。

（1）本项研究面向人文研究界和读书界，有必要保持符合"人本"的自然语言风格，避免任何一种演算公式和复杂运算符号，力求以初等数学方法解决问题，这样就能够完全使用自然语言进行表述。当然，在义务教育普及的社会背景之下，阿拉伯数字和简单运算符号成为公众常识，视为已经进入自然语言。

（2）本项测评体系的全部演算在测评数据库里一次性完成，演算过程中小数无限制保留；书中图表所列数值仅能保留小数2位或4位，依据图表里数值进行验算，可能会出现小数点后细微差异，并非演算误差。尤其是正文里加以描述的数字（亦由测评演算数据库同步生成自动校验），按行文惯例只能保留2位小数，分别经过多重四舍五入，切不可据此进行验算。需验算可取图表里数据按应有步骤从头来过，譬如比较某地与全国年均增幅差异：分别取当地和全国终止年度与起始年度绝对值之商，历时N年即进行N次开方，转换为百分数值，方可比较其间之差。

B.3
全国省域城乡文化教育消费需求景气评价排行

——1997~2017年测评与2020年预测

王亚南　赵娟　梁自平[*]

摘　要： 1997~2017年，31个省域城乡文教消费总量年均增长均超过10%，其中2个省域城乡年均增长超过15%；26个省域城乡文教消费人均值年均增长超过10%，无省域城乡年均增长超过15%。各省域城乡综合文教消费需求景气评价排行结果：城乡、地区无差距理想值横向测评，湖南、贵州、黑龙江、辽宁、内蒙古为"2017年度城乡景气指数排名"前5位；历年各地自身基数值纵向测评，西藏、江苏、青海、贵州、宁夏为"1997~2017年城乡景气指数提升"前5位；贵州、云南、河南、安徽、宁夏为"2002~2017年城乡景气指数提升"前5位；贵州、云南、宁夏、广西、青海为"2007~2017年城乡景气指数提升"前5位；西藏、贵州、海南、湖南、广西为"2012~2017年城乡景气指数提升"前5位；西藏、四川、湖南、重庆、黑龙江为"2016~2017年城乡景气指数提升"前5位。

---

[*] 王亚南，云南省社会科学院研究员，文化发展研究中心主任，主要研究方向为民俗学、民族学及文化理论、文化战略和文化产业研究；赵娟，云南省社会科学院民族文学研究所副研究员，云南省中青年社会科学工作者协会秘书处主任，主要研究方向为古典文学、民族文化和文化产业研究；梁自平，云南省普洱市委党校副教授，主要从事区域文化发展研究。

关键词： 省域城乡 文教消费 综合评价 景气排行

本项评价体系运用于全国省域城乡综合文教消费需求景气测评，已经连续推出多个年度的实际评价结果，年度测评排行至上一统计年度2016年，具有延续性，可对照参看。标准化检测流程犹如每年体检程序，实现全国或一地历年之间、同年各地之间"可重复检验"，以保证检测方法的科学性、规范性。

本文全面展开2017年全国及东、中、西部和东北四大区域、31个省域城乡综合文教消费需求景气分析测算及其评价排行。2017数据年度测评统一取全国及各地1997年以来数据，其中"民生数据"统计项迄今保持一致口径，更有利于保证各个时段至今各类测评的前后可对比性。

鉴于另有全国总报告和省域城乡子报告对全国及各地详加考察，本文分析侧重于东、中、西部和东北四大区域整体加以比较，对省域则着眼于各项指标排行。

一 各省域城乡文化教育消费需求增长基本状况

各省域城乡文教消费需求总量增长态势可以提供一种宏观视角，本文分析测算就由各省域城乡文教消费总量占全国份额增减变化开始。

（一）各省域城乡总量份额增减变化

1997~2017年各省域城乡文教消费总量增长及其占全国份额增减变化态势见表1，全国城乡总体数据作为测评演算基准列于首行。各省域依属地方位，由北至南、从东到西分为东北和东、中、西部四大区域，按20年里文教消费总量占全国份额增减变化幅度高低排列。其中，省域主排行以1、2、3……为序，四大区域作为附加排行以［1］、［2］、［3］、［4］为序（后同）。

1997～2017年，全国城乡文教消费总量从2974.79亿元增长至29695.31亿元，绝对增长总量26720.52亿元，总增长898.23%，年均增长12.19%。

同期，东部总量年均增长12.13%，低于全国城乡平均增长0.06个百分点，占全国城乡份额由45.66%下降为45.14%，降幅为1.13%；东北总量年均增长12.22%，高于全国城乡平均增长0.03个百分点，占全国城乡份额由7.96%上升为7.99%，升幅为0.43%；中部总量年均增长12.28%，高于全国城乡平均增长0.09个百分点，占全国城乡份额由24.15%上升为24.55%，升幅为1.64%；西部总量年均增长12.15%，低于全国城乡平均增长0.04个百分点，占全国城乡份额由22.21%下降为22.04%，降幅为0.77%。

分阶段对比考察，第一个五年（1997～2002年，后同），全国城乡文教消费总量年均增长15.42%；第二个五年（2002～2007年，后同），全国城乡文教消费总量年均增长10.46%；第三个五年（2007～2012年，后同），全国城乡文教消费总量年均增长11.35%；第四个五年（2012～2017年，后同），全国城乡文教消费总量年均增长11.60%。对比各五年时段城乡文教消费总量增长变化，第四个五年全国年均增长比第三个五年提高0.25个百分点，比第二个五年提高1.14个百分点，比第一个五年降低3.82个百分点。

表1 各省域城乡文教消费总量增长及其占全国份额变动状况

地区	文教消费总量增长				占全国城乡份额变动			
	1997年总量（亿元）	2017年总量（亿元）	20年年均增长		1997年份额（%）	2017年份额（%）	20年份额增减	
			增长指数（上年=100）	指数排序			增减百分比（%）	增减排序
全 国	2974.79	29695.31	112.192	—	100	100	—	—
山 西	50.74	716.38	114.154	5	1.7057	2.4124	41.43	5
河 南	129.90	1546.97	113.186	8	4.3667	5.2095	19.30	8
湖 南	183.01	2001.03	112.704	12	6.1520	6.7385	9.53	12
安 徽	111.11	1095.18	112.121	20	3.7351	3.6881	-1.26	20
江 西	79.04	768.06	112.041	21	2.6570	2.5865	-2.65	21

全国省域城乡文化教育消费需求景气评价排行

续表

地区	文教消费总量增长				占全国城乡份额变动			
	1997年总量（亿元）	2017年总量（亿元）	20年年均增长		1997年份额（%）	2017年份额（%）	20年份额增减	
			增长指数（上年=100）	指数排序			增减百分比（%）	增减排序
湖 北	164.64	1161.40	110.261	30	5.5345	3.9111	-29.33	30
中 部	718.42	7289.02	112.283	[1]	24.1503	24.5460	1.64	[1]
辽 宁	107.21	1117.63	112.435	15	3.6040	3.7637	4.43	15
黑龙江	70.54	725.41	112.359	17	2.3713	2.4428	3.02	17
吉 林	58.99	530.30	111.606	25	1.9830	1.7858	-9.94	25
东 北	236.73	2373.33	112.216	[2]	7.9579	7.9923	0.43	[2]
宁 夏	8.19	137.21	115.134	1	0.2753	0.4621	67.85	1
青 海	6.27	104.27	115.092	2	0.2108	0.3511	66.56	2
贵 州	44.11	671.13	114.581	4	1.4828	2.2601	52.42	4
甘 肃	31.12	420.91	113.909	6	1.0461	1.4174	35.49	6
内蒙古	47.29	568.89	113.243	7	1.5897	1.9158	20.51	7
云 南	66.66	789.15	113.153	9	2.2408	2.6575	18.60	9
新 疆	35.64	403.71	112.903	10	1.1981	1.3595	13.47	10
西 藏	1.85	16.10	112.772	11	0.0484	0.0542	11.96	11
陕 西	70.96	743.18	112.462	14	2.3854	2.5027	4.92	14
重 庆	74.68	627.96	111.234	26	2.5104	2.1147	-15.76	26
四 川	158.57	1271.15	110.968	29	5.3305	4.2806	-19.70	29
广 西	117.20	790.41	110.014	31	3.9398	2.6617	-32.44	31
西 部	660.68	6544.08	112.148	[3]	22.2093	22.0374	-0.77	[3]
江 苏	139.00	2256.23	114.953	3	4.6726	7.5979	62.61	3
上 海	104.57	1116.46	112.570	13	3.5152	3.7597	6.96	13
海 南	15.92	165.28	112.412	16	0.5352	0.5566	4.00	16
天 津	41.21	421.03	112.322	18	1.3853	1.4178	2.35	18
河 北	121.55	1230.40	112.270	19	4.0860	4.1434	1.40	19
山 东	210.30	2022.13	111.982	22	7.0694	6.8096	-3.67	22
北 京	92.06	851.07	111.762	23	3.0947	2.8660	-7.39	23
浙 江	178.00	1627.35	111.700	24	5.9836	5.4802	-8.41	24
福 建	94.47	784.31	111.163	27	3.1757	2.6412	-16.83	27
广 东	361.22	2931.57	111.037	28	12.1427	9.8722	-18.70	28
东 部	1358.32	13405.82	112.128	[4]	45.6610	45.1446	-1.13	[4]

注：①表中均为演算衍生数值，各地总量之和不等于全国总量；另分别经四舍五入，四大区域总量与相应各地之和可能会有小数微小出入；②年均增长指数保留3位小数精确排序；③西藏总量极小，保留4位小数；④各地总量份额较小保留4位小数，份额增减百分比负值为下降百分比。数据演算依据为《中国统计年鉴》相应年卷，其中西藏缺失若干年度数据，变通以1999年数据为起始基点；由于历时年份不同，西藏增长变化位次虚设，其后各地位次相应递进（后同）。

20年间各省域城乡文教消费总量年均增长幅度及占全国城乡份额升降比较，19个省域年均增长幅度高于全国城乡平均增长，占全国城乡份额各有上升，按增幅高低依次为宁夏、青海、江苏、贵州、山西、甘肃、内蒙古、河南、云南、新疆、西藏、湖南、上海、陕西、辽宁、海南、黑龙江、天津、河北；12个省域年均增长幅度低于全国城乡平均增长，占全国城乡份额各有下降，按增幅高低依次为安徽、江西、山东、北京、浙江、吉林、重庆、福建、广东、四川、湖北、广西。其中，宁夏占据首位，年均增长高于全国城乡平均增长2.94个百分点，占全国城乡份额提高了67.85%；广西处于末位，年均增长低于全国城乡平均增长2.18个百分点，占全国城乡份额降低了32.44%。

2017年，全国城乡文教消费总量增长9.93%，低于第一个五年年均增长5.49个百分点，低于第二个五年年均增长0.53个百分点，低于第三个五年年均增长1.42个百分点。19个省域文教消费总量增长幅度高于全国城乡平均增长，按增幅高低依次为西藏、湖南、重庆、四川、海南、江西、贵州、山东、天津、上海、黑龙江、宁夏、湖北、新疆、云南、广西、安徽、河北、江苏；12个省域文教消费总量增长幅度低于全国城乡平均增长，按增幅高低依次为河南、青海、广东、北京、陕西、山西、福建、辽宁、吉林、甘肃、内蒙古、浙江。

各省域城乡文教消费总量数值本身不具可比性，增长幅度和份额变化却可以进行比较，此处仅提供各地总量增长幅度和份额增减排序。鉴于各省域人口差异极大，各自文教消费需求总量占全国份额差距巨大，份额增减百分点并无比较意义，故采用份额增减百分比加以比较，便于进行排序。实际上，总量增长与份额增减是联系在一起的，总量年均增长排序与份额增减百分比排序也是一致的。

（二）各省域城乡人均绝对值增长变化

1997~2017年各省域城乡人均文教消费绝对值增长态势分析见表2，各省域按20年里城乡人均文教消费绝对值年均增长指数高低排列。

1997～2017年，全国城乡人均文教消费需求从241.84元增长至2141.91元，人均绝对增量1900.07元，总增长785.67%，年均增长11.52%。

表2　各省域城乡人均文教消费绝对值增长状况

地区	人均文教消费绝对值					人均文教消费增长变动			
	1997年		2017年			20年增量比		20年年均增长	
	人均值（元）	排序	人均值（元）	排序	附年鉴人均值（元）	全国增量值（元）=1	增量比排序	增长指数（上年=100）	指数排序
全　国	241.84	—	2141.91	—	2086.24	1900.07	—	111.523	—
黑龙江	188.62	20	1912.06	18	1897.99	0.9070	17	112.278	10
辽　宁	259.77	9	2555.45	8	2534.52	1.2082	6	112.110	12
吉　林	225.24	13	1946.05	15	1928.51	0.9057	18	111.385	17
东　北	225.77	[2]	2178.90	[2]	—	1.0279	[2]	112.003	[1]
山　西	162.35	25	1940.37	17	1879.25	0.9358	13	113.207	6
河　南	141.08	27	1620.62	28	1559.79	0.7787	25	112.982	7
湖　南	283.90	7	2925.03	3	2805.07	1.3900	3	112.369	9
安　徽	182.18	23	1759.18	21	1700.51	0.8300	22	112.006	14
江　西	191.49	19	1667.15	24	1606.79	0.7766	26	111.427	16
湖　北	281.48	8	1970.64	14	1930.45	0.8890	19	110.219	25
中　部	206.12	[3]	1980.46	[3]	—	0.9338	[3]	111.978	[2]
贵　州	123.19	30	1881.24	19	1783.35	0.9253	14	114.602	1
青　海	127.35	28	1751.05	22	1686.63	0.8545	20	114.003	3
宁　夏	155.91	26	2022.23	12	1955.59	0.9822	10	113.671	4
甘　肃	125.45	29	1607.74	29	1537.13	0.7801	24	113.602	5
内蒙古	204.13	16	2253.49	9	2227.80	1.0786	9	112.758	8
云　南	163.86	24	1648.96	25	1573.67	0.7816	23	112.237	11
陕　西	199.53	17	1943.47	16	1857.64	0.9178	15	112.054	13
重　庆	245.95	11	2051.10	10	1993.06	0.9500	11	111.188	19
西　藏	72.65	31	482.06	31	441.59	0.2155	31	111.086	21
四　川	188.44	21	1534.83	30	1468.17	0.7086	30	111.057	22
新　疆	209.22	15	1667.21	23	1599.29	0.7673	27	110.935	23
广　西	254.17	10	1625.86	27	1585.84	0.7219	29	109.723	27
西　部	189.93	[4]	1742.56	[4]	—	0.8171	[4]	111.720	[3]
江　苏	194.98	18	2815.31	5	2747.59	1.3791	4	114.282	2
河　北	186.88	22	1641.68	26	1578.29	0.7657	28	111.477	15
山　东	240.03	12	2026.91	11	1948.44	0.9404	12	111.257	18
海　南	215.60	14	1793.60	20	1756.80	0.8305	21	111.174	20

续表

地区	人均文教消费绝对值					人均文教消费增长变动			
	1997年		2017年			20年增量比		20年年均增长	
	人均值（元）	排序	人均值（元）	排序	附年鉴人均值（元）	全国增量值(元)=1	增量比排序	增长指数（上年=100）	指数排序
浙 江	405.57	5	2893.83	4	2844.91	1.3096	5	110.324	24
福 建	288.77	6	2014.92	13	1966.44	0.9085	16	110.201	26
上 海	727.21	2	4615.38	1	4685.92	2.0463	1	109.680	28
天 津	433.52	4	2699.75	6	2691.52	1.1927	7	109.576	29
北 京	736.78	1	3918.62	2	3916.72	1.6746	2	108.715	30
广 东	515.59	3	2644.87	7	2620.37	1.1206	8	108.519	31
东 部	327.80	[1]	2521.92	[1]	—	1.1548	[1]	110.740	[4]

注：①附年鉴发布的城乡人均值供参考，其与总量数据之间存在演算误差，对应年鉴同时发布的产值人均值和总量分别演算文教消费率有出入，本文恢复采用自行演算城乡人均值，以保证数据库测算模型的规范性及其历年通行测评的标准化；②各地人均绝对值"增量比"小于1为小于全国城乡人均增量；③年均增长指数（小于100为负增长）保留3位小数精确排序。

同期，东部人均值年均增长10.74%，低于全国城乡平均增长0.78个百分点，从全国城乡人均值的135.54%降低至117.74%，绝对增量为全国城乡人均增量的115.48%；东北人均值年均增长12.00%，高于全国城乡平均增长0.48个百分点，从全国城乡人均值的93.36%提高至101.73%，绝对增量为全国城乡人均增量的102.79%；中部人均值年均增长11.98%，高于全国城乡平均增长0.46个百分点，从全国城乡人均值的85.23%提高至92.46%，绝对增量为全国城乡人均增量的93.38%；西部人均值年均增长11.72%，高于全国城乡平均增长0.20个百分点，从全国城乡人均值的78.54%提高至81.36%，绝对增量为全国城乡人均增量的81.71%。

分阶段对比考察，第一个五年，全国城乡人均文教消费年均增长14.50%；第二个五年，全国城乡人均文教消费年均增长9.83%；第三个五年，全国城乡人均文教消费年均增长10.81%；第四个五年，全国城乡人均文教消费年均增长11.02%。对比各五年时段城乡人均文教消费需求增长变化，第四个五年全国年均增长比第三个五年提高0.21个百分点，比第二个五年提高1.19个百分点，比第一个五年降低3.48个百分点。

20年间各省域城乡人均文教消费年均增长幅度比较，14个省域年均增长幅度高于全国城乡平均增长，按增幅高低依次为贵州、江苏、青海、宁夏、甘肃、山西、河南、内蒙古、湖南、黑龙江、云南、辽宁、陕西、安徽；17个省域年均增长幅度低于全国城乡平均增长，按增幅高低依次为河北、江西、吉林、山东、重庆、海南、西藏、四川、新疆、浙江、湖北、福建、广西、上海、天津、北京、广东。其中，贵州占据首位，年均增长高于全国城乡平均增长3.08个百分点；广东处于末位，年均增长低于全国城乡平均增长3.00个百分点。

2017年，全国城乡人均文教消费年度增长9.31%，低于第一个五年年均增长5.18个百分点，低于第二个五年年均增长0.51个百分点，低于第三个五年年均增长1.49个百分点。19个省域人均值年均增长幅度高于全国城乡平均增长，按增幅高低依次为西藏、湖南、四川、重庆、海南、江西、黑龙江、上海、贵州、天津、山东、湖北、宁夏、云南、广西、河北、江苏、安徽、新疆；12个省域人均值年均增长幅度低于全国城乡平均增长，按增幅高低依次为河南、青海、广东、北京、陕西、吉林、山西、辽宁、福建、内蒙古、甘肃、浙江。

人均文教消费绝对值系本项评价体系进行演算测评的基础性指标，虽然在最后的综合评价中演算权重不高，却是以下各项指标演算的基础，因而实际上具有决定性意义。当然，全国及各省域城乡文教消费需求状况分析不能孤立地进行，必须放到全国及各地经济增长、民生增进的相关背景当中，同时放到城乡之间、地区之间协调增长背景当中，进一步展开分析。

二　各省域城乡相关背景协调增长情况对比

在本项评价体系当中，全国及各省域城乡文教消费需求及其增长需要放到相关经济、民生背景中考察其间的"协调增长"状况，从而得出极其重要的各项比值平衡指标演算数值。

（一）文化教育消费与产值比关系变化

1997~2017年各省域城乡文教消费与产值比（文教消费率）变动态势分析见表3，各省域按20年间城乡文教消费与产值比升降变化状况优劣排列。表中同时提供1997年和2017年各地人均产值数据，对照表2中各地人均文教消费数据，可以进行重复验算。

1997~2017年，全国人均产值从6481元增长至59660元，年均增长11.74%，高于同期全国城乡人均文教消费年均增长0.22个百分点。20年里，全国城乡人均文教消费与人均产值的比值从3.73%下降至3.59%，降低0.14个百分点。

同期，东部比值从3.42%下降至2.99%，降低0.43个百分点；东北比值从3.07%上升至4.37%，提升1.30个百分点；中部比值从4.73%下降至4.13%，降低0.60个百分点；西部比值从4.84%下降至3.88%，降低0.96个百分点。

20年间各省域城乡文教消费与产值比升降变化比较，12个省域此项比值上升，按升幅高低依次为黑龙江、辽宁、甘肃、山西、青海、江苏、云南、河北、上海、宁夏、河南、新疆；19个省域此项比值下降，按降幅大小倒序为海南、湖南、贵州、吉林、安徽、山东、内蒙古、浙江、江西、福建、四川、西藏、天津、北京、广西、陕西、广东、重庆、湖北。其中，黑龙江占据首位，此项比值提高72.50%；湖北处于末位，此项比值降低43.20%。

表3 各省域城乡文教消费与产值比变动状况

地区	1997年			2017年			20年比值升降变化		
	人均产值（元）	文教消费与产值比（%）	比值排序	人均产值（元）	文教消费与产值比（%）	比值排序	升降百分点	升降百分比（%）	排序
全国	6481	3.7315	—	59660	3.5902	—	-0.1413	-3.787	—
黑龙江	7133	2.6444	29	41916	4.5616	7	1.9172	72.500	1
辽宁	8725	2.9773	28	53527	4.7742	5	1.7969	60.353	2
吉林	5591	4.0286	13	54838	3.5487	17	-0.4799	-11.912	16

续表

地区	1997年 人均产值(元)	1997年 文教消费与产值比(%)	1997年 比值排序	2017年 人均产值(元)	2017年 文教消费与产值比(%)	2017年 比值排序	20年比值升降变化 升降百分点	20年比值升降变化 升降百分比(%)	排序
东 北	7357	3.0688	[4]	49812	4.3743	[1]	1.3055	42.541	[1]
江 苏	9371	2.0807	30	107150	2.6274	28	0.5467	26.275	6
河 北	6079	3.0741	27	45387	3.6171	16	0.543	17.664	8
上 海	22583	3.2202	23	126634	3.6447	15	0.4245	13.182	9
海 南	5567	3.8729	16	48430	3.7035	14	-0.1694	-4.374	13
山 东	7461	3.2172	24	72807	2.7839	27	-0.4333	-13.468	18
浙 江	10624	3.8175	17	92057	3.1435	25	-0.674	-17.656	20
福 建	8775	3.2909	22	82677	2.4371	29	-0.8538	-25.944	22
天 津	13142	3.2987	21	118944	2.2698	30	-1.0289	-31.191	25
北 京	16609	4.4360	11	128994	3.0378	26	-1.3982	-31.519	26
广 东	10130	5.0897	7	80932	3.2680	23	-1.8217	-35.792	29
东 部	9579	3.4221	[3]	84247	2.9935	[4]	-0.4286	-12.524	[2]
山 西	4723	3.4375	20	42060	4.6133	6	1.1758	34.205	4
河 南	4389	3.2143	25	46674	3.4722	19	0.2579	8.024	11
湖 南	4420	6.4230	2	49558	5.9022	1	-0.5208	-8.108	14
安 徽	3929	4.6369	10	43401	4.0533	9	-0.5836	-12.586	17
江 西	3890	4.9225	8	43424	3.8392	12	-1.0833	-22.007	21
湖 北	4884	5.7633	3	60199	3.2735	22	-2.4898	-43.201	31
中 部	4354	4.7340	[2]	47952	4.1301	[2]	-0.6039	-12.757	[3]
甘 肃	3199	3.9216	15	28497	5.6419	2	1.7203	43.867	3
青 海	4122	3.0894	26	44047	3.9754	11	0.886	28.679	5
云 南	4121	3.9763	14	34221	4.8186	4	0.8423	21.183	7
宁 夏	4277	3.6452	18	50765	3.9835	10	0.3383	9.281	10
新 疆	5848	3.5777	19	44941	3.7098	13	0.1321	3.692	12
贵 州	2250	5.4752	4	37956	4.9564	3	-0.5188	-9.475	15
内蒙古	4980	4.0990	12	63764	3.5341	18	-0.5649	-13.781	19
四 川	4032	4.6737	9	44651	3.4374	20	-1.2363	-26.452	23
西 藏	4180	1.7381	31	39267	1.2276	31	-0.5105	-29.371	24
广 西	3928	6.4707	1	38102	4.2671	8	-2.2036	-34.055	27
陕 西	3834	5.2042	5	57266	3.3937	21	-1.8105	-34.789	28
重 庆	4733	5.1965	6	63442	3.2330	24	-1.9635	-37.785	30
西 部	3927	4.8368	[1]	44885	3.8823	[3]	-0.9545	-19.734	[4]

注：①人均产值数据出自《中国统计年鉴》相应年卷，其余为演算衍生数值；②文教消费与产值比即文教消费率的比值较小且各地接近，保留4位小数以便精确排序；③比值升降百分点、百分比负值为下降百分点、百分比，以升降百分比排序更加准确（表4~6同）。

2017年与上一年相比，全国城乡此项比值下降1.18%。同时，18个省域此项比值上升，按升幅高低依次为内蒙古、湖南、广西、黑龙江、天津、西藏、青海、重庆、江西、山东、海南、河北、上海、宁夏、湖北、四川、吉林、云南；13个省域此项比值下降，按降幅大小倒序为甘肃、安徽、河南、江苏、辽宁、新疆、贵州、广东、北京、浙江、陕西、福建、山西。

这一相关性比值分析表明，1997～2017年，全国及各省域城乡文教消费需求增长与产值增长相比较，其间"增长协调性"欠佳。在全国及大部分省域，城乡文教消费需求增长赶不上产值增长，经济发展成果未能在提升城乡居民文教消费需求上同步体现出来。

（二）文化教育消费占收入比关系变化

1997～2017年各省域城乡文教消费占居民收入比（文教消费比）变动态势分析见表4，各省域按20年间城乡文教消费占收入比升降变化状况优劣排列。表中同时提供1997年和2017年各省域城乡人均收入数据，对照表2各地人均文教消费数据，可以进行重复验算。

1997～2017年，全国城乡人均收入从3047.98元增长至26736.80元，年均增长11.47%，低于同期全国城乡人均文教消费年均增长0.05个百分点。20年里，全国城乡人均文教消费占人均收入的比值从7.93%上升至8.01%，提升0.08个百分点。

同期，东部比值从7.59%下降至7.41%，降低0.18个百分点；东北比值从6.95%上升至9.03%，提升2.08个百分点；中部比值从8.08%上升至8.72%，提升0.64个百分点；西部比值从8.2826%下降至8.2821%，降低0.0005个百分点。

20年间各省域城乡文教消费占收入比升降变化比较，16个省域此项比值上升，按升幅高低依次为江苏、贵州、黑龙江、青海、山西、宁夏、甘肃、吉林、湖南、辽宁、河南、云南、河北、内蒙古、安徽、海南；15个省域此项比值下降，按降幅大小倒序为新疆、江西、山东、天津、西藏、陕西、福建、四川、广东、重庆、上海、浙江、湖北、广西、北京。其中，江苏占据首位，此项比值提高66.34%；北京处于末位，此项比值降低37.41%。

2017年与上一年相比，全国城乡此项比值下降0.16%。同时，17个省域此项比值上升，按升幅高低依次为湖南、黑龙江、西藏、海南、四川、重庆、上海、江西、天津、山东、湖北、宁夏、广西、贵州、江苏、新疆、河北；14个省域此项比值下降，按降幅大小倒序为云南、安徽、河南、广东、青海、辽宁、北京、吉林、山西、陕西、福建、内蒙古、甘肃、浙江。

表4 各省域城乡文教消费占居民收入比变动状况

地区	1997年			2017年			20年比值升降变化		
	人均收入（元）	文教消费占收入比（%）	比值排序	人均收入（元）	文教消费占收入比（%）	比值排序	升降百分点	升降百分比（%）	排序
全 国	3047.98	7.9344	—	26736.80	8.0111	—	0.08	0.97	—
黑龙江	3159.22	5.9706	28	21430.04	8.9223	8	2.95	49.44	3
吉 林	3103.61	7.2574	22	21604.18	9.0078	7	1.75	24.12	8
辽 宁	3416.83	7.6027	16	28073.36	9.1028	6	1.50	19.73	10
东 北	3246.72	6.9539	[4]	24141.03	9.0257	[1]	2.07	29.79	[1]
山 西	2415.48	6.7214	24	21202.76	9.1515	5	2.43	36.15	5
湖 南	2822.84	10.0571	2	24216.70	12.0786	1	2.02	20.10	9
河 南	2189.68	6.4428	26	21025.90	7.7077	22	1.26	19.63	11
安 徽	2458.88	7.4093	19	22717.31	7.7438	20	0.33	4.51	15
江 西	2579.67	7.4229	18	22911.70	7.2764	24	-0.15	-1.97	18
湖 北	2973.99	9.4647	5	24423.64	8.0686	14	-1.40	-14.75	29
中 部	2551.94	8.0771	[2]	22702.97	8.7234	[2]	0.65	8.00	[2]
贵 州	1934.28	6.3689	27	17981.77	10.4619	2	4.09	64.27	2
青 海	2148.14	5.9282	29	19779.91	8.8529	10	2.92	49.34	4
宁 夏	2176.67	7.1626	23	21442.60	9.4309	4	2.27	31.67	6
甘 肃	1693.93	7.4061	20	17042.19	9.4339	3	2.03	27.38	7
云 南	2195.32	7.4643	17	19554.63	8.4326	11	0.97	12.97	12
内蒙古	2618.30	7.7962	13	26806.42	8.4065	12	0.61	7.83	14
新 疆	2557.04	8.1823	9	20687.11	8.0592	15	-0.12	-1.50	17
西 藏	2309.42	3.1460	31	16479.46	2.9252	31	-0.22	-7.02	21
陕 西	2027.74	9.8399	3	21783.91	8.9216	9	-0.92	-9.33	22

续表

地区	1997年			2017年			20年比值升降变化		
	人均收入（元）	文教消费占收入比（%）	比值排序	人均收入（元）	文教消费占收入比（%）	比值排序	升降百分点	升降百分比（%）	排序
四川	2348.20	8.0250	10	21477.25	7.1463	27	-0.88	-10.95	24
重庆	2647.89	9.2885	6	25024.89	8.1962	13	-1.09	-11.76	26
广西	2618.96	9.7050	4	20654.44	7.8717	18	-1.83	-18.89	30
西部	2293.14	8.2826	[1]	21040.23	8.2821	[3]	-0.0005	-0.01	[3]
江苏	4130.26	4.7208	30	35852.32	7.8525	19	3.13	66.34	1
河北	2872.67	6.5053	25	22450.66	7.3124	23	0.81	12.41	13
海南	2831.35	7.6148	14	23187.66	7.7351	21	0.12	1.58	16
山东	3157.06	7.6031	15	28077.79	7.2189	26	-0.38	-5.05	19
天津	5552.33	7.8079	12	37115.52	7.2739	25	-0.53	-6.84	20
福建	3944.36	7.3212	21	30887.37	6.5234	30	-0.80	-10.90	23
广东	5772.59	8.9316	8	33297.47	7.9432	16	-0.99	-11.07	25
上海	7953.24	9.1436	7	58353.73	7.9093	17	-1.23	-13.50	27
浙江	5131.56	7.9034	11	42712.40	6.7752	29	-1.13	-14.27	28
北京	6737.49	10.9356	1	57253.95	6.8443	28	-4.09	-37.41	31
东部	4316.89	7.5933	[3]	34049.01	7.4067	[4]	-0.19	-2.46	[4]

注：①2017年城乡收入人均值数据亦恢复使用自行演算值，因而表中均为演算衍生数值；②文教消费占居民收入比即文教消费比的比值较小且各地接近，保留4位小数以便精确排序。

这一相关性比值分析表明，1997～2017年，全国及各省域城乡文教消费需求增长与收入增长相比较，其间"增长协调性"稍好。在全国及较多省域，城乡文教消费需求增长赶上了居民收入增长，民生增进成效开始在提升城乡居民文教消费需求上同步体现出来。

（三）文化教育消费占总消费比关系变化

1997～2017年各省域城乡文教消费占居民总消费比（文教消费比重）变动态势分析见表5，各省域按20年间城乡文教消费占总消费比升降变化状况优劣排列。表中同时提供1997年和2017年各省域城乡人均总消费数据，对照表2各地人均文教消费数据，可以进行重复验算。

1997~2017年，全国城乡人均总消费从2418.48元增长至18770.39元，年均增长10.79%，低于同期全国城乡人均文教消费年均增长0.73个百分点。20年里，全国城乡人均文教消费占人均总消费的比值从10.00%上升至11.41%，提升1.41个百分点。

同期，东部比值从9.87%上升至10.80%，提升0.93个百分点；东北比值从8.92%上升至12.31%，提升3.39个百分点；中部比值从10.21%上升至12.54%，提升2.33个百分点；西部比值从9.75%上升至11.28%，提升1.53个百分点。

20年间各省域城乡文教消费占总消费比升降变化比较，23个省域此项比值上升，按升幅高低依次为江苏、贵州、青海、黑龙江、山西、宁夏、云南、湖南、河南、吉林、辽宁、甘肃、内蒙古、陕西、江西、安徽、新疆、海南、山东、河北、浙江、重庆、上海；8个省域此项比值下降，按降幅大小倒序为四川、湖北、福建、广西、西藏、广东、天津、北京。其中，江苏占据首位，此项比值提高93.08%；北京处于末位，此项比值降低21.34%。

2017年与上一年相比，全国城乡此项比值上升1.77%。同时，24个省域此项比值上升，按升幅高低依次为宁夏、湖南、西藏、上海、海南、天津、四川、重庆、黑龙江、湖北、江西、江苏、青海、贵州、山东、云南、安徽、辽宁、新疆、广东、河北、广西、北京、河南；7个省域此项比值下降，按降幅大小倒序为吉林、内蒙古、福建、陕西、山西、浙江、甘肃。

这一相关性比值分析表明，1997~2017年，全国及各省域城乡文教消费需求增长与总消费增长相比较，其间"增长协调性"较好。在全国及绝大部分省域，城乡文教消费需求增长超过了居民总消费增长，拉动内需扩大消费成效已经在提升城乡居民文教消费需求上同步体现出来。

表5 各省域城乡文教消费占居民总消费比变动状况

地区	1997年			2017年			20年比值升降变化		
	人均总消费（元）	文教消费占总消费比（%）	比值排序	人均总消费（元）	文教消费占总消费比（%）	比值排序	升降百分点	升降百分比（%）	排序
全 国	2418.48	9.9996	—	18770.39	11.4111	—	1.41	14.12	—
黑龙江	2343.64	8.0483	27	15710.17	12.1708	9	4.12	51.22	4
吉 林	2440.42	9.2296	21	15781.83	12.3310	8	3.10	33.60	10
辽 宁	2761.19	9.4079	19	20626.77	12.3890	6	2.98	31.69	11
东 北	2532.16	8.9162	[4]	17702.21	12.3086	[2]	3.39	38.05	[1]
山 西	1772.00	9.1622	22	14090.29	13.7710	2	4.61	50.30	5
湖 南	2435.31	11.6575	4	17776.94	16.4541	1	4.80	41.15	8
河 南	1677.59	8.4095	25	14248.61	11.3739	16	2.96	35.25	9
江 西	1961.31	9.7631	13	14918.55	11.1750	19	1.41	14.46	15
安 徽	1885.70	9.6614	14	16187.48	10.8675	22	1.21	12.48	16
湖 北	2404.58	11.7059	3	17293.11	11.3955	15	-0.31	-2.65	25
中 部	2018.21	10.2132	[1]	15787.89	12.5442	[1]	2.33	22.82	[2]
贵 州	1569.29	7.8501	28	13731.58	13.7001	3	5.85	74.52	2
青 海	1769.67	7.1961	29	15960.07	10.9714	21	3.78	52.46	3
宁 夏	1827.35	8.5318	24	15831.68	12.7733	4	4.24	49.71	6
云 南	1948.99	8.4077	26	13316.37	12.3830	7	3.98	47.28	7
甘 肃	1392.68	9.0080	23	13781.63	11.6658	14	2.66	29.50	12
内蒙古	2129.84	9.5842	17	19240.33	11.7123	13	2.13	22.22	13
陕 西	1836.86	10.8624	7	15519.29	12.5229	5	1.66	15.29	14
新 疆	2180.33	9.5960	16	15595.58	10.6903	23	1.09	11.40	17
重 庆	2358.71	10.4273	8	18425.20	11.1320	20	0.70	6.76	22
四 川	2014.78	9.3530	20	16693.85	9.1940	30	-0.16	-1.70	24
广 西	2083.02	12.2020	2	13772.06	11.8055	10	-0.40	-3.25	27
西 藏	1578.29	4.6034	31	11043.54	4.3651	31	-0.24	-5.18	28
西 部	1947.22	9.7541	[3]	15445.23	11.2822	[3]	1.53	15.67	[3]
江 苏	3193.15	6.1062	30	23878.78	11.7900	11	5.68	93.08	1
海 南	2104.37	10.2455	10	15784.20	11.3632	17	1.12	10.91	18
山 东	2346.69	10.2286	11	17954.93	11.2889	18	1.06	10.37	19
河 北	1967.48	9.4983	18	15987.61	10.2684	27	0.77	8.11	20
浙 江	4151.07	9.7702	12	27429.61	10.5500	25	0.78	7.98	21
上 海	6421.81	11.3241	6	39350.17	11.7290	12	0.40	3.58	23
福 建	3009.31	9.5960	15	21693.01	9.2883	29	-0.31	-3.21	26
广 东	4534.24	11.3709	5	25018.10	10.5718	24	-0.80	-7.03	29
天 津	4161.55	10.4173	9	27911.30	9.6726	28	-0.74	-7.15	30
北 京	5537.05	13.3064	1	37438.95	10.4667	26	-2.84	-21.34	31
东 部	3321.00	9.8704	[2]	23343.62	10.8035	[4]	0.93	9.45	[4]

注：①2017年城乡总消费人均值数据亦恢复使用自行演算值，因而表中均为演算衍生数值；②文教消费占居民总消费比即文教消费比重的比值较小且各地接近，保留4位小数以便精确排序。

（四）文化教育消费与非文消费剩余比关系变化

1997~2017年各省域城乡文教消费与非文消费剩余比变动态势分析见表6，各省域按20年间城乡文教消费与非文消费剩余比升降变化状况优劣排列。表中同时提供1997年和2017年各省域城乡人均非文消费剩余数据，对照表2各地人均文教消费数据，可以进行重复验算。

1997~2017年，全国城乡人均非文消费剩余从871.34元增长至10108.32元，年均增长13.04%，高于同期全国城乡人均文教消费年均增长1.52个百分点。20年里，全国城乡人均文教消费与人均非文消费剩余的比值从27.75%下降至21.19%，降低6.56个百分点。

同期，东部比值从24.76%下降至19.07%，降低5.69个百分点；东北比值从24.01%上升至25.28%，提升1.27个百分点；中部比值从27.86%下降至22.26%，降低5.60个百分点；西部比值从35.44%下降至23.75%，降低11.69个百分点。

20年间各省域城乡文教消费与非文消费剩余比升降变化比较，仅有7个省域此项比值上升，按升幅高低依次为黑龙江、青海、贵州、河北、甘肃、江苏、山西；24个省域此项比值下降，按降幅大小倒序为吉林、天津、西藏、辽宁、河南、安徽、宁夏、海南、广东、内蒙古、福建、湖南、江西、山东、新疆、四川、湖北、上海、广西、浙江、云南、重庆、陕西、北京。其中，黑龙江占据首位，此项比值提高33.39%；北京处于末位，此项比值降低56.59%。

2017年与上一年相比，全国城乡此项比值下降3.72%。同时，仅有9个省域此项比值上升，按升幅高低依次为黑龙江、湖南、重庆、江西、四川、海南、广西、山东、西藏；22个省域此项比值下降，按降幅大小倒序为上海、河北、山西、天津、河南、新疆、湖北、云南、贵州、吉林、安徽、江苏、北京、广东、陕西、辽宁、浙江、甘肃、福建、内蒙古、宁夏、青海。

这一相关性比值分析表明，1997~2017年，全国及各省域城乡文教消费需求增长与非文消费剩余增长相比较，其间"增长协调性"欠佳。在全国及绝大部分省域，城乡文教消费需求增长赶不上居民必需消费（本项评价体系设定全部非文消费为必需消费）之外余钱增多速度，全面建设小康社会发展成就未能在提升城乡居民文教消费需求上同步体现出来。

表6 各省域城乡文教消费与居民非文消费剩余比变动状况

地区	1997年			2017年			20年比值升降变化		
	人均非文消费剩余（元）	文教消费与非文消费剩余比（%）	比值排序	人均非文消费剩余（元）	文教消费与非文消费剩余比（%）	比值排序	升降百分点	升降百分比（%）	排序
全　国	871.34	27.75	—	10108.32	21.19	—	-6.56	-23.64	—
黑龙江	1004.20	18.78	28	7631.93	25.05	7	6.27	33.39	1
吉　林	888.43	25.35	17	7768.41	25.05	8	-0.30	-1.18	8
辽　宁	915.41	28.38	16	10002.05	25.55	6	-2.83	-9.97	11
东　北	940.34	24.01	[4]	8617.72	25.28	[1]	1.27	5.29	[1]
山　西	805.83	20.15	27	9052.84	21.43	17	1.28	6.35	7
河　南	653.17	21.60	26	8397.91	19.30	23	-2.30	-10.65	12
安　徽	755.37	24.12	20	8289.01	21.22	18	-2.90	-12.02	13
湖　南	671.43	42.28	3	9364.80	31.23	3	-11.05	-26.14	19
江　西	809.84	23.64	22	9660.30	17.26	27	-6.38	-26.99	20
湖　北	850.89	33.08	8	9101.17	21.65	16	-11.43	-34.55	24
中　部	739.85	27.86	[4]	8895.54	22.26	[3]	-5.60	-20.10	[2]
河　北	1092.07	17.11	30	8104.73	20.26	20	3.15	18.41	4
江　苏	1132.09	17.22	29	14788.84	19.04	25	1.82	10.57	6
天　津	1824.30	23.76	21	11903.97	22.68	15	-1.08	-4.55	9
海　南	942.59	22.87	24	9197.06	19.50	22	-3.37	-14.74	15
广　东	1753.93	29.40	14	10924.24	24.21	11	-5.19	-17.65	16
福　建	1223.82	23.60	23	11209.28	17.98	26	-5.62	-23.81	18
山　东	1050.40	22.85	25	12149.77	16.68	28	-6.17	-27.00	21
上　海	2258.64	32.20	9	23618.94	19.54	21	-12.66	-39.32	25
浙　江	1386.05	29.26	15	18176.63	15.92	30	-13.34	-45.59	27
北　京	1937.22	38.03	5	23733.62	16.51	29	-21.52	-56.59	31
东　部	1323.68	24.76	[3]	13227.31	19.07	[4]	-5.69	-22.98	[3]
青　海	505.82	25.18	19	5570.25	31.44	2	6.26	24.86	2
贵　州	488.18	25.24	18	6131.44	30.68	4	5.44	21.55	3
甘　肃	426.70	29.40	13	4868.30	33.02	1	3.62	12.31	5

续表

地区	1997年			2017年			20年比值升降变化		
	人均非文消费剩余（元）	文教消费与非文消费剩余比（%）	比值排序	人均非文消费剩余（元）	文教消费与非文消费剩余比（%）	比值排序	升降百分点	升降百分比（%）	排序
西　藏	803.79	9.04	31	5917.99	8.15	31	-0.89	-9.85	10
宁　夏	505.23	30.86	11	7633.15	26.49	5	-4.37	-14.16	14
内蒙古	692.59	29.47	12	9819.58	22.95	14	-6.52	-22.12	17
新　疆	585.93	35.71	7	6758.73	24.67	9	-11.04	-30.92	22
四　川	521.87	36.11	6	6318.23	24.29	10	-11.82	-32.73	23
广　西	790.11	32.17	10	8508.24	19.11	24	-13.06	-40.60	26
云　南	410.19	39.95	4	7887.22	20.91	19	-19.04	-47.66	28
重　庆	535.13	45.96	2	8650.79	23.71	12	-22.25	-48.41	29
陕　西	390.40	51.11	1	8208.08	23.68	13	-27.43	-53.67	30
西　部	535.85	35.44	[1]	7337.56	23.75	[2]	-11.69	-32.99	[4]

注：表中均为城乡综合演算衍生数值，非文消费即总消费与文教消费之差，非文消费剩余即居民收入与非文消费之差，此为本项研究别出心裁的取值方式，亦恢复使用自行演算的居民收入、总消费和文教消费人均值得出。

三　各省域城乡、区域之间均衡增长状况

在本项评价体系当中，文教消费需求及其增长还需要放到城乡关系、地区关系背景中考察其间的"均衡增长"状况，从而得出不可或缺的各项比差值校正指标演算数值。

（一）文化教育消费需求的城乡差距变化

1997~2017年各省域人均文教消费城乡比及其变动态势分析见表7，各省域按20年间人均文教消费城乡比扩减变化状况优劣排列。表中同时提供1997年和2017年各省域城镇与乡村人均文教消费基础数据，可以进行重复验算。

1997~2017年，全国城镇人均文教消费从448.38元增长至2846.64元，总增长534.87%，年均增长9.68%；全国乡村人均文教消费从148.18元增长至1171.25元，总增长690.42%，年均增长10.89%。20年里，全国城镇

人均文教消费年均增长幅度低于乡村1.21个百分点。因此，全国人均文教消费城乡比从3.0259缩小至2.4304，文教消费需求的城乡差距缩小19.68%。

分阶段对比考察，第一个五年，全国人均文教消费城乡比扩大41.78%；第二个五年，全国人均文教消费城乡比扩大1.36%；第三个五年，全国人均文教消费城乡比扩大4.97%；第四个五年，全国人均文教消费城乡比缩小46.76%。对比各五年时段全国人均文教消费城乡比扩减变化，第四个五年显著好于第三个五年，明显好于第二个五年，而显著好于第一个五年。

20年以来，27个省域城乡比缩小，按缩减程度大小依次为西藏、青海、江苏、重庆、云南、贵州、广西、甘肃、四川、宁夏、山西、河北、黑龙江、天津、海南、新疆、河南、湖南、山东、浙江、湖北、安徽、陕西、内蒙古、江西、福建、吉林；4个省域城乡比扩大，按扩增程度大小倒序为辽宁、北京、广东、上海。其中，西藏占据首位，其城乡比缩小了90.82%；上海处于末位，其城乡比扩大120.26%。

2017年与上一年相比，全国文教消费城乡比缩小1.40%。同时，16个省域城乡比缩小，按缩减程度大小依次为西藏、福建、四川、安徽、云南、广东、湖北、广西、内蒙古、宁夏、山东、吉林、甘肃、贵州、河南、重庆；15个省域城乡比扩大，按扩增程度大小倒序为湖南、江苏、青海、河北、辽宁、浙江、上海、黑龙江、江西、新疆、山西、海南、陕西、北京、天津。

表7 各省域文教消费城乡差距变动状况

地区	1997年文教消费城乡差距			2017年文教消费城乡差距			20年城乡比扩减变化	
	城镇人均值（元）	乡村人均值（元）	城乡比（乡村=1）	城镇人均值（元）	乡村人均值（元）	城乡比（乡村=1）	扩减百分比（%）	排序
全 国	448.38	148.18	3.0259	2846.64	1171.25	2.4304	-19.68	—
西 藏	371.04	7.78	47.6915	1043.98	238.58	4.3759	-90.82	1
青 海	330.20	36.67	9.0046	2528.25	897.08	2.8183	-68.70	2
重 庆	626.21	103.12	6.0726	2528.46	1226.21	2.0620	-66.04	4
云 南	502.63	81.28	6.1839	2363.14	1043.95	2.2637	-63.39	5

全国省域城乡文化教育消费需求景气评价排行

续表

地区	1997年文教消费城乡差距			2017年文教消费城乡差距			20年城乡比扩减变化	
	城镇人均值（元）	乡村人均值（元）	城乡比（乡村=1）	城镇人均值（元）	乡村人均值（元）	城乡比（乡村=1）	扩减百分比(%)	排序
贵 州	337.46	68.87	4.9000	2731.29	1183.26	2.3083	-52.89	6
广 西	548.34	166.36	3.2961	2151.53	1127.87	1.9076	-42.13	7
甘 肃	303.84	77.64	3.9134	2341.92	993.75	2.3566	-39.78	8
四 川	460.13	113.35	4.0594	2221.90	847.71	2.6211	-35.43	9
宁 夏	312.22	93.36	3.3443	2629.71	1212.38	2.1691	-35.14	10
新 疆	461.23	93.27	4.9451	2629.49	747.46	3.5179	-28.86	16
陕 西	383.63	129.15	2.9704	2617.89	1082.76	2.4178	-18.60	23
内蒙古	290.33	149.66	1.9399	2636.70	1638.59	1.6091	-17.05	24
西 部	439.53	109.51	4.0135	2421.21	1038.36	2.3318	-41.90	[1]
江 苏	448.85	61.38	7.3126	3450.50	1450.46	2.3789	-67.47	3
河 北	403.66	125.91	3.2059	2172.67	1014.12	2.1424	-33.17	12
天 津	553.97	170.21	3.2546	2978.98	1343.22	2.2178	-31.86	14
海 南	381.56	140.42	2.7173	2236.15	1196.98	1.8682	-31.25	15
山 东	453.14	149.40	3.0331	2622.47	1140.90	2.2986	-24.22	19
浙 江	670.24	233.57	2.8695	3521.10	1590.87	2.2133	-22.87	20
福 建	465.03	195.91	2.3737	2483.46	1174.58	2.1143	-10.93	26
北 京	890.30	297.81	2.9895	4325.16	1313.75	3.2922	10.13	29
广 东	758.64	314.73	2.4104	3284.28	1185.96	2.7693	14.89	30
上 海	784.04	414.06	1.8935	5087.20	1219.79	4.1706	120.26	31
东 部	590.26	170.09	3.4703	3176.15	1226.33	2.5900	-25.37	[2]
山 西	322.08	93.65	3.4392	2559.43	1127.20	2.2706	-33.98	11
河 南	299.00	103.27	2.8953	2226.94	1030.30	2.1614	-25.35	17
湖 南	576.38	187.61	3.0722	3972.95	1710.23	2.3230	-24.39	18
湖 北	449.62	195.21	2.3033	2420.90	1330.67	1.8193	-21.01	21
安 徽	358.83	128.53	2.7918	2372.46	1074.96	2.2068	-20.95	22
江 西	353.08	140.31	2.5164	2235.36	1004.08	2.2263	-11.53	25
中 部	402.54	140.67	2.8616	2647.13	1212.47	2.1833	-23.70	[3]
黑龙江	275.03	109.69	2.5073	2289.51	1362.11	1.6809	-32.96	13
吉 林	308.83	154.70	1.9963	2445.36	1302.54	1.8774	-5.96	27
辽 宁	363.15	155.07	2.3418	3164.29	1294.97	2.4435	4.34	28
东 北	319.20	138.63	2.3026	2708.17	1322.06	2.0484	-11.04	[4]

注：①全国及省域城镇与乡村文教消费人均值数据出自《中国统计年鉴》相应年卷，其余为演算衍生数值；②城乡比扩减百分比负值为城乡比缩小。

这意味着，从1997年到2017年，全国及各省域城镇与乡村相比较，其间文教消费需求的"增长协调性"稍好。在全国及绝大部分省域，文教消费城乡比普遍逐步缩小，而极少数省域的城乡比扩大程度较为严重。城乡之间"不平衡不充分的发展"矛盾依然明显。

为了迎接中共十九大召开，反映近几年国内经济增长、社会建设、文化发展、民生进步情况，国家统计局相继发布了一些专项统计数据。本系列研究检测数据库利用已经储存、可以回溯27个年份统计数据的强大演算功能，根据国家统计局发布的若干数据之间的关系进行推演，首次将全国及各地城镇、乡村居民历年文化消费人均值从"教育文化娱乐"消费统计项数据当中分解出来，以便单独考察"纯粹"的文化消费。

在此截取2017年全国及各省域文化消费人均值城乡比对比见图1，鉴于数据主要来自推演测算，未经正式出版发布，仅供参考。

图中各地城镇、乡村数值形成直观比例一目了然，其间可看出城乡之间文化消费的差距更加悬殊，足以说明乡村文化消费在文化教育综合消费当中占比甚低。其中"纯"文化消费人均值城镇首位上海为2306.84元，乡村末位西藏为57.97元，前者是后者的39.80倍，此即城乡间两极对比最大差距。我国"不平衡不充分的发展"缺陷在整个民生消费需求领域都有十分明显的反映，在堪称"高大上"的精神消费需求领域或许更加显著。

（二）城乡文化教育消费需求的地区差距变化

1997~2017年各省域城乡人均文教消费地区差距及其变动态势分析见表8，各省域按20年间城乡人均文教消费地区差扩减变化状况优劣排列。按照文教消费地区差演算方法，对应本文表2各地人均文教消费数据，可以进行重复验算。同时利用表8表栏空间，另附1997年和2017年省域人均文教消费城乡比排序结果。

1997~2017年，全国城乡人均文教消费地区差从1.4055缩小至1.2509，文教消费需求的地区差距缩小11.00%。

分阶段对比考察，第一个五年，全国城乡人均文教消费地区差扩大2.01%；

全国省域城乡文化教育消费需求景气评价排行

地区（城乡比）	城镇文化消费人均值	乡村文化消费人均值
内蒙古（3.0032）	1195.63	398.12
黑龙江（3.1371）	1038.20	330.94
湖北（3.3955）	1097.78	323.30
海南（3.4867）	1014.00	290.82
吉林（3.5039）	1108.87	316.47
广西（3.5603）	975.63	274.03
重庆（3.8485）	1146.55	297.92
福建（3.9461）	1126.15	285.38
河北（3.9986）	985.21	246.39
河南（4.0341）	1009.82	250.32
宁夏（4.0483）	1192.46	294.56
安徽（4.1187）	1075.70	261.17
浙江（4.1309）	1596.67	386.52
天津（4.1392）	1350.84	326.35
江西（4.1550）	1013.64	243.95
云南（4.2248）	1071.59	253.64
山西（4.2378）	1160.59	273.87
山东（4.2900）	1189.18	277.20
贵州（4.3081）	1238.53	287.49
湖南（4.3357）	1801.57	415.52
甘肃（4.3984）	1061.96	241.44
江苏（4.4399）	1564.66	352.41
陕西（4.5125）	1187.10	263.07
全国（4.5361）	1290.83	284.57
辽宁（4.5605）	1434.88	314.63
四川（4.8919）	1007.54	205.96
广东（5.1686）	1489.28	288.14
青海（5.2601）	1146.46	217.96
北京（6.1445）	1961.28	319.19
新疆（6.5657）	1192.36	181.61
上海（7.7838）	2306.84	296.36
西藏（8.1670）	473.40	57.97

图1 2017年全国及各地居民文化消费城乡比对比

坐标轴：各地地名附居民文化消费城乡比（乡村=1，城镇=乡村倍差值，例如西藏城镇人均值为乡村8.1670倍），按从小到大顺序自上而下排列。横向柱形左侧：城镇人均值（元），右侧：乡村人均值（元）。各地人均值以直观比例体现城镇、乡村之间文化消费差距。

第二个五年，全国城乡人均文教消费地区差扩大1.03%；第三个五年，全国城乡人均文教消费地区差缩小1.07%；第四个五年，全国城乡人均文教消费地区差缩小12.71%。对比各五年时段全国城乡人均文教消费地区差扩减变化，第四个五年较明显好于第三个五年，亦较明显好于第二个五年，也较明显好于第一个五年。

表8　各省域城乡文教消费地区差距变动状况

地区	1997年文教消费地区差距		2017年文教消费地区差距		20年地区差扩减变化		附：城乡比排序（配合表7）	
	地区差（无差距=1）	排序	地区差（无差距=1）	排序	扩减百分比（%）	排序	1997年	2017年
全　国	1.4055	—	1.2509	—	-11.00	—	—	—
广　东	2.1319	29	1.2348	20	-42.08	1	7	26
北　京	3.0466	31	1.8295	30	-39.95	2	15	28
天　津	1.7926	28	1.2604	24	-29.69	3	19	14
上　海	3.0070	30	2.1548	31	-28.34	4	1	30
浙　江	1.6770	26	1.3511	27	-19.43	8	12	13
福　建	1.1941	13	1.0593	5	-11.29	12	6	8
河　北	1.2273	17	1.2335	19	0.51	19	18	9
山　东	1.0075	1	1.0537	3	4.59	24	16	18
海　南	1.1085	6	1.1626	12	4.88	25	10	4
江　苏	1.1938	12	1.3144	26	10.10	28	29	22
东　部	1.7386	[4]	1.3654	[4]	-21.47	[1]	[3]	[4]
山　西	1.3287	20	1.0941	9	-17.66	9	22	17
河　南	1.4166	22	1.2434	22	-12.23	11	13	10
湖　北	1.1639	9	1.0800	6	-7.21	15	4	3
安　徽	1.2467	18	1.1787	13	-5.45	18	11	12
江　西	1.2082	14	1.2217	17	1.12	21	9	15
湖　南	1.1739	10	1.3656	28	16.33	30	17	20
中　部	1.2563	[2]	1.1972	[2]	-4.70	[2]	[2]	[2]
贵　州	1.4906	25	1.1217	11	-24.75	5	25	19
宁　夏	1.3553	21	1.0559	4	-22.09	6	21	11

续表

地区	1997年文教消费地区差距		2017年文教消费地区差距		20年地区差扩减变化		附:城乡比排序（配合表7）	
	地区差(无差距=1)	排序	地区差(无差距=1)	排序	扩减百分比(%)	排序	1997年	2017年
青海	1.4734	23	1.1825	14	-19.74	7	30	27
甘肃	1.4813	24	1.2494	23	-15.66	10	23	21
内蒙古	1.1559	8	1.0521	2	-8.98	14	2	1
陕西	1.1750	11	1.0926	8	-7.01	16	14	23
云南	1.3224	19	1.2301	18	-6.98	17	28	16
西藏	1.7611	27	1.7749	29	0.78	20	31	31
重庆	1.0170	2	1.0424	1	2.50	23	27	7
四川	1.2208	16	1.2834	25	5.13	26	24	25
新疆	1.1349	7	1.2216	16	7.64	27	26	29
广西	1.0510	3	1.2409	21	18.07	31	20	6
西部	1.2616	[3]	1.2123	[3]	-3.91	[3]	[4]	[3]
黑龙江	1.2200	15	1.1073	10	-9.24	13	8	2
吉林	1.0686	4	1.0914	7	2.13	22	3	5
辽宁	1.0742	5	1.1931	15	11.07	29	5	24
东北	1.1209	[1]	1.1306	[1]	0.87	[4]	[1]	[1]

注：①表中均为演算衍生数值；②地区差扩减百分比负值为地区差缩小。所附城乡比排序配合前表7。

20年以来，18个省域地区差缩小，按缩减程度大小依次为广东、北京、天津、上海、贵州、宁夏、青海、浙江、山西、甘肃、河南、福建、黑龙江、内蒙古、湖北、陕西、云南、安徽；13个省域地区差扩大，按扩增程度大小倒序为河北、西藏、江西、吉林、重庆、山东、海南、四川、新疆、江苏、辽宁、湖南、广西。其中，广东占据首位，其地区差缩小42.08%；广西处于末位，其地区差扩大18.07%。

2017年与上一年相比，全国城乡文教消费地区差缩小0.38%。同时，20个省域地区差缩小，按缩减程度大小依次为浙江、内蒙古、辽宁、重庆、海南、北京、四川、江西、黑龙江、广东、贵州、山东、湖北、宁夏、西藏、云南、广西、河北、安徽、新疆；11个省域地区差扩大，按扩增程度大小倒序为河南、江苏、青海、天津、上海、陕西、甘肃、吉林、山西、福建、湖南。

这意味着，从1997年到2017年，全国各地之间城乡人均文教消费需求增长相互比较，其间的"增长协调性"稍好。在全国及大部分省域，城乡文教消费地区差略有缩小，不过另有较多省域城乡文教消费地区差继续扩大。其中有所区别之处在于，发达地区城乡文教消费地区差扩大是由于"领先"增长的偏离，欠发达地区城乡文教消费地区差扩大则由于"滞后"增长的偏离。区域之间"不平衡不充分的发展"矛盾依然明显。

四 各省域城乡景气排行与预测

基于以上各项指标的分析数值，按照本项评价体系的测评方式和演算权重，最后测算得出2017年各省域城乡综合文教消费需求景气评价排行。基于不同时间段、不同基准值的各类测评结果均落实在2017年之上。景气指数取百分制，以便横向衡量百分点高低，纵向衡量百分比升降。

（一）2017年文化教育消费需求景气指数测评

1997年以来各省域城乡综合演算的文教消费需求景气指数变动态势分析见表9，各省域以2017年横向测评的文教消费需求景气指数高低排列。

1. 各年度无差距理想值横向测评

以文教消费需求城乡之间、地区之间实现无差距状态为"理想值"100，在年度横向测评中，2017年全国城乡文教消费需求景气指数为86.05，低于理想值13.95%。此项测评中，由于全国城乡文教消费总量份额值（全国份额为100%基准）、人均绝对值、相对比值作为演算基准，全国城乡总体景气指数高低，全都缘于文教消费相关增率比提高或降低，城乡比和地区差缩小或扩大。

全国省域城乡文化教育消费需求景气评价排行

表9 各省域城乡文教消费需求景气指数变动状况

地区	起始年度基数值纵向测评(起点年基数值=100)						2017年度理想值无差距横向测评(理想值=100)	
	1997年以来20年	2002年以来15年	2007年以来10年	2012年以来5年	最近一年以来(2016~2017年)			
	景气指数	景气指数	景气指数	景气指数	景气指数	排序	景气指数	排序
全 国	195.52	147.23	136.95	128.31	100.97	—	86.05	—
黑龙江	233.49	167.89	141.47	139.64	104.04	5	95.67	3
辽 宁	206.45	154.41	134.72	126.00	98.74	25	93.16	4
吉 林	189.53	154.20	132.98	120.13	99.13	24	90.83	9
东 北	210.07	158.22	136.01	128.44	100.44	[4]	93.04	[1]
湖 南	216.70	174.20	168.44	163.42	105.12	3	106.52	1
山 西	254.07	155.83	128.96	127.56	96.22	30	90.42	11
湖 北	168.39	140.58	144.85	140.33	103.26	8	89.56	12
安 徽	204.61	184.05	131.67	128.79	101.89	13	85.78	21
江 西	188.19	142.06	141.95	136.65	103.14	9	84.09	25
河 南	233.50	187.14	157.21	138.23	100.68	20	83.02	27
中 部	206.64	164.80	147.83	139.87	102.25	[1]	89.95	[2]
贵 州	305.38	213.25	196.42	180.79	101.75	15	95.85	2
内蒙古	223.67	157.71	132.92	138.95	100.96	18	93.05	5
宁 夏	263.55	178.76	175.65	144.76	101.77	14	93.01	6
甘 肃	261.78	158.51	153.45	140.59	96.95	29	91.11	8
重 庆	214.86	163.60	165.77	143.18	104.89	4	90.76	10
青 海	306.53	175.64	169.51	150.78	99.24	23	87.56	14
云 南	240.85	190.26	180.05	152.31	102.36	11	87.55	15
陕 西	196.95	133.69	130.62	120.35	95.76	31	87.25	17
广 西	166.74	158.28	174.53	159.50	103.63	6	87.05	18
新 疆	185.62	157.10	153.04	140.23	100.001	22	82.50	28
四 川	186.37	140.02	152.98	128.11	105.66	2	81.83	29
西 藏	348.76	176.65	130.20	194.17	107.65	1	54.93	31
西 部	205.28	157.52	157.18	141.89	101.79	[2]	86.36	[3]
上 海	157.24	110.38	106.26	104.09	101.91	12	92.16	7
海 南	193.37	161.64	157.60	164.93	103.13	10	88.10	13
广 东	149.50	126.30	142.74	125.35	100.73	19	87.26	16
天 津	170.38	134.16	138.29	114.63	101.33	16	86.97	19
江 苏	319.85	139.53	112.48	100.12	100.43	21	86.88	20
北 京	143.21	107.45	106.90	96.55	97.90	26	85.25	22

续表

地区	起始年度基数值纵向测评(起点年基数值=100)						2017年度理想值无差距横向测评(理想值=100)	
	1997年以来20年	2002年以来15年	2007年以来10年	2012年以来5年	最近一年以来(2016~2017年)			
	景气指数	景气指数	景气指数	景气指数	景气指数	排序	景气指数	排序
山 东	189.33	132.35	122.15	127.08	103.50	7	85.01	23
浙 江	171.29	122.35	111.28	110.15	96.96	28	84.19	24
河 北	202.92	173.29	149.62	144.16	101.14	17	83.35	26
福 建	162.34	129.09	124.83	114.34	97.83	27	81.10	30
东 部	185.74	133.76	122.74	115.29	100.45	[3]	83.78	[4]

注：西藏因缺失若干年度数据，变通以1999年数据为起始基点，统一纳入各时段以来纵向测评。个别指数值保留3位小数精确测算。

此项测评中，四大区域和各省域城乡景气指数高低，除了缘于自身文教消费城乡比、与全国地区差的存在及其扩减变化以外，更有可能缘于其文教消费总量份额、相关增率比上升或下降，缘于人均绝对值、各项相对比值高于或低于全国总体平均值。

各省域城乡综合景气指数比较，湖南、贵州、黑龙江、辽宁、内蒙古从高到低依次占据"2017年度城乡文教消费需求景气指数排名"全国前5位。20个省域景气指数高于全国城乡总体景气指数，按指数高低依次为上述5地和宁夏、上海、甘肃、吉林、重庆、山西、湖北、海南、青海、云南、广东、陕西、广西、天津、江苏；11个省域景气指数低于全国城乡总体景气指数，按指数高低依次为安徽、北京、山东、浙江、江西、河北、河南、新疆、四川、福建、西藏。

2. 1997年以来20年基数值纵向测评

以1997年为起点基数值100，在1997年以来20年间自身纵向测评中，2017年全国城乡文教消费需求景气指数为195.52，高于1997年基数值95.52%。此项测评中，全国城乡总体景气指数升降，缘于与自身1997年相比，2017年各项指标数值或有升降。四大区域和各省域城乡亦然。

各省域城乡综合景气指数比较，西藏、江苏、青海、贵州、宁夏从高到低依次占据"1997~2017城乡文教消费需求景气指数提升"全国前5位。

17个省域景气指数提升高于全国城乡总体景气指数提升，按指数高低依次为上述5地和甘肃、山西、云南、河南、黑龙江、内蒙古、湖南、重庆、辽宁、安徽、河北、陕西；14个省域景气指数提升低于全国城乡总体景气指数提升，按指数高低依次为海南、吉林、山东、江西、四川、新疆、浙江、天津、湖北、广西、福建、上海、广东、北京。

3. 2002年以来15年基数值纵向测评

以2002年为起点基数值100，在2002年以来15年间自身纵向测评中，2017年全国城乡文教消费需求景气指数为147.23，高于2002年基数值47.23%。此项测评中，全国城乡总体景气指数升降，缘于与自身2002年相比，2017年各项指标数值或有升降。四大区域和各省域城乡亦然。

各省域城乡综合景气指数比较，贵州、云南、河南、安徽、宁夏从高到低依次占据"2002~2017城乡文教消费需求景气指数提升"全国前5位。19个省域景气指数提升高于全国城乡总体景气指数提升，按指数高低依次为上述5地和西藏、青海、湖南、河北、黑龙江、重庆、海南、甘肃、广西、内蒙古、新疆、山西、辽宁、吉林；12个省域景气指数提升低于全国城乡总体景气指数提升，按指数高低依次为江西、湖北、四川、江苏、天津、陕西、山东、福建、广东、浙江、上海、北京。

4. 2007年以来10年基数值纵向测评

以2007年为起点基数值100，在2007年以来10年间自身纵向测评中，2017年全国城乡文教消费需求景气指数为136.95，高于2007年基数值36.95%。此项测评中，全国城乡总体景气指数升降，缘于与自身2007年相比，2017年各项指标数值或有升降。四大区域和各省域城乡亦然。

各省域城乡综合景气指数比较，贵州、云南、宁夏、广西、青海从高到低依次占据"2007~2017城乡文教消费需求景气指数提升"全国前5位。18个省域景气指数提升高于全国城乡总体景气指数提升，按指数高低依次为上述5地和湖南、重庆、海南、河南、甘肃、新疆、四川、河北、湖北、广东、江西、黑龙江、天津；13个省域景气指数提升低于全国城乡总体景气指数提升，按指数高低依次为辽宁、吉林、内蒙古、安徽、陕西、西藏、山西、福建、山东、江苏、浙江、北京、上海。

5. 2012年以来5年基数值纵向测评

以2012年为起点基数值100，在2012年以来5年间自身纵向测评中，2017年全国城乡文教消费需求景气指数为128.31，高于2012年基数值28.31%。此项测评中，全国城乡总体景气指数升降，缘于与自身2012年相比，2017年各项指标数值或有升降。四大区域和各省域城乡亦然。

各省域城乡综合景气指数比较，西藏、贵州、海南、湖南、广西从高到低依次占据"2012~2017城乡文教消费需求景气指数提升"全国前5位。18个省域景气指数提升高于全国城乡总体景气指数提升，按指数高低依次为上述5地和云南、青海、宁夏、河北、重庆、甘肃、湖北、新疆、黑龙江、内蒙古、河南、江西、安徽；13个省域景气指数提升低于全国城乡总体景气指数提升，按指数高低依次为四川、山西、山东、辽宁、广东、陕西、吉林、天津、福建、浙江、上海、江苏、北京。

6. 逐年度上年基数值纵向测评

各年度均以上年为起点基数值100，在逐年自身纵向测评中，2017年全国城乡文教消费需求景气指数为100.97，高于上年基数值0.97%。此项测评中，全国城乡总体景气指数升降，缘于与自身上年相比，本年度各项指标数值或有升降。四大区域和各省域城乡亦然。

各省域城乡综合景气指数比较，西藏、四川、湖南、重庆、黑龙江从高到低依次占据"2016~2017城乡文教消费需求景气指数提升"全国前5位。17个省域景气指数提升高于全国城乡总体景气指数提升，按指数高低依次为上述5地和广西、山东、湖北、江西、海南、云南、上海、安徽、宁夏、贵州、天津、河北；14个省域景气指数提升低于全国城乡总体景气指数提升，按指数高低依次为内蒙古、广东、河南、江苏、新疆、青海、吉林、辽宁、北京、福建、浙江、甘肃、山西、陕西。

（二）2020年增长态势预测与景气状况测算

鉴于2018年统计数据尚待公布，而现实年度已经进入2019年，有必要把数据演算推向今后年度预测。在此充分发挥本项研究测评的演算数据库潜力,基于现有基础数据推演的"最大"概率或然性,按照1997~2017年各省域人均产值及其城乡人均收入、总消费、积蓄、文教消费各项年均增长率,预测2020年各省域城乡文教消费需求增长态势,其中城乡比指标检测值需依城镇与乡村人均数值的不同年均增长率推算,并测算各自文教消费需求景气状况。

2020年各省域城乡综合演算的文教消费增长态势预测与景气状况测算见表10,各省域分为东北和东、中、西部四大区域,以由北至南、从东到西的大致地理分布排列。依照本文表1~8列出的各项基础数据,同样可以进行重复验算。鉴于表中均为预测数值,不加以分析,也不列排行,仅供参考。

表10 2020年各省域城乡文教消费增长态势预测与景气状况测算

地区	2020年增长态势预测						2020年景气测算	
	城乡综合预测		城乡差距、地区差距检测				自身纵向测评 2017年基数值=100	各地横向测评 无差距理想值=100
	文教消费总量（亿元）	文教消费人均值（元）	城镇人均文教消费（元）	乡村人均文教消费（元）	城乡比（乡村=1）	地区差（无差距=1）		
全 国	39871.03	2831.91	3756.08	1597.09	2.3518	1.2354	102.88	86.30
黑龙江	981.81	2595.87	3146.28	1987.55	1.5830	1.0834	106.37	98.05
吉 林	699.95	2576.00	3335.32	1793.02	1.8602	1.0904	102.90	92.20
辽 宁	1513.02	3438.30	4378.30	1780.41	2.4592	1.2141	103.34	95.60
东 北	3194.79	2931.02	3603.38	1770.02	2.0358	1.1293	103.91	94.98
北 京	1068.72	4581.88	5482.42	1641.34	3.3402	1.6179	97.90	80.59
天 津	576.78	3407.29	3834.02	1831.14	2.0938	1.2032	103.06	86.23
河 北	1636.76	2134.85	2796.66	1386.73	2.0167	1.2461	102.96	83.21
山 东	2679.62	2634.46	3412.57	1547.69	2.2049	1.0697	101.75	83.34
江 苏	3162.45	3880.36	4685.43	2330.92	2.0101	1.3702	107.00	89.77
上 海	1463.69	5677.26	6734.42	1434.39	4.6950	2.0047	98.75	88.12
浙 江	2130.87	3655.34	4515.92	2121.37	2.1288	1.2908	101.55	84.68
福 建	1025.24	2566.77	3192.97	1536.59	2.0780	1.0936	100.38	80.92
广 东	3818.41	3282.83	4091.67	1447.07	2.8276	1.1592	101.36	87.11
海 南	222.39	2346.32	2915.35	1650.77	1.7661	1.1715	103.12	87.16

续表

地区	2020年增长态势预测						2020年景气测算	
	城乡综合预测		城乡差距、地区差距检测				自身纵向测评2017年基数值=100	各地横向测评无差距理想值=100
	文教消费总量（亿元）	文教消费人均值（元）	城镇人均文教消费（元）	乡村人均文教消费（元）	城乡比（乡村=1）	地区差（无差距=1）		
东 部	17784.92	3233.94	3939.13	1618.70	2.4335	1.3227	102.71	83.64
山 西	993.63	2629.54	3492.77	1637.10	2.1335	1.0715	105.06	93.76
河 南	2137.81	2227.61	3009.63	1454.83	2.0687	1.2134	104.86	84.95
安 徽	1479.99	2355.35	3149.16	1478.26	2.1303	1.1683	103.17	86.24
湖 北	1498.76	2521.98	3116.35	1774.62	1.7561	1.1094	100.32	86.98
江 西	1041.19	2220.21	2948.27	1348.88	2.1857	1.2160	102.47	82.82
湖 南	2764.79	3962.70	5307.30	2382.45	2.2277	1.3993	103.74	105.53
中 部	9916.17	2660.74	3421.18	1609.81	2.1252	1.1963	103.18	89.87
内蒙古	797.40	3115.02	3671.02	2346.26	1.5646	1.1000	103.38	94.53
陕 西	1017.19	2635.61	3491.87	1489.53	2.3443	1.0693	102.99	88.77
宁 夏	194.28	2769.80	3620.14	1780.98	2.0327	1.0219	105.20	95.13
甘 肃	584.97	2221.93	3181.34	1456.65	2.1840	1.2154	105.64	95.20
青 海	149.48	2449.92	3431.05	1449.13	2.3677	1.1349	109.06	92.49
新 疆	556.63	2185.49	3414.01	1021.33	3.3427	1.2283	103.29	82.81
重 庆	813.72	2594.53	3117.28	1777.66	1.7536	1.0838	102.19	87.71
四 川	1657.06	1991.44	2813.85	1146.36	2.4546	1.2968	101.68	79.34
贵 州	939.23	2646.07	3737.58	1812.76	2.0618	1.0656	107.14	99.08
广 西	1003.85	2034.87	2641.21	1502.93	1.7574	1.2814	100.53	84.06
云 南	1053.64	2160.45	2980.75	1531.03	1.9469	1.2371	104.77	88.31
西 藏	22.91	652.58	1240.43	422.09	2.9388	1.7696	113.05	55.78
西 部	8790.36	2308.49	3049.16	1393.06	2.1888	1.2087	102.98	86.11

注：西藏因缺失若干年度数据，以1999~2017年相关数据年均增长推算增长态势，全国及其余各地以1997~2017年相关数据年均增长推算。总量测算未涉及人口增长尤其是分布变化，且未经平衡，各地总量之和不等于全国总量。

B.4 全国省域城镇文化教育消费需求景气评价排行

——1997~2017年测评与2020年预测

王亚南 陈勇强 魏海燕*

摘　要： 1997~2017年，31个省域城镇文教消费总量年均增长均超过10%，其中6个省域城镇年均增长超过15%；13个省域城镇文教消费人均值年均增长超过10%，无省域城镇年均增长超过15%。各省域城镇单行文教消费需求景气评价排行结果：城乡、地区无差距理想值横向测评，湖南、贵州、辽宁、黑龙江、宁夏为"2017年度城镇景气指数排名"前5位；历年各地自身基数值纵向测评，西藏、青海、江苏、贵州、黑龙江为"1997~2017年城镇景气指数提升"前5位；安徽、贵州、黑龙江、西藏、湖南为"2002~2017年城镇景气指数提升"前5位；云南、贵州、宁夏、重庆、青海为"2007~2017年城镇景气指数提升"前5位；西藏、贵州、海南、湖南、青海为"2012~2017年城镇景气指数提升"前5位；湖南、西藏、黑龙江、海南、重庆为"2016~2017年城镇景气指数提升"前5位。

---

* 王亚南，云南省社会科学院研究员，文化发展研究中心主任，主要研究方向为民俗学、民族学及文化理论、文化战略和文化产业研究；陈勇强，昆明市社会科学院副院长，主要从事文化建设、文化产业研究；魏海燕，云南省政协信息中心主任编辑，主要从事传媒信息分析研究。

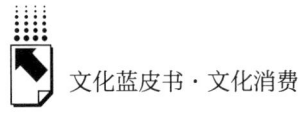

关键词： 省域城镇 文教消费 单行评价 景气排行

本项评价体系运用于全国省域城镇单行文教消费需求景气测评，已经连续推出多个年度的实际评价结果，年度测评排行至上一统计年度2016年，具有延续性，可对照参看。标准化检测流程犹如每年体检程序，实现全国或一地历年之间、同年各地之间"可重复检验"，以保证检测方法的科学性、规范性。

本文全面展开2017年全国及东、中、西部和东北四大区域、31个省域城镇单行文教消费需求景气分析测算及其评价排行。2017数据年度测评统一取全国及各地1997年以来数据，其中"民生数据"统计项迄今保持一致口径，更有利于保证各个时段至今各类测评的前后可对比性。

鉴于另有全国总报告和省域城镇子报告对全国及各地详加考察，本文分析侧重于东、中、西部和东北四大区域整体加以比较，对省域则着眼于各项指标排行。

一 各省域城镇文化教育消费需求增长基本状况

全国及各省域城镇文教消费需求总量增长态势可以提供一种宏观视角，本文分析测算就由各省域城镇文教消费总量占全国份额增减变化开始。

（一）各省域城镇总量份额增减变化

1997~2017年各省域城镇文教消费总量增长及其占全国份额增减变化态势见表1，全国城镇总体数据作为测评演算基准列于首行。各省域依属地方位，由北至南、从东到西分为东北和东、中、西部四大区域，按20年里文教消费总量占全国份额增减变化幅度高低排列。其中，省域主排行以1、2、3……为序，四大区域作为附加排行以［1］、［2］、［3］、［4］为序（后同）。

1997～2017年，全国城镇文教消费总量从1720.73亿元增长至22864.95亿元，绝对增长总量21144.22亿元，总增长1228.79%，年均增长13.81%。

同期，东部总量年均增长13.33%，低于全国城镇平均增长0.48个百分点，占全国城镇份额由53.35%下降为49.06%，降幅为8.04%；东北总量年均增长12.88%，低于全国城镇平均增长0.93个百分点，占全国城镇份额由9.39%下降为7.97%，降幅为15.04%；中部总量年均增长14.45%，高于全国城镇平均增长0.64个百分点，占全国城镇份额由20.38%上升为22.81%，升幅为11.92%；西部总量年均增长13.43%，低于全国城镇平均增长0.38个百分点，占全国城镇份额由21.65%下降为20.25%，降幅为6.47%。

分阶段对比考察，第一个五年（1997～2002年，后同），全国城镇文教消费总量年均增长20.84%；第二个五年（2002～2007年，后同），全国城镇文教消费总量年均增长11.91%；第三个五年（2007～2012年，后同），全国城镇文教消费总量年均增长12.88%；第四个五年（2012～2017年，后同），全国城镇文教消费总量年均增长9.90%。对比各五年时段城镇文教消费总量增长变化，第四个五年全国年均增长比第三个五年降低2.98个百分点，比第二个五年降低2.01个百分点，比第一个五年降低10.94个百分点。

表1 各省域城镇文教消费总量增长及其占全国份额变动状况

地区	文教消费总量增长				占全国城镇份额变动			
	1997年总量（亿元）	2017年总量（亿元）	20年年均增长		1997年份额（%）	2017年份额（%）	20年份额增减	
			增长指数（上年=100）	指数排序			增减百分比（%）	增减排序
全　国	1720.73	22864.95	113.808	—	100	100	—	—
河　南	53.18	1048.65	116.076	2	3.0905	4.5863	48.40	2
山　西	30.27	536.50	115.459	4	1.7591	2.3464	33.39	4
湖　南	92.03	1459.19	114.818	7	5.3483	6.3818	19.32	7
江　西	35.05	554.59	114.806	8	2.0369	2.4255	19.08	8
安　徽	50.98	778.93	114.605	12	2.9627	3.4067	14.99	12
湖　北	89.17	837.52	111.851	29	5.1821	3.6629	-29.32	29

续表

地区	文教消费总量增长				占全国城镇份额变动			
	1997年总量（亿元）	2017年总量（亿元）	20年年均增长		1997年份额（%）	2017年份额（%）	20年份额增减	
			增长指数（上年=100）	指数排序			增减百分比（%）	增减排序
中 部	350.68	5215.38	114.451	[1]	20.3797	22.8095	11.92	[1]
宁 夏	4.69	101.95	116.644	1	0.2726	0.4459	63.57	1
贵 州	24.44	439.34	115.541	3	1.4203	1.9215	35.29	3
甘 肃	15.93	279.23	115.395	5	0.9258	1.2212	31.91	5
内蒙古	26.04	410.07	114.779	9	1.5133	1.7934	18.51	9
青 海	5.02	78.82	114.762	10	0.2917	0.3447	18.17	10
陕 西	37.73	561.28	114.452	13	2.1927	2.4548	11.95	13
云 南	40.08	518.68	113.658	16	2.3292	2.2685	-2.61	16
新 疆	24.76	311.17	113.491	17	1.4389	1.3609	-5.42	17
四 川	83.84	920.12	112.725	22	4.8724	4.0242	-17.41	22
重 庆	51.92	490.35	111.882	28	3.0173	2.1445	-28.93	28
西 藏	1.68	10.54	110.741	31	0.0695	0.0461	-33.72	30
广 西	58.12	508.84	111.458	30	3.3776	2.2254	-34.11	31
西 部	372.57	4630.38	113.428	[2]	21.6519	20.2510	-6.47	[2]
江 苏	110.33	1887.06	115.254	6	6.4118	8.2531	28.72	6
河 北	57.63	882.05	114.615	11	3.3492	3.8577	15.18	11
海 南	8.79	118.31	113.881	14	0.5108	0.5174	1.29	14
山 东	118.47	1564.60	113.773	15	6.8849	6.8428	-0.61	15
福 建	52.50	620.64	113.145	19	3.0510	2.7144	-11.03	19
浙 江	115.87	1336.62	113.006	20	6.7338	5.8457	-13.19	20
上 海	95.43	1080.46	112.901	21	5.5459	4.7254	-14.79	21
天 津	36.13	385.27	112.563	23	2.0997	1.6850	-19.75	23
广 东	240.49	2531.01	112.489	24	13.9760	11.0694	-20.80	24
北 京	82.42	812.55	112.122	27	4.7898	3.5537	-25.81	27
东 部	918.05	11218.55	113.332	[3]	53.3524	49.0644	-8.04	[3]
辽 宁	75.41	933.17	113.404	18	4.3824	4.0812	-6.87	18
黑龙江	49.10	515.08	112.471	25	2.8534	2.2527	-21.05	25
吉 林	37.02	375.22	112.277	26	2.1514	1.6410	-23.72	26
东 北	161.53	1823.47	112.884	[4]	9.3873	7.9750	-15.04	[4]

注：①表中均为演算衍生数值，各地总量之和不等于全国总量，另分别经四舍五入，四大区域总量与相应各地之和可能会有小数微小出入；②年均增长指数保留3位小数精确排序；③西藏总量极小，保留4位小数；④各地总量份额较小保留4位小数，份额增减百分比负值为下降百分比。数据演算依据为《中国统计年鉴》相应年卷，其中西藏缺失若干年度数据，变通以1999年数据为起始基点；由于历时年份不同，西藏增长变化位次虚设，其后各地位次相应递进（后同）。

20年间各省域城镇文教消费总量年均增长幅度及占全国城镇份额升降比较，14个省域年均增长幅度高于全国城镇平均增长，占全国城镇份额各有上升，按增幅高低依次为宁夏、河南、贵州、山西、甘肃、江苏、湖南、江西、内蒙古、青海、河北、安徽、陕西、海南；17个省域年均增长幅度低于全国城镇平均增长，占全国城镇份额各有下降，按增幅高低依次为山东、云南、新疆、辽宁、福建、浙江、上海、四川、天津、广东、黑龙江、吉林、北京、重庆、湖北、西藏、广西。其中，宁夏占据首位，年均增长高于全国城镇平均增长2.83个百分点，占全国城镇份额提高了63.57%；广西处于末位，年均增长低于全国城镇平均增长3.07个百分点，占全国城镇份额降低了34.11%。

2017年，全国城镇文教消费总量增长10.84%，低于第一个五年年均增长10.00个百分点，低于第二个五年年均增长1.06个百分点，低于第三个五年年均增长2.04个百分点。20个省域文教消费总量增长幅度高于全国城镇平均增长，按增幅高低依次为西藏、湖南、海南、江西、重庆、贵州、四川、黑龙江、新疆、河北、山东、天津、宁夏、上海、湖北、云南、河南、青海、江苏、广西；11个省域文教消费总量增长幅度低于全国城镇平均增长，按增幅高低依次为安徽、陕西、广东、山西、北京、甘肃、浙江、辽宁、吉林、福建、内蒙古。

各省域城镇文教消费总量数值本身不具可比性，增长幅度和份额变化却可以进行比较，此处仅提供各地总量增长幅度和份额增减排序。鉴于各省域人口差异极大，各自文教消费需求总量占全国份额差距巨大，份额增减百分点并无比较意义，故采用份额增减百分比加以比较，便于进行排序。实际上，总量增长与份额增减是联系在一起的，总量年均增长排序与份额增减百分比排序也是一致的。

（二）各省域城镇人均绝对值增长变化

1997~2017年各省域城镇人均文教消费绝对值增长态势分析见表2，各省域按20年里城镇人均文教消费绝对值年均增长指数高低排列。

1997～2017年，全国城镇人均文教消费需求从448.38元增长至2846.64元，人均绝对增量2398.26元，总增长534.87%，年均增长9.68%。

表2 各省域城镇人均文教消费绝对值增长状况

地区	人均文教消费绝对值				人均文教消费增长变动				
	1997年		2017年		20年增量及增量比			20年年均增长	
	人均值（元）	排序	人均值（元）	排序	增量值（元）	增量比（全国=1）	增量比排序	增长指数（上年=100）	指数排序
全　国	448.38	—	2846.64	—	2398.26	1	—	109.682	—
辽　宁	363.15	20	3164.29	7	2801.14	1.1680	6	111.432	2
黑龙江	275.03	31	2289.51	24	2014.48	0.8400	20	111.178	4
吉　林	308.83	27	2445.36	19	2136.53	0.8909	17	110.900	7
东　北	319.20	[4]	2708.17	[2]	2388.97	0.9961	[2]	111.283	[1]
山　西	322.08	25	2559.43	15	2237.35	0.9329	12	110.920	6
河　南	299.00	29	2226.94	27	1927.94	0.8039	23	110.561	11
湖　南	576.38	6	3972.95	3	3396.57	1.4163	3	110.134	12
安　徽	358.83	21	2372.22	21	2013.39	0.8395	21	109.904	14
江　西	353.08	22	2235.36	26	1882.28	0.7849	25	109.666	16
湖　北	449.62	14	2420.90	20	1971.28	0.8220	22	108.782	20
中　部	402.54	[3]	2647.13	[3]	2244.59	0.9359	[3]	109.875	[2]
内蒙古	290.33	30	2636.70	10	2346.37	0.9784	10	111.663	1
宁　夏	312.22	26	2629.71	11	2317.49	0.9663	11	111.243	3
贵　州	337.46	23	2731.29	9	2393.83	0.9982	9	111.022	5
甘　肃	303.84	28	2341.92	23	2038.08	0.8498	18	110.751	8
青　海	330.20	24	2528.25	17	2198.05	0.9165	14	110.714	10
陕　西	383.63	17	2617.89	14	2234.26	0.9316	13	110.078	13
新　疆	461.23	11	2629.49	12	2168.26	0.9041	16	109.093	19
四　川	460.13	12	2221.90	28	1761.77	0.7346	29	108.191	26
云　南	502.63	9	2363.14	22	1860.51	0.7758	26	108.047	27
重　庆	626.21	5	2528.46	16	1902.25	0.7932	24	107.228	29
广　西	548.34	8	2151.53	30	1603.19	0.6685	30	107.074	30
西　藏	371.04	19	1043.98	31	672.94	0.2806	31	105.916	31
西　部	439.53	[2]	2421.21	[4]	1981.68	0.8263	[4]	108.906	[3]
江　苏	448.85	15	3450.50	5	3001.65	1.2516	4	110.736	9

续表

地区	人均文教消费绝对值				人均文教消费增长变动				
	1997年		2017年		20年增量及增量比			20年年均增长	
	人均值（元）	排序	人均值（元）	排序	增量值（元）	增量比（全国=1）	增量比排序	增长指数（上年=100）	指数排序
上 海	784.04	2	5087.20	1	4303.16	1.7943	1	109.801	15
海 南	381.56	18	2236.15	25	1854.59	0.7733	27	109.244	17
山 东	453.14	13	2622.47	13	2169.33	0.9045	15	109.175	18
河 北	403.66	16	2172.67	29	1769.01	0.7376	28	108.780	21
天 津	553.97	7	2978.98	8	2425.01	1.0112	8	108.775	22
福 建	465.03	10	2483.46	18	2018.43	0.8416	19	108.737	23
浙 江	670.24	4	3521.10	4	2850.86	1.1887	5	108.648	24
北 京	890.30	1	4325.16	2	3434.86	1.4322	2	108.224	25
广 东	758.64	3	3284.28	6	2525.64	1.0531	7	107.602	28
东 部	590.26	[1]	3176.15	[1]	2585.89	1.0782	[1]	108.778	[4]

注：①城镇人均文教消费数据出自《中国统计年鉴》相应年卷，其余为演算衍生数值；②各地人均绝对值"增量比"小于1为小于全国城镇人均增量；③年均增长指数（小于100为负增长）保留3位小数精确排序。

同期，东部人均值年均增长8.78%，低于全国城镇平均增长0.90个百分点，从全国城镇人均值的131.64%降低至111.58%，绝对增量为全国城镇人均增量的107.82%；东北人均值年均增长11.28%，高于全国城镇平均增长1.60个百分点，从全国城镇人均值的71.19%提高至95.14%，绝对增量为全国城镇人均增量的99.61%；中部人均值年均增长9.87%，高于全国城镇平均增长0.19个百分点，从全国城镇人均值的89.78%提高至92.99%，绝对增量为全国城镇人均增量的93.59%；西部人均值年均增长8.91%，低于全国城镇平均增长0.77个百分点，从全国城镇人均值的98.03%降低至85.06%，绝对增量为全国城镇人均增量的82.63%。

分阶段对比考察，第一个五年，全国城镇人均文教消费年均增长15.01%；第二个五年，全国城镇人均文教消费年均增长8.06%；第三个五年，全国城镇人均文教消费年均增长8.88%；第四个五年，全国城镇人均文教消费年均增长6.96%。对比各五年时段城镇人均文教消费需求增长变化,第四个五年全国年均增长比第三个五年降低1.92个百分点,比第二个五年降低1.10个百分点,比第一个五年降低8.05个百分点。

20年间各省域城镇人均文教消费年均增长幅度比较,15个省域年均增长幅度高于全国城镇平均增长,按增幅高低依次为内蒙古、辽宁、宁夏、黑龙江、贵州、山西、吉林、甘肃、江苏、青海、河南、湖南、陕西、安徽、上海;16个省域年均增长幅度低于全国城镇平均增长,按增幅高低依次为江西、海南、山东、新疆、湖北、河北、天津、福建、浙江、北京、四川、云南、广东、重庆、广西、西藏。其中,内蒙古占据首位,年均增长高于全国城镇平均增长1.98个百分点;西藏处于末位,年均增长低于全国城镇平均增长3.76个百分点。

2017年,全国城镇人均文教消费年度增长7.92%,低于第一个五年年均增长7.09个百分点,低于第二个五年年均增长0.13个百分点,低于第三个五年年均增长0.95个百分点。16个省域人均值年均增长幅度高于全国城镇平均增长,按增幅高低依次为湖南、海南、江西、黑龙江、重庆、西藏、天津、上海、四川、贵州、新疆、山东、河北、江苏、宁夏、湖北;15个省域人均值年均增长幅度低于全国城镇平均增长,按增幅高低依次为青海、广西、河南、北京、云南、安徽、广东、陕西、山西、辽宁、吉林、浙江、内蒙古、福建、甘肃。

人均文教消费绝对值系本项评价体系进行演算测评的基础性指标,虽然在最后的综合评价中演算权重不高,却是以下各项指标演算的基础,因而实际上具有决定性意义。当然,全国及各省域城镇文教消费需求状况分析不能孤立地进行,必须放到全国及各地经济增长、民生增进的相关背景当中,同时放到城乡之间、地区之间协调增长背景当中,进一步展开分析。

二 各省域城镇相关背景协调增长情况对比

在本项评价体系当中,全国及各省域城镇文教消费需求及其增长需要放到相关经济、民生背景中考察其间的"协调增长"状况，从而得出极其重要的各项比值平衡指标演算数值。

（一）文化教育消费与产值比关系变化

1997~2017年各省域城镇文教消费与产值比（文教消费率）变动态势分析见表3，各省域按20年间城镇文教消费与产值比升降变化状况优劣排列。表中同时提供1997年和2017年各地人均产值数据，对照表2各地人均文教消费数据，可以进行重复验算。

1997~2017年，全国人均产值从6481元增长至59660元，年均增长11.74%，高于同期全国城镇人均文教消费年均增长2.06个百分点。20年里，全国城镇人均文教消费与人均产值的比值从6.92%下降至4.77%，降低2.15个百分点。

同期，东部比值从6.16%下降至3.77%，降低2.39个百分点；东北比值从4.34%上升至5.44%，提升1.10个百分点；中部比值从9.24%下降至5.52%，降低3.72个百分点；西部比值从11.19%下降至5.39%，降低5.80个百分点。

20年间各省域城镇文教消费与产值比升降变化比较，仅有3个省域此项比值上升，按升幅高低依次为辽宁、黑龙江、上海；28个省域此项比值下降，按降幅大小倒序为山西、甘肃、吉林、新疆、河北、青海、宁夏、内蒙古、河南、海南、江苏、北京、湖南、浙江、安徽、天津、山东、江西、福建、云南、广东、贵州、陕西、湖北、四川、广西、重庆、西藏。其中，辽宁占据首位，此项比值提高42.03%；西藏处于末位，此项比值降低70.05%。

2017年与上一年相比，全国城镇此项比值下降2.43%。同时，16个省域此项比值上升，按升幅高低依次为内蒙古、黑龙江、湖南、天津、广西、青海、海南、江西、重庆、河北、上海、山东、吉林、西藏、宁夏、湖北；15个省域此项比值下降，按降幅大小倒序为辽宁、四川、新疆、江苏、甘肃、北京、河南、云南、安徽、广东、贵州、陕西、浙江、福建、山西。

表3 各省域城镇文教消费与产值比变动状况

地区	1997年			2017年			1997~2017年比值升降变化		
	人均产值（元）	文教消费与产值比（％）	比值排序	人均产值（元）	文教消费与产值比（％）	比值排序	升降百分点	升降百分比（％）	排序
全 国	6481	6.9184	—	59660	4.7714	—	-2.147	-31.033	—
辽 宁	8725	4.1622	29	53527	5.9116	6	1.7494	42.031	1
黑龙江	7133	3.8557	30	41916	5.4621	11	1.6064	41.663	2
吉 林	5591	5.5237	24	54838	4.4592	19	-1.0645	-19.272	6
东 北	7357	4.3386	[4]	49812	5.4368	[2]	1.0982	25.312	[1]
上 海	22583	3.4718	31	126634	4.0172	23	0.5454	15.709	3
河 北	6079	6.6402	20	45387	4.7870	15	-1.8532	-27.909	8
海 南	5567	6.8540	17	48430	4.6173	17	-2.2367	-32.633	13
江 苏	9371	4.7898	27	107150	3.2203	28	-1.5695	-32.768	14
北 京	16609	5.3603	25	128994	3.3530	27	-2.0073	-37.448	15
浙 江	10624	6.3087	21	92057	3.8249	25	-2.4838	-39.371	17
天 津	13142	4.2153	28	118944	2.5045	31	-1.7108	-40.585	19
山 东	7461	6.0734	22	72807	3.6019	26	-2.4715	-40.694	20
福 建	8775	5.2995	26	82677	3.0038	29	-2.2957	-43.319	22
广 东	10130	7.4890	15	80932	4.0581	21	-3.4309	-45.813	24
东 部	9579	6.1621	[3]	84247	3.7700	[4]	-2.3921	-38.820	[2]
山 西	4723	6.8194	18	42060	6.0852	5	-0.7342	-10.766	4
河 南	4389	6.8125	19	46674	4.7713	16	-2.0412	-29.963	12
湖 南	4420	13.0403	4	49558	8.0168	2	-5.0235	-38.523	16
安 徽	3929	9.1329	10	43401	5.4658	10	-3.6671	-40.153	18
江 西	3890	9.0766	11	43424	5.1477	13	-3.9289	-43.286	21
湖 北	4884	9.2060	9	60199	4.0215	22	-5.1845	-56.317	27
中 部	4354	9.2449	[2]	47952	5.5203	[1]	-3.7246	-40.288	[3]
甘 肃	3199	9.4980	8	28497	8.2183	1	-1.2797	-13.473	5
新 疆	5848	7.8870	14	44941	5.8510	7	-2.036	-25.815	7
青 海	4122	8.0107	13	44047	5.7399	8	-2.2708	-28.347	9
宁 夏	4277	7.3000	16	50765	5.1802	12	-2.1198	-29.038	10
内蒙古	4980	5.8299	23	63764	4.1351	20	-1.6948	-29.071	11
云 南	4121	12.1968	5	34221	6.9055	4	-5.2913	-43.383	23
贵 州	2250	14.9982	1	37956	7.1959	3	-7.8023	-52.022	25

续表

地区	1997年			2017年			1997~2017年比值升降变化		
	人均产值（元）	文教消费与产值比（%）	比值排序	人均产值（元）	文教消费与产值比（%）	比值排序	升降百分点	升降百分比（%）	排序
陕西	3834	10.0060	7	57266	4.5714	18	-5.4346	-54.313	26
四川	4032	11.4120	6	44651	4.9761	14	-6.4359	-56.396	28
广西	3928	13.9598	2	38102	5.6468	9	-8.313	-59.550	29
重庆	4733	13.2307	3	63442	3.9855	24	-9.2452	-69.877	30
西藏	4180	8.8766	12	39267	2.6587	30	-6.2179	-70.048	31
西部	3927	11.1930	[1]	44885	5.3943	[3]	-5.7987	-51.806	[4]

注：①人均产值数据（产值相关演算不区分城乡）出自《中国统计年鉴》相应年卷，其余为演算衍生数值；②文教消费与产值比即文教消费率的比值较小且各地接近，保留4位小数以便精确排序；③比值升降百分点、百分比负值为下降百分点、百分比，以升降百分比排序更加准确（表4~6同）。

这一相关性比值分析表明，1997~2017年，全国及各省域城镇文教消费需求增长与产值增长相比较，其间"增长协调性"欠佳。在全国及绝大部分省域，城镇文教消费需求增长赶不上产值增长，经济发展成果未能在提升城镇居民文教消费需求上同步体现出来。

（二）文化教育消费占收入比关系变化

1997~2017年各省域城镇文教消费占居民收入比（文教消费比）变动态势分析见表4，各省域按20年间城镇文教消费占收入比升降变化状况优劣排列。表中同时提供1997年和2017年各省域城镇人均收入数据，对照表2各地人均文教消费数据，可以进行重复验算。

1997~2017年，全国城镇人均收入从5160.32元增长至36396.19元，年均增长10.26%，高于同期全国城镇人均文教消费年均增长0.58个百分点。20年里，全国城镇人均文教消费占人均收入的比值从8.69%下降至7.82%，降低0.87个百分点。

同期，东部比值从8.78%下降至7.44%，降低1.34个百分点；东北比值从7.44%上升至8.75%，提升1.31个百分点；中部比值从8.95%下降至8.46%，降低0.49个百分点；西部比值从9.48%下降至7.83%，降低1.65个百分点。

20年间各省域城镇文教消费占收入比升降变化比较，11个省域此项比值上升，按升幅高低依次为黑龙江、贵州、吉林、辽宁、宁夏、山西、湖南、青海、河南、江苏、内蒙古；20个省域此项比值下降，按降幅大小倒序为甘肃、安徽、海南、广东、新疆、陕西、天津、上海、河北、云南、福建、江西、山东、湖北、浙江、四川、重庆、广西、西藏、北京。其中，黑龙江占据首位，此项比值提高24.07%；北京处于末位，此项比值降低39.18%。

2017年与上一年相比，全国城镇此项比值下降0.32%。同时，16个省域此项比值上升，按升幅高低依次为湖南、海南、黑龙江、江西、重庆、天津、上海、西藏、四川、新疆、山东、河北、贵州、江苏、宁夏、湖北；15个省域此项比值下降，按降幅大小倒序为广西、河南、青海、山西、辽宁、云南、北京、安徽、陕西、广东、吉林、浙江、内蒙古、甘肃、福建。

表4 各省域城镇文教消费占居民收入比变动状况

地区	1997年			2017年			1997~2017年比值升降变化		
	人均收入（元）	文教消费占收入比（%）	比值排序	人均收入（元）	文教消费占收入比（%）	比值排序	升降百分点	升降百分比（%）	排序
全 国	5160.32	8.6890	—	36396.19	7.8212	—	-0.87	-9.99	—
黑龙江	4090.72	6.7233	30	27445.99	8.3419	11	1.62	24.07	1
吉 林	4190.58	7.3696	27	28318.75	8.6351	7	1.27	17.17	3
辽 宁	4518.10	8.0377	21	34993.39	9.0426	3	1.00	12.50	4
东 北	4289.75	7.4409	[4]	30950.53	8.7500	[1]	1.31	17.59	[1]
江 苏	5765.20	7.7855	24	43621.75	7.9100	14	0.12	1.60	10
海 南	4849.93	7.8673	22	30817.37	7.2561	22	-0.61	-7.77	14
广 东	8561.71	8.8608	12	40975.14	8.0153	13	-0.85	-9.54	15
天 津	6608.39	8.3828	16	40277.54	7.3961	20	-0.99	-11.77	18
上 海	8438.89	9.2908	9	62595.74	8.1271	12	-1.16	-12.53	19

续表

地区	1997年 人均收入（元）	1997年 文教消费占收入比（%）	1997年 比值排序	2017年 人均收入（元）	2017年 文教消费占收入比（%）	2017年 比值排序	1997~2017年比值升降变化 升降百分点	1997~2017年比值升降变化 升降百分比（%）	排序
河 北	4958.67	8.1405	18	30547.76	7.1124	26	-1.03	-12.63	20
福 建	6143.64	7.5693	26	39001.36	6.3676	30	-1.20	-15.88	22
山 东	5190.79	8.7297	13	36789.35	7.1283	25	-1.60	-18.34	24
浙 江	7358.72	9.1081	10	51260.73	6.8690	29	-2.24	-24.58	26
北 京	7813.16	11.3949	2	62406.34	6.9306	28	-4.46	-39.18	31
东 部	6722.11	8.7809	[3]	42707.40	7.4370	[4]	-1.34	-15.30	[3]
山 西	3989.92	8.0723	20	29131.81	8.7857	5	0.71	8.84	6
湖 南	5209.74	11.0635	3	33947.94	11.7031	1	0.64	5.78	7
河 南	4093.62	7.3040	29	29557.86	7.5342	18	0.23	3.15	9
安 徽	4599.27	7.8019	23	31640.32	7.4975	19	-0.30	-3.90	13
江 西	4071.32	8.6724	14	31198.06	7.1650	24	-1.51	-17.38	23
湖 北	4673.15	9.6213	6	31889.42	7.5915	17	-2.03	-21.10	25
中 部	4498.84	8.9475	[2]	31293.93	8.4589	[2]	-0.49	-5.46	[2]
贵 州	4441.91	7.5972	25	29079.84	9.3924	2	1.80	23.63	2
宁 夏	3836.54	8.1381	19	29472.28	8.9227	4	0.78	9.64	5
青 海	3999.36	8.2563	17	29168.86	8.6676	6	0.41	4.98	8
内蒙古	3944.67	7.3601	28	35670.02	7.3919	21	0.03	0.43	11
甘 肃	3592.43	8.4578	15	27763.40	8.4353	10	-0.02	-0.27	12
新 疆	4844.72	9.5203	8	30774.80	8.5443	8	-0.98	-10.25	16
陕 西	4001.30	9.5876	7	30810.26	8.4968	9	-1.09	-11.38	17
云 南	5558.29	9.0429	11	30995.88	7.6240	16	-1.42	-15.69	21
四 川	4763.26	9.6600	5	30726.87	7.2311	23	-2.43	-25.14	27
重 庆	5322.66	11.7650	1	32193.23	7.8540	15	-3.91	-33.24	28
广 西	5110.29	10.7301	4	30502.07	7.0537	27	-3.68	-34.26	29
西 藏	6908.67	5.3706	31	30671.13	3.4038	31	-1.97	-36.62	30
西 部	4636.29	9.4802	[1]	30918.53	7.8309	[3]	-1.65	-17.40	[4]

注：①城镇人均收入数据出自《中国统计年鉴》相应年卷，其余为演算衍生数值；②文教消费占居民收入比即文教消费比的比值较小且各地接近，保留4位小数以便精确排序。

这一相关性比值分析表明，1997～2017年，全国及各省域城镇文教消费需求增长与收入增长相比较，其间"增长协调性"欠佳。在全国及大部分省域，城镇文教消费需求增长赶不上居民收入增长，民生增进成效未能在提升城镇居民文教消费需求上同步体现出来。

（三）文化教育消费占总消费比关系变化

1997～2017年各省域城镇文教消费占居民总消费比（文教消费比重）变动态势分析见表5，各省域按20年间城镇文教消费占总消费比升降变化状况优劣排列。表中同时提供1997年和2017年各省域城镇人均总消费数据，对照表2各地人均文教消费数据，可以进行重复验算。

1997～2017年，全国城镇人均总消费从4185.64元增长至24444.95元，年均增长9.22%，低于同期全国城镇人均文教消费年均增长0.46个百分点。20年里，全国城镇人均文教消费占人均总消费的比值从10.71%上升至11.65%，提升0.94个百分点。

同期，东部比值从10.93%上升至11.14%，提升0.21个百分点；东北比值从9.21%上升至12.24%，提升3.03个百分点；中部比值从10.96%上升至12.89%，提升1.93个百分点；西部比值从11.22%上升至11.49%，提升0.27个百分点。

20年间各省域城镇文教消费占总消费比升降变化比较，22个省域此项比值上升，按升幅高低依次为贵州、山西、黑龙江、宁夏、吉林、河南、湖南、辽宁、江苏、安徽、青海、内蒙古、陕西、海南、甘肃、云南、江西、河北、上海、浙江、福建、山东；9个省域此项比值下降，按降幅大小倒序为广东、湖北、新疆、广西、天津、四川、重庆、北京、西藏。其中，贵州占据首位，此项比值提高41.43%；西藏处于末位，此项比值降低29.16%。

2017年与上一年相比，全国城镇此项比值上升1.89%。同时，24个省域此项比值上升，按升幅高低依次为宁夏、海南、湖南、黑龙江、上海、天津、重庆、江西、青海、西藏、江苏、四川、贵州、辽宁、湖北、山东、新疆、云南、河北、北京、广西、陕西、安徽、广东；7个省域此项比值下降,按降幅大小倒序为河南、吉林、内蒙古、福建、山西、浙江、甘肃。

这一相关性比值分析表明,1997~2017年,全国及各省域城镇文教消费需求增长与总消费增长相比较,其间"增长协调性"稍好。在全国及绝大部分省域,城镇文教消费需求增长赶上了居民总消费增长,拉动内需扩大消费成效开始在提升城镇居民文教消费需求上同步体现出来。

表5 各省域城镇文教消费占居民总消费比变动状况

地区	1997年			2017年			1997~2017年比值升降变化		
	人均总消费(元)	文教消费占总消费比(%)	比值排序	人均总消费(元)	文教消费占总消费比(%)	比值排序	升降百分点	升降百分比(%)	排序
全 国	4185.64	10.7123	—	24444.95	11.6451	—	0.93	8.71	—
黑龙江	3213.42	8.5588	30	19269.75	11.8814	11	3.32	38.82	3
吉 林	3408.03	9.0618	28	20051.24	12.1956	8	3.13	34.58	5
辽 宁	3719.91	9.7623	21	25379.44	12.4679	6	2.71	27.71	8
东 北	3467.36	9.2058	[4]	22123.80	12.2410	[2]	3.04	32.97	[1]
山 西	3228.71	9.9755	19	18403.98	13.9069	2	3.93	39.41	2
河 南	3378.02	8.8513	29	19422.27	11.4659	16	2.61	29.54	6
湖 南	4317.16	13.3509	2	23162.64	17.1524	1	3.80	28.47	7
安 徽	3693.55	9.7150	23	20740.24	11.4378	17	1.72	17.73	10
江 西	3199.61	11.0351	13	19244.46	11.6156	14	0.58	5.26	17
湖 北	3855.59	11.6615	6	21275.63	11.3787	18	-0.28	-2.43	24
中 部	3673.88	10.9567	[2]	20533.90	12.8915	[1]	1.93	17.66	[2]
贵 州	3555.69	9.4907	26	20347.79	13.4230	3	3.93	41.43	1
宁 夏	3271.32	9.5442	25	20219.49	13.0058	4	3.46	36.27	4
青 海	3300.49	10.0046	18	21472.99	11.7741	12	1.77	17.69	11
内蒙古	3032.30	9.5746	24	23637.76	11.1546	21	1.58	16.50	12
陕 西	3462.33	11.0801	10	20388.22	12.8402	5	1.76	15.89	13
甘 肃	2946.27	10.3127	16	20659.45	11.3358	20	1.02	9.92	15
云 南	4537.08	11.0783	11	19559.72	12.0817	9	1.00	9.06	16
新 疆	3887.06	11.8658	5	22796.92	11.5344	15	-0.33	-2.79	25
广 西	4452.70	12.3148	4	18348.56	11.7259	13	-0.59	-4.78	26
四 川	4092.59	11.2430	8	21990.58	10.1039	28	-1.14	-10.13	28
重 庆	4937.75	12.6821	3	22759.16	11.1096	22	-1.57	-12.40	29
西 藏	5309.12	6.9887	31	21087.51	4.9507	31	-2.04	-29.16	31

续表

地区	1997年			2017年			1997~2017年比值升降变化		
	人均总消费（元）	文教消费占总消费比（%）	比值排序	人均总消费（元）	文教消费占总消费比（%）	比值排序	升降百分点	升降百分比（%）	排序
西部	3918.23	11.2176	[1]	21073.07	11.4896	[3]	0.27	2.42	[3]
江苏	4533.57	9.9006	20	27726.33	12.4449	7	2.54	25.70	9
海南	3908.57	9.7621	22	20371.86	10.9766	24	1.21	12.44	14
河北	4003.71	10.0821	17	20600.35	10.5467	27	0.46	4.61	18
上海	6819.94	11.4963	7	42304.34	12.0253	10	0.53	4.60	19
浙江	6170.14	10.8626	14	31924.23	11.0296	23	0.17	1.54	20
福建	4935.95	9.4213	27	25980.45	9.5590	30	0.14	1.46	21
山东	4040.63	11.2146	9	23072.12	11.3664	19	0.15	1.35	22
广东	6853.48	11.0694	12	30197.91	10.8759	25	-0.19	-1.75	23
天津	5204.15	10.6448	15	30283.65	9.8369	29	-0.81	-7.59	27
北京	6531.81	13.6302	1	40346.29	10.7201	26	-2.91	-21.35	30
东部	5402.75	10.9252	[3]	28519.30	11.1368	[4]	0.21	1.94	[4]

注：①城镇人均总消费数据出自《中国统计年鉴》相应年卷，其余为演算衍生数值；②文教消费占居民总消费比即文教消费比重的比值较小且各地接近，保留4位小数以便精确排序。

（四）文化教育消费与非文消费剩余比关系变化

1997~2017年各省域城镇文教消费与非文消费剩余比变动态势分析见表6，各省域按20年间城镇文教消费与非文消费剩余比升降变化状况优劣排列。表中同时提供1997年和2017年各省域城镇人均非文消费剩余数据，对照表2各地人均文教消费数据，可以进行重复验算。

1997~2017年，全国城镇人均非文消费剩余从1423.06元增长至14797.88元，年均增长12.42%，高于同期全国城镇人均文教消费年均增长2.74个百分点。20年里，全国城镇人均文教消费与人均非文消费剩余的比值从31.51%下降至19.24%，降低12.27个百分点。

同期，东部比值从30.91%下降至18.29%，降低12.62个百分点；东北比值从27.96%下降至23.48%，降低4.48个百分点；中部比值从

32.79%下降至19.74%，降低13.05个百分点；西部比值从37.97%下降至19.74%，降低18.23个百分点。

20年间各省域城镇文教消费与非文消费剩余比升降变化比较，全部省域此项比值均为下降，按降幅大小倒序为黑龙江、贵州、天津、吉林、辽宁、甘肃、青海、新疆、广东、内蒙古、湖南、江苏、山西、安徽、宁夏、上海、海南、河南、河北、福建、山东、江西、湖北、西藏、云南、四川、陕西、浙江、北京、重庆、广西。其中，黑龙江占据首位，此项比值降低8.34%；广西处于末位，此项比值降低66.92%。

2017年与上一年相比，全国城镇此项比值下降3.91%。同时，仅有7个省域此项比值上升，按升幅高低依次为湖南、黑龙江、江西、海南、重庆、山西、河北；24个省域此项比值下降，按降幅大小倒序为山东、新疆、天津、上海、西藏、广西、四川、河南、湖北、贵州、江苏、安徽、云南、吉林、陕西、北京、浙江、广东、甘肃、辽宁、内蒙古、福建、青海、宁夏。

这一相关性比值分析表明，1997~2017年，全国及各省域城镇文教消费需求增长与非文消费剩余增长相比较，其间"增长协调性"欠佳。在全国及绝大部分省域，城镇文教消费需求增长赶不上居民必需消费（本项评价体系设定全部非文消费为必需消费）之外余钱增多速度，全面建设小康社会发展成就未能在提升城镇居民文教消费需求上同步体现出来。

表6　各省域城镇文教消费与居民非文消费剩余比变动状况

地区	1997年			2017年			1997~2017年比值升降变化		
	人均非文消费剩余（元）	文教消费与非文消费剩余比（%）	比值排序	人均非文消费剩余（元）	文教消费与非文消费剩余比（%）	比值排序	升降百分点	升降百分比（%）	排序
全　国	1423.06	31.51	—	14797.88	19.24	—	-12.27	-38.94	—
黑龙江	1152.33	23.87	30	10465.74	21.88	11	-1.99	-8.34	1
吉　林	1091.38	28.30	23	10712.87	22.83	9	-5.47	-19.33	4
辽　宁	1161.34	31.27	15	12778.25	24.76	4	-6.51	-20.82	5

续表

地区	1997年 人均非文消费剩余（元）	1997年 文教消费与非文消费剩余比（%）	比值排序	2017年 人均非文消费剩余（元）	2017年 文教消费与非文消费剩余比（%）	比值排序	1997~2017年比值升降变化 升降百分点	1997~2017年比值升降变化 升降百分比（%）	排序
东 北	1141.59	27.96	[4]	11534.91	23.48	[1]	-4.48	-16.02	[1]
湖 南	1468.96	39.24	6	14758.24	26.92	1	-12.32	-31.40	11
山 西	1083.29	29.73	17	13287.26	19.26	16	-10.47	-35.22	13
安 徽	1264.55	28.38	22	13272.29	17.87	21	-10.51	-37.03	14
河 南	1014.60	29.47	19	12362.53	18.01	18	-11.46	-38.89	18
江 西	1224.79	28.83	21	14188.96	15.75	28	-13.08	-45.37	22
湖 北	1267.18	35.48	9	13034.68	18.57	17	-16.91	-47.66	23
中 部	1227.50	32.79	[4]	13407.16	19.74	[2]	-13.05	-39.80	[2]
天 津	1958.21	28.29	24	12972.87	22.96	8	-5.33	-18.84	3
广 东	2466.87	30.75	16	14061.51	23.36	7	-7.39	-24.03	9
江 苏	1680.48	26.71	28	19345.93	17.84	22	-8.87	-33.21	12
上 海	2402.99	32.63	11	25378.60	20.05	15	-12.58	-38.55	16
海 南	1322.92	28.84	20	12681.66	17.63	23	-11.21	-38.87	17
河 北	1358.62	29.71	18	12120.08	17.93	20	-11.78	-39.65	19
福 建	1672.72	27.80	26	15504.37	16.02	27	-11.78	-42.37	20
山 东	1603.30	28.26	25	16339.70	16.05	26	-12.21	-43.21	21
浙 江	1858.82	36.06	7	22857.60	15.40	29	-20.66	-57.29	28
北 京	2171.65	41.00	4	26385.22	16.39	25	-24.61	-60.02	29
东 部	1909.63	30.91	[3]	17364.24	18.29	[4]	-12.62	-40.83	[3]
贵 州	1223.68	27.58	27	11463.34	23.83	6	-3.75	-13.60	2
甘 肃	950.00	31.98	14	9445.88	24.79	2	-7.19	-22.48	6
青 海	1029.07	32.09	13	10224.12	24.73	5	-7.36	-22.94	7
新 疆	1418.89	32.51	12	10607.38	24.79	3	-7.72	-23.75	8
内蒙古	1202.70	24.14	29	14668.96	17.97	19	-6.17	-25.56	10
宁 夏	877.44	35.58	8	11882.50	22.13	10	-13.45	-37.80	15
西 藏	1970.59	18.83	31	10627.61	9.82	31	-9.01	-47.85	24
云 南	1523.84	32.98	10	13799.30	17.13	24	-15.85	-48.06	25
四 川	1130.80	40.69	5	10958.18	20.28	13	-20.41	-50.16	26
陕 西	922.60	41.58	3	13039.92	20.08	14	-21.50	-51.71	27
重 庆	1011.12	61.93	1	11962.53	21.14	12	-40.79	-65.86	30
广 西	1205.93	45.47	2	14305.04	15.04	30	-30.43	-66.92	31
西 部	1157.59	37.97	[1]	12266.67	19.74	[3]	-18.23	-48.01	[4]

注：表中均为演算衍生数值，非文消费即总消费与文教消费之差，非文消费剩余即居民收入与非文消费之差，此为本项研究别出心裁的取值方式。

三 各省域城乡、区域之间均衡增长状况

在本项评价体系当中，文教消费需求及其增长还需要放到城乡关系、地区关系背景中考察其间的"均衡增长"状况，从而得出不可或缺的各项比差值校正指标演算数值。

（一）文化教育消费需求的城乡差距变化

在城镇单行分析评价中，依然检测城乡之间文教消费需求的协调增长，相关设计思想和技术方法参看本书 B.2 技术报告。因本节分析与本书 B.3 城乡排行报告完全同构，略不复述。

（二）城镇文化教育消费需求的地区差距变化

1997~2017 年各省域城镇人均文教消费地区差距及其变动态势分析见表7，各省域按20年间城镇人均文教消费地区差扩减变化状况优劣排列。按照文教消费地区差演算方法，对应表2各地人均文教消费数据，可以进行重复验算。

1997~2017 年，全国城镇人均文教消费地区差从 1.2696 缩小至 1.2039，文教消费需求的地区差距缩小5.17%。

分阶段对比考察，第一个五年，全国城镇人均文教消费地区差缩小1.07%；第二个五年，全国城镇人均文教消费地区差扩大3.48%；第三个五年，全国城镇人均文教消费地区差扩大0.55%；第四个五年，全国城镇人均文教消费地区差缩小7.88%。对比各五年时段全国城镇人均文教消费地区差扩减变化，第四个五年略微好于第三个五年，较明显好于第二个五年，而略微好于第一个五年。

20年间17个省域地区差缩小，按缩减程度大小依次为广东、北京、内蒙古、重庆、宁夏、浙江、贵州、天津、山西、黑龙江、吉林、青海、甘肃、河南、辽宁、陕西、安徽；14个省域地区差扩大，按扩增程度大小倒

序为江西、广西、上海、云南、新疆、海南、山东、湖南、福建、河北、湖北、四川、江苏、西藏。其中，广东占据首位，其地区差缩小31.81%；西藏处于末位，其地区差扩大21.37%。

2017年与上一年相比，全国城镇文教消费地区差扩大0.29%。同时，16个省域地区差缩小，按缩减程度大小依次为浙江、海南、重庆、黑龙江、江西、辽宁、广东、四川、贵州、北京、新疆、山东、西藏、宁夏、河北、湖北；15个省域地区差扩大，按扩增程度大小倒序为广西、青海、河南、云南、江苏、安徽、陕西、山西、吉林、上海、天津、甘肃、福建、内蒙古、湖南。

表7 各省域城镇文教消费地区差距变动状况

地区	1997年文教消费地区差距			2017年文教消费地区差距			1997~2017年地区差扩减变化	
	地区差（无差距=1）	地区差倒数	排序	地区差（无差距=1）	地区差倒数	排序	扩减百分比（%）	排序
全 国	1.2696	0.7877	—	1.2039	0.8306	—	-5.17	—
黑龙江	1.3866	0.7212	26	1.1957	0.8363	19	-13.77	10
吉 林	1.3112	0.7626	21	1.1410	0.8765	13	-12.98	11
辽 宁	1.1901	0.8403	11	1.1116	0.8996	9	-6.60	15
东 北	1.2960	0.7716	[3]	1.1494	0.8700	[1]	-11.31	[1]
广 东	1.6920	0.5910	29	1.1537	0.8667	15	-31.81	1
北 京	1.9856	0.5036	31	1.5194	0.6582	29	-23.48	2
浙 江	1.4948	0.6690	28	1.2369	0.8085	26	-17.25	6
天 津	1.2355	0.8094	15	1.0465	0.9556	2	-15.30	8
上 海	1.7486	0.5719	30	1.7871	0.5596	31	2.20	20
海 南	1.1490	0.8703	10	1.2145	0.8234	21	5.70	23
山 东	1.0106	0.9895	3	1.0787	0.9270	6	6.74	24
福 建	1.0371	0.9642	6	1.1276	0.8869	12	8.73	26
河 北	1.0997	0.9093	7	1.2368	0.8086	25	12.47	27
江 苏	1.0010	0.9990	1	1.2121	0.8250	20	21.09	30
东 部	1.3454	0.7433	[4]	1.2613	0.7928	[4]	-6.25	[2]

续表

地区	1997年文教消费地区差距			2017年文教消费地区差距			1997~2017年地区差扩减变化	
	地区差(无差距=1)	地区差倒数	排序	地区差(无差距=1)	地区差倒数	排序	扩减百分比(%)	排序
内蒙古	1.3525	0.7394	25	1.0737	0.9313	3	-20.61	3
重 庆	1.3966	0.7160	27	1.1118	0.8995	10	-20.39	4
宁 夏	1.3037	0.7671	20	1.0762	0.9292	4	-17.45	5
贵 州	1.2474	0.8017	16	1.0405	0.9611	1	-16.59	7
青 海	1.2636	0.7914	17	1.1118	0.8994	11	-12.01	12
甘 肃	1.3224	0.7562	22	1.1773	0.8494	18	-10.97	13
陕 西	1.1444	0.8738	9	1.0804	0.9256	7	-5.59	16
广 西	1.2229	0.8177	14	1.2442	0.8037	27	1.74	19
云 南	1.1210	0.8921	8	1.1698	0.8548	17	4.35	21
新 疆	1.0287	0.9721	5	1.0763	0.9291	5	4.63	22
四 川	1.0262	0.9745	4	1.2195	0.8200	24	18.84	29
西 藏	1.3457	0.7431	24	1.6333	0.6123	30	21.37	31
西 部	1.2208	0.8191	[2]	1.1679	0.8562	[2]	-4.33	[3]
山 西	1.2817	0.7802	18	1.1009	0.9084	8	-14.11	9
河 南	1.3332	0.7501	23	1.2177	0.8212	23	-8.66	14
安 徽	1.1997	0.8335	12	1.1667	0.8571	16	-2.75	17
江 西	1.2125	0.8247	13	1.2147	0.8232	22	0.18	18
湖 南	1.2855	0.7779	19	1.3957	0.7165	28	8.57	25
湖 北	1.0028	0.9972	2	1.1496	0.8699	14	14.64	28
中 部	1.2192	0.8202	[1]	1.2075	0.8281	[3]	-0.96	[4]

注：①表中均为演算衍生数值；②地区差扩减百分比负值为地区差缩小。

这意味着，从1997年到2017年，全国各地之间城镇人均文教消费需求增长相互比较，其间的"增长协调性"稍好。在全国及大部分省域，城镇文教消费地区差略有缩小，不过另有较多省域城镇文教消费地区差继续扩大。其中有所区别之处在于，发达地区城镇文教消费地区差扩大是由于"领先"增长的偏离，欠发达地区城镇文教消费地区差扩大则由于"滞后"增长的偏离。区域之间"不平衡不充分的发展"矛盾依然明显。

四 各省域城镇景气排行与预测

基于以上各项指标的分析数值,按照本项评价体系的测评方式和演算权重,最后测算得出2017年各省域城镇单行文教消费需求景气评价排行。基于不同时间段、不同基准值的各类测评结果均落实在2017年之上。景气指数取百分制,以便横向衡量百分点高低,纵向衡量百分比升降。

(一)2017年文化教育消费需求景气指数测评

1997年以来各省域城镇单行演算的文教消费需求景气指数变动态势分析见表8,各省域以2017年横向测评的文教消费需求景气指数高低排列。

1. 各年度无差距理想值横向测评

以文教消费需求城乡之间、地区之间实现无差距状态为"理想值"100,在年度横向测评中,2017年全国城镇文教消费需求景气指数为86.30,低于理想值13.70%。此项测评中,由于全国城镇文教消费总量份额值(全国份额为100%基准)、人均绝对值、相对比值作为演算基准,全国城镇总体景气指数高低,全都缘于文教消费相关增率比提高或降低,城乡比和地区差缩小或扩大。

此项测评中,四大区域和各省域城镇景气指数高低,除了缘于自身文教消费城乡比、与全国地区差的存在及其扩减变化以外,更有可能缘于其文教消费总量份额、相关增率比上升或下降,缘于人均绝对值、各项相对比值高于或低于全国总体平均值。

各省域城镇单行景气指数比较,湖南、贵州、辽宁、黑龙江、宁夏从高到低依次占据"2017年度城镇文教消费需求景气指数排名"全国前5位。19个省域景气指数高于全国城镇总体景气指数,按指数高低依次为上述5地和甘肃、山西、新疆、上海、青海、吉林、重庆、内蒙古、陕西、云南、天津、广东、江苏、海南;12个省域景气指数低于全国城镇总体景气指数,按指数高低依次为湖北、安徽、江西、广西、山东、浙江、河南、河北、北京、四川、福建、西藏。

全国省域城镇文化教育消费需求景气评价排行

表8 各省域城镇文教消费需求景气指数变动状况

地区	起始年度基数值纵向测评（起点年基数值=100）						2017年度理想值无差距横向测评（理想值=100）	
	1997年以来20年	2002年以来15年	2007年以来10年	2012年以来5年	最近一年以来（2016~2017）			
	景气指数	景气指数	景气指数	景气指数	景气指数	排序	景气指数	排序
全 国	160.38	126.17	124.42	120.89	100.43	—	86.30	—
辽 宁	191.37	145.09	132.18	123.60	98.59	24	92.99	3
黑龙江	203.04	151.33	131.78	134.02	104.82	3	92.02	4
吉 林	179.04	140.08	126.01	116.35	98.53	25	88.66	11
东 北	192.50	145.58	130.15	124.66	100.34	[3]	91.36	[1]
湖 南	170.92	148.24	147.42	148.99	105.00	1	106.54	1
山 西	196.72	132.51	124.77	125.48	97.26	27	90.29	7
湖 北	144.28	121.80	128.51	129.81	102.03	10	86.27	20
安 徽	164.98	163.30	116.04	117.44	100.33	18	85.27	21
江 西	155.22	124.98	127.67	126.98	103.99	6	84.87	22
河 南	179.67	147.11	136.37	126.17	100.15	20	83.76	26
中 部	165.57	138.64	131.24	129.08	101.92	[1]	89.71	[2]
贵 州	208.19	161.24	159.81	158.44	101.18	14	95.99	2
宁 夏	201.15	146.48	156.83	135.57	100.95	15	91.05	5
甘 肃	190.23	126.61	131.56	128.06	96.33	31	90.68	6
新 疆	151.59	133.30	141.29	135.77	100.67	16	89.19	8
青 海	215.56	148.00	148.59	145.48	99.64	22	89.00	10
重 庆	161.07	138.52	149.50	136.30	104.50	5	88.13	12
内蒙古	202.12	138.75	121.06	128.00	98.71	23	88.00	13
陕 西	162.56	116.37	121.18	114.36	97.12	28	87.44	14
云 南	163.29	145.89	160.65	137.33	100.56	17	87.39	15
广 西	132.56	129.17	146.48	142.28	102.23	9	84.76	23
四 川	138.86	115.81	132.21	118.58	103.45	7	82.90	29
西 藏	287.55	149.24	121.70	161.59	104.86	2	59.38	31
西 部	154.96	129.26	137.72	130.72	100.92	[2]	86.38	[3]
上 海	151.88	104.49	101.72	102.05	101.72	11	89.19	9
天 津	153.03	123.78	131.13	112.45	101.58	12	87.29	16
广 东	136.02	114.11	133.93	120.62	100.05	21	87.18	17
江 苏	210.42	126.75	107.34	97.47	100.27	19	86.82	18
海 南	160.94	136.89	142.26	149.47	104.75	4	86.51	19
山 东	151.77	116.41	118.21	122.38	102.57	8	84.26	24

107

续表

地区	起始年度基数值纵向测评（起点年基数值=100）						2017年度理想值无差距横向测评（理想值=100）	
	1997年以来20年	2002年以来15年	2007年以来10年	2012年以来5年	最近一年以来（2016~2017）			
	景气指数	景气指数	景气指数	景气指数	景气指数	排序	景气指数	排序
浙江	144.63	111.23	105.24	106.60	97.06	29	84.16	25
河北	152.92	141.79	133.39	135.77	101.50	13	83.31	27
北京	130.25	98.99	102.17	93.66	97.84	26	82.98	28
福建	135.61	112.47	113.22	107.57	96.54	30	78.57	30
东部	149.33	117.22	113.96	110.40	100.02	[4]	84.07	[4]

注：西藏因缺失若干年度数据，变通以1999年数据为起始基点，统一纳入各时段以来纵向测评。

2. 1997年以来20年基数值纵向测评

以1997年为起点基数值100，在1997年以来20年间自身纵向测评中，2017年全国城镇文教消费需求景气指数为160.38，高于1997年基数值60.38%。此项测评中，全国城镇总体景气指数升降，缘于与自身1997年相比，2017年各项指标数值或有升降。四大区域和各省域城镇亦然。

各省域城镇单行景气指数比较，西藏、青海、江苏、贵州、黑龙江从高到低依次占据"1997~2017城镇文教消费需求景气指数提升"全国前5位。18个省域景气指数提升高于全国城镇总体景气指数提升，按指数高低依次为上述5地和内蒙古、宁夏、山西、辽宁、甘肃、河南、吉林、湖南、安徽、云南、陕西、重庆、海南；13个省域景气指数提升低于全国城镇总体景气指数提升，按指数高低依次为江西、天津、河北、上海、山东、新疆、浙江、湖北、四川、广东、福建、广西、北京。

3. 2002年以来15年基数值纵向测评

以2002年为起点基数值100，在2002年以来15年间自身纵向测评中，2017年全国城镇文教消费需求景气指数为126.17，高于2002年基数值26.17%。此项测评中，全国城镇总体景气指数升降，缘于与自身2002年相比，2017年各项指标数值或有升降。四大区域和各省域城镇亦然。

各省域城镇单行景气指数比较，安徽、贵州、黑龙江、西藏、湖南从高到低依次占据"2002~2017城镇文教消费需求景气指数提升"全国前5位。20个省域景气指数提升高于全国城镇总体景气指数提升，按指数高低依次为上述5地和青海、河南、宁夏、云南、辽宁、河北、吉林、内蒙古、重庆、海南、新疆、山西、广西、江苏、甘肃；11个省域景气指数提升低于全国城镇总体景气指数提升，按指数高低依次为江西、天津、湖北、山东、陕西、四川、广东、福建、浙江、上海、北京。

4. 2007年以来10年基数值纵向测评

以2007年为起点基数值100，在2007年以来10年间自身纵向测评中，2017年全国城镇文教消费需求景气指数为124.42，高于2007年基数值24.42%。此项测评中，全国城镇总体景气指数升降，缘于与自身2007年相比，2017年各项指标数值或有升降。四大区域和各省域城镇亦然。

各省域城镇单行景气指数比较，云南、贵州、宁夏、重庆、青海从高到低依次占据"2007~2017城镇文教消费需求景气指数提升"全国前5位。21个省域景气指数提升高于全国城镇总体景气指数提升，按指数高低依次为上述5地和湖南、广西、海南、新疆、河南、广东、河北、四川、辽宁、黑龙江、甘肃、天津、湖北、江西、吉林、山西；10个省域景气指数提升低于全国城镇总体景气指数提升，按指数高低依次为西藏、陕西、内蒙古、山东、安徽、福建、江苏、浙江、北京、上海。

5. 2012年以来5年基数值纵向测评

以2012年为起点基数值100，在2012年以来5年间自身纵向测评中，2017年全国城镇文教消费需求景气指数为120.89，高于2012年基数值20.89%。此项测评中，全国城镇总体景气指数升降，缘于与自身2012年相比，2017年各项指标数值或有升降。四大区域和各省域城镇亦然。

各省域城镇单行景气指数比较，西藏、贵州、海南、湖南、青海从高到低依次占据"2012~2017城镇文教消费需求景气指数提升"全国前5位。20个省域景气指数提升高于全国城镇总体景气指数提升，按指数高低依次为上述5地和广西、云南、重庆、河北、新疆、宁夏、黑龙江、湖北、甘肃、内蒙古、江西、河南、山西、辽宁、山东；11个省域景气指数提升低

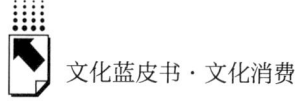

于全国城镇总体景气指数提升,按指数高低依次为广东、四川、安徽、吉林、陕西、天津、福建、浙江、上海、江苏、北京。

6.逐年度上年基数值纵向测评

各年度均以上年为起点基数值100,在逐年自身纵向测评中,2017年全国城镇文教消费需求景气指数为100.43,高于上年基数值0.43%。此项测评中,全国城镇总体景气指数升降,缘于与自身上年相比,本年度各项指标数值或有升降。四大区域和各省域城镇亦然。

各省域城镇单行景气指数比较,湖南、西藏、黑龙江、海南、重庆从高到低依次占据"2016~2017城镇文教消费需求景气指数提升"全国前5位。17个省域景气指数提升高于全国城镇总体景气指数提升,按指数高低依次为上述5地和江西、四川、山东、广西、湖北、上海、天津、河北、贵州、宁夏、新疆、云南;14个省域景气指数提升低于全国城镇总体景气指数提升,按指数高低依次为安徽、江苏、河南、广东、青海、内蒙古、辽宁、吉林、北京、山西、陕西、浙江、福建、甘肃。

(二)2020年增长态势预测与景气状况测算

鉴于2018年统计数据尚待公布,而现实年度已经进入2019年,有必要把数据演算推向今后年度预测。在此充分发挥本项研究测评的演算数据库潜力,基于现有基础数据推演的"最大"概率或然性,按照1997~2017年各省域人均产值及其城镇人均收入、总消费、积蓄、文教消费各项年均增长率,预测2020年各省域城镇文教消费需求增长态势,其中城乡比指标检测值需依据城镇与乡村人均数值的不同年均增长率推算,并测算各自文教消费需求景气状况。

2020年各省域城镇单行演算的文教消费增长态势预测与景气状况测算见表9,各省域分为东北和东、中、西部四大区域,以由北至南、从东到西的大致地理分布排列。依照本文表1~7列出的各项基础数据,同样可以进行重复验算。鉴于表中均为预测数值,不加以分析,也不列排行,仅供参考。

全国省域城镇文化教育消费需求景气评价排行

表9 各省域城镇文教消费2020年增长态势预测与景气指数测算

地区	2020年增长态势预测					2020年景气测算	
	城镇预测		城乡差距、地区差距检测			自身纵向测评2016年基数值=100	各地横向测评无差距理想值=100
	文教消费总量（亿元）	文教消费人均值（元）	乡村人均文教消费（元）	城乡比（乡村=1）	地区差（无差距=1）		
全 国	31546.95	3756.08	1597.09	2.3518	1.2020	103.28	86.67
黑龙江	701.31	3146.28	1987.55	1.5830	1.1623	106.87	93.91
吉 林	502.34	3335.32	1793.02	1.8602	1.1120	104.63	91.35
辽 宁	1283.59	4378.30	1780.41	2.4592	1.1657	104.36	95.98
东 北	2487.24	3603.38	1770.02	2.0358	1.1467	103.34	92.20
北 京	1021.01	5482.42	1641.34	3.3402	1.4596	100.08	81.05
天 津	529.90	3834.02	1831.14	2.0938	1.0207	103.55	86.51
河 北	1212.70	2796.66	1386.73	2.0167	1.2554	103.10	82.68
山 东	2130.55	3412.57	1547.69	2.2049	1.0915	102.45	83.11
江 苏	2649.78	4685.43	2330.92	2.0101	1.2474	106.74	88.91
上 海	1417.67	6734.42	1434.39	4.6950	1.7929	100.77	87.95
浙 江	1774.22	4515.92	2121.37	2.1288	1.2023	102.26	84.86
福 建	833.76	3192.97	1536.59	2.0780	1.1499	101.57	79.57
广 东	3347.19	4091.67	1447.07	2.8276	1.0893	101.63	87.23
海 南	162.79	2915.35	1650.77	1.7661	1.2238	103.46	84.81
东 部	15079.57	3939.13	1618.70	2.4335	1.2533	101.14	82.28
山 西	760.65	3492.77	1637.10	2.1335	1.0701	106.06	93.72
河 南	1532.35	3009.63	1454.83	2.0687	1.1987	105.08	85.68
安 徽	1097.70	3149.16	1478.26	2.1303	1.1616	103.70	86.34
湖 北	1121.15	3116.35	1774.62	1.7561	1.1703	101.39	84.75
江 西	785.68	2948.27	1348.88	2.1857	1.2151	102.73	83.09
湖 南	2099.95	5307.30	2382.45	2.2277	1.4130	104.28	105.45
中 部	7397.47	3421.18	1609.81	2.1252	1.2048	102.28	88.37
内蒙古	595.66	3671.02	2346.26	1.5646	1.0226	105.69	91.33
陕 西	801.88	3491.87	1489.53	2.3443	1.0703	103.24	88.35
宁 夏	148.48	3620.14	1780.98	2.0327	1.0362	106.31	94.11

续表

地区	2020年增长态势预测					2020年景气测算	
	城镇预测		城乡差距、地区差距检测			自身纵向测评 2016年基数值=100	各地横向测评 无差距理想值=100
	文教消费总量（亿元）	文教消费人均值（元）	乡村人均文教消费（元）	城乡比（乡村=1）	地区差（无差距=1）		
甘肃	402.41	3181.34	1456.65	2.1840	1.1530	105.86	94.69
青海	113.28	3431.05	1449.13	2.3677	1.0865	107.89	92.14
新疆	435.55	3414.01	1021.33	3.3427	1.0911	103.41	88.93
重庆	642.27	3117.28	1777.66	1.7536	1.1701	101.58	84.36
四川	1241.18	2813.85	1146.36	2.4546	1.2509	101.41	80.65
贵州	645.37	3737.58	1812.76	2.0618	1.0049	107.17	98.93
广西	670.17	2641.21	1502.93	1.7574	1.2968	100.44	81.98
云南	708.33	2980.75	1531.03	1.9469	1.2064	103.95	87.61
西藏	13.35	1240.43	422.09	2.9388	1.6698	106.49	57.19
西部	6417.94	3049.16	1393.06	2.1888	1.1716	101.56	84.72

注：西藏因缺失若干年度数据，以1999~2017年相关数据年均增长推算增长态势，全国及其余各地以1997~2017年相关数据年均增长推算。总量测算未涉及人口增长尤其是分布变化，且未经平衡，各地总量之和不等于全国总量。

B.5
全国省域乡村文化教育消费需求景气评价排行

——1997~2017年测评与2020年预测

王亚南 冯瑞 魏海燕*

摘 要： 1997~2017年，13个省域乡村文教消费总量年均增长超过10%，其中2个省域乡村年均增长超过15%，1个省域乡村年均增长超过20%；27个省域乡村文教消费人均值年均增长超过10%，其中4个省域乡村年均增长超过15%，1个省域乡村年均增长超过20%。各省域乡村单行文教消费需求景气评价排行结果：城乡、地区无差距理想值横向测评，青海、内蒙古、湖南、贵州、黑龙江为"2017年度乡村景气指数排名"前5位；历年各地自身基数值纵向测评，西藏、青海、江苏、贵州、云南为"1997~2017年乡村景气指数提升"前5位；贵州、青海、云南、西藏、宁夏为"2002~2017年乡村景气指数提升"前5位；贵州、青海、广西、重庆、宁夏为"2007~2017年乡村景气指数提升"前5位；西藏、贵州、海南、广西、湖南为"2012~2017年乡村景气指数提升"前5位；四川、西藏、广西、云南、安徽为"2016~2017年乡村景气指数提升"前5位。

---

* 王亚南，云南省社会科学院研究员，文化发展研究中心主任，主要研究方向为民俗学、民族学及文化理论、文化战略和文化产业研究；冯瑞，昆明市委宣传部理论处处长，主要从事哲学、文化发展战略研究；魏海燕，云南省政协信息中心主任编辑，主要从事传媒信息分析研究。

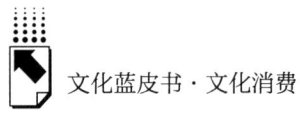

关键词： 省域乡村 文教消费 单行评价 景气排行

本项评价体系运用于全国省域乡村单行文教消费需求景气测评，已经连续推出多个年度的实际评价结果，年度测评排行至上一统计年度2016年，具有延续性，可对照参看。标准化检测流程犹如每年体检程序，实现全国或一地历年之间、同年各地之间"可重复检验"，以保证检测方法的科学性、规范性。

本文全面展开2017年全国及东、中、西部和东北四大区域、31个省域乡村单行文教消费需求景气分析测算及其评价排行。2017数据年度测评统一取全国及各地1997年以来数据，其中"民生数据"统计项迄今保持一致口径，更有利于保证各个时段至今各类测评的前后可对比性。

鉴于另有全国总报告和省域乡村子报告对全国及各地详加考察，本文分析侧重于东、中、西部和东北四大区域整体加以比较，对省域则着眼于各项指标排行。

一 各省域乡村文化教育消费需求增长基本状况

全国及各省域乡村文教消费需求总量增长态势可以提供一种宏观视角，本文分析测算就由各省域乡村文教消费总量占全国份额增减变化开始。

（一）各省域乡村总量份额增减变化

1997~2017年各省域乡村文教消费总量增长及其占全国份额增减变化态势见表1，全国乡村总体数据作为测评演算基准列于首行。各省域依属地方位，由北至南、从东到西分为东北和东、中、西部四大区域，按20年里文教消费总量占全国份额增减变化幅度高低排列。其中，省域主排行以1、2、3……为序，四大区域作为附加排行以［1］、［2］、［3］、［4］为序（后同）。

1997～2017年，全国乡村文教消费总量从1254.06亿元增长至6830.35亿元，绝对增长总量5576.29亿元，总增长444.66%，年均增长8.84%。

同期，东部总量年均增长8.35%，低于全国乡村平均增长0.49个百分点，占全国乡村份额由35.11%下降为32.02%，降幅为8.79%；东北总量年均增长10.46%，高于全国乡村平均增长1.62个百分点，占全国乡村份额由6.00%上升为8.05%，升幅为34.25%；中部总量年均增长9.03%，高于全国乡村平均增长0.19个百分点，占全国乡村份额由29.32%上升为30.36%，升幅为3.53%；西部总量年均增长9.93%，高于全国乡村平均增长1.09个百分点，占全国乡村份额由22.97%上升为28.02%，升幅为21.95%。

分阶段对比考察，第一个五年（1997～2002年，后同），全国乡村文教消费总量年均增长5.76%；第二个五年（2002～2007年，后同），全国乡村文教消费总量年均增长6.17%；第三个五年（2007～2012年，后同），全国乡村文教消费总量年均增长5.26%；第四个五年（2012～2017年，后同），全国乡村文教消费总量年均增长18.75%。对比各五年时段乡村文教消费总量增长变化，第四个五年全国年均增长比第三个五年提高13.49个百分点，比第二个五年提高12.58个百分点，比第一个五年提高12.99个百分点。

表1 各省域乡村文教消费总量增长及其占全国份额变动状况

地区	文教消费总量增长				占全国乡村份额变动			
	1997年总量（亿元）	2017年总量（亿元）	20年年均增长		1997年份额（%）	2017年份额（%）	20年份额增减	
			增长指数（上年=100）	指数排序			增减百分比（%）	增减排序
全 国	1254.06	6830.35	108.844	—	100	100		
黑龙江	21.44	210.32	112.094	7	1.7096	3.0792	80.11	7
吉 林	21.97	155.08	110.265	12	1.7519	2.2705	29.60	12
辽 宁	31.80	184.46	109.188	18	2.5358	2.7006	6.50	18
东 北	75.20	549.86	110.459	[1]	5.9965	8.0502	34.25	[1]
西 藏	0.16	5.56	121.789	1	0.0117	0.0814	597.51	1
青 海	1.25	25.45	116.262	2	0.0997	0.3726	273.72	2
贵 州	19.67	231.80	113.127	4	1.5685	3.3937	116.37	4

续表

地区	文教消费总量增长				占全国乡村份额变动			
	1997年总量（亿元）	2017年总量（亿元）	20年年均增长		1997年份额（%）	2017年份额（%）	20年份额增减	
			增长指数（上年=100）	指数排序			增减百分比(%)	增减排序
云南	26.58	270.48	112.300	5	2.1195	3.9600	86.84	5
宁夏	3.50	35.26	112.243	6	0.2791	0.5162	84.95	6
甘肃	15.19	141.68	111.812	8	1.2113	2.0743	71.25	8
新疆	10.88	92.54	111.297	10	0.8676	1.3548	56.15	10
内蒙古	21.24	158.82	110.583	11	1.6937	2.3252	37.29	11
重庆	22.76	137.61	109.414	16	1.8149	2.0147	11.01	16
陕西	33.23	181.90	108.872	19	2.6498	2.6631	0.50	19
广西	59.07	281.57	108.121	24	4.7103	4.1223	-12.48	24
四川	74.72	351.02	108.043	25	5.9582	5.1391	-13.75	25
西部	288.11	1913.70	109.930	[2]	22.9742	28.0176	21.95	[2]
山西	20.46	179.88	111.482	9	1.6315	2.6335	61.42	9
河南	76.72	498.32	109.807	15	6.1177	7.2957	19.26	15
湖南	90.99	541.85	109.331	17	7.2556	7.9330	9.34	17
安徽	60.12	316.25	108.655	21	4.7940	4.6301	-3.42	21
江西	43.98	213.47	108.219	23	3.5070	3.1253	-10.88	23
湖北	75.46	323.88	107.556	27	6.0173	4.7418	-21.20	27
中部	367.74	2073.64	109.033	[3]	29.3240	30.3592	3.53	[3]
江苏	28.67	369.17	113.629	3	2.2862	5.4048	136.41	3
天津	5.08	35.76	110.250	13	0.4051	0.5235	29.23	13
海南	7.14	46.97	109.877	14	0.5694	0.6877	20.78	14
河北	63.92	348.35	108.848	20	5.0970	5.1000	0.06	20
山东	91.84	457.54	108.360	22	7.3234	6.6986	-8.53	22
浙江	62.13	290.73	108.021	26	4.9543	4.2564	-14.09	26
北京	9.64	38.52	107.172	28	0.7687	0.5640	-26.63	28
上海	9.15	36.00	107.089	29	0.7296	0.5271	-27.75	29
福建	41.98	163.67	107.040	30	3.3475	2.3962	-28.42	30
广东	120.73	400.57	106.180	31	9.6271	5.8646	-39.08	31
东部	440.27	2187.27	108.345	[4]	35.1076	32.0228	-8.79	[4]

注：①表中均为演算衍生数值，各地总量之和不等于全国总量；另分别经四舍五入，四大区域总量与相应各地之和可能会有小数微小出入。②年均增长指数保留3位小数精确排序。③西藏总量极小，保留4位小数。④各地总量份额较小保留4位小数，份额增减百分比负值为下降百分比。数据演算依据为《中国统计年鉴》相应年卷，其中西藏缺失若干年度数据，变通以1999年数据为起始基点，由于历时年份不同，西藏增长变化位次虚设，其后各地位次相应递进（后同）。

20年间各省域乡村文教消费总量年均增长幅度及占全国乡村份额升降比较，20个省域年均增长幅度高于全国乡村平均增长，占全国乡村份额各有上升，按增幅高低依次为西藏、青海、江苏、贵州、云南、宁夏、黑龙江、甘肃、山西、新疆、内蒙古、吉林、天津、海南、河南、重庆、湖南、辽宁、陕西、河北；11个省域年均增长幅度低于全国乡村平均增长，占全国乡村份额各有下降，按增幅高低依次为安徽、山东、江西、广西、四川、浙江、湖北、北京、上海、福建、广东。其中，西藏占据首位，年均增长高于全国乡村平均增长12.95个百分点，占全国乡村份额提高了597.51%；广东处于末位，年均增长低于全国乡村平均增长2.66个百分点，占全国乡村份额降低了39.08%。

2017年，全国乡村文教消费总量增长6.97%，高于第一个五年年均增长1.21个百分点，高于第二个五年年均增长0.80个百分点，高于第三个五年年均增长1.71个百分点。15个省域文教消费总量增长幅度高于全国乡村平均增长，按增幅高低依次为西藏、四川、湖北、湖南、广东、广西、安徽、云南、重庆、宁夏、山东、上海、贵州、黑龙江、福建；16个省域文教消费总量增长幅度低于全国乡村平均增长，按增幅高低依次为江西、河南、海南、新疆、江苏、内蒙古、吉林、青海、河北、天津、辽宁、甘肃、北京、山西、浙江、陕西。

各省域乡村文教消费总量数值本身不具可比性，增长幅度和份额变化却可以进行比较，此处仅提供各地总量增长幅度和份额增减排序。鉴于各省域人口差异极大，各自文教消费需求总量占全国份额差距巨大，份额增减百分点并无比较意义，故采用份额增减百分比加以比较，便于进行排序。实际上，总量增长与份额增减是联系在一起的，总量年均增长排序与份额增减百分比排序也是一致的。

（二）各省域乡村人均绝对值增长变化

1997~2017年各省域乡村人均文教消费绝对值增长态势分析见表2，各省域按20年里乡村人均文教消费绝对值年均增长指数高低排列。

1997~2017年，全国乡村人均文教消费需求从148.18元增长至1171.25元，人均绝对增量1023.07元，总增长690.42%，年均增长10.89%。

表2 各省域乡村人均文教消费绝对值增长状况

地区	人均文教消费绝对值				人均文教消费增长变动				
	1997年		2017年		20年增量及增量比			20年年均增长	
	人均值（元）	排序	人均值（元）	排序	增量值（元）	增量比（全国=1）	增量比排序	增长指数（上年=100）	指数排序
全 国	148.18	—	1171.25	—	1023.07	1	—	110.890	—
黑龙江	109.69	20	1362.11	5	1252.42	1.2242	5	113.423	8
吉 林	154.70	11	1302.54	9	1147.84	1.1220	7	111.241	15
辽 宁	155.07	10	1294.97	10	1139.90	1.1142	8	111.195	18
东 北	138.63	[3]	1322.06	[1]	1183.43	1.1567	[1]	111.936	[1]
西 藏	7.78	31	238.58	31	230.80	0.2256	31	120.946	1
青 海	36.67	30	897.08	28	860.41	0.8410	27	117.335	2
贵 州	68.87	28	1183.26	16	1114.39	1.0893	12	115.280	4
宁 夏	93.36	24	1212.38	13	1119.02	1.0938	11	113.677	5
云 南	81.28	26	1043.95	23	962.67	0.9410	18	113.615	6
甘 肃	77.64	27	993.75	27	916.11	0.8955	23	113.595	7
重 庆	103.12	22	1226.21	11	1123.09	1.0978	10	113.178	10
内蒙古	149.66	12	1638.59	2	1488.93	1.4554	2	112.711	11
陕 西	129.15	16	1082.76	21	953.61	0.9321	20	111.217	16
新 疆	93.27	25	747.46	30	654.19	0.6394	30	110.967	20
四 川	113.35	19	847.71	29	734.36	0.7178	29	110.584	23
广 西	166.36	9	1127.87	19	961.51	0.9398	19	110.043	27
西 部	109.51	[4]	1038.36	[4]	928.85	0.9079	[4]	111.904	[2]
山 西	93.65	23	1127.20	20	1033.55	1.0102	14	113.246	9
河 南	103.27	21	1030.30	24	927.03	0.9061	22	112.189	12
湖 南	187.61	7	1710.23	1	1522.62	1.4883	1	111.684	13
安 徽	128.53	17	1074.96	22	946.43	0.9251	21	111.204	17
江 西	140.31	15	1004.08	26	863.77	0.8443	26	110.340	24
湖 北	195.21	6	1330.67	7	1135.46	1.1099	9	110.072	25
中 部	140.67	[2]	1212.47	[3]	1071.80	1.0476	[2]	111.371	[3]
江 苏	61.38	29	1450.46	4	1389.08	1.3578	3	117.132	3
海 南	140.42	14	1196.98	14	1056.56	1.0327	13	111.310	14

续表

地区	人均文教消费绝对值				人均文教消费增长变动				
	1997年		2017年		20年增量及增量比			20年年均增长	
	人均值（元）	排序	人均值（元）	排序	增量值（元）	增量比（全国=1）	增量比排序	增长指数（上年=100）	指数排序
河北	125.91	18	1014.12	25	888.21	0.8682	24	110.994	19
天津	170.21	8	1343.22	6	1173.01	1.1466	6	110.881	21
山东	149.40	13	1140.90	18	991.50	0.9691	16	110.699	22
浙江	233.57	4	1590.87	3	1357.30	1.3267	4	110.068	26
福建	195.91	5	1174.58	17	978.67	0.9566	17	109.368	28
北京	297.81	3	1313.75	8	1015.94	0.9930	15	107.703	29
广东	314.73	2	1185.96	15	871.23	0.8516	25	106.858	30
上海	414.06	1	1219.79	12	805.73	0.7876	28	105.551	31
东部	170.09	[1]	1226.33	[2]	1056.24	1.0324	[3]	110.382	[4]

注：①乡村人均文教消费数据出自《中国统计年鉴》相应年卷，其余为演算衍生数值；②各地人均绝对值"增量比"小于1为小于全国乡村人均增量；③年均增长指数（小于100为负增长）保留3位小数精确排序。

同期，东部人均值年均增长10.38%，低于全国乡村平均增长0.51个百分点，从全国乡村人均值的114.79%降低至104.70%，绝对增量为全国乡村人均增量的103.24%；东北人均值年均增长11.94%，高于全国乡村平均增长1.05个百分点，从全国乡村人均值的93.55%提高至112.88%，绝对增量为全国乡村人均增量的115.67%；中部人均值年均增长11.37%，高于全国乡村平均增长0.48个百分点，从全国乡村人均值的94.93%提高至103.52%，绝对增量为全国乡村人均增量的104.76%；西部人均值年均增长11.90%，高于全国乡村平均增长1.01个百分点，从全国乡村人均值的73.91%提高至88.65%，绝对增量为全国乡村人均增量的90.79%。

分阶段对比考察，第一个五年，全国乡村人均文教消费年均增长7.25%；第二个五年，全国乡村人均文教消费年均增长7.76%；第三个五年，全国乡村人均文教消费年均增长7.83%；第四个五年，全国乡村人均文教消费年均增长21.33%。对比各五年时段乡村人均文教消费需求增长变化，第四个五年全国年均增长比第三个五年提高13.50个百分点，比第二个五年提高13.57个百分点，比第一个五年提高14.08个百分点。

20年间各省域乡村人均文教消费年均增长幅度比较，20个省域年均增长幅度高于全国乡村平均增长，按增幅高低依次为西藏、青海、江苏、贵州、宁夏、云南、甘肃、黑龙江、山西、重庆、内蒙古、河南、湖南、海南、吉林、陕西、安徽、辽宁、河北、新疆；11个省域年均增长幅度低于全国乡村平均增长，按增幅高低依次为天津、山东、四川、江西、湖北、浙江、广西、福建、北京、广东、上海。其中，西藏占据首位，年均增长高于全国乡村平均增长10.06个百分点；上海处于末位，年均增长低于全国乡村平均增长5.34个百分点。

2017年，全国乡村人均文教消费年度增长9.43%，高于第一个五年年均增长2.18个百分点，高于第二个五年年均增长1.67个百分点，高于第三个五年年均增长1.61个百分点。13个省域人均值年均增长幅度高于全国乡村平均增长，按增幅高低依次为西藏、四川、湖南、湖北、重庆、云南、安徽、广西、山东、宁夏、广东、贵州、福建；18个省域人均值年均增长幅度低于全国乡村平均增长，按增幅高低依次为黑龙江、江西、上海、河南、海南、江苏、河北、吉林、内蒙古、青海、新疆、天津、甘肃、辽宁、山西、浙江、陕西、北京。

特别需要注意，其中后4个省域出现负增长，这一特异动向对于该年度检测评价会产生极大影响，将导致各地排行发生重大变故。

人均文教消费绝对值系本项评价体系进行演算测评的基础性指标，虽然在最后的综合评价中演算权重不高，却是以下各项指标演算的基础，因而实际上具有决定性意义。当然，全国及各省域乡村文教消费需求状况分析不能孤立地进行，必须放到全国及各地经济增长、民生增进的相关背景当中，同时放到城乡之间、地区之间协调增长背景当中，进一步展开分析。

二 各省域乡村相关背景协调增长情况对比

在本项评价体系当中，全国及各省域乡村文教消费需求及其增长需要放到相关经济、民生背景中考察其间的"协调增长"状况，从而得出极其重要的各项比值平衡指标演算数值。

（一）文化教育消费与产值比关系变化

1997～2017年各省域乡村文教消费与产值比（文教消费率）变动态势分析见表3，各省域按20年间乡村文教消费与产值比升降变化状况优劣排列。表中同时提供1997年和2017年各地人均产值数据，对照表2各地人均文教消费数据，可以进行重复验算。

1997～2017年，全国人均产值从6481元增长至59660元，年均增长11.74%，高于同期全国乡村人均文教消费年均增长0.85个百分点。20年间全国乡村人均文教消费与人均产值的比值从2.29%下降至1.96%，降低0.33个百分点。

同期，东部比值从1.78%下降至1.46%，降低0.32个百分点；东北比值从1.88%上升至2.65%，提升0.77个百分点；中部比值从3.23%下降至2.53%，降低0.70个百分点；西部比值从2.79%下降至2.31%，降低0.48个百分点。

20年间各省域乡村文教消费与产值比升降变化比较，12个省域此项比值上升，按升幅高低依次为西藏、青海、黑龙江、江苏、云南、甘肃、辽宁、山西、宁夏、河北、新疆、贵州；19个省域此项比值下降，按降幅大小倒序为海南、河南、重庆、天津、吉林、内蒙古、湖南、浙江、山东、安徽、广西、四川、江西、福建、北京、陕西、湖北、上海、广东。其中，西藏占据首位，此项比值提高226.49%；广东处于末位，此项比值降低52.83%。

表3 各省域乡村文教消费与产值比变动状况

地区	1997年			2017年			1997~2017年比值升降变化		
	人均产值（元）	文教消费与产值比（%）	比值排序	人均产值（元）	文教消费与产值比（%）	比值排序	升降百分点	升降百分比（%）	排序
全国	6481	2.2864	—	59660	1.9632	—	-0.3232	-14.136	—
黑龙江	7133	1.5378	27	41916	3.2496	3	1.7118	111.315	3
辽宁	8725	1.7773	25	53527	2.4193	11	0.642	36.122	7
吉林	5591	2.7669	11	54838	2.3752	13	-0.3917	-14.157	17
东北	7357	1.8842	[3]	49812	2.6541	[1]	0.7699	40.861	[1]
西藏	4180	0.1861	31	39267	0.6076	31	0.4215	226.491	1
青海	4122	0.8896	29	44047	2.0366	18	1.147	128.934	2
云南	4121	1.9723	22	34221	3.0506	5	1.0783	54.672	5
甘肃	3199	2.4270	13	28497	3.4873	1	1.0603	43.688	6
宁夏	4277	2.1828	17	50765	2.3882	12	0.2054	9.410	9
新疆	5848	1.5949	26	44941	1.6632	23	0.0683	4.282	11
贵州	2250	3.0609	8	37956	3.1175	4	0.0566	1.849	12
重庆	4733	2.1787	18	63442	1.9328	19	-0.2459	-11.287	15
内蒙古	4980	3.0052	9	63764	2.5698	8	-0.4354	-14.488	18
广西	3928	4.2352	2	38102	2.9601	6	-1.2751	-30.107	23
四川	4032	2.8113	10	44651	1.8985	20	-0.9128	-32.469	24
陕西	3834	3.3685	5	57266	1.8908	21	-1.4777	-43.868	28
西部	3927	2.7888	[2]	44885	2.3134	[3]	-0.4754	-17.047	[2]
江苏	9371	0.6550	30	107150	1.3537	27	0.6987	106.672	4
河北	6079	2.0712	19	45387	2.2344	15	0.1632	7.879	10
海南	5567	2.5224	12	48430	2.4716	10	-0.0508	-2.014	13
天津	13142	1.2952	28	118944	1.1293	28	-0.1659	-12.809	16
浙江	10624	2.1985	16	92057	1.7281	22	-0.4704	-21.396	20
山东	7461	2.0024	20	72807	1.5670	24	-0.4354	-21.744	21
福建	8775	2.2326	15	82677	1.4207	26	-0.8119	-36.366	26
北京	16609	1.7931	24	128994	1.0185	29	-0.7746	-43.199	27
上海	22583	1.8335	23	126634	0.9632	30	-0.8703	-47.467	30
广东	10130	3.1069	7	80932	1.4654	25	-1.6415	-52.834	31
东部	9579	1.7757	[4]	84247	1.4556	[4]	-0.3201	-18.027	[3]
山西	4723	1.9828	21	42060	2.6800	7	0.6972	35.162	8
河南	4389	2.3529	14	46674	2.2074	17	-0.1455	-6.184	14
湖南	4420	4.2446	1	49558	3.4510	2	-0.7936	-18.697	19

续表

地区	1997年			2017年			1997~2017年比值升降变化		
	人均产值（元）	文教消费与产值比（％）	比值排序	人均产值（元）	文教消费与产值比（％）	比值排序	升降百分点	升降百分比（％）	排序
安徽	3929	3.2713	6	43401	2.4768	9	-0.7945	-24.287	22
江西	3890	3.6069	4	43424	2.3123	14	-1.2946	-35.892	25
湖北	4884	3.9969	3	60199	2.2104	16	-1.7865	-44.697	29
中部	4354	3.2307	[1]	47952	2.5285	[2]	-0.7022	-21.735	[4]

注：①人均产值数据（产值相关演算不区分城乡）出自《中国统计年鉴》相应年卷，其余为演算衍生数值；②文教消费与产值比即文教消费率的比值较小且各地接近，保留4位小数以便精确排序；③比值升降百分点、百分比负值为下降百分点、百分比，以升降百分比排序更加准确（表4~6同）。

2017年与上一年相比，全国乡村此项比值下降1.07％。同时，18个省域此项比值上升，按升幅高低依次为内蒙古、广西、西藏、湖南、四川、湖北、山东、重庆、黑龙江、宁夏、青海、吉林、安徽、云南、广东、江西、河北、天津；13个省域此项比值下降，按降幅大小倒序为上海、甘肃、福建、河南、海南、贵州、江苏、辽宁、新疆、浙江、北京、陕西、山西。

这一相关性比值分析表明，1997~2017年，全国及各省域乡村文教消费需求增长与产值增长相比较，其间"增长协调性"欠佳。在全国及大部分省域，乡村文教消费需求增长赶不上产值增长，经济发展成果未能在提升乡村居民文教消费需求上同步体现出来。

（二）文化教育消费占收入比关系变化

1997~2017年各省域乡村文教消费占居民收入比（文教消费比）变动态势分析见表4，各省域按20年间乡村文教消费占收入比升降变化状况优劣排列。表中同时提供1997年和2017年各省域乡村人均收入数据，对照表2各地人均文教消费数据，可以进行重复验算。

1997~2017年，全国乡村人均收入从2090.13元增长至13432.43元，年均增长9.75％，低于同期全国乡村人均文教消费年均增长1.14个百分点。20 年间全国乡村人均文教消费占人均收入的比值从 7.09% 上升至 8.72%，提升 1.63 个百分点。

同期，东部比值从 5.92% 上升至 7.26%，提升 1.34 个百分点；东北比值从 6.10% 上升至 10.08%，提升 3.98 个百分点；中部比值从 7.39% 上升至 9.47%，提升 2.08 个百分点；西部比值从 7.08% 上升至 9.62%，提升 2.54 个百分点。

20 年间各省域乡村文教消费占收入比升降变化比较，28 个省域此项比值上升，按升幅高低依次为江苏、西藏、青海、贵州、黑龙江、山西、甘肃、宁夏、云南、内蒙古、重庆、湖南、河北、吉林、辽宁、河南、海南、安徽、天津、山东、江西、广西、新疆、陕西、湖北、四川、福建、浙江；3 个省域此项比值下降，按降幅大小倒序为广东、北京、上海。其中，江苏占据首位，此项比值提高 303.31%；上海处于末位，此项比值降低 44.13%。

2017 年与上一年相比，全国乡村此项比值上升 0.72%。同时，14 个省域此项比值上升，按升幅高低依次为四川、西藏、湖南、湖北、重庆、安徽、山东、云南、宁夏、广东、广西、黑龙江、贵州、福建；17 个省域此项比值下降，按降幅大小倒序为河南、江西、上海、海南、吉林、江苏、河北、内蒙古、青海、新疆、天津、辽宁、甘肃、山西、浙江、北京、陕西。

表 4　各省域乡村文教消费占居民收入比变动状况

地区	1997 年			2017 年			1997~2017 年比值升降变化		
	人均收入（元）	文教消费占收入比（%）	比值排序	人均收入（元）	文教消费占收入比（%）	比值排序	升降百分点	升降百分比（%）	排序
全　国	2090.13	7.0895	—	13432.43	8.7196	—	1.63	22.99	—
黑龙江	2308.29	4.7520	28	12664.82	10.7551	6	6.00	126.33	5
吉　林	2186.29	7.0759	11	12950.44	10.0579	10	2.98	42.14	14
辽　宁	2301.48	6.7378	14	13746.80	9.4201	15	2.68	39.81	15
东　北	2273.77	6.0967	[3]	13117.15	10.0789	[1]	3.98	65.32	[1]
西　藏	1309.46	0.5941	31	10330.21	2.3095	31	1.72	288.74	2

全国省域乡村文化教育消费需求景气评价排行

续表

地区	1997年			2017年			1997~2017年比值升降变化		
	人均收入（元）	文教消费占收入比（%）	比值排序	人均收入（元）	文教消费占收入比（%）	比值排序	升降百分点	升降百分比（%）	排序
青海	1320.63	2.7767	29	9462.30	9.4805	14	6.70	241.43	3
贵州	1298.54	5.3036	26	8869.10	13.3414	1	8.04	151.55	4
甘肃	1185.07	6.5515	16	8076.06	12.3049	4	5.75	87.82	7
宁夏	1512.50	6.1726	21	10737.89	11.2907	5	5.12	82.92	8
云南	1375.50	5.9091	23	9862.17	10.5854	7	4.68	79.14	9
内蒙古	1780.19	8.4070	6	12584.29	13.0209	3	4.61	54.88	10
重庆	1643.21	6.2755	19	12637.91	9.7027	12	3.43	54.61	11
广西	1875.28	8.8712	5	11325.46	9.9587	11	1.09	12.26	22
新疆	1504.43	6.1997	20	11045.30	6.7673	26	0.57	9.16	23
陕西	1273.30	10.1429	1	10264.51	10.5486	8	0.41	4.00	24
四川	1680.69	6.7443	13	12226.92	6.9331	25	0.19	2.80	26
西部	1547.51	7.0767	[2]	10789.89	9.6234	[2]	2.55	35.99	[2]
山西	1738.26	5.3876	25	10787.51	10.4491	9	5.06	93.95	6
湖南	2037.06	9.2098	3	12935.78	13.2209	2	4.01	43.55	12
河南	1733.89	5.9560	22	12719.18	8.1004	18	2.14	36.00	16
安徽	1808.75	7.1060	10	12758.22	8.4256	17	1.32	18.57	18
江西	2107.28	6.6583	15	13241.82	7.5827	20	0.92	13.88	21
湖北	2102.23	9.2859	2	13812.09	9.6341	13	0.35	3.75	25
中部	1903.14	7.3915	[1]	12806.29	9.4678	[3]	2.08	28.09	[3]
江苏	3269.85	1.8772	30	19158.03	7.5710	21	5.69	303.31	1
河北	2286.01	5.5078	24	12880.94	7.8730	19	2.37	42.94	13
海南	1916.90	7.3254	9	12901.76	9.2777	16	1.95	26.65	17
天津	3243.68	5.2474	27	21753.68	6.1747	28	0.93	17.67	19
山东	2292.12	6.5180	17	15117.54	7.5469	22	1.03	15.79	20
福建	2785.67	7.0328	12	16334.79	7.1907	24	0.16	2.25	27
浙江	3684.22	6.3397	18	24955.77	6.3748	27	0.04	0.55	28
广东	3467.69	9.0761	4	15779.74	7.5157	23	-1.56	-17.19	29
北京	3661.68	8.1332	7	24240.49	5.4196	29	-2.71	-33.36	30
上海	5277.02	7.8465	8	27825.04	4.3838	30	-3.46	-44.13	31
东部	2871.69	5.9230	[4]	16902.43	7.2553	[4]	1.33	22.49	[4]

注：①乡村人均收入数据出自《中国统计年鉴》相应年卷，其余为演算衍生数值；②文教消费占居民收入比即文教消费比的比值较小且各地接近，保留4位小数以便精确排序。

这一相关性比值分析表明，1997～2017年，全国及各省域乡村文教消费需求增长与收入增长相比较，其间"增长协调性"较好。在全国及绝大部分省域，乡村文教消费需求增长超过了居民收入增长，民生增进成效已经在提升乡村居民文教消费需求上同步体现出来。

（三）文化教育消费占总消费比关系变化

1997～2017年各省域乡村文教消费占居民总消费比（文教消费比重）变动态势分析见表5，各省域按20年间乡村文教消费占总消费比升降变化状况优劣排列。表中同时提供1997年和2017年各省域乡村人均总消费数据，对照表2各地人均文教消费数据，可以进行重复验算。

1997～2017年，全国乡村人均总消费从1617.15元增长至10954.53元，年均增长10.04%，低于同期全国乡村人均文教消费年均增长0.85个百分点。20年间全国乡村人均文教消费占人均总消费的比值从9.16%上升至10.69%，提升1.53个百分点。

同期，东部比值从8.22%上升至9.37%，提升1.15个百分点；东北比值从8.35%上升至12.54%，提升4.19个百分点；中部比值从9.59%上升至11.75%，提升2.16个百分点；西部比值从8.31%上升至10.81%，提升2.50个百分点。

20年间各省域乡村文教消费占总消费比升降变化比较，23个省域此项比值上升，按升幅高低依次为江苏、西藏、青海、贵州、云南、黑龙江、山西、宁夏、甘肃、重庆、湖南、内蒙古、辽宁、河南、吉林、新疆、山东、海南、江西、陕西、浙江、河北、安徽；8个省域此项比值下降，按降幅大小倒序为广西、湖北、四川、天津、福建、广东、上海、北京。其中，江苏占据首位，此项比值提高276.56%；北京处于末位，此项比值降低36.85%。

2017年与上一年相比，全国乡村此项比值上升1.19%。同时，17个省域此项比值上升，按升幅高低依次为西藏、湖北、四川、湖南、广东、安徽、重庆、山东、云南、宁夏、上海、河南、福建、贵州、江西、天津、海南；14个省域此项比值下降，按降幅大小倒序为广西、内蒙古、江苏、新疆、河北、青海、吉林、黑龙江、甘肃、山西、浙江、辽宁、陕西、北京。

这一相关性比值分析表明，1997～2017年，全国及各省域乡村文教消费需求增长与总消费增长相比较，其间"增长协调性"较好。在全国及绝大部分省域，乡村文教消费需求增长超过了居民总消费增长，拉动内需扩大消费成效已经在提升乡村居民文教消费需求上同步体现出来。

表5 各省域乡村文教消费占居民总消费比变动状况

地区	1997年			2017年			1997～2017年比值升降变化		
	人均总消费（元）	文教消费占总消费比（%）	比值排序	人均总消费（元）	文教消费占总消费比（%）	比值排序	升降百分点	升降百分比（%）	排序
全　国	1617.15	9.1630	—	10954.53	10.6919	—	1.53	16.69	—
黑龙江	1549.10	7.0809	25	10523.88	12.9430	6	5.86	82.79	6
辽　宁	1790.22	8.6621	17	10787.29	12.0046	11	3.34	38.59	13
吉　林	1623.83	9.5269	12	10279.40	12.6714	7	3.14	33.01	15
东　北	1659.80	8.3520	[2]	10544.11	12.5384	[1]	4.19	50.12	[1]
西　藏	767.14	1.0142	31	6691.48	3.5654	31	2.55	251.55	2
青　海	1085.38	3.3785	29	9902.65	9.0589	22	5.68	168.13	3
贵　州	1065.70	6.4624	27	8298.98	14.2579	2	7.80	120.63	4
云　南	1318.07	6.1666	28	8027.31	13.0050	5	6.84	110.89	5
宁　夏	1249.57	7.4714	23	9982.09	12.1455	10	4.67	62.56	8
甘　肃	976.27	7.9527	21	8029.73	12.3759	9	4.42	55.62	9
重　庆	1389.99	7.4188	24	10936.07	11.2126	15	3.79	51.14	10
内蒙古	1559.59	9.5961	11	12184.42	13.4483	3	3.85	40.14	12
新　疆	1395.03	6.6859	26	8712.56	8.5791	25	1.89	28.32	16
陕　西	1215.49	10.6253	6	9305.57	11.6356	13	1.01	9.51	20
广　西	1375.66	12.0931	1	9436.59	11.9521	12	-0.14	-1.17	24
四　川	1440.48	7.8689	22	11396.71	7.4382	28	-0.43	-5.47	26
西　部	1318.45	8.3062	[3]	9605.43	10.8101	[3]	2.50	30.14	[2]
山　西	1145.42	8.1760	19	8424.01	13.3808	4	5.20	63.66	7
湖　南	1815.79	10.3321	7	11533.56	14.8283	1	4.50	43.52	11
河　南	1270.52	8.1282	20	9211.52	11.1849	16	3.06	37.61	14
江　西	1569.16	8.9417	16	9870.38	10.1727	18	1.23	13.77	19
安　徽	1336.57	9.6164	10	11106.08	9.6790	19	0.06	0.65	23

续表

地区	1997年 人均总消费(元)	1997年 文教消费占总消费比(%)	比值排序	2017年 人均总消费(元)	2017年 文教消费占总消费比(%)	比值排序	1997~2017年比值升降变化 升降百分点	1997~2017年比值升降变化 升降百分比(%)	排序
湖 北	1660.13	11.7587	3	11632.51	11.4392	14	-0.32	-2.72	25
中 部	1466.46	9.5925	[1]	10320.54	11.7481	[2]	2.16	22.47	[3]
江 苏	2487.74	2.4673	30	15611.51	9.2909	21	6.82	276.56	1
山 东	1626.27	9.1867	13	10342.06	11.0317	17	1.85	20.08	17
海 南	1287.03	10.9104	5	9599.39	12.4693	8	1.56	14.29	18
浙 江	2838.97	8.2273	18	18093.35	8.7926	24	0.57	6.87	21
河 北	1394.81	9.0270	15	10535.94	9.6253	20	0.60	6.63	22
天 津	1882.32	9.0426	14	16385.88	8.1974	27	-0.85	-9.35	27
福 建	1994.26	9.8237	8	14003.40	8.3878	26	-1.44	-14.62	28
广 东	2617.65	12.0234	2	13199.62	8.9848	23	-3.04	-25.27	29
上 海	4227.90	9.7935	9	18089.79	6.7430	30	-3.05	-31.15	30
北 京	2692.62	11.0602	4	18810.45	6.9841	29	-4.08	-36.85	31
东 部	2070.16	8.2162	[4]	13094.00	9.3656	[4]	1.15	13.99	[4]

注：①乡村人均总消费数据出自《中国统计年鉴》相应年卷，其余为演算衍生数值；②文教消费占居民总消费比即文教消费比重的比值较小且各地接近，保留4位小数以便精确排序。

（四）文化教育消费与非文消费剩余比关系变化

1997～2017年各省域乡村文教消费与非文消费剩余比变动态势分析见表6，各省域按20年间乡村文教消费与非文消费剩余比升降变化状况优劣排列。表中同时提供1997年和2017年各省域乡村人均非文消费剩余数据，对照表2各地人均文教消费数据，可以进行重复验算。

1997～2017年，全国乡村人均非文消费剩余从621.16元增长至3649.15元，年均增长9.26%，低于同期全国乡村人均文教消费年均增长1.63个百分点。20年间全国乡村人均文教消费与人均非文消费剩余的比值从23.86%上升至32.10%，提升8.24个百分点。

同期，东部比值从17.51%上升至24.36%，提升6.85个百分点；东北比值从18.42%上升至33.94%，提升15.52个百分点；中部比值从24.37%

上升至32.79%，提升8.42个百分点；西部比值从32.35%上升至46.71%，提升14.36个百分点。

20年间各省域乡村文教消费与非文消费剩余比升降变化比较，25个省域此项比值上升，按升幅高低依次为青海、西藏、江苏、甘肃、黑龙江、贵州、河北、山西、宁夏、内蒙古、安徽、天津、福建、四川、吉林、广西、海南、重庆、辽宁、河南、湖北、湖南、广东、江西、山东；6个省域此项比值下降，按降幅大小倒序为浙江、北京、陕西、云南、新疆、上海。其中，青海占据首位，此项比值提高1355.97%；上海处于末位，此项比值降低60.67%。

2017年与上一年相比，全国乡村此项比值下降0.92%。同时，12个省域此项比值上升，按升幅高低依次为四川、黑龙江、广西、重庆、山东、湖南、云南、贵州、西藏、宁夏、吉林、辽宁；19个省域此项比值下降，按降幅大小倒序为安徽、福建、江西、河北、江苏、河南、海南、湖北、上海、广东、陕西、甘肃、北京、山西、新疆、内蒙古、天津、浙江、青海。

这一相关性比值分析表明，1997～2017年，全国及各省域乡村文教消费需求增长与非文消费剩余增长相比较，其间"增长协调性"较好。在全国及绝大部分省域，乡村文教消费需求增长超过了居民必需消费（本项评价体系设定全部非文消费为必需消费）之外余钱增多速度，全面建设小康社会发展成就已经在提升乡村居民文教消费需求上同步体现出来。

表6　各省域乡村文教消费与居民非文消费剩余比变动状况

地区	1997年			2017年			1997～2017年比值升降变化		
	人均非文消费剩余（元）	文教消费与非文消费剩余比（%）	比值排序	人均非文消费剩余（元）	文教消费与非文消费剩余比（%）	比值排序	升降百分点	升降百分比（%）	排序
全国	621.16	23.86	—	3649.15	32.10	—	8.24	34.53	—
黑龙江	868.88	12.62	27	3503.06	38.88	11	26.26	208.08	5
吉林	717.16	21.57	18	3973.58	32.78	16	11.21	51.97	15
辽宁	666.33	23.27	15	4254.48	30.44	19	7.17	30.81	19

续表

地区	1997年			2017年			1997~2017年比值升降变化		
	人均非文消费剩余（元）	文教消费与非文消费剩余比（％）	比值排序	人均非文消费剩余（元）	文教消费与非文消费剩余比（％）	比值排序	升降百分点	升降百分比（％）	排序
东 北	752.60	18.42	[3]	3895.10	33.94	[2]	15.52	84.26	[1]
青 海	271.92	13.49	26	456.73	196.41	1	182.92	1355.97	1
西 藏	550.10	1.41	31	3877.30	6.15	31	4.74	336.17	2
甘 肃	286.44	27.11	10	1040.08	95.55	2	68.44	252.45	4
贵 州	301.71	22.83	16	1753.38	67.48	4	44.65	195.58	6
宁 夏	356.29	26.20	12	1968.17	61.60	5	35.40	135.11	9
内蒙古	370.26	40.42	5	2038.46	80.38	3	39.96	98.86	10
四 川	353.56	32.06	6	1677.92	50.52	8	18.46	57.58	14
广 西	665.98	24.98	13	3016.73	37.39	13	12.41	49.68	16
重 庆	356.34	28.94	8	2928.05	41.88	9	12.94	44.71	18
陕 西	186.96	69.08	1	2041.70	53.03	7	-16.05	-23.23	28
云 南	138.71	58.60	2	2878.80	36.26	14	-22.34	-38.12	29
新 疆	202.67	46.02	3	3080.20	24.27	23	-21.75	-47.26	30
西 部	338.57	32.35	[1]	2222.81	46.71	[1]	14.36	44.39	[2]
江 苏	843.49	7.28	30	4996.98	29.03	21	21.75	298.76	3
河 北	1017.11	12.38	28	3359.11	30.19	20	17.81	143.86	7
天 津	1531.57	11.11	29	6711.01	20.02	26	8.91	80.20	12
福 建	987.32	19.84	21	3505.97	33.50	15	13.66	68.85	13
海 南	770.29	18.23	23	4499.34	26.60	22	8.37	45.91	17
广 东	1164.77	27.02	11	3766.08	31.49	18	4.47	16.54	23
山 东	815.25	18.33	22	5916.39	19.28	28	0.95	5.18	25
浙 江	1078.82	21.65	17	8453.29	18.82	29	-2.83	-13.07	26
北 京	1266.87	23.51	14	6743.79	19.48	27	-4.03	-17.14	27
上 海	1463.18	28.30	9	10955.04	11.13	30	-17.17	-60.67	31
东 部	971.61	17.51	[4]	5034.75	24.36	[4]	6.85	39.12	[3]
山 西	686.49	13.64	25	3490.69	32.29	17	18.65	136.73	8
安 徽	600.71	21.40	19	2727.10	39.42	10	18.02	84.21	11
河 南	566.64	18.22	24	4537.96	22.70	25	4.48	24.59	20
湖 北	637.31	30.63	7	3510.24	37.91	12	7.28	23.77	21
湖 南	408.88	45.88	4	3112.45	54.95	6	9.07	19.77	22
江 西	678.43	20.68	20	4375.52	22.95	24	2.27	10.98	24
中 部	577.34	24.37	[3]	3698.21	32.79	[3]	8.42	34.55	[4]

注：表中均为演算衍生数值，非文消费即总消费与文教消费之差，非文消费剩余即居民收入与非文消费之差，此为本项研究别出心裁的取值方式。

三 各省域城乡、区域之间均衡增长状况

在本项评价体系当中，文教消费需求及其增长还需要放到城乡关系、地区关系背景中考察其间的"均衡增长"状况，从而得出不可或缺的各项比差值校正指标演算数值。

（一）文化教育消费需求的城乡差距变化

在乡村单行分析评价中，依然检测城乡之间文教消费需求的协调增长，相关设计思想和技术方法参看本书 B.2 技术报告。因本节分析与本书 B.3 城乡排行报告完全同构，略不复述。

（二）乡村文化教育消费需求的地区差距变化

1997~2017 年各省域乡村人均文教消费地区差距及其变动态势分析见表 7，各省域按 20 年间乡村人均文教消费地区差扩减变化状况优劣排列。按照文教消费地区差演算方法，对应本文表 2 各地人均文教消费数据，可以进行重复验算。

1997~2017 年，全国乡村人均文教消费地区差从 1.3773 缩小至 1.1612，文教消费需求的地区差距缩小 15.69%。

分阶段对比考察，第一个五年，全国乡村人均文教消费地区差扩大 2.96%；第二个五年，全国乡村人均文教消费地区差扩大 1.54%；第三个五年，全国乡村人均文教消费地区差缩小 1.94%；第四个五年，全国乡村人均文教消费地区差缩小 17.76%。对比各五年时段全国乡村人均文教消费地区差扩减变化，第四个五年明显好于第三个五年，亦明显好于第二个五年，而显著好于第一个五年。

20 年以来，24 个省域地区差缩小，按缩减程度大小依次为上海、广东、北京、贵州、青海、宁夏、山西、福建、云南、甘肃、江苏、重庆、河南、浙江、湖北、西藏、黑龙江、广西、陕西、安徽、海南、河北、新疆、天

津;7个省域地区差扩大,按扩增程度大小倒序为山东、四川、辽宁、吉林、江西、湖南、内蒙古。其中,上海占据首位,其地区差缩小62.73%;内蒙古处于末位,其地区差扩大38.51%。

2017年与上一年相比,全国乡村文教消费地区差缩小1.08%。同时,17个省域地区差缩小,按缩减程度大小依次为北京、浙江、辽宁、天津、四川、内蒙古、吉林、安徽、云南、山东、广西、江苏、山西、海南、西藏、上海、黑龙江;14个省域地区差扩大,按扩增程度大小倒序为广东、福建、贵州、江西、河南、河北、新疆、青海、宁夏、陕西、重庆、甘肃、湖北、湖南。

表7 各省域乡村文教消费地区差距变动状况

地区	1997年文教消费地区差距			2017年文教消费地区差距			1997~2017年地区差扩减变化	
	地区差(无差距=1)	地区差倒数	排序	地区差(无差距=1)	地区差倒数	排序	扩减百分比(%)	排序
全 国	1.3773	0.7261	—	1.1612	0.8612	—	-15.69	—
上 海	2.7943	0.3579	31	1.0414	0.9602	9	-62.73	1
广 东	2.1240	0.4708	30	1.0126	0.9876	3	-52.33	2
北 京	2.0098	0.4976	29	1.1217	0.8915	17	-44.19	3
福 建	1.3221	0.7564	18	1.0028	0.9972	1	-24.15	8
江 苏	1.5858	0.6306	26	1.2384	0.8075	25	-21.91	11
浙 江	1.5763	0.6344	25	1.3583	0.7362	27	-13.83	14
海 南	1.0524	0.9502	5	1.0220	0.9785	4	-2.89	21
河 北	1.1503	0.8693	11	1.1342	0.8817	18	-1.40	22
天 津	1.1487	0.8706	10	1.1468	0.8720	21	-0.17	24
山 东	1.0082	0.9918	1	1.0259	0.9747	5	1.76	25
东 部	1.5772	0.6340	[4]	1.1104	0.9006	[1]	-29.60	[1]
贵 州	1.5352	0.6514	24	1.0103	0.9898	2	-34.19	4
青 海	1.7525	0.5706	27	1.2341	0.8103	24	-29.58	5
宁 夏	1.3700	0.7300	20	1.0351	0.9661	6	-24.45	6
云 南	1.4515	0.6890	22	1.1087	0.9020	14	-23.62	9
甘 肃	1.4760	0.6775	23	1.1515	0.8684	22	-21.99	10
重 庆	1.3041	0.7668	16	1.0469	0.9552	10	-19.72	12
西 藏	1.9538	0.5118	28	1.7963	0.5567	31	-8.06	16

续表

地区	1997年文教消费地区差距			2017年文教消费地区差距			1997~2017年地区差扩减变化	
	地区差(无差距=1)	地区差倒数	排序	地区差(无差距=1)	地区差倒数	排序	扩减百分比(%)	排序
广 西	1.1227	0.8907	7	1.0370	0.9643	7	-7.63	18
陕 西	1.1284	0.8862	8	1.0755	0.9298	11	-4.69	19
新 疆	1.3706	0.7296	21	1.3618	0.7343	28	-0.64	23
四 川	1.2351	0.8097	12	1.2762	0.7836	26	3.33	26
内蒙古	1.0100	0.9901	2	1.3990	0.7148	29	38.51	31
西 部	1.3415	0.7455	[3]	1.2110	0.8257	[4]	-9.73	[2]
山 西	1.3680	0.7310	19	1.0376	0.9638	8	-24.15	7
河 南	1.3031	0.7674	15	1.1203	0.8926	16	-14.03	13
湖 北	1.3174	0.7591	17	1.1361	0.8802	19	-13.76	15
安 徽	1.1326	0.8829	9	1.0822	0.9240	12	-4.45	20
江 西	1.0531	0.9496	6	1.1427	0.8751	20	8.51	29
湖 南	1.2661	0.7898	14	1.4602	0.6848	30	15.33	30
中 部	1.2400	0.8064	[2]	1.1632	0.8597	[3]	-6.19	[3]
黑龙江	1.2598	0.7938	13	1.1630	0.8599	23	-7.68	17
辽 宁	1.0465	0.9556	4	1.1056	0.9045	13	5.65	27
吉 林	1.0440	0.9579	3	1.1121	0.8992	15	6.52	28
东 北	1.1167	0.8955	[1]	1.1269	0.8874	[2]	0.91	[4]

注：①表中均为演算衍生数值；②地区差扩减百分比负值为地区差缩小。

这意味着，从1997年到2017年，全国各地之间乡村人均文教消费需求增长相互比较，其间的"增长协调性"稍好。在全国及绝大部分省域，乡村文教消费地区差略有缩小，不过另有少数省域乡村文教消费地区差继续扩大。其中有所区别之处在于，发达地区乡村文教消费地区差扩大是由于"领先"增长的偏离，欠发达地区乡村文教消费地区差扩大则是由于"滞后"增长的偏离。区域之间"不平衡不充分的发展"矛盾依然明显。

四 各省域乡村景气排行与预测

基于以上各项指标的分析数值，按照本项评价体系的测评方式和演算权重,最后测算得出2017年各省域乡村单行文教消费需求景气评价排行。基于不同时间段、不同基准值的各类测评结果均落实在2017年之上。景气指数取百分制,以便横向衡量百分点高低,纵向衡量百分比升降。

(一)2016年文化教育消费需求景气指数测评

1997年以来各省域乡村单行演算的文教消费需求景气指数变动态势分析见表8,各省域以2017年横向测评的文教消费需求景气指数高低排列。

1.各年度无差距理想值横向测评

以文教消费需求城乡之间、地区之间实现无差距状态为"理想值"100,在年度横向测评中,2017年全国乡村文教消费需求景气指数为87.09,低于理想值12.91%。此项测评中,由于全国乡村文教消费总量份额值(全国份额为100%基准)、人均绝对值、相对比值作为演算基准,全国乡村总体景气指数高低,全都缘于文教消费相关增率比提高或降低,城乡比和地区差缩小或扩大。

此项测评中,四大区域和各省域乡村景气指数高低,除了缘于自身文教消费城乡比、与全国地区差的存在及其扩减变化以外,更有可能缘于其文教消费总量份额、相关增率比上升或下降,缘于人均绝对值、各项相对比值高于或低于全国总体平均值。

各省域乡村单行景气指数比较,青海、内蒙古、湖南、贵州、黑龙江从高到低依次占据"2017年度乡村文教消费需求景气指数排名"全国前5位。17个省域景气指数高于全国乡村总体景气指数,按指数高低依次为上述5地和宁夏、甘肃、广西、湖北、云南、吉林、重庆、海南、山西、安徽、辽宁、陕西;14个省域景气指数低于全国乡村总体景气指数,按指数高低依次为四川、福建、河南、河北、山东、广东、江西、江苏、浙江、天津、北京、上海、新疆、西藏。

全国省域乡村文化教育消费需求景气评价排行

表8 各省域乡村文教消费需求景气指数变动状况

地区	起始年度基数值纵向测评(起点年基数值=100)						2017年度理想值无差距横向测评(理想值=100)	
	1997年以来20年	2002年以来15年	2007年以来10年	2012年以来5年	最近一年以来(2016~2017年)			
	景气指数	景气指数	景气指数	景气指数	景气指数	排序	景气指数	排序
全 国	192.07	171.40	160.82	155.75	101.47	—	87.09	—
黑龙江	291.41	224.94	171.89	156.73	103.12	12	103.06	5
吉 林	197.01	203.29	157.29	134.98	101.73	15	95.11	11
辽 宁	194.86	178.54	148.01	149.47	98.80	23	90.68	16
东 北	222.55	199.78	157.89	147.73	101.30	[3]	95.75	[1]
湖 南	221.01	183.50	202.41	200.57	104.34	8	108.57	3
湖 北	174.26	174.59	180.96	183.49	104.43	7	95.97	9
山 西	272.35	188.18	130.72	127.74	93.75	29	91.45	14
安 徽	197.31	183.53	158.27	168.59	104.75	5	91.12	15
河 南	220.98	212.25	184.50	166.30	100.58	16	85.36	20
江 西	173.21	139.65	161.22	165.69	99.91	18	84.12	24
中 部	201.84	182.47	173.08	170.69	101.96	[2]	92.08	[2]
青 海	584.88	267.22	257.55	162.61	98.79	24	119.35	1
内蒙古	228.12	194.57	162.57	189.78	99.78	19	109.12	2
贵 州	359.29	282.67	267.84	245.44	102.21	14	107.71	4
宁 夏	284.58	232.50	223.39	174.72	103.95	9	102.16	6
甘 肃	279.55	189.77	182.39	157.78	90.06	31	100.01	7
广 西	189.02	202.60	251.39	224.66	106.87	3	98.90	8
云 南	305.92	260.93	185.89	185.83	105.14	4	95.79	10
重 庆	278.66	229.88	235.34	170.89	103.78	10	94.76	12
陕 西	181.52	141.14	136.31	142.33	91.94	30	90.43	17
四 川	194.75	161.49	200.77	159.66	112.06	1	86.70	18
新 疆	183.02	210.82	167.63	149.43	96.24	26	71.48	30
西 藏	765.02	242.84	149.16	279.76	110.04	2	52.93	31
西 部	225.25	194.37	195.99	177.61	102.92	[1]	91.51	[3]
海 南	203.94	228.06	198.01	239.76	99.02	21	93.03	13
福 建	163.09	150.12	150.72	139.77	102.78	13	85.94	19
河 北	205.06	195.02	173.81	160.82	98.98	22	85.32	21
山 东	187.15	146.66	126.43	137.18	104.59	6	84.86	22
广 东	137.22	152.33	211.96	164.83	103.36	11	84.61	23
江 苏	533.49	138.89	115.85	110.02	99.62	20	84.00	25

135

续表

地区	起始年度基数值纵向测评（起点年基数值=100）						2017年度理想值无差距横向测评（理想值=100）	
	1997年以来20年	2002年以来15年	2007年以来10年	2012年以来5年	最近一年以来（2016~2017年）			
	景气指数	景气指数	景气指数	景气指数	景气指数	排序	景气指数	排序
浙 江	169.65	132.32	117.96	122.74	94.88	27	80.38	26
天 津	194.71	166.59	184.75	121.78	96.66	25	78.82	27
北 京	134.74	113.74	110.73	107.44	94.67	28	73.25	28
上 海	118.51	112.73	112.50	109.39	100.25	17	71.58	29
东 部	191.09	153.23	139.80	134.80	100.74	[4]	81.77	[4]

注：西藏因缺失若干年度数据，变通以1999年数据为起始基点，统一纳入各时段以来纵向测评。

2. 1997年以来20年基数值纵向测评

以1997年为起点基数值100，在1997年以来20年间自身纵向测评中，2017年全国乡村文教消费需求景气指数为192.07，高于1997年基数值92.07%。此项测评中，全国乡村总体景气指数升降，缘于与自身1997年相比，2017年各项指标数值或有升降。四大区域和各省域乡村亦然。

各省域乡村单行景气指数比较，西藏、青海、江苏、贵州、云南从高到低依次占据"1997~2017乡村文教消费需求景气指数提升"全国前5位。20个省域景气指数提升高于全国乡村总体景气指数提升，按指数高低依次为上述5地和黑龙江、宁夏、甘肃、重庆、山西、内蒙古、湖南、河南、河北、海南、安徽、吉林、辽宁、四川、天津；11个省域景气指数提升低于全国乡村总体景气指数提升，按指数高低依次为广西、山东、新疆、陕西、湖北、江西、浙江、福建、广东、北京、上海。

3. 2002年以来15年基数值纵向测评

以2002年为起点基数值100，在2002年以来15年间自身纵向测评中，2017年全国乡村文教消费需求景气指数为171.40，高于2002年基数值71.40%。此项测评中，全国乡村总体景气指数升降，缘于与自身2002年相比，2017年各项指标数值或有升降。四大区域和各省域乡村亦然。

各省域乡村单行景气指数比较，贵州、青海、云南、西藏、宁夏从高到低依次占据"2002~2017乡村文教消费需求景气指数提升"全国前5位。20个省域景气指数提升高于全国乡村总体景气指数提升,按指数高低依次为上述5地和重庆、海南、黑龙江、河南、新疆、吉林、广西、河北、内蒙古、甘肃、山西、安徽、湖南、辽宁、湖北;11个省域景气指数提升低于全国乡村总体景气指数提升,按指数高低依次为天津、四川、广东、福建、山东、陕西、江西、江苏、浙江、北京、上海。

4. 2007年以来10年基数值纵向测评

以2007年为起点基数值100,在2007年以来10年间自身纵向测评中,2017年全国乡村文教消费需求景气指数为160.82,高于2007年基数值60.82%。此项测评中,全国乡村总体景气指数升降,缘于与自身2007年相比,2017年各项指标数值或有升降。四大区域和各省域乡村亦然。

各省域乡村单行景气指数比较,贵州、青海、广西、重庆、宁夏从高到低依次占据"2007~2017乡村文教消费需求景气指数提升"全国前5位。19个省域景气指数提升高于全国乡村总体景气指数提升,按指数高低依次为上述5地和广东、湖南、四川、海南、云南、天津、河南、甘肃、湖北、河北、黑龙江、新疆、内蒙古、江西;12个省域景气指数提升低于全国乡村总体景气指数提升,按指数高低依次为安徽、吉林、福建、西藏、辽宁、陕西、山西、山东、浙江、江苏、上海、北京。

5. 2012年以来5年基数值纵向测评

以2012年为起点基数值100,在2012年以来5年间自身纵向测评中,2017年全国乡村文教消费需求景气指数为155.75,高于2012年基数值55.75%。此项测评中,全国乡村总体景气指数升降,缘于与自身2012年相比,2017年各项指标数值或有升降。四大区域和各省域乡村亦然。

各省域乡村单行景气指数比较,西藏、贵州、海南、广西、湖南从高到低依次占据"2012~2017乡村文教消费需求景气指数提升"全国前5位。19个省域景气指数提升高于全国乡村总体景气指数提升,按指数高低依次为上述5地和内蒙古、云南、湖北、宁夏、重庆、安徽、河南、江西、广东、青海、河北、四川、甘肃、黑龙江;12个省域景气指数提升低于全国乡村总体景气指数提升,按指数高低依次为辽宁、新疆、陕西、福建、山东、吉林、山西、浙江、天津、江苏、上海、北京。

6.逐年度上年基数值纵向测评

各年度均以上年为起点基数值100,在逐年自身纵向测评中,2017年全国乡村文教消费需求景气指数为101.47,高于上年基数值1.47%。此项测评中,全国乡村总体景气指数升降,缘于与自身上年相比,本年度各项指标数值或有升降。四大区域和各省域乡村亦然。

各省域乡村单行景气指数比较,四川、西藏、广西、云南、安徽从高到低依次占据"2016~2017乡村文教消费需求景气指数提升"全国前5位。15个省域景气指数提升高于全国乡村总体景气指数提升,按指数高低依次为上述5地和山东、湖北、湖南、宁夏、重庆、广东、黑龙江、福建、贵州、吉林;16个省域景气指数提升低于全国乡村总体景气指数提升,按指数高低依次为河南、上海、江西、内蒙古、江苏、海南、河北、辽宁、青海、天津、新疆、浙江、北京、山西、陕西、甘肃。

(二)2020年增长态势预测与景气状况测算

鉴于2018年统计数据尚待公布,而现实年度已经进入2019年,有必要把数据演算推向今后年度预测。在此充分发挥本项研究测评的演算数据库潜力,基于现有基础数据推演的"最大"概率或然性,按照1997~2017年各省域人均产值及其乡村人均收入、总消费、积蓄、文教消费各项年均增长率,预测2020年各省域乡村文教消费需求增长态势,其中城乡比指标检测值需依据城镇与乡村人均数值的不同年均增长率推算,并测算各自文教消费需求景气状况。

2020年各省域乡村单行演算的文教消费增长态势预测与景气状况测算见表9,各省域分为东北和东、中、西部四大区域,以由北至南、从东到西的大致地理分布排列。依照本文表1~7列出的各项基础数据,同样可以进行重复验算。鉴于表中均为预测数值,不加以分析,也不列排行,仅供参考。

全国省域乡村文化教育消费需求景气评价排行

表9 各省域乡村文教消费2020年增长态势预测与景气指数测算

地区	2020年增长态势预测					2020年景气测算	
	乡村预测		城乡差距、地区差距检测			自身纵向测评 2016年基数值=100	各地横向测评无差距理想值=100
	文教消费总量（亿元）	文教消费人均值（元）	城镇人均文教消费（元）	城乡比（乡村=1）	地区差（无差距=1）		
全 国	8324.08	1597.09	3756.08	2.3518	1.1735	105.32	87.32
黑龙江	280.51	1987.55	3146.28	1.5830	1.2445	111.12	108.46
吉 林	197.62	1793.02	3335.32	1.8602	1.1227	106.03	96.38
辽 宁	229.42	1780.41	4378.30	2.4592	1.1148	105.82	92.84
东 北	707.55	1770.02	3603.38	2.0358	1.1607	104.98	95.84
北 京	47.71	1641.34	5482.42	3.3402	1.0277	102.03	74.21
天 津	46.88	1831.14	3834.02	2.0938	1.1465	107.18	82.10
河 北	424.06	1386.73	2796.66	2.0167	1.1317	107.98	88.53
山 东	549.07	1547.69	3412.57	2.2049	1.0309	104.84	83.71
江 苏	512.67	2330.92	4685.43	2.0101	1.4595	116.06	93.25
上 海	46.02	1434.39	6734.42	4.6950	1.1019	96.49	67.10
浙 江	356.64	2121.37	4515.92	2.1288	1.3283	104.61	83.08
福 建	191.48	1536.59	3192.26	2.0780	1.0379	103.48	84.74
广 东	471.22	1447.07	4091.67	2.8276	1.0939	99.62	79.94
海 南	59.61	1650.77	2915.35	1.7661	1.0336	106.73	94.96
东 部	2705.36	1618.70	3939.13	2.4335	1.1392	104.58	81.56
山 西	232.98	1637.10	3492.77	2.1335	1.0251	110.34	99.29
河 南	605.47	1454.83	3009.63	2.0687	1.0891	106.95	87.28
安 徽	382.29	1478.26	3149.16	2.1303	1.0744	106.16	91.39
湖 北	377.61	1774.62	3116.35	1.7561	1.1112	104.05	93.80
江 西	255.50	1348.88	2948.27	2.1857	1.1554	103.82	83.34
湖 南	664.84	2382.45	5307.30	2.2277	1.4917	106.00	107.82
中 部	2518.70	1609.81	3421.18	2.1252	1.1578	103.75	90.48
内蒙古	201.75	2346.26	3671.02	1.5646	1.4691	108.18	115.69
陕 西	215.31	1489.53	3491.87	2.3443	1.0673	103.87	91.97
宁 夏	45.80	1780.98	3620.14	2.0327	1.1151	109.37	105.21
甘 肃	182.56	1456.65	3181.34	2.1840	1.0879	109.92	116.01
青 海	36.20	1449.13	3431.05	2.3677	1.0926	124.81	167.02
新 疆	121.08	1021.33	3414.01	3.3427	1.3605	105.89	73.63
重 庆	171.45	1777.66	3117.28	1.7536	1.1131	109.40	96.27

续表

地区	2020年增长态势预测					2020年景气测算	
	乡村预测		城乡差距、地区差距检测			自身纵向测评2016年基数值=100	各地横向测评无差距理想值=100
	文教消费总量（亿元）	文教消费人均值（元）	城镇人均文教消费（元）	城乡比（乡村=1）	地区差（无差距=1）		
四川	415.88	1146.36	2813.85	2.4546	1.2822	105.50	82.80
贵州	293.86	1812.76	3737.58	2.0618	1.1350	111.37	113.49
广西	333.68	1502.93	2641.21	1.7574	1.0590	105.31	96.50
云南	345.31	1531.03	2980.75	1.9469	1.0414	112.05	100.37
西藏	9.56	422.09	1240.43	2.9388	1.7357	130.77	60.15
西部	2372.42	1393.06	3049.16	2.1888	1.2133	104.83	90.16

注：西藏因缺失若干年度数据，以1999~2017年相关数据年均增长推算增长态势，全国及其余各地以1997~2017年相关数据年均增长推算。总量测算未涉及人口增长尤其是分布变化，且未经平衡，各地总量之和不等于全国总量。

省域城乡报告[*]

Reports on Urban and Rural Areas among Provinces

B.6 湖南：2017年度城乡景气指数排名第1位

张　林[**]

摘　要： 2017年，湖南城乡文教消费总量增长处于第2位，人均值增长处于第2位。湖南城乡文教消费需求景气评价排行结果：在省域横向测评中，2017年度景气指数排名第1位；在自身纵向测评中，1997～2017年景气指数提升第12位，2002～2017年景气指数提升第8位，2007～2017年景气指数提升第

---

[*] 限于篇幅无法全面展开省域单独分析，以兼顾排行位次与区域分布的方式选取城乡综合分析子报告：按B.3省域城乡排行报告表9（城乡综合测评排行汇总表）年度横向及各类纵向测评结果，取东、中、西部和东北（为平衡数量东北归并临近河北、山东）四大区域各自省排名、直辖市单列排名、自治区单列排名首位4省1直辖市1自治区，按各地最高位次拟题排文，相同位次以先横向后较长时段纵向测评为序。未有独立子报告的省域见该报告详尽展开列表的各地分析对比及各类排行。

[**] 张林，云南省社会科学院培训部综合管理科科长、副研究员，主要从事文化、国际关系研究。

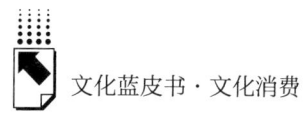

6位，2012～2017年景气指数提升第4位，2016～2017年景气指数提升第3位。

关键词： 湖南城乡　文教消费　景气评价

一　湖南城乡文教消费需求增长状况

1. 文教消费总量份额值变化

20年来湖南城乡文教消费总量增长、份额变化态势见图1。

1997～2017年，湖南城乡文教消费总量由183.01亿元增至2001.03亿元，增加1818.02亿元，20年间总增长993.40%，年均增长12.70%，增长幅度处于省域间第11位。其中，第一个五年年均增长10.25%；第二个五年年均增长7.89%；第三个五年年均增长9.02%；第四个五年年均增长24.43%。总量最高增长年度为2014年，增长率为50.43%；最低增长年度为2008年，增长率为-9.09%。

同期，全国城乡文教消费总量年均增长12.19%，略微低于湖南0.51个百分点。湖南城乡文教消费总量占全国份额由6.15%升高为6.74%，上升幅度为9.53%，增长幅度和份额升降变化排序处于省域间第11位。

其中，第一个五年，全国城乡文教消费总量年均增长15.42%，显著高于湖南5.17个百分点，湖南总量占全国份额下降20.47%；第二个五年，全国城乡文教消费总量年均增长10.46%，明显高于湖南2.57个百分点，湖南总量占全国份额下降11.12%；第三个五年，全国城乡文教消费总量年均增长11.35%，明显高于湖南2.33个百分点，湖南总量占全国份额下降10.06%；第四个五年，全国城乡文教消费总量年均增长11.60%，极显著低于湖南12.83个百分点，湖南总量占全国份额上升72.30%。

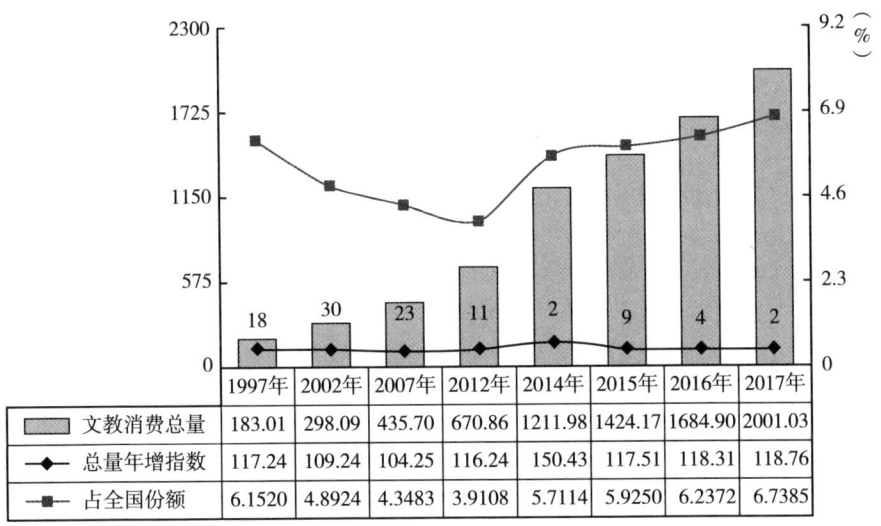

图 1 湖南城乡文教消费总量增长、份额变化态势

左轴柱形：文教消费总量（千万元）。左轴曲线：年度增长指数（上年＝100，小于100为负增长），标注历年增长省域位次。右轴曲线：占全国份额（%）。

2. 文教消费人均绝对值增长

20年来湖南城乡人均文教消费增长、增幅变化态势见图2。

1997～2017年，湖南城乡人均文教消费由283.90元增至2925.03元，增加2641.13元，总增长930.30%，20年间年均增长12.37%，增长幅度处于省域间第9位。其中，第一个五年人均值总增长58.79%，年均增长9.69%；第二个五年人均值总增长52.24%，年均增长8.77%；第三个五年人均值总增长47.72%，年均增长8.12%；第四个五年人均值总增长188.52%，年均增长23.60%。人均值最高增长年度为2014年，增长率为49.33%；最低增长年度为2008年，增长率为－9.36%。

同期，全国城乡人均文教消费年均增长11.52%，略微低于湖南0.85个百分点（对照图5）。湖南城乡人均文教消费从全国城乡人均值的117.39%提高至136.56%，人均绝对值在省域间排序由第7位提高为第3位。

其中，第一个五年全国城乡人均文教消费年均增长14.50%，显著高于

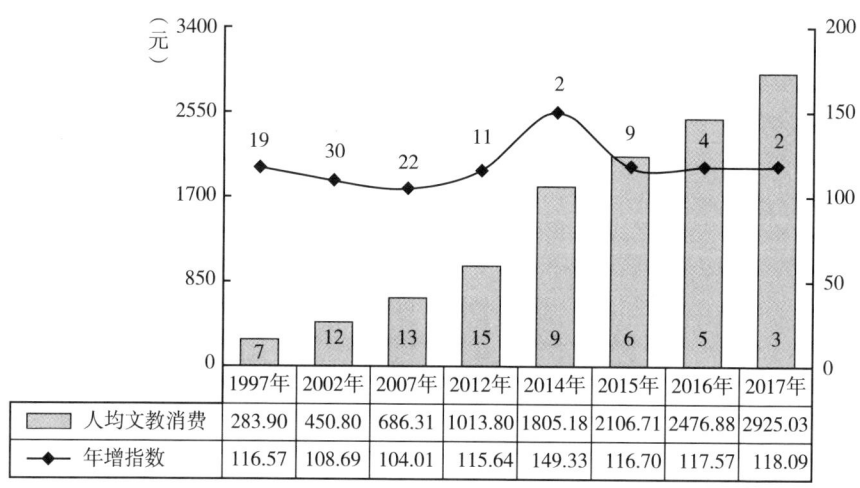

图 2 湖南城乡人均文教消费增长、增幅变化态势

左轴柱形：人均文教消费（元）。右轴曲线：年度增长指数（上年=100，小于100为负增长），标注历年增长、人均值省域位次。

湖南，2002年湖南城乡人均值降低至全国人均值的94.73%，处于省域间第12位。第二个五年全国城乡人均文教消费年均增长9.83%，较明显高于湖南，2007年湖南城乡人均值降低至全国人均值的90.27%，处于省域间第13位。第三个五年全国城乡人均文教消费年均增长10.81%，明显高于湖南，2012年湖南城乡人均值降低至全国人均值的79.83%，处于省域间第15位。第四个五年全国城乡人均文教消费年均增长11.02%，湖南年均增长23.60%，极显著高于全国。

二 湖南城乡文教消费相关背景情况

20年来湖南城乡文教消费相关比值变动态势见图3。

1. 文教消费与产值比关系

1997~2017年，湖南城乡文教消费与产值比由6.42%降低至5.90%，由于其他省域此项比值降低更加明显，湖南从第2位上升到第1位。其间，此项比值在1997~2000年、2003年、2012~2017年的11个年度出现增高，其余年度则为降低；前后对比下降 8.11%，升降变化程度处于省域间第 14 位。最高比值为 2000 年的 6.94%，最低比值为 2011 年的 2.93%。

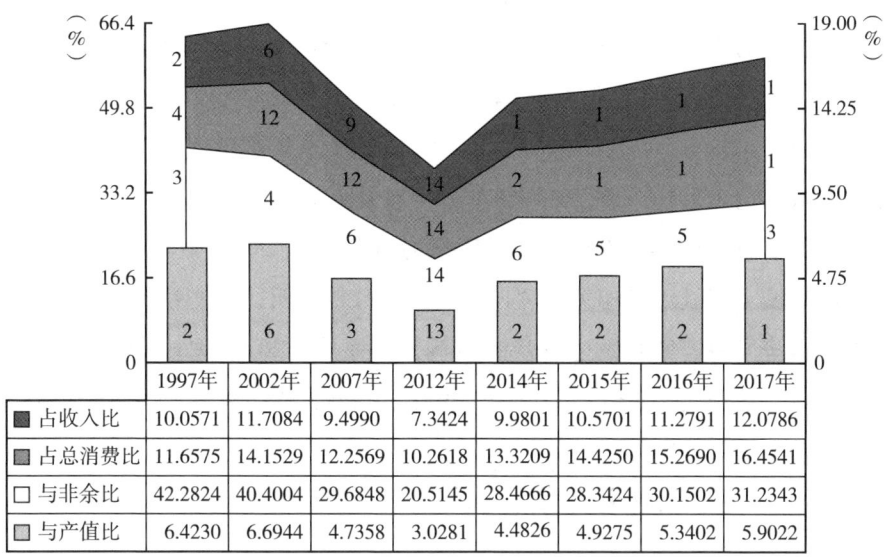

图 3　湖南城乡文教消费相关比值变动态势

左轴面积：人均文教消费占收入比、占总消费比、与非文消费剩余（简称"非余"）比（%），各项比值历年升降呈直观比例。右轴柱形：人均文教消费与产值比（%）。保留 4 位小数以便精确演算各项比值变化，标注各项比值省域位次。

2. 文教消费占收入比关系

1997~2017 年，湖南城乡文教消费占收入比由 10.06% 提高至 12.08%，在省域间排序从第 2 位上升到第 1 位。其间，此项比值在 1997~1998 年、2000~2003 年、2010 年、2012~2017 年 13 个年度出现增高，其余年度则为降低；前后对比上升 20.10%，升降变化程度处于省域间第 9 位。最高比值为 2017 年的 12.08%，最低比值为 2011 年的 7.25%。

3. 文教消费占总消费比关系

1997~2017 年，湖南城乡文教消费占总消费比由 11.66% 提高至 16.45%，在省域间排序从第 4 位上升到第 1 位。其间，此项比值在 1997~1998 年、2000~2003 年、2009~2010 年、2012~2017 年 14 个年度出现增高，其余年度则为降低；前后对比上升41.15%，升降变化程度处于省域间第8位。最高比值为2017年的16.45%，最低比值为2008年的9.81%。

4. 文教消费与非文消费剩余比关系

1997~2017年，湖南城乡文教消费与非文消费剩余比由42.28%降低至31.23%，在省域间排序保持在第3位。其间，此项比值在1998年、2001年、2004~2008年、2011年、2015~2017年11个年度出现增高，其余年度则为降低；前后对比下降26.13%，升降变化程度处于省域间第19位。最高比值为2000年的44.46%，最低比值为2012年的20.51%。

湖南城乡文教消费相关各项比值的具体分析表明，在文教消费需求增长与当地经济发展、城乡民生进步的协调性关系中，20年以来文教消费占收入比、占总消费比呈提升态势，与产值比、与非文消费剩余比呈下降态势。

三 湖南文教消费城乡、区域协调状况

1. 文教消费人均值城乡比

20年来湖南人均文教消费城乡比变动态势见图4。

1997~2017年，湖南人均文教消费城乡比由3.0722缩减至2.3230，由于其他省域文教消费城乡比缩小更为显著，湖南城乡比在省域间排序从第17位下降到第20位。最小城乡比为2014年的2.2817，最大城乡比为2013年的4.8800。

其间，城乡比在2000年、2005年、2008年、2011~2012年、2014年6个年度出现缩减，其余年度则为扩增。前后对比，湖南文教消费城乡比缩小24.39%，城乡比扩减变化状况处于省域间第18位。这意味着，湖南属于文教消费城乡比扩减变化态势良好的省域之一。

分期考察湖南城乡文教消费城乡差距变化动态，第一个五年较明显加大，扩增15.69%；第二个五年明显加大，扩增23.05%；第三个五年略有减小，缩减0.72%；第四个五年继续显著减小，缩减46.50%。

据既往20年动态推演测算，2020年湖南文教消费城乡比将为2.2277，

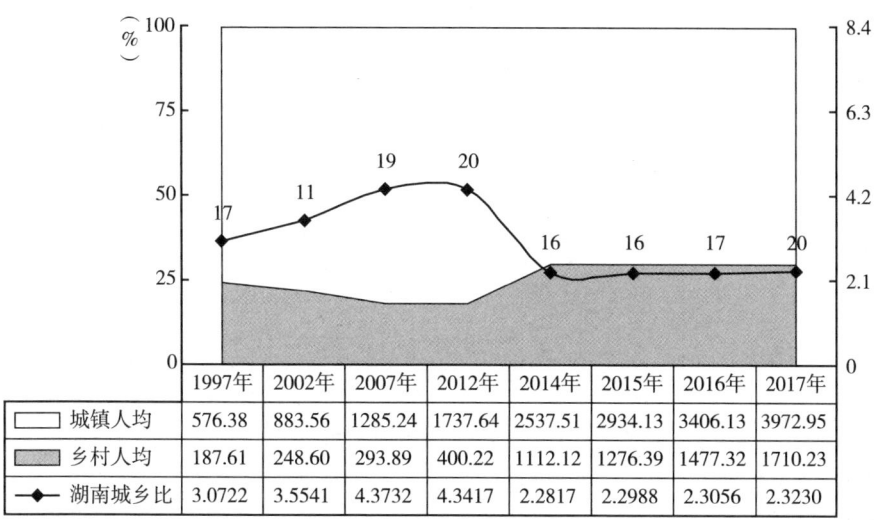

图4 湖南人均文教消费城乡比变动态势

左轴面积：城镇、乡村人均文教消费（元转换为%），城乡间历年升降呈直观比例关系。
右轴曲线：文教消费城乡比（乡村=1），标注城乡比省域位次。

相比当前较明显缩减；2035年湖南文教消费城乡比将为1.8064，相比当前继续极显著缩减。

2. 城乡文教消费人均值地区差

20年来湖南城乡人均文教消费地区差变动态势见图5。

1997~2017年，湖南城乡人均文教消费与全国城乡地区差由1.1739扩增至1.3656，在省域间排序从第10位下降到第28位。最小地区差为2003年的1.0050，最大地区差为2017年的1.3656。

其间，地区差在1997年、1999~2000年、2002~2003年、2009~2010年、2012~2014年10个年度出现缩减，其余年度则为扩增。前后对比，湖南城乡文教消费地区差扩大16.33%，地区差扩减变化状况处于省域间第30位。这意味着，湖南属于城乡文教消费地区差扩减变化态势很严重的省域之一。

分期考察湖南城乡文教消费地区差距变化动态，第一个五年显著减小，缩减10.32%；第二个五年较明显加大，扩增4.24%；第三个五年继续明显

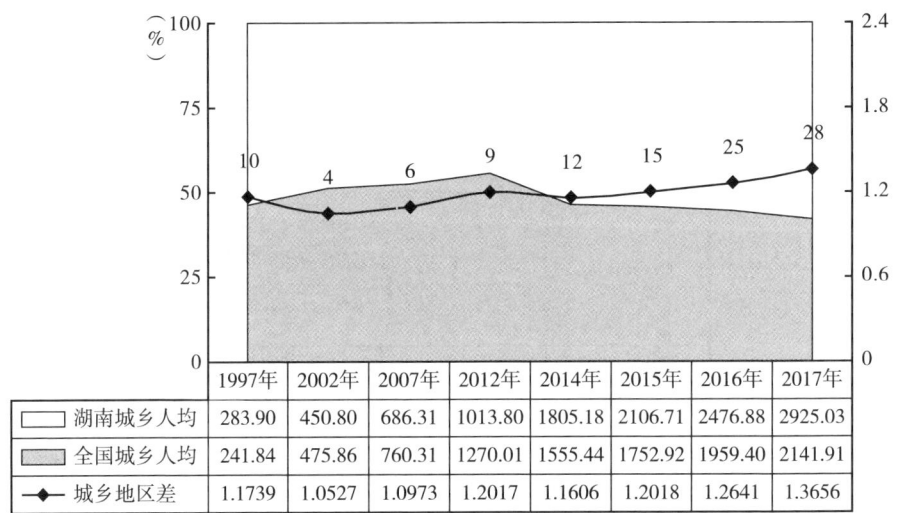

图 5　湖南城乡人均文教消费地区差变动态势

左轴面积：当地、全国人均文教消费（元转换为%），二者数值历年升降呈直观比例关系。
右轴曲线：文教消费地区差（无差距=1），标注地区差省域位次。

加大，扩增 9.51%；第四个五年继续显著加大，扩增 13.64%。

据既往 20 年动态推演测算，2020 年湖南文教消费地区差将为 1.3993，相比当前略微扩增；2035 年湖南文教消费地区差将为 1.5861，相比当前继续明显扩增。

四　湖南城乡文教消费需求景气指数测评

综合以上分析：20 年以来湖南城乡文教消费总量年均增长略微高于全国增长，人均值年均增长也略微高于全国平均增长；文教消费占收入比、占总消费比呈提升态势，与产值比、与非文消费剩余比呈下降态势；城乡比较明显缩小，与全国城乡地区差极显著扩大。这些都集中体现在湖南城乡文教消费需求景气指数的测评演算中。20 年来湖南城乡文教消费需求景气指数变动态势见图 6。

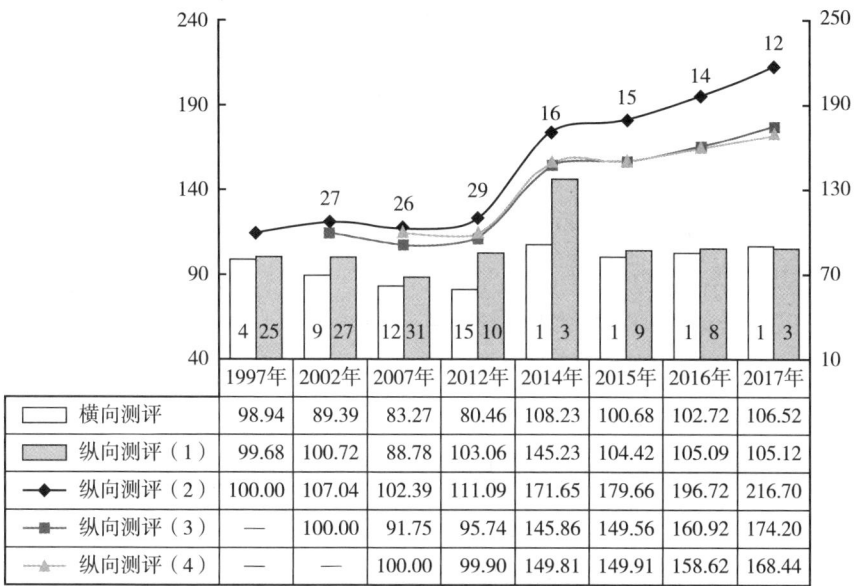

图6 湖南城乡文教消费需求景气指数变动态势

左轴柱形：左横向测评（无差距理想值=100）；右纵向测评（1），上年=100。右轴曲线：纵向测评（起点年基数值=100），（2）以1997年为起点，（3）以2002年为起点，（4）以2007年为起点。标注横向测评、纵向测评（1）（2）省域排行，纵向测评（2）起点年不计。

1. 各年度无差距理想值横向测评

以全国城乡文教消费总量份额值、人均绝对值、相对比值为基准，并以相关增率比达到平衡，城乡、地区之间实现无差距状态为"理想值"100来衡量，2017年湖南城乡此项景气指数为106.52，高于理想值6.52%，也高于上一年3.80个点。湖南在省域间排行，1997年为第4位，2002年为第9位，2007年为第12位，2012年为第15位，2017年与上一年持平，皆为第1位。

2. 1997年以来20年基数值纵向测评

以1997年为起点基数值100，2017年湖南城乡此项景气指数为216.70，高于1997年起点基数116.70%，也高于上一年19.98个点。湖南在省域间排行，起点1997年不计，2002年为第27位，2007年为第26位，2012年为第29位,2017年从上一年第14位上升为第12位。

3. 2002年以来15年基数值纵向测评

以2002年为起点基数值100,2017年湖南城乡此项景气指数为174.20,高于2002年起点基数74.20%,也高于上一年13.28个点。湖南在省域间排行,起点2002年不计,2007年为第24位,2012年为第27位,2017年从上一年第10位上升第8位。

4. 2007年以来10年基数值纵向测评

以2007年为起点基数值100,2017年湖南城乡此项景气指数为168.44,高于2007年起点基数68.44%,也高于上一年9.82个点。湖南在省域间排行,起点2007年不计,2012年为第23位,2017年从上一年第7位上升为第6位。

5. 逐年度上年基数值纵向测评

以2016年为起点基数值100,2017年湖南城乡此项景气指数为105.12,高于2016年起点基数5.12%。湖南在省域间排行,1997年为第25位,2002年为第27位,2007年为第31位,2012年为第10位,2017年从上一年第8位上升为第3位。

B.7
西藏：1999～2017年城乡景气指数提升第1位

刘 婷*

摘 要： 2017年，西藏城乡文教消费总量增长处于第1位，人均值增长处于第1位。西藏城乡文教消费需求景气评价排行结果：在省域横向测评中，2017年度景气指数排名第31位；在自身纵向测评中，1999～2017年景气指数提升第1位，2002～2017年景气指数提升第6位，2007～2017年景气指数提升第24位，2012～2017年景气指数提升第1位，2016～2017年景气指数提升第1位。

关键词： 西藏城乡 文教消费 景气评价

一 西藏城乡文教消费需求增长状况

1. 文教消费总量份额值变化

18年（西藏缺1997～1998年数据，变通以1999年起始）来西藏城乡文教消费总量增长、份额变化态势见图1。

1999～2017年，西藏城乡文教消费总量由1.85亿元增至16.10亿元，增加14.25亿元，18年间总增长770.27%，年均增长12.77%，增长幅度处

---

* 刘婷，云南省社会科学院民族文学研究所研究员，博士，主要研究方向为文化人类学。

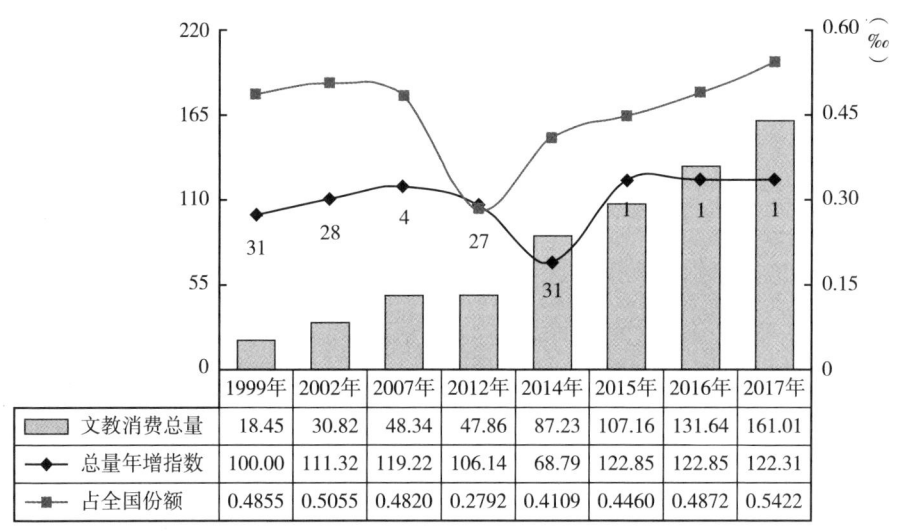

图 1　西藏城乡文教消费总量增长、份额变化态势

左轴柱形：文教消费总量（千万元）。左轴曲线：年度增长指数（上年=100，小于100为负增长），标注历年增长省域位次。右轴曲线：占全国份额（‰）。

于省域间第25位。其中，第一个五年（西藏数据仅有3个年度，后同）年均增长18.52%；第二个五年年均增长9.42%；第三个五年年均增长-0.17%；第四个五年年均增长27.44%。总量最高增长年度为2013年，增长率为164.91%；最低增长年度为2014年，增长率为-31.21%。

同期（对应亦取1999～2017年，后同），全国城乡文教消费总量年均增长12.08%，略微低于西藏0.69个百分点。西藏城乡文教消费总量占全国份额由0.49‰升高为0.54‰，上升幅度为11.52%，增长幅度和份额升降变化排序处于省域间第25位。

其中，第一个五年（对应亦取1999～2002年，后同），全国城乡文教消费总量年均增长16.94%，较明显低于西藏1.58个百分点，西藏总量占全国份额上升4.12%；第二个五年，全国城乡文教消费总量年均增长10.46%，较明显高于西藏1.04个百分点，西藏总量占全国份额下降4.74%；第三个五年，全国城乡文教消费总量年均增长11.35%，极显著高于西藏11.52个百分点，西藏总量占全国份额下降42.12%；第四个五年，全国城乡文教消费总量年均增长 11.60%，极显著低于西藏 15.84 个百分点，西藏总量占全国份额上升 94.27%。

2. 文教消费人均绝对值增长

18 年来西藏城乡人均文教消费增长、增幅变化态势见图 2。

1999~2017 年，西藏城乡人均文教消费由 72.65 元增至 482.06 元，增加 409.41 元，总增长 563.54%，18 年间年均增长 11.09%，增长幅度处于省域间第 26 位。其中，第一个五年人均值总增长 60.11%，年均增长 16.99%；第二个五年人均值总增长 47.09%，年均增长 8.02%；第三个五年人均值总增长 -8.42%，年均增长 -1.74%；第四个五年人均值总增长 207.65%，年均增长 25.20%。人均值最高增长年度为 2013 年，增长率为 161.17%；最低增长年度为 2014 年，增长率为 -32.29%。

同期，全国城乡人均文教消费年均增长 11.45%，略微高于西藏 0.36 个百分点（对照图 5）。西藏城乡人均文教消费从全国城乡人均值的 23.89% 降低至 22.51%，人均绝对值在省域间排序保持在第 31 位。

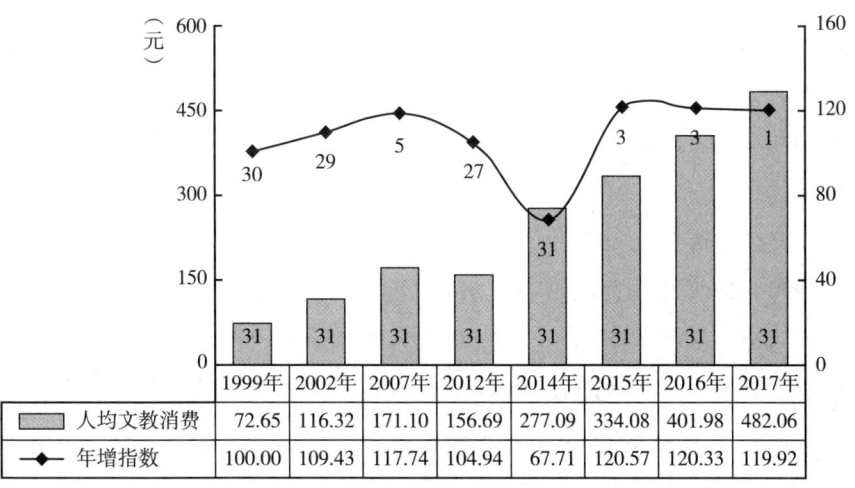

图 2　西藏城乡人均文教消费增长、增幅变化态势

左轴柱形：人均文教消费（元）。右轴曲线：年度增长指数（上年 = 100，小于 100 为负增长），标注历年增长、人均值省域位次。

其中，第一个五年全国城乡人均文教消费年均增长16.09%，略微低于西藏，2002年西藏城乡人均值提高至全国人均值的24.44%，处于省域间第31位。第二个五年全国城乡人均文教消费年均增长9.83%，较明显高于西藏，2007年西藏城乡人均值降低至全国人均值的22.50%，处于省域间第31位。第三个五年全国城乡人均文教消费年均增长10.81%，极显著高于西藏，2012年西藏城乡人均值降低至全国人均值的12.34%，处于省域间第31位。第四个五年全国城乡人均文教消费年均增长11.02%，西藏年均增长25.20%，极显著高于全国。

二 西藏城乡文教消费相关背景情况

18年来西藏城乡文教消费相关比值变动态势见图3。

1. 文教消费与产值比关系

1999~2017年，西藏城乡文教消费与产值比由1.74%降低至1.23%，在省域间排序保持在第31位。其间，此项比值在1997年、2000~2001年、2003年、2007年、2013年、2015~2017年9个年度出现增高，其余年度则为降低；前后对比下降29.37%，升降变化程度处于省域间第24位。最高比值为2003年的2.32%，最低比值为2012年的0.68%。

2. 文教消费占收入比关系

1999~2017年，西藏城乡文教消费占收入比由3.15%降低至2.93%，在省域间排序保持在第31位。其间，此项比值在1997年、2000~2005年、2013年、2015~2017年11个年度出现增高，其余年度则为降低；前后对比下降7.02%，升降变化程度处于省域间第21位。最高比值为2005年的4.94%，最低比值为2012年的1.84%。

3. 文教消费占总消费比关系

1999~2017年，西藏城乡文教消费占总消费比由4.60%降低至4.37%，在省域间排序保持在第31位。其间，此项比值在1997年、2001~2003年、

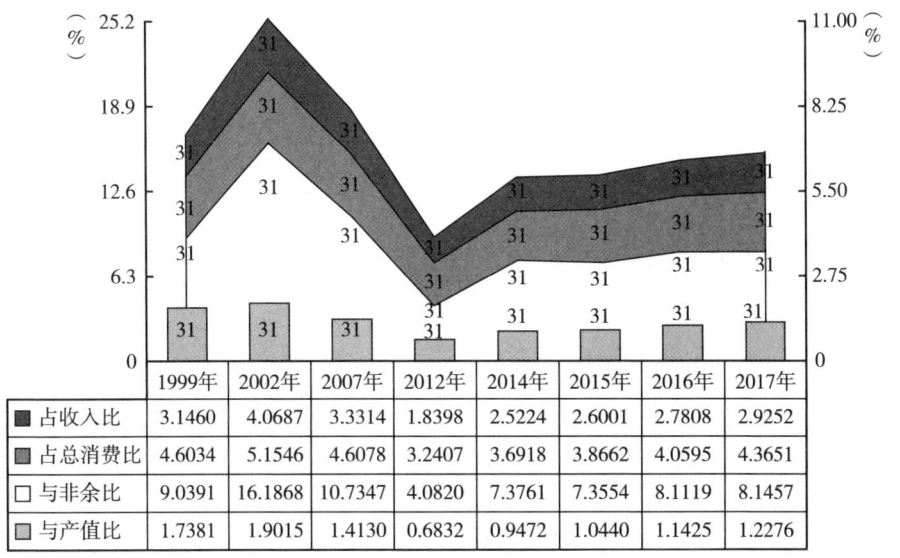

图3 西藏城乡文教消费相关比值变动态势

左轴面积：人均文教消费占收入比、占消费比、与非文消费剩余（简称"非余"）比（%），各项比值历年升降呈直观比例。右轴柱形：人均文教消费与产值比（%）。保留4位小数以便精确演算各项比值变化，标注各项比值省域位次。

2013年、2015~2017年8个年度出现增高，其余年度则为降低；前后对比下降5.18%，升降变化程度处于省域间第28位。最高比值为2013年的7.33%，最低比值为2012年的3.24%。

4. 文教消费与非文消费剩余比关系

1999~2017年，西藏城乡文教消费与非文消费剩余比由9.04%降低至8.15%，在省域间排序保持在第31位。其间，此项比值在1997年、2002年、2005~2006年、2008~2012年、2014年10个年度出现增高，其余年度则为降低；前后对比下降9.88%，升降变化程度处于省域间第10位。最高比值为2005年的29.37%，最低比值为2012年的4.08%。

西藏城乡文教消费相关各项比值的具体分析表明，在文教消费需求增长与当地经济发展、城乡民生进步的协调性关系中，18年以来相关比值全面呈现轻微下降态势。

三 西藏文教消费城乡、区域协调状况

1. 文教消费人均值城乡比

18年来西藏人均文教消费城乡比变动态势见图4。

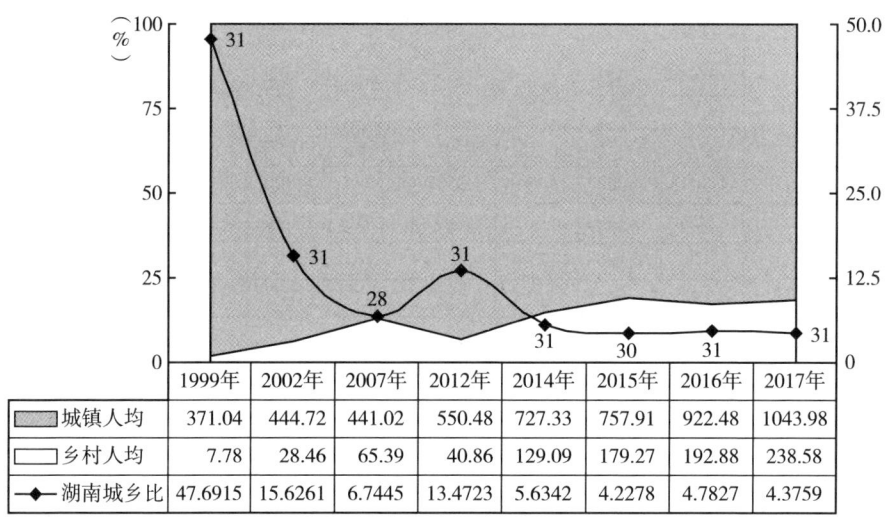

图4 西藏人均文教消费城乡比变动态势

左轴面积：城镇、乡村人均文教消费（元转换为%），城乡间历年升降呈直观比例关系。
右轴曲线：文教消费城乡比（乡村=1），标注城乡比省域位次。

1999~2017年，西藏人均文教消费城乡比由47.6915缩减至4.3759，在省域间排序保持在第31位。最小城乡比为2015年的4.2278，最大城乡比为1997年的47.6915。

其间，城乡比在2000年、2002年、2004年、2006年、2008年、2014~2015年、2017年8个年度出现缩减，其余年度则为扩增。前后对比，西藏文教消费城乡比缩小90.82%，城乡比扩减变化状况处于省域间第1位。这意味着，西藏属于文教消费城乡比扩减变化态势良好的省域之一。

分期考察西藏城乡文教消费城乡差距变化动态，第一个五年极显著减小，缩减67.24%；第二个五年显著减小，缩减56.84%；第三个五年极显著加大，扩增99.75%；第四个五年极显著减小，缩减67.52%。

据既往20年动态推演测算，2020年西藏文教消费城乡比将为2.9388，相比当前极显著缩减；2035年西藏文教消费城乡比将为0.4015，相比当前继续极显著缩减。

2. 城乡文教消费人均值地区差

18年来西藏城乡人均文教消费地区差变动态势见图5。

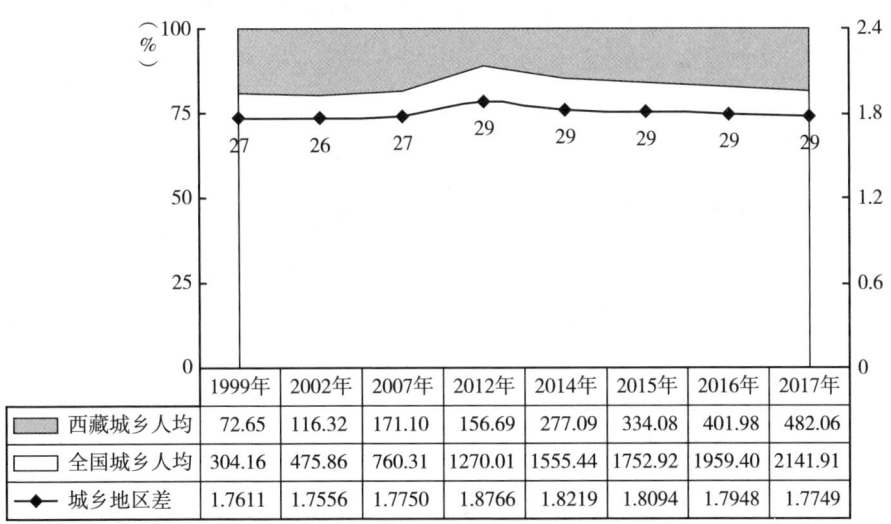

图5 西藏城乡人均文教消费地区差变动态势

左轴面积：当地、全国人均文教消费（元转换为%），二者数值历年升降呈直观比例关系。
右轴曲线：文教消费地区差（无差距=1），标注地区差省域位次。

1999~2017年，西藏城乡人均文教消费与全国城乡地区差由1.7611扩增至1.7749，在省域间排序从第27位下降到第29位。最小地区差为2004年的1.6873，最大地区差为2012年的1.8766。

其间，地区差在2000~2001年、2003~2004年、2007年、2013年、2015~2017年9个年度出现缩减，其余年度则为扩增。前后对比，西藏城乡文教消费地区差扩大0.78%，地区差扩减变化状况处于省域间第20位。这意味着，西藏属于城乡文教消费地区差扩减变化态势较好的省域之一。

分期考察西藏城乡文教消费地区差距变化动态，第一个五年略有减小，缩减0.31%；第二个五年较明显加大，扩增1.11%；第三个五年继续明显加大，扩增5.72%；第四个五年明显减小，缩减5.42%。

据既往20年动态推演测算，2020年西藏文教消费地区差将为1.7696，相比当前略微缩减；2035年西藏文教消费地区差将为1.6998，相比当前继续较明显缩减。

四 西藏城乡文教消费需求景气指数测评

综合以上分析：18年以来西藏城乡文教消费总量年均增长略微高于全国增长，人均值年均增长略微低于全国平均增长；相关比值全面呈现轻微下降态势；城乡比显著缩小，与全国城乡地区差略有扩大。这些都集中体现在西藏城乡文教消费需求景气指数的测评演算中。18年来西藏城乡文教消费需求景气指数变动态势见图6。

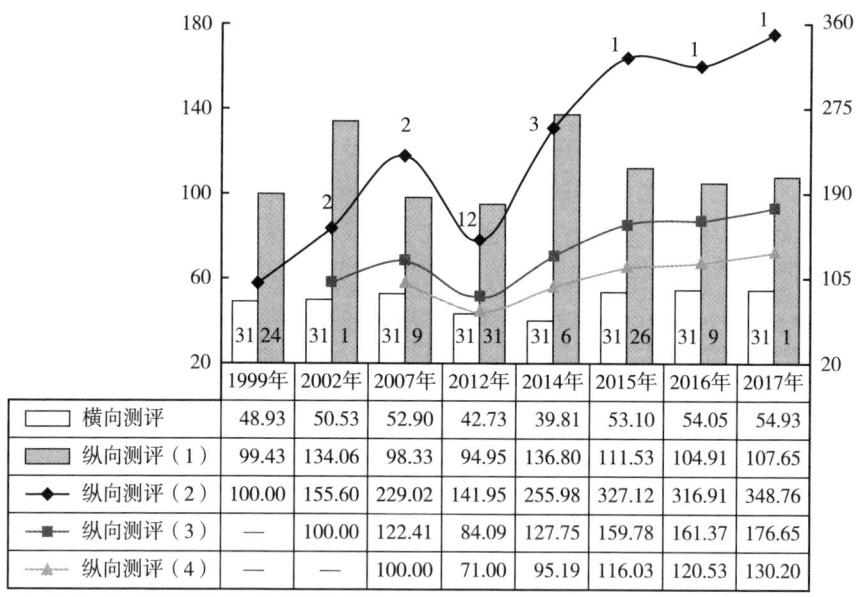

图6 西藏城乡文教消费需求景气指数变动态势

左轴柱形：左横向测评（无差距理想值＝100）；右纵向测评（1），上年＝100。右轴曲线：纵向测评（起点年基数值＝100），（2）以1999年为起点，（3）以2002年为起点，（4）以2007年为起点。标注横向测评、纵向测评（1）（2）省域排行，纵向测评（2）起点年不计。

1. 各年度无差距理想值横向测评

以全国城乡文教消费总量份额值、人均绝对值、相对比值为基准，并以相关增率比达到平衡，城乡、地区之间实现无差距状态为"理想值"100 来衡量，2017 年西藏城乡此项景气指数为 54.93，低于理想值 45.07%，但高于上一年 0.88 个点。西藏在省域间排行，1999 年为第 31 位，2002 年与之持平，2007 年与之持平，2012 年与之持平，2017 年与上一年持平，皆为第 31 位。

2. 1999年以来18年基数值纵向测评

以 1999 年为起点基数值 100，2017 年西藏城乡此项景气指数为 348.76，高于 1999 年起点基数 248.76%，也高于上一年 31.85 个点。西藏在省域间排行，起点 1999 年不计，2002 年为第 2 位，2007 年与之持平，2012 年为第 12 位，2017 年与上一年持平，皆为第 1 位。

3. 2002年以来15年基数值纵向测评

以 2002 年为起点基数值 100，2017 年西藏城乡此项景气指数为 176.65，高于 2002 年起点基数 76.65%，也高于上一年的 15.28 个点。西藏在省域间排行，起点 2002 年不计，2007 年为第 2 位，2012 年为第 31 位，2017 年从上一年第 8 位上升为第 6 位。

4. 2007年以来10年基数值纵向测评

以 2007 年为起点基数值 100，2017 年西藏城乡此项景气指数为 130.20，高于 2007 年起点基数 30.20%，也高于上一年 9.67 个点。西藏在省域间排行，起点 2007 年不计，2012 年为第 31 位，2017 年从上一年第 26 位上升为第 24 位。

5. 逐年度上年基数值纵向测评

以 2016 年为起点基数值 100，2017 年西藏城乡此项景气指数为 107.65，高于 2016 年起点基数 7.65%。西藏在省域间排行，1999 年为第 24 位，2002 年为第 1 位，2007 年为第 9 位，2012 年为第 31 位，2017 年从上一年第 9 位上升为第 1 位。

B.8
贵州：2002~2017年城乡景气指数提升第1位

袁春生*

摘　要： 2017年，贵州城乡文教消费总量增长处于第7位，人均值增长处于第9位。贵州城乡文教消费需求景气评价排行结果：在省域横向测评中，2017年度景气指数排名第2位；在自身纵向测评中，1997~2017年景气指数提升第4位，2002~2017年景气指数提升第1位，2007~2017年景气指数提升第1位，2012~2017年景气指数提升第2位，2016~2017年景气指数提升第15位。

关键词： 贵州城乡　文教消费　景气评价

一　贵州城乡文教消费需求增长状况

1. 文教消费总量份额值变化

20年来贵州城乡文教消费总量增长、份额变化态势见图1。

1997~2017年，贵州城乡文教消费总量由44.11亿元增至671.13亿元，增加627.02亿元，20年间总增长1421.49%，年均增长14.58%，增长幅度处于省域间第4位。其中，第一个五年年均增长16.58%；第二个五年年均

---

* 袁春生，云南省社会科学院科研处副处长、副研究员，主要从事民族文化、民族政治研究。

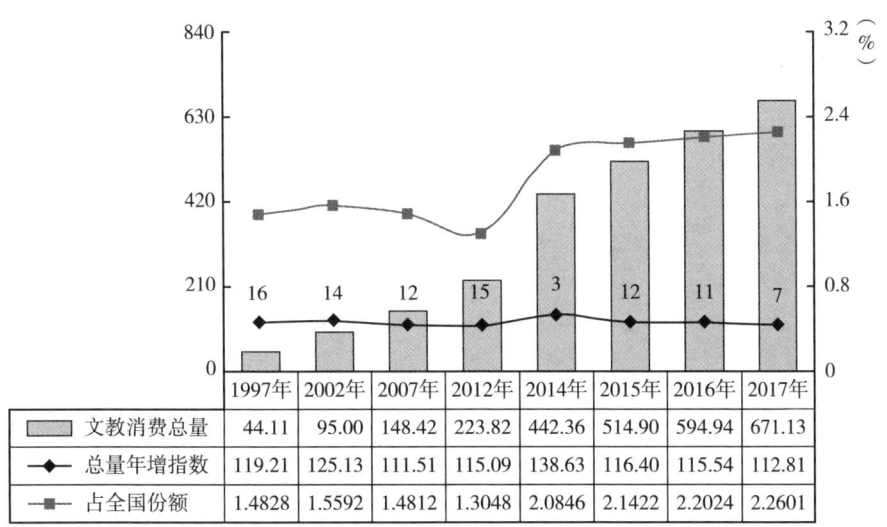

图1 贵州城乡文教消费总量增长、份额变化态势

左轴柱形：文教消费总量（亿元）。左轴曲线：年度增长指数（上年＝100，小于100为负增长），标注历年增长省域位次。右轴曲线：占全国份额（%）。

增长9.33%；第三个五年年均增长8.56%；第四个五年年均增长24.56%。总量最高增长年度为2013年，增长率为42.57%；最低增长年度为2008年，增长率为-9.63%。

同期，全国城乡文教消费总量年均增长12.19%，明显低于贵州2.39个百分点。贵州城乡文教消费总量占全国份额由1.48%升高为2.26%，上升幅度为52.42%，增长幅度和份额升降变化排序处于省域间第4位。

其中，第一个五年，全国城乡文教消费总量年均增长15.42%，较明显低于贵州1.16个百分点，贵州总量占全国份额上升5.15%；第二个五年，全国城乡文教消费总量年均增长10.46%，较明显高于贵州1.13个百分点，贵州总量占全国份额下降5.00%；第三个五年，全国城乡文教消费总量年均增长11.35%，明显高于贵州2.79个百分点，贵州总量占全国份额下降11.91%；第四个五年，全国城乡文教消费总量年均增长11.60%，极显著低于贵州12.96个百分点，贵州总量占全国份额上升73.21%。

2. 文教消费人均绝对值增长

20年来贵州城乡人均文教消费增长、增幅变化态势见图2。

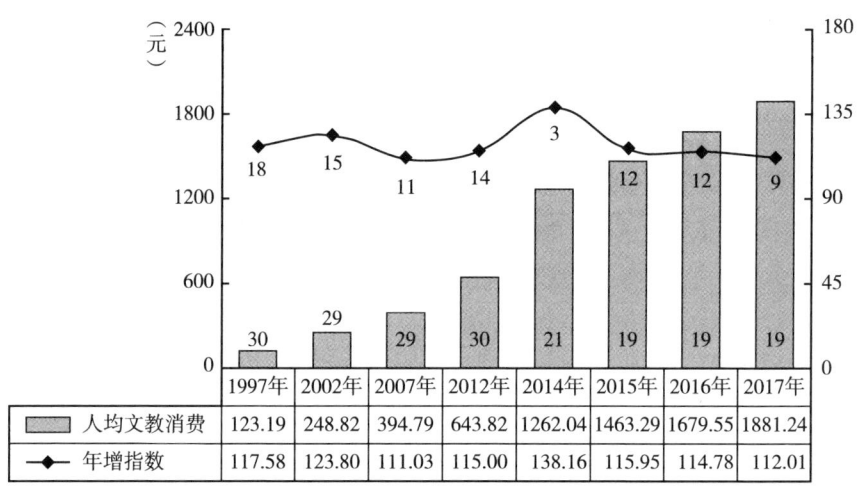

图2 贵州城乡人均文教消费增长、增幅变化态势

左轴柱形：人均文教消费（元）。右轴曲线：年度增长指数（上年＝100，小于100为负增长），标注历年增长、人均值省域位次。

1997～2017年，贵州城乡人均文教消费由123.19元增至1881.24元，增加1758.05元，总增长1427.10%，20年间年均增长14.60%，增长幅度处于省域间第1位。其中，第一个五年人均值总增长101.98%，年均增长15.10%；第二个五年人均值总增长58.66%，年均增长9.67%；第三个五年人均值总增长63.08%，年均增长10.28%；第四个五年人均值总增长192.20%，年均增长23.92%。人均值最高增长年度为2013年，增长率为41.89%；最低增长年度为2008年，增长率为-10.06%。

同期，全国城乡人均文教消费年均增长11.52%，明显低于贵州3.08个百分点（对照图5）。贵州城乡人均文教消费从全国城乡人均值的50.94%提高至87.83%，人均绝对值在省域间排序由第30位提高为第19位。

其中，第一个五年全国城乡人均文教消费年均增长14.50%，略微低于贵州，2002年贵州城乡人均值提高至全国人均值的52.29%，处于省域间第29位。第二个五年全国城乡人均文教消费年均增长9.83%，略微高于贵州，2007年贵州城乡人均值降低至全国人均值的51.93%，处于省域间第29位。第三个五年全国城乡人均文教消费年均增长10.81%，略微高于贵州，2012年贵州城乡人均值降低至全国人均值的50.69%，处于省域间第30位。第四个五年全国城乡人均文教消费年均增长11.02%，贵州年均增长23.92%，极显著高于全国。

二 贵州城乡文教消费相关背景情况

20年来贵州城乡文教消费相关比值变动态势见图3。

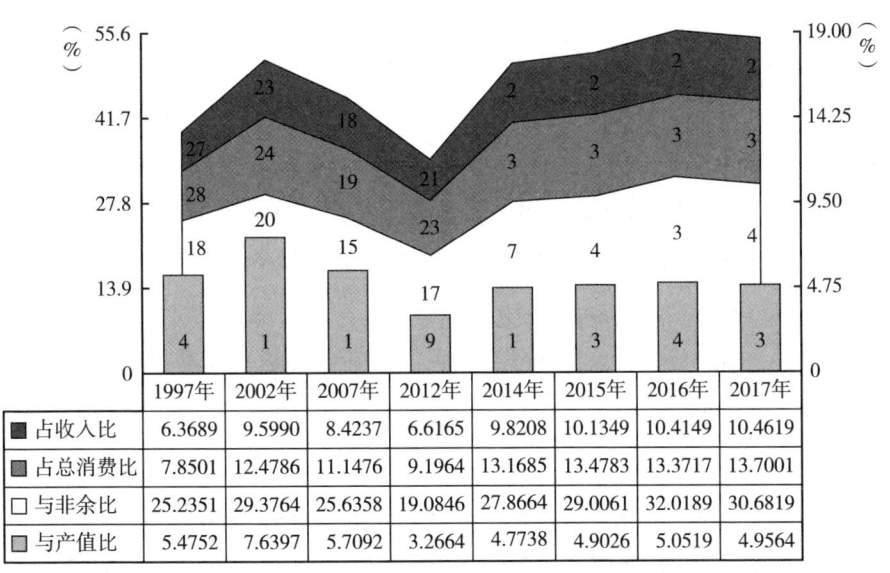

图3 贵州城乡文教消费相关比值变动态势

左轴面积：人均文教消费占收入比、占消费比、与非文消费剩余（简称"非余"）比（%），各项比值历年升降呈直观比例。右轴柱形：人均文教消费与产值比（%）。保留4位小数以便精确演算各项比值变化，标注各项比值省域位次。

1. 文教消费与产值比关系

1997~2017年,贵州城乡文教消费与产值比由5.48%降低至4.96%,由于其他省域此项比值降低更加明显,贵州从第4位上升到第3位。其间,此项比值在1997~2002年、2009年、2013~2016年11个年度出现增高,其余年度则为降低;前后对比下降9.48%,升降变化程度处于省域间第15位。最高比值为2002年的7.64%,最低比值为2012年的3.27%。

2. 文教消费占收入比关系

1997~2017年,贵州城乡文教消费占收入比由6.37%提高至10.46%,在省域间排序从第27位上升到第2位。其间,此项比值在1997~2003年、2009~2010年、2013~2017年14个年度出现增高,其余年度则为降低;前后对比上升64.27%,升降变化程度处于省域间第2位。最高比值为2017年的10.46%,最低比值为1997年的6.37%。

3. 文教消费占总消费比关系

1997~2017年,贵州城乡文教消费占总消费比由7.85%提高至13.70%,在省域间排序从第28位上升到第3位。其间,此项比值在1997~2004年、2009年、2013~2015年、2017年13个年度出现增高,其余年度则为降低;前后对比上升74.52%,升降变化程度处于省域间第2位。最高比值为2017年的13.70%,最低比值为1997年的7.85%。

4. 文教消费与非文消费剩余比关系

1997~2017年,贵州城乡文教消费与非文消费剩余比由25.24%提高至30.68%,在省域间排序从第18位上升到第4位。其间,此项比值在1997~1998年、2000年、2002年、2005~2006年、2008年、2011年8个年度出现增高,其余年度则为降低;前后对比上升21.58%,升降变化程度处于省域间第3位。最高比值为2016年的32.02%,最低比值为2012年的19.08%。

贵州城乡文教消费相关各项比值的具体分析表明,在文教消费需求增长与当地经济发展、城乡民生进步的协调性关系中,20年以来文教消费占收入比、占总消费比、与非文消费剩余比呈提升态势,与产值比呈下降态势。

三 贵州文教消费城乡、区域协调状况

1. 文教消费人均值城乡比

20年来贵州人均文教消费城乡比变动态势见图4。

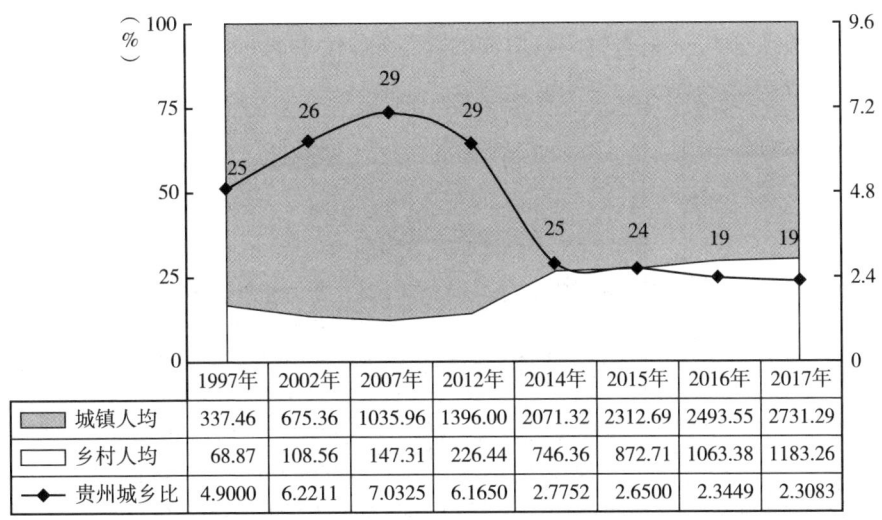

图4 贵州人均文教消费城乡比变动态势

左轴面积：城镇、乡村人均文教消费（元转换为%），城乡间历年升降呈直观比例关系。
右轴曲线：文教消费城乡比（乡村=1），标注城乡比省域位次。

1997~2017年，贵州人均文教消费城乡比由4.9000缩减至2.3083，在省域间排序从第25位上升到第19位。最小城乡比为2017年的2.3083，最大城乡比为2008年的7.6554。

其间，城乡比在1998年、2000年、2003年、2005年、2009~2010年、2012年、2014~2017年11个年度出现缩减，其余年度则为扩增。前后对比，贵州文教消费城乡比缩小52.89%，城乡比扩减变化状况处于省域间第6位。这意味着，贵州属于文教消费城乡比扩减变化态势良好的省域之一。

分期考察贵州城乡文教消费城乡差距变化动态，第一个五年明显加大，

扩增 26.96%；第二个五年较明显加大，扩增 13.04%；第三个五年较明显减小，缩减 12.34%；第四个五年继续极显著减小，缩减 62.56%。

据既往 20 年动态推演测算，2020 年贵州文教消费城乡比将为 2.0618，相比当前明显缩减；2035 年贵州文教消费城乡比将为 1.1724，相比当前继续极显著缩减。

2. 城乡文教消费人均值地区差

20 年来贵州城乡人均文教消费地区差变动态势见图 5。

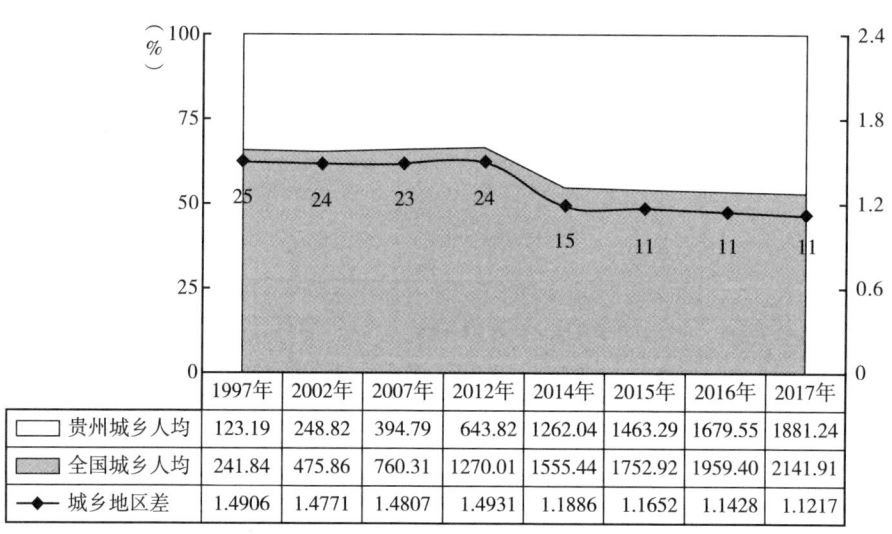

图 5　贵州城乡人均文教消费地区差变动态势

左轴面积：当地、全国人均文教消费（元转换为%），二者数值历年升降呈直观比例关系。
右轴曲线：文教消费地区差（无差距=1），标注地区差省域位次。

1997~2017 年，贵州城乡人均文教消费与全国城乡地区差由 1.4906 缩减至 1.1217，在省域间排序从第 25 位上升到第 11 位。最小地区差为 2017 年的 1.1217，最大地区差为 2008 年的 1.5491。

其间，地区差在 1999 年、2001 年、2003~2004 年、2007 年、2009~2010 年、2012~2017 年 13 个年度出现缩减，其余年度则为扩增。前后对比，贵州城乡文教消费地区差缩小 24.75%，地区差扩减变化状况处于省域间第 5 位。这意味着贵州属于城乡文教消费地区差扩减变化态势良好的省域之一。

分期考察贵州城乡文教消费地区差距变化动态,第一个五年略有减小,缩减 0.91%;第二个五年略有加大,扩增 0.24%;第三个五年继续略有加大,扩增 0.84%;第四个五年极显著减小,缩减 24.87%。

据既往 20 年动态推演测算,2020 年贵州文教消费地区差将为 1.0656,相比当前较明显缩减;2035 年贵州文教消费地区差将为 1.1579,相比当前略微扩增。

四 贵州城乡文教消费需求景气指数测评

综合以上分析:20 年以来贵州城乡文教消费总量年均增长明显高于全国增长,人均值年均增长也明显高于全国平均增长;文教消费占收入比、占总消费比、与非文消费剩余比呈提升态势,与产值比呈下降态势;城乡比明显缩小,与全国城乡地区差极显著缩小。这些都集中体现在贵州城乡文教消费需求景气指数的测评演算中。20 年来贵州城乡文教消费需求景气指数变动态势见图 6。

1. 各年度无差距理想值横向测评

以全国城乡文教消费总量份额值、人均绝对值、相对比值为基准,并以相关增率比达到平衡,城乡、地区之间实现无差距状态为"理想值"100 来衡量,2017 年贵州城乡此项景气指数为 95.85,低于理想值 4.15%,也低于上一年 0.60 个点。贵州在省域间排行,1997 年为第 26 位,2002 年为第 25 位,2007 年为第 20 位,2012 年为第 27 位,2017 年从上一年第 4 位上升为第 2 位。

2. 1997年以来20年基数值纵向测评

以 1997 年为起点基数值 100,2017 年贵州城乡此项景气指数为 305.38,高于 1997 年起点基数 205.38%,也高于上一年 18.98 个点。贵州在省域间排行,起点 1997 年不计,2002 年为第 11 位,2007 年为第 12 位,2012 年为

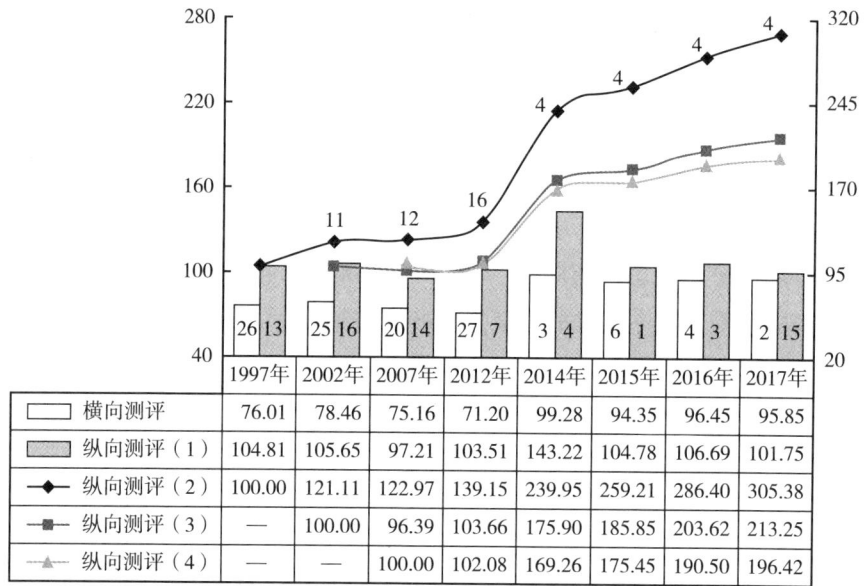

图6 贵州城乡文教消费需求景气指数变动态势

左轴柱形：左横向测评（无差距理想值=100）；右纵向测评（1），上年=100。右轴曲线：纵向测评（起点年基数值=100），（2）以1997年为起点、（3）以2002年为起点，（4）以2007年为起点。标注横向测评、纵向测评（1）（2）省域排行，纵向测评（2）起点年不计。

第16位，2017年与上一年持平，皆为第4位。

3.2002年以来15年基数值纵向测评

以2002年为起点基数值100，2017年贵州城乡此项景气指数为213.25，高于2002年起点基数113.25%，也高于上一年9.63个点。贵州在省域间排行，起点2002年不计，2007年为第16位，2012年为第19位，2017年与上一年持平，皆为第1位。

4.2007年以来10年基数值纵向测评

以2007年为起点基数值100，2017年贵州城乡此项景气指数为196.42，高于2007年起点基数96.42%，也高于上一年5.92个点。贵州在省域间排行，起点2007年不计，2012年为第18位，2017年与上一年持平，皆为第1位。

5. 逐年度上年基数值纵向测评

以2016年为起点基数值100,2017年贵州城乡此项景气指数为101.75,高于2016年起点基数1.75%。贵州在省域间排行,1997年为第13位,2002年为第16位,2007年为第14位,2012年为第7位,2017年从上一年第3位下降为第15位。

B.9
江苏：1997~2017年城乡景气指数提升第2位

肖云鑫*

摘　要： 2017年，江苏城乡文教消费总量增长处于第19位，人均值增长处于第17位。江苏城乡文教消费需求景气评价排行结果：在省域横向测评中，2017年度景气指数排名第20位；在自身纵向测评中，1997~2017年景气指数提升第2位，2002~2017年景气指数提升第23位，2007~2017年景气指数提升第28位，2012~2017年景气指数提升第30位，2016~2017年景气指数提升第21位。

关键词： 江苏城乡　文教消费　景气评价

一　江苏城乡文教消费需求增长状况

1.文教消费总量份额值变化

20年来江苏城乡文教消费总量增长、份额变化态势见图1。

1997~2017年，江苏城乡文教消费总量由139.00亿元增至2256.23亿元，增加2117.23亿元，20年间总增长1523.19%，年均增长14.95%，增长幅度处于省域间第3位。其中，第一个五年年均增长24.53%；第二个五

---

* 肖云鑫，云南省社会科学院机关党委办公室副主任、副研究员，主要从事文化旅游、党建等方面研究。

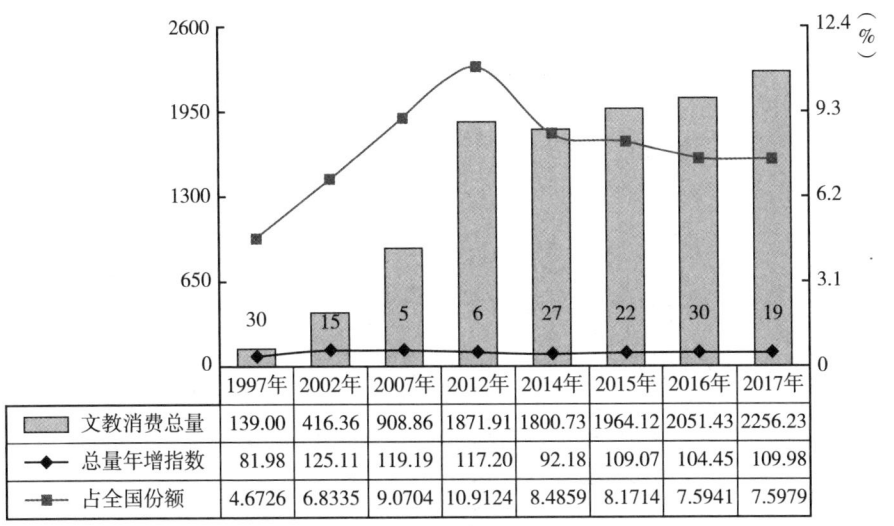

图1 江苏城乡文教消费总量增长、份额变化态势

左轴柱形：文教消费总量（亿元）。左轴曲线：年度增长指数（上年=100，小于100为负增长），标注历年增长省域位次。右轴曲线：占全国份额（%）。

年年均增长16.90%；第三个五年年均增长15.55%；第四个五年年均增长3.81%。总量最高增长年度为1998年，增长率为78.25%；最低增长年度为1997年，增长率为-18.02%。

同期，全国城乡文教消费总量年均增长12.19%，明显低于江苏2.76个百分点。江苏城乡文教消费总量占全国份额由4.67%升高为7.60%，上升幅度为62.61%，增长幅度和份额升降变化排序处于省域间第3位。

其中，第一个五年，全国城乡文教消费总量年均增长15.42%，极显著低于江苏9.11个百分点，江苏总量占全国份额上升46.25%；第二个五年，全国城乡文教消费总量年均增长10.46%，极显著低于江苏6.44个百分点，江苏总量占全国份额上升32.73%；第三个五年，全国城乡文教消费总量年均增长11.35%，显著低于江苏4.20个百分点，江苏总量占全国份额上升20.31%；第四个五年，全国城乡文教消费总量年均增长11.60%，极显著高于江苏7.79个百分点，江苏总量占全国份额下降30.37%。

2. 文教消费人均绝对值增长

20年来江苏城乡人均文教消费增长、增幅变化态势见图2。

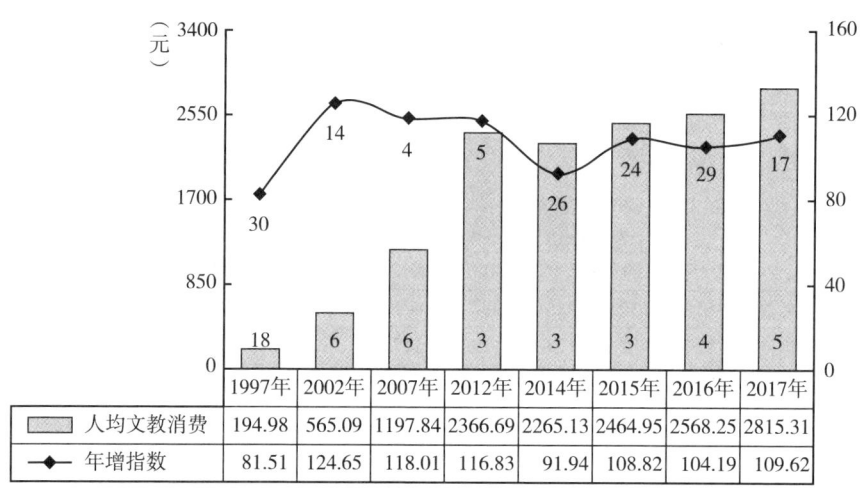

图2 江苏城乡人均文教消费增长、增幅变化态势

左轴柱形：人均文教消费（元）。右轴曲线：年度增长指数（上年=100，小于100为负增长），标注历年增长、人均值省域位次。

1997~2017年，江苏城乡人均文教消费由194.98元增至2815.31元，增加2620.33元，总增长1343.90%，20年间年均增长14.28%，增长幅度处于省域间第2位。其中，第一个五年人均值总增长189.82%，年均增长23.72%；第二个五年人均值总增长111.97%，年均增长16.21%；第三个五年人均值总增长97.58%，年均增长14.59%；第四个五年人均值总增长18.96%，年均增长3.53%。人均值最高增长年度为1998年，增长率为77.35%；最低增长年度为1997年，增长率为-18.49%。

同期，全国城乡人均文教消费年均增长11.52%，明显低于江苏2.76个百分点（对照图5）。江苏城乡人均文教消费从全国城乡人均值的80.62%提高至131.44%，人均绝对值在省域间排序由第18位提高为第5位。

其中，第一个五年全国城乡人均文教消费年均增长14.50%，极显著低于江苏，2002年江苏城乡人均值提高至全国人均值的118.75%，处于省域间第6位。第二个五年全国城乡人均文教消费年均增长9.83%，极显著低于江苏，2007年江苏城乡人均值提高至全国人均值的157.54%，处于省域间第6位。第三个五年全国城乡人均文教消费年均增长10.81%，明显低于江苏，2012年江苏城乡人均值提高至全国人均值的186.35%，处于省域间第3位。第四个五年全国城乡人均文教消费年均增长11.02%，江苏年均增长3.53%，极显著低于全国。

二 江苏城乡文教消费相关背景情况

20年来江苏城乡文教消费相关比值变动态势见图3。

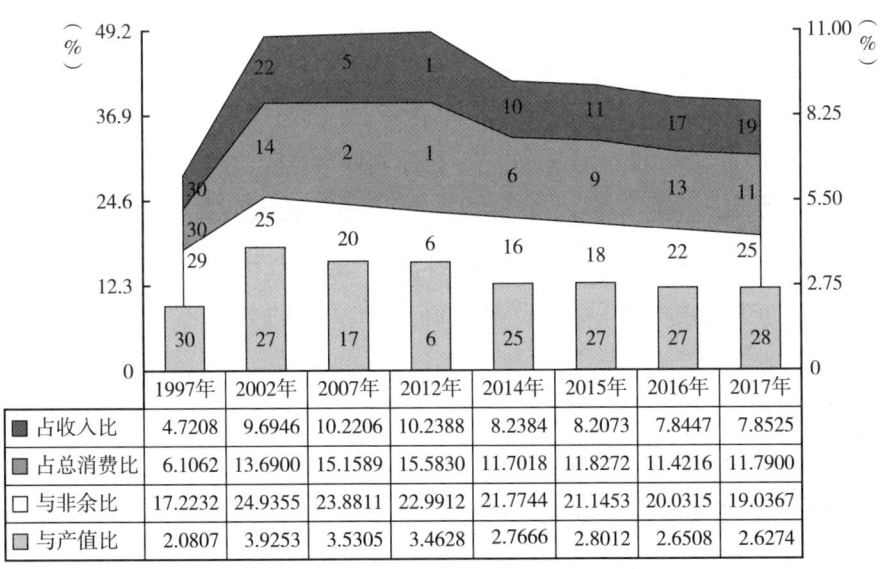

图3 江苏城乡文教消费相关比值变动态势

左轴面积：人均文教消费占收入比、占总消费比、与非文消费剩余（简称"非余"）比（%），各项比值历年升降呈直观比例。右轴柱形：人均文教消费与产值比（%）。保留4位小数以便精确演算各项比值变化，标注各项比值省域位次。

1. 文教消费与产值比关系

1997~2017年，江苏城乡文教消费与产值比由2.08%提高至2.63%，在省域间排序从第30位上升到第28位。其间，此项比值在1998~2000年、2002年、2005年、2007年、2011~2012年、2015年9个年度出现增高，其余年度则为降低；前后对比上升26.27%，升降变化程度处于省域间第6位。最高比值为2002年的3.93%，最低比值为1997年的2.08%。

2. 文教消费占收入比关系

1997~2017年，江苏城乡文教消费占收入比由4.72%提高至7.85%，在省域间排序从第30位上升到第19位。其间，此项比值在1998~2000年、2002~2003年、2005~2007年、2009年、2011~2012年、2017年12个年度出现增高，其余年度则为降低；前后对比上升66.34%，升降变化程度处于省域间第1位。最高比值为2012年的10.24%，最低比值为1997年的4.72%。

3. 文教消费占总消费比关系

1997~2017年，江苏城乡文教消费占总消费比由6.11%提高至11.79%，在省域间排序从第30位上升到第11位。其间，此项比值在1998~2003年、2005~2007年、2009年、2011~2012年、2015年、2017年14个年度出现增高，其余年度则为降低；前后对比上升93.08%，升降变化程度处于省域间第1位。最高比值为2012年的15.58%，最低比值为1997年的6.11%。

4. 文教消费与非文消费剩余比关系

1997~2017年，江苏城乡文教消费与非文消费剩余比由17.22%提高至19.04%，在省域间排序从第29位上升到第25位。其间，此项比值在1997~1998年、2000年、2003年、2005~2009年、2011~2012年、2017年12个年度出现增高，其余年度则为降低；前后对比上升10.53%，升降变化程度处于省域间第6位。最高比值为2002年的24.94%，最低比值为1997年的17.22%。

江苏城乡文教消费相关各项比值的具体分析表明，在文教消费需求增长与当地经济发展、城乡民生进步的协调性关系中,20年以来相关比值全面呈现较明显提升态势。

三 江苏文教消费城乡、区域协调状况

1. 文教消费人均值城乡比

20年来江苏人均文教消费城乡比变动态势见图4。

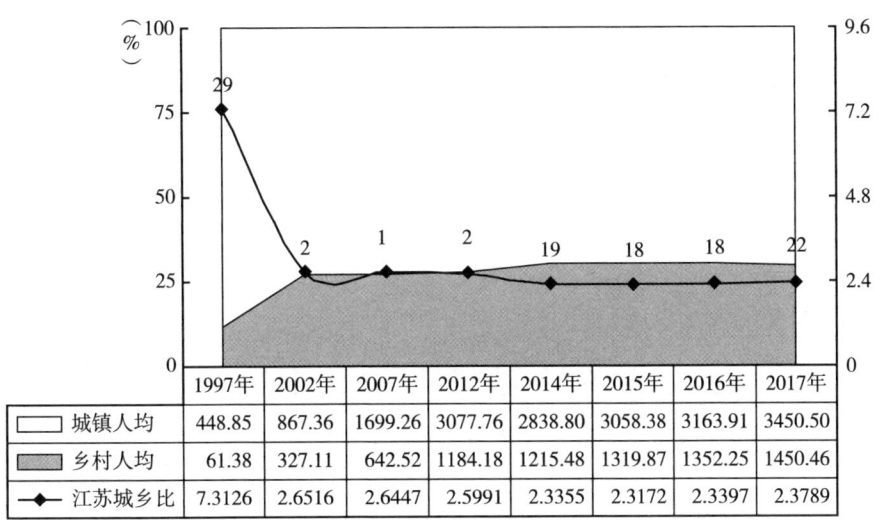

图4 江苏人均文教消费城乡比变动态势

左轴面积:城镇、乡村人均文教消费(元转换为%),城乡间历年升降呈直观比例关系。
右轴曲线:文教消费城乡比(乡村=1),标注城乡比省域位次。

1997~2017年,江苏人均文教消费城乡比由7.3126缩减至2.3789,在省域间排序从第29位上升到第22位。最小城乡比为1998年的2.2096,最大城乡比为1997年的7.3126。

其间,城乡比在1998年、2001年、2003年、2005年、2007~2010年、2014~2015年10个年度出现缩减,其余年度则为扩增。前后对比,江苏文教消费城乡比缩小67.47%,城乡比扩减变化状况处于省域间第3位。这意味着,江苏属于文教消费城乡比扩减变化态势良好的省域之一。

分期考察江苏城乡文教消费城乡差距变化动态，第一个五年极显著减小，缩减63.74%；第二个五年略有减小，缩减0.26%；第三个五年继续略有减小，缩减1.72%；第四个五年继续略有减小，缩减8.47%。

据既往20年动态推演测算，2020年江苏文教消费城乡比将为2.0101，相比当前极显著缩减；2035年江苏文教消费城乡比将为0.8659，相比当前继续极显著缩减。

2. 城乡文教消费人均值地区差

20年来江苏城乡人均文教消费地区差变动态势见图5。

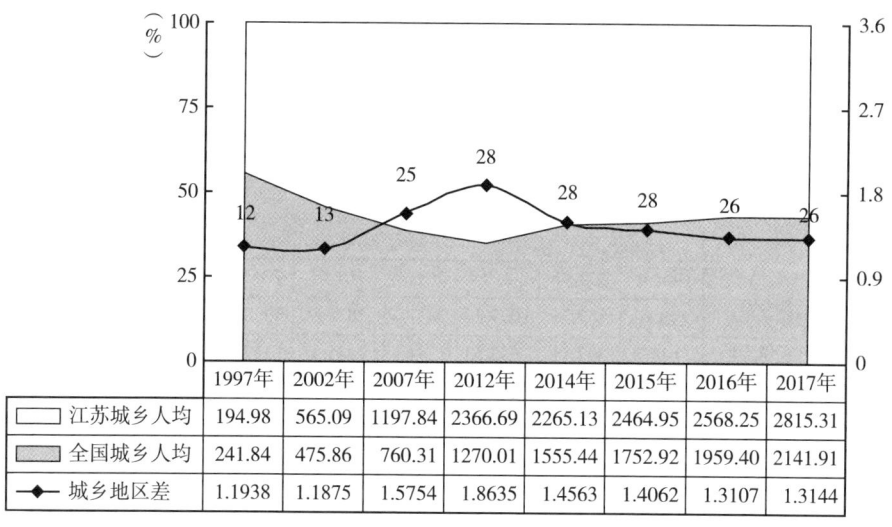

图5　江苏城乡人均文教消费地区差变动态势

左轴面积：当地、全国人均文教消费（元转换为%），二者数值历年升降呈直观比例关系。
右轴曲线：文教消费地区差（无差距=1），标注地区差省域位次。

1997~2017年，江苏城乡人均文教消费与全国城乡地区差由1.1938扩增至1.3144，在省域间排序从第12位下降到第26位。最小地区差为2002年的1.1875，最大地区差为2012年的1.8635。

其间，地区差在1999年、2001~2002年、2004年、2010年、2013~2016年9个年度出现缩减，其余年度则为扩增。前后对比，江苏城乡文教消费地区差扩大10.10%，地区差扩减变化状况处于省域间第28位。这意味着，江苏属于城乡文教消费地区差扩减变化态势严重的省域之一。

分期考察江苏城乡文教消费地区差距变化动态，第一个五年略有减小，缩减0.53%；第二个五年极显著加大，扩增32.67%；第三个五年继续极显著加大，扩增18.29%；第四个五年极显著减小，缩减29.47%。

据既往20年动态推演测算，2020年江苏文教消费地区差将为1.3702，相比当前较明显扩增；2035年江苏文教消费地区差将为1.5840，相比当前继续显著扩增。

四 江苏城乡文教消费需求景气指数测评

综合以上分析：20年以来江苏城乡文教消费总量年均增长明显高于全国增长，人均值年均增长也明显高于全国平均增长；相关比值全面呈现较明显提升态势；城乡比显著缩小，与全国城乡地区差显著扩大。这些都集中体现在江苏城乡文教消费需求景气指数的测评演算中。20年来江苏城乡文教消费需求景气指数变动态势见图6。

1. 各年度无差距理想值横向测评

以全国城乡文教消费总量份额值、人均绝对值、相对比值为基准，并以相关增率比达到平衡，城乡、地区之间实现无差距状态为"理想值"100来衡量，2017年江苏城乡此项景气指数为86.88，低于理想值13.12%，但高于上一年1.34个点。江苏在省域间排行，1997年为第30位，2002年为第12位，2007年为第4位，2012年为第2位，2017年从上一年第22位上升为第20位。

2. 1997年以来20年基数值纵向测评

以1997年为起点基数值100，2017年江苏城乡此项景气指数为319.85，高于1997年起点基数219.85%，也高于上一年14.71个点。江苏在省域间排行，起点1997年不计，2002年为第1位，2007年与之持平，2012年与之

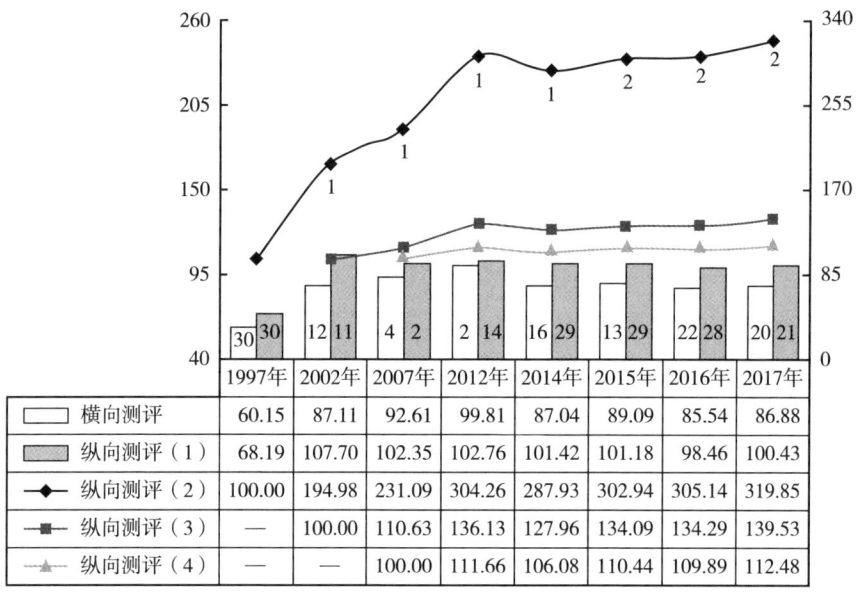

图6 江苏城乡文教消费需求景气指数变动态势

左轴柱形：左横向测评（无差距理想值=100）；右纵向测评（1），上年=100。右轴曲线：纵向测评（起点年基数值=100），（2）以1997年为起点，（3）以2002年为起点，（4）以2007年为起点。标注横向测评、纵向测评（1）（2）省域排行，纵向测评（2）起点年不计。

持平，2017年与上一年持平，皆为第2位。

3. 2002年以来15年基数值纵向测评

以2002年为起点基数值100，2017年江苏城乡此项景气指数为139.53，高于2002年起点基数39.53%，也高于上一年5.24个点。江苏在省域间排行，起点2002年不计，2007年为第3位，2012年为第2位，2017年从上一年第21位下降为第23位。

4. 2007年以来10年基数值纵向测评

以2007年为起点基数值100，2017年江苏城乡此项景气指数为112.48，高于2007年起点基数12.48%，也高于上一年2.59个点。江苏在省域间排行，起点2007年不计，2012年为第5位，2017年从上一年第29位上升为第28位。

5. 逐年度上年基数值纵向测评

以2016年为起点基数值100，2017年江苏城乡此项景气指数为100.43，高于2016年起点基数0.43%。江苏在省域间排行，1997年为第30位，2002年为第11位，2007年为第2位，2012年为第14位，2017年从上一年第28位上升为第21位。

B.10
黑龙江：2017年度城乡景气指数排名第3位

赵 娟*

摘 要： 2017年，黑龙江城乡文教消费总量增长处于第11位，人均值增长处于第7位。黑龙江城乡文教消费需求景气评价排行结果：在省域横向测评中，2017年度景气指数排名第3位；在自身纵向测评中，1997～2017年景气指数提升第10位，2002～2017年景气指数提升第10位，2007～2017年景气指数提升第17位，2012～2017年景气指数提升第14位，2016～2017年景气指数提升第5位。

关键词： 黑龙江城乡 文教消费 景气评价

一 黑龙江城乡文教消费需求增长状况

1. 文教消费总量份额值变化

20年来黑龙江城乡文教消费总量增长、份额变化态势见图1。

1997～2017年，黑龙江城乡文教消费总量由70.54亿元增至725.41亿元，增加654.87亿元，20年间总增长928.37%，年均增长12.36%，增长幅度处于省域间第16位。其中，第一个五年年均增长16.07%；第二个五

---

* 赵娟，云南省社会科学院民族文学研究所副研究员，云南省中青年社会科学工作者协会秘书处主任，主要研究方向为古典文学、民族文化和文化产业研究。

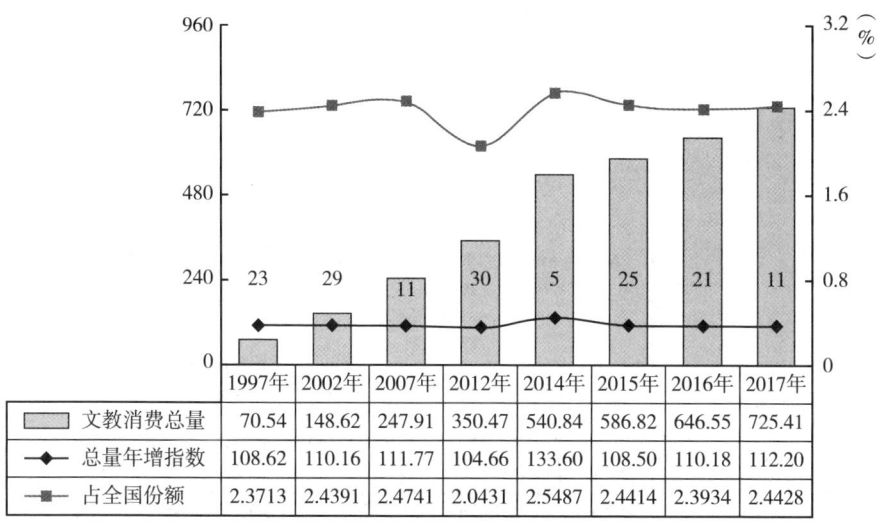

图1 黑龙江城乡文教消费总量增长、份额变化态势

左轴柱形：文教消费总量（亿元）。左轴曲线：年度增长指数（上年＝100，小于100为负增长），标注历年增长省域位次。右轴曲线：占全国份额（%）。

年年均增长10.78%；第三个五年年均增长7.17%；第四个五年年均增长15.66%。总量最高增长年度为2014年，增长率为33.60%；最低增长年度为2006年，增长率为4.62%。

同期，全国城乡文教消费总量年均增长12.19%，略微低于黑龙江0.17个百分点。黑龙江城乡文教消费总量占全国份额由2.37%升高为2.44%，上升幅度为3.02%，增长幅度和份额升降变化排序处于省域间第16位。

其中，第一个五年，全国城乡文教消费总量年均增长15.42%，略微低于黑龙江0.65个百分点，黑龙江总量占全国份额上升2.86%；第二个五年，全国城乡文教消费总量年均增长10.46%，略微低于黑龙江0.32个百分点，黑龙江总量占全国份额上升1.43%；第三个五年，全国城乡文教消费总量年均增长11.35%，显著高于黑龙江4.18个百分点，黑龙江总量占全国份额下降17.42%；第四个五年，全国城乡文教消费总量年均增长11.60%，显著低于黑龙江4.06个百分点，黑龙江总量占全国份额上升19.56%。

2. 文教消费人均绝对值增长

20年来黑龙江城乡人均文教消费增长、增幅变化态势见图2。

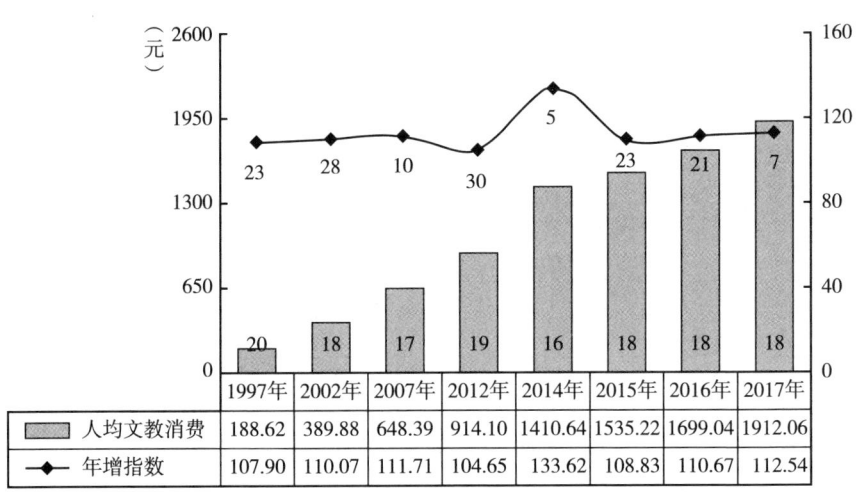

图2 黑龙江城乡人均文教消费增长、增幅变化态势

左轴柱形：人均文教消费（元）。右轴曲线：年度增长指数（上年=100，小于100为负增长），标注历年增长、人均值省域位次。

1997~2017年，黑龙江城乡人均文教消费由188.62元增至1912.06元，增加1723.44元，总增长913.71%，20年间年均增长12.28%，增长幅度处于省域间第10位。其中，第一个五年人均值总增长106.70%，年均增长15.63%；第二个五年人均值总增长66.31%，年均增长10.71%；第三个五年人均值总增长40.98%，年均增长7.11%；第四个五年人均值总增长109.17%，年均增长15.90%。人均值最高增长年度为2014年，增长率为33.62%；最低增长年度为2006年，增长率为4.54%。

同期，全国城乡人均文教消费年均增长11.52%，略微低于黑龙江0.76个百分点（对照图5）。黑龙江城乡人均文教消费从全国城乡人均值的78.00%提高至89.27%，人均绝对值在省域间排序由第20位提高为第18位。

其中，第一个五年全国城乡人均文教消费年均增长14.50%，较明显低于黑龙江，2002年黑龙江城乡人均值提高至全国人均值的81.93%，处于省域间第18位。第二个五年全国城乡人均文教消费年均增长9.83%，略微低于黑龙江，2007年黑龙江城乡人均值提高至全国人均值的85.28%，处于省域间第17位。第三个五年全国城乡人均文教消费年均增长10.81%，明显高于黑龙江，2012年黑龙江城乡人均值降低至全国人均值的71.98%，处于省域间第19位。第四个五年全国城乡人均文教消费年均增长11.02%，黑龙江年均增长15.90%，显著高于全国。

二 黑龙江城乡文教消费相关背景情况

20年来黑龙江城乡文教消费相关比值变动态势见图3。

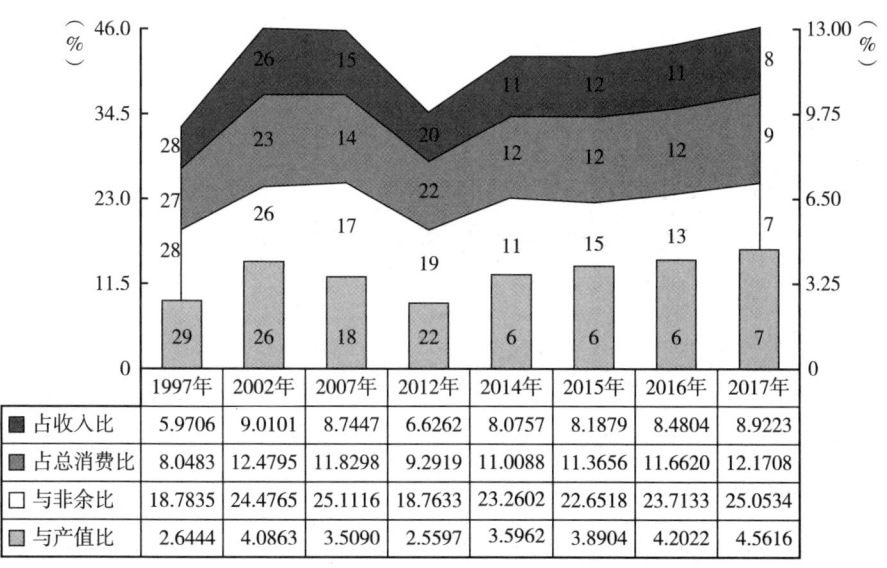

图3 黑龙江城乡文教消费相关比值变动态势

左轴面积：人均文教消费占收入比、占总消费比、与非文消费剩余（简称"非余"）比（%），各项比值历年升降呈直观比例。右轴柱形：人均文教消费与产值比（%）。保留4位小数以便精确演算各项比值变化，标注各项比值省域位次。

1. 文教消费与产值比关系

1997~2017年，黑龙江城乡文教消费与产值比由2.64%提高至4.56%，在省域间排序从第29位上升到第7位。其间，此项比值在1998~2002年、2009年、2013~2017年11个年度出现增高，其余年度则为降低；前后对比上升72.50%，升降变化程度处于省域间第1位。最高比值为2017年的4.56%，最低比值为2012年的2.56%。

2. 文教消费占收入比关系

1997~2017年，黑龙江城乡文教消费占收入比由5.97%提高至8.92%，在省域间排序从第28位上升到第8位。其间，此项比值在1998~2001年、2003~2005年、2013~2017年12个年度出现增高，其余年度则为降低；前后对比上升49.44%，升降变化程度处于省域间第3位。最高比值为2005年的9.42%，最低比值为1997年的5.97%。

3. 文教消费占总消费比关系

1997~2017年，黑龙江城乡文教消费占总消费比由8.05%提高至12.17%，在省域间排序从第27位上升到第9位。其间，此项比值在1997~2004年、2013~2017年13个年度出现增高，其余年度则为降低；前后对比上升51.22%，升降变化程度处于省域间第4位。最高比值为2004年的12.91%，最低比值为1997年的8.05%。

4. 文教消费与非文消费剩余比关系

1997~2017年，黑龙江城乡文教消费与非文消费剩余比由18.78%提高至25.05%，在省域间排序从第28位上升到第7位。其间，此项比值在1997~1998年、2002年、2006年、2009~2012年、2015~2016年10个年度出现增高，其余年度则为降低；前后对比上升33.38%，升降变化程度处于省域间第1位。最高比值为2005年的28.01%，最低比值为2012年的18.76%。

黑龙江城乡文教消费相关各项比值的具体分析表明，在文教消费需求增长与当地经济发展、城乡民生进步的协调性关系中，20年以来相关比值全面呈现较明显提升态势。

三 黑龙江文教消费城乡、区域协调状况

1. 文教消费人均值城乡比

20年来黑龙江人均文教消费城乡比变动态势见图4。

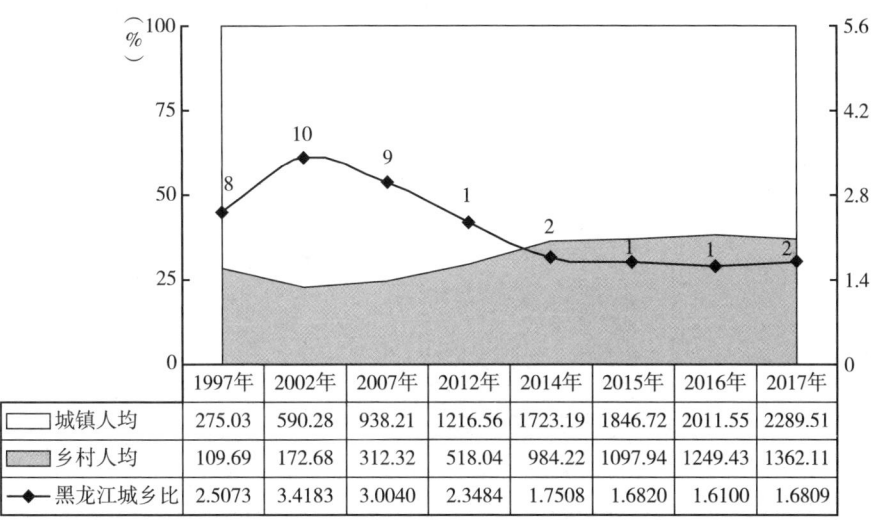

图4 黑龙江人均文教消费城乡比变动态势

左轴面积：城镇、乡村人均文教消费（元转换为%），城乡间历年升降呈直观比例关系。
右轴曲线：文教消费城乡比（乡村=1），标注城乡比省域位次。

1997～2017年，黑龙江人均文教消费城乡比由2.5073缩减至1.6809，在省域间排序从第8位上升到第2位。最小城乡比为2016年的1.6100，最大城乡比为2004年的4.0448。

其间，城乡比在2000年、2005年、2007～2010年、2012～2016年11个年度出现缩减，其余年度则为扩增。前后对比，黑龙江文教消费城乡比缩小32.96%，城乡比扩减变化状况处于省域间第13位。这意味着黑龙江属于文教消费城乡比扩减变化态势良好的省域之一。

分期考察黑龙江城乡文教消费城乡差距变化动态，第一个五年明显加大，扩增36.33%；第二个五年较明显减小，缩减12.12%；第三个五年继

续明显减小，缩减21.82%；第四个五年继续明显减小，缩减28.42%。

据既往20年动态推演测算，2020年黑龙江文教消费城乡比将为1.5830，相比当前较明显缩减；2035年黑龙江文教消费城乡比将为1.1728，相比当前继续极显著缩减。

2. 城乡文教消费人均值地区差

20年来黑龙江城乡人均文教消费地区差变动态势见图5。

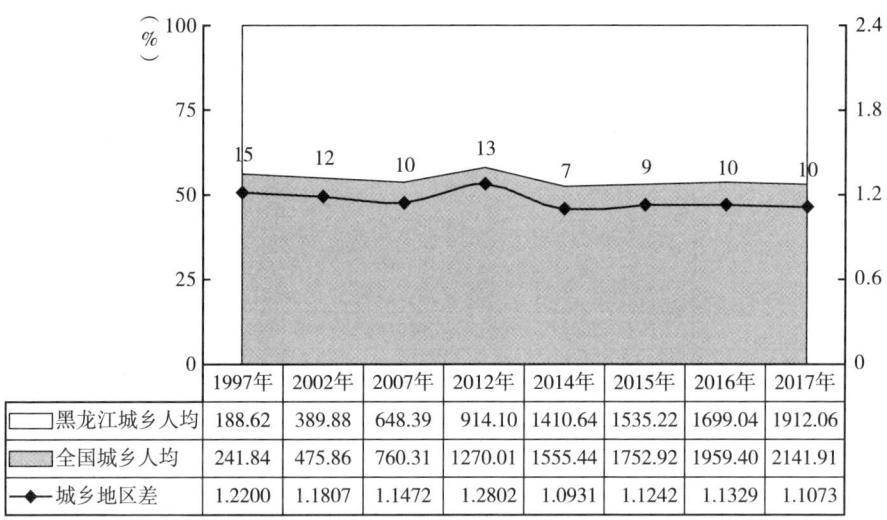

图5 黑龙江城乡人均文教消费地区差变动态势

左轴面积：当地、全国人均文教消费（元转换为%），二者数值历年升降呈直观比例关系。
右轴曲线：文教消费地区差（无差距=1），标注地区差省域位次。

1997~2017年，黑龙江城乡人均文教消费与全国城乡地区差由1.2200缩减至1.1073，在省域间排序从第15位上升到第10位。最小地区差为2001年的1.0589，最大地区差为2012年的1.2802。

其间，地区差在1999~2001年、2003~2005年、2007~2008年、2013~2014年、2017年11个年度出现缩减，其余年度则为扩增。前后对比，黑龙江城乡文教消费地区差缩小9.24%，地区差扩减变化状况处于省域间第13位。这意味着黑龙江属于城乡文教消费地区差扩减变化态势良好的省域之一。

分期考察黑龙江城乡文教消费地区差距变化动态，第一个五年较明显减小，缩减3.22%；第二个五年较明显减小，缩减2.84%；第三个五年显著加大，扩增11.59%；第四个五年显著减小，缩减13.51%。

据既往20年动态推演测算，2020年黑龙江文教消费地区差将为1.0834，相比当前略微缩减；2035年黑龙江文教消费地区差将为1.0803，相比当前继续略微缩减。

四 黑龙江城乡文教消费需求景气指数测评

综合以上分析：20年以来黑龙江城乡文教消费总量年均增长略微高于全国增长，人均值年均增长也略微高于全国平均增长；相关比值全面呈现较明显提升态势；城乡比较明显缩小，与全国城乡地区差明显缩小。这些都集中体现在黑龙江城乡文教消费需求景气指数的测评演算中。20年来黑龙江城乡文教消费需求景气指数变动态势见图6。

1. 各年度无差距理想值横向测评

以全国城乡文教消费总量份额值、人均绝对值、相对比值为基准，并以相关增率比达到平衡，城乡、地区之间实现无差距状态为"理想值"100来衡量，2017年黑龙江城乡此项景气指数为95.67，低于理想值4.33%，但高于上一年2.83个点。黑龙江在省域间排行，1997年为第27位，2002年与之持平，2007年为第13位，2012年为第19位，2017年从上一年第7位上升第3位。

2. 1997年以来20年基数值纵向测评

以1997年为起点基数值100，2017年黑龙江城乡此项景气指数为233.49，高于1997年起点基数133.49%，也高于上一年15.11个点。黑龙江在省域间排行，起点1997年不计，2002年为第10位，2007年为第5位，2012年为第11位，2017年从上一年第11位上升为第10位。

3. 2002年以来15年基数值纵向测评

以2002年为起点基数值100，2017年黑龙江城乡此项景气指数为167.89，高于2002年起点基数67.89%，也高于上一年7.08个点。黑龙江

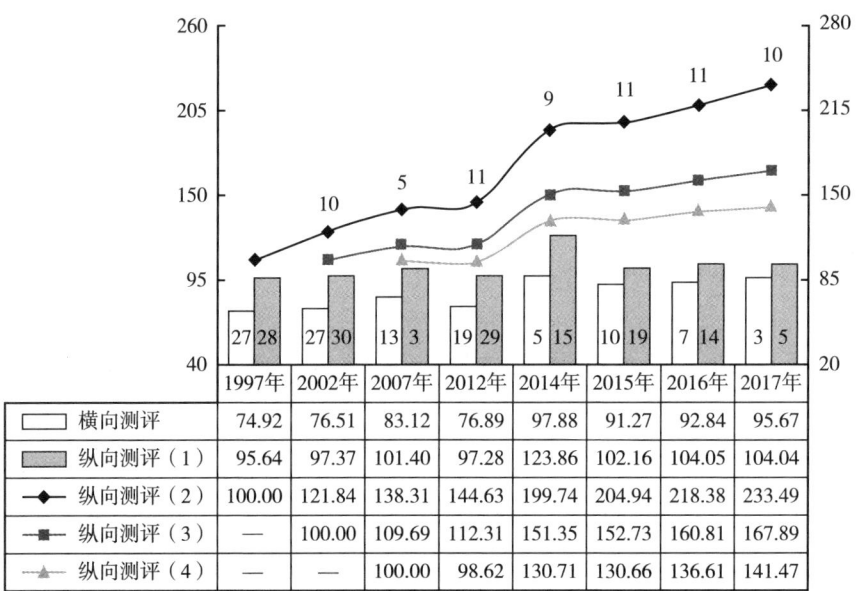

图 6　黑龙江城乡文教消费需求景气指数变动态势

左轴柱形：左横向测评（无差距理想值=100）；右纵向测评（1），上年=100。右轴曲线：纵向测评（起点年基数值=100），（2）以1997年为起点，（3）以2002年为起点，（4）以2007年为起点。标注横向测评、纵向测评（1）（2）省域排行，纵向测评（2）起点年不计。

在省域间排行，起点2002年不计，2007年为第5位，2012年为第6位，2017年从上一年第11位上升为第10位。

4. 2007年以来10年基数值纵向测评

以2007年为起点基数值100，2017年黑龙江城乡此项景气指数为141.47，高于2007年起点基数41.47%，也高于上一年4.86个点。黑龙江在省域间排行，起点2007年不计，2012年为第26位，2017年从上一年第18位上升为第17位。

5. 逐年度上年基数值纵向测评

以2016年为起点基数值100，2017年黑龙江城乡此项景气指数为104.04，高于2016年起点基数4.04%。黑龙江在省域间排行，1997年为第28位，2002年为第30位，2007年为第3位，2012年为第29位，2017年从上一年第14位上升为第5位。

B.11
重庆：2016~2017年城乡景气指数提升第4位

马建宇*

摘　要： 2017年，重庆城乡文教消费总量增长处于第3位，人均值增长处于第4位。重庆城乡文教消费需求景气评价排行结果：在省域横向测评中，2017年度景气指数排名第10位；在自身纵向测评中，1997~2017年景气指数提升第13位，2002~2017年景气指数提升第11位，2007~2017年景气指数提升第7位，2012~2017年景气指数提升第10位，2016~2017年景气指数提升第4位。

关键词： 重庆城乡　文教消费　景气评价

一　重庆城乡文教消费需求增长状况

1. 文教消费总量份额值变化

20年来重庆城乡文教消费总量增长、份额变化态势见图1。

1997~2017年，重庆城乡文教消费总量由74.68亿元增至627.96亿元，增加553.28亿元，20年间总增长740.87%，年均增长11.23%，增长幅度处于省域间第26位。其中，第一个五年年均增长15.41%；第二个五年年

---

* 马建宇，云南省社会科学院经济研究所副研究员，主要从事应用经济研究。

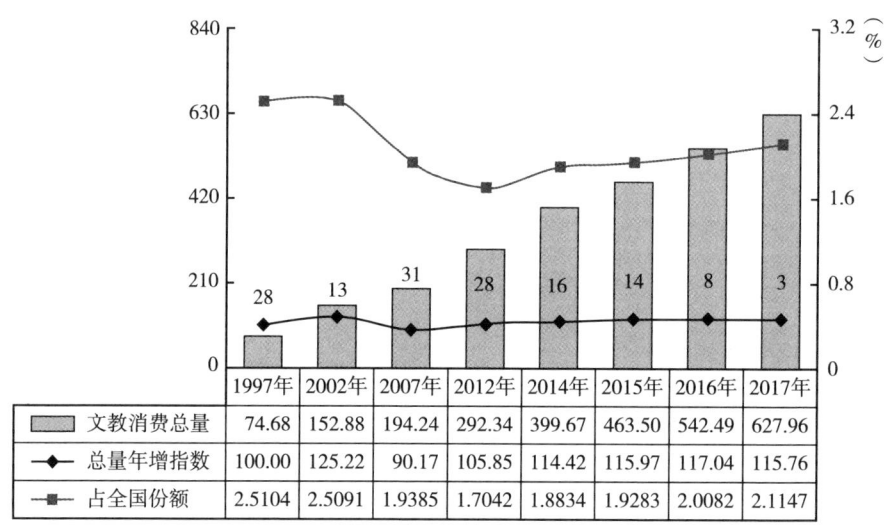

图1 重庆城乡文教消费总量增长、份额变化态势

左轴柱形：文教消费总量（亿元）。左轴曲线：年度增长指数（上年=100，小于100为负增长），标注历年增长省域位次。右轴曲线：占全国份额（%）。

均增长4.91%；第三个五年年均增长8.52%；第四个五年年均增长16.52%。总量最高增长年度为2002年，增长率为25.22%；最低增长年度为2007年，增长率为-9.83%。

同期，全国城乡文教消费总量年均增长12.19%，略微高于重庆0.96个百分点。重庆城乡文教消费总量占全国份额由2.51%降低为2.11%，下降幅度为15.76%，增长幅度和份额升降变化排序处于省域间第26位。

其中，第一个五年，全国城乡文教消费总量年均增长15.42%，略微高于重庆0.01个百分点，重庆总量占全国份额下降0.05%；第二个五年，全国城乡文教消费总量年均增长10.46%，显著高于重庆5.55个百分点，重庆总量占全国份额下降22.74%；第三个五年，全国城乡文教消费总量年均增长11.35%，明显高于重庆2.83个百分点，重庆总量占全国份额下降12.09%；第四个五年，全国城乡文教消费总量年均增长11.60%，显著低于重庆4.92个百分点，重庆总量占全国份额上升24.09%。

2. 文教消费人均绝对值增长

20年来重庆城乡人均文教消费增长、增幅变化态势见图2。

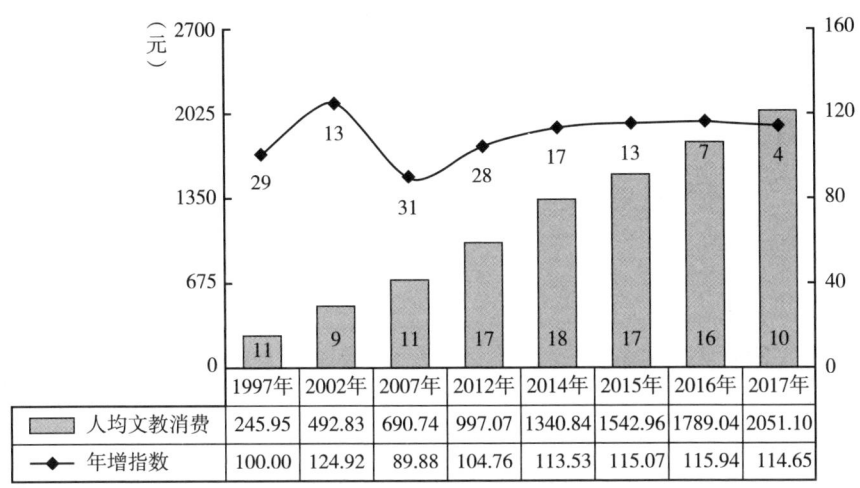

图2 重庆城乡人均文教消费增长、增幅变化态势

左轴柱形：人均文教消费（元）。右轴曲线：年度增长指数（上年=100，小于100为负增长），标注历年增长、人均值省域位次。

1997~2017年，重庆城乡人均文教消费由245.95元增至2051.10元，增加1805.15元，总增长733.95%，20年间年均增长11.19%，增长幅度处于省域间第19位。其中，第一个五年人均值总增长100.38%，年均增长14.91%；第二个五年人均值总增长40.16%，年均增长6.99%；第三个五年人均值总增长44.35%，年均增长7.62%；第四个五年人均值总增长105.71%，年均增长15.52%。人均值最高增长年度为2002年，增长率为24.92%；最低增长年度为2007年，增长率为-10.12%。

同期，全国城乡人均文教消费年均增长11.52%，略微高于重庆0.33个百分点（对照图5）。重庆城乡人均文教消费从全国城乡人均值的101.70%降低至95.76%，人均绝对值在省域间排序由第11位提高为第10位。

其中，第一个五年全国城乡人均文教消费年均增长14.50%，略微低于重庆，2002年重庆城乡人均值提高至全国人均值的103.57%，处于省域间第9位。

第二个五年全国城乡人均文教消费年均增长9.83%，明显高于重庆，2007年重庆城乡人均值降低至全国人均值的90.85%，处于省域间第11位。第三个五年全国城乡人均文教消费年均增长10.81%，明显高于重庆，2012年重庆城乡人均值降低至全国人均值的78.51%，处于省域间第17位。第四个五年全国城乡人均文教消费年均增长11.02%，重庆年均增长15.52%，显著高于全国。

二 重庆城乡文教消费相关背景情况

20年来重庆城乡文教消费相关比值变动态势见图3。

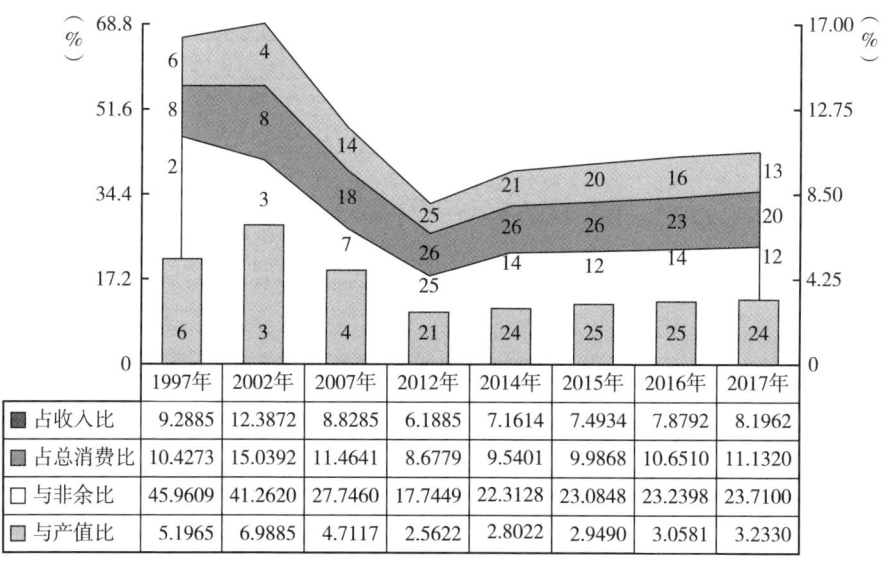

图3　重庆城乡文教消费相关比值变动态势

左轴面积：人均文教消费占收入比、占总消费比、与非文消费剩余（简称"非余"）比（%），各项比值历年升降呈直观比例。右轴柱形：人均文教消费与产值比（%）。保留4位小数以便精确演算各项比值变化，标注各项比值省域位次。

1. 文教消费与产值比关系

1997~2017年，重庆城乡文教消费与产值比由5.20%降低至3.23%，在省域间排序从第6位下降到第24位。其间，此项比值在1999~2000年、2002年、2004~2005年、2013~2017年10个年度出现增高，其余年度则为降低；前后对比下降37.79%，升降变化程度处于省域间第30位。最高比值为2002年的6.99%，最低比值为2012年的2.56%。

2. 文教消费占收入比关系

1997~2017年，重庆城乡文教消费占收入比由9.29%降低至8.20%，在省域间排序从第6位下降到第13位。其间，此项比值在1999~2002年、2004~2005年、2013~2017年11个年度出现增高，其余年度则为降低；前后对比下降11.76%，升降变化程度处于省域间第26位。最高比值为2002年的12.39%，最低比值为2012年的6.19%。

3. 文教消费占总消费比关系

1997~2017年，重庆城乡文教消费占总消费比由10.43%提高至11.13%，由于其他省域此项比值提高更加明显，重庆从第8位下降到第20位。其间，此项比值在1998~2002年、2004~2005年、2013~2017年12个年度出现增高，其余年度则为降低；前后对比上升6.76%，升降变化程度处于省域间第22位。最高比值为2005年的15.05%，最低比值为2012年的8.68%。

4. 文教消费与非文消费剩余比关系

1997~2017年，重庆城乡文教消费与非文消费剩余比由45.96%降低至23.71%，在省域间排序从第2位下降到第12位。其间，此项比值在1998年、2000~2001年、2004~2005年、2010~2012年8个年度出现增高，其余年度则为降低；前后对比下降48.41%，升降变化程度处于省域间第29位。最高比值为1996年的45.96%，最低比值为2012年的17.74%。

重庆城乡文教消费相关各项比值的具体分析表明，在文教消费需求增长与当地经济发展、城乡民生进步的协调性关系中，20年以来文教消费占总消费比呈提升态势，与产值比、占收入比、与非文消费剩余比呈下降态势。

三 重庆文教消费城乡、区域协调状况

1. 文教消费人均值城乡比

20年来重庆人均文教消费城乡比变动态势见图4。

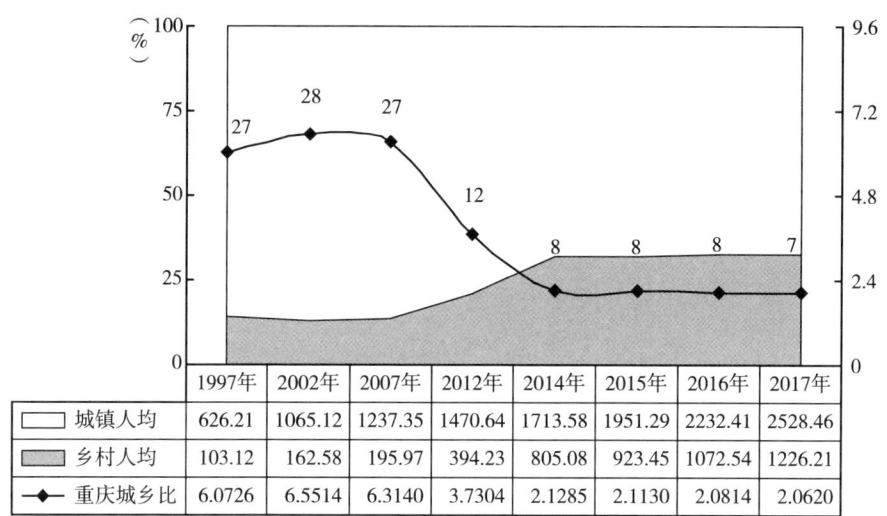

图 4　重庆人均文教消费城乡比变动态势

左轴面积：城镇、乡村人均文教消费（元转换为%），城乡间历年升降呈直观比例关系。
右轴曲线：文教消费城乡比（乡村=1），标注城乡比省域位次。

1997~2017年，重庆人均文教消费城乡比由6.0726缩减至2.0620，在省域间排序从第27位上升到第7位。最小城乡比为2017年的2.0620，最大城乡比为2006年的7.6398。

其间，城乡比在1998年、2000年、2003年、2005年、2007~2009年、2011~2012年、2014~2017年13个年度出现缩减，其余年度则为扩增。前后对比，重庆文教消费城乡比缩小66.04%，城乡比扩减变化状况处于省域间第4位。这意味着重庆属于文教消费城乡比扩减变化态势良好的省域之一。

分期考察重庆城乡文教消费城乡差距变化动态，第一个五年略有加大，扩增7.88%；第二个五年略有减小，缩减3.62%；第三个五年继续显著减小，缩减40.92%；第四个五年继续显著减小，缩减44.72%。

据既往20年动态推演测算，2020年重庆文教消费城乡比将为1.7536，相比当前显著缩减；2035年重庆文教消费城乡比将为0.7800，相比当前继续极显著缩减。

2. 城乡文教消费人均值地区差

20年来重庆城乡人均文教消费地区差变动态势见图5。

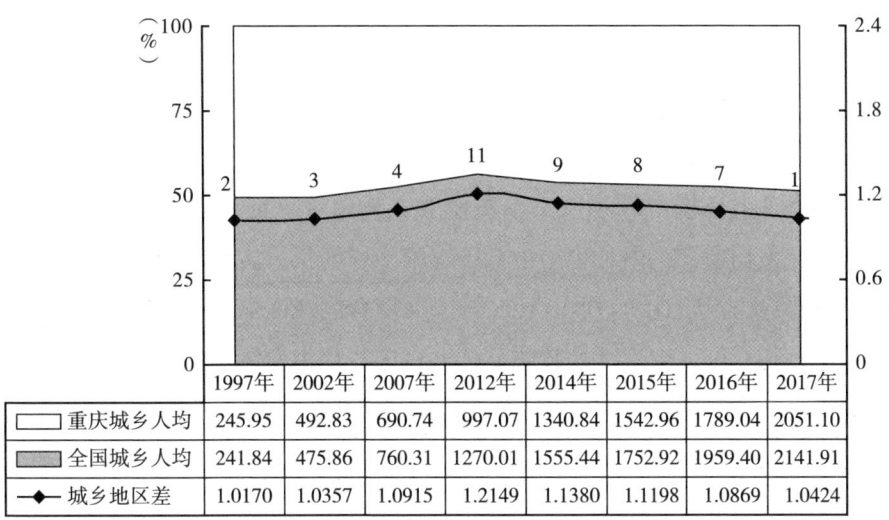

图5 重庆城乡人均文教消费地区差变动态势

左轴面积：当地、全国人均文教消费（元转换为%），二者数值历年升降呈直观比例关系。
右轴曲线：文教消费地区差（无差距=1），标注地区差省域位次。

1997～2017年，重庆城乡人均文教消费与全国城乡地区差由1.0170扩增至1.0424，由于其他省域城乡文教消费与全国地区差扩大更为严重，重庆城乡地区差在省域间排序从第2位上升到第1位。最小地区差为1999年的1.0055，最大地区差为2012年的1.2149。

其间，地区差在1999年、2002～2003年、2006～2009年、2013～2017年12个年度出现缩减，其余年度则为扩增。前后对比，重庆城乡文教消费地区差扩大2.50%，地区差扩减变化状况处于省域间第23位。这意味着重庆属于城乡文教消费地区差扩减变化态势不甚严重的省域之一。

分期考察重庆城乡文教消费地区差距变化动态，第一个五年较明显加大，扩增1.84%；第二个五年明显加大，扩增5.39%；第三个五年继续显著加大，扩增11.31%；第四个五年显著减小，缩减14.20%。

据既往20年动态推演测算，2020年重庆文教消费地区差将为1.0838，相比当前略微扩增；2035年重庆文教消费地区差将为1.3225，相比当前继续显著扩增。

四 重庆城乡文教消费需求景气指数测评

综合以上分析：20年以来重庆城乡文教消费总量年均增长略微低于全国增长，人均值年均增长也略微低于全国平均增长；文教消费占总消费比呈提升态势，与产值比、占收入比、与非文消费剩余比呈下降态势；城乡比显著缩小，与全国城乡地区差较明显扩大。这些都集中体现在重庆城乡文教消费需求景气指数的测评演算中。20年来重庆城乡文教消费需求景气指数变动态势见图6。

1. 各年度无差距理想值横向测评

以全国城乡文教消费总量份额值、人均绝对值、相对比值为基准，并以相关增率比达到平衡，城乡、地区之间实现无差距状态为"理想值"100来衡量，2017年重庆城乡此项景气指数为90.76，低于理想值9.24%，但高于上一年2.59个点。重庆在省域间排行，1997年为第10位，2002年为第7位，2007年为第19位，2012年为第23位，2017年从上一年第16位上升为第10位。

2. 1997年以来20年基数值纵向测评

以1997年为起点基数值100，2017年重庆城乡此项景气指数为214.86，高于1997年起点基数114.86%，也高于上一年14.75个点。重庆在省域间排行，起点1997年不计，2002年为第15位，2007年为第23位，2012年为第22位，2017年与上一年持平，皆为第13位。

3. 2002年以来15年基数值纵向测评

以2002年为起点基数值100，2017年重庆城乡此项景气指数为163.60，高于2002年起点基数63.60%，也高于上一年8.38个点。重庆在省域间排

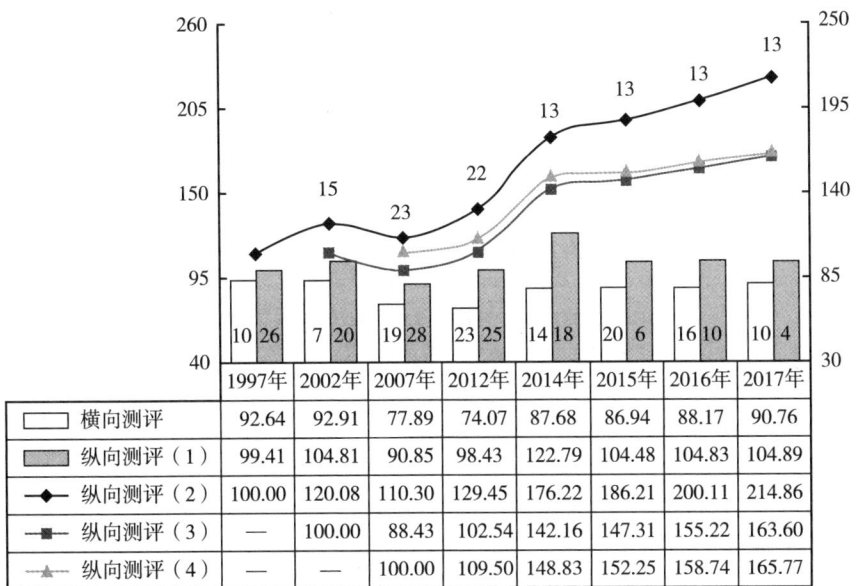

图 6　重庆城乡文教消费需求景气指数变动态势

左轴柱形：左横向测评（无差距理想值＝100）；右纵向测评（1），上年＝100。右轴曲线：纵向测评（起点年基数值＝100），（2）以1997年为起点，（3）以2002年为起点，（4）以2007年为起点。标注横向测评、纵向测评（1）（2）省域排行，纵向测评（2）起点年不计。

行，起点2002年不计，2007年为第29位，2012年为第21位，2017年从上一年第16位上升为第11位。

4. 2007年以来10年基数值纵向测评

以2007年为起点基数值100，2017年重庆城乡此项景气指数为165.77，高于2007年起点基数65.77%，也高于上一年7.03个点。重庆在省域间排行，起点2007年不计，2012年为第9位，2017年从上一年第6位下降为第7位。

5. 逐年度上年基数值纵向测评

以2016年为起点基数值100，2017年重庆城乡此项景气指数为104.89，高于2016年起点基数4.89%。重庆在省域间排行，1997年为第26位，2002年为第20位，2007年为第28位，2012年为第25位，2017年从上一年第10位上升为第4位。

省域城镇报告

Reports on City-Towns among Provinces

B.12
安徽：2002～2017年城镇景气指数提升第1位

汪 洋**

摘　要： 2017年，安徽城镇文教消费总量增长处于第21位，人均值增长处于第22位。安徽城镇文教消费需求景气评价排行结果：在省域横向测评中，2017年度景气指数排名第21位；在自身纵向测评中，1997～2017年景气指数提升第14位，2002～2017年景气指数提升第1位，2007～2017年景气指数提升第26位，2012～2017年景气指数提升第23位，2016～

---

* 省域城镇子报告选取依据B.4城镇排行报告表8（城镇单行测评排行汇总表）。若各类首位省域与城乡子报告地名重叠，则顺推选取后续次位，亦按各地最高位次拟题排文，相同位次以先横向后较长时段纵向测评为序。至此选取8省2直辖市2自治区不重复，未有独立子报告的省域见该报告各地对比及排行。

** 汪洋，云南省社会科学院信息中心副主任、副研究员，主要从事民族生态文化研究。

安徽：2002~2017年城镇景气指数提升第1位

2017年景气指数提升第18位。

关键词： 安徽城镇　文教消费　景气评价

一　安徽城镇文教消费需求增长状况

1. 文教消费总量份额值变化

20年来安徽城镇文教消费总量增长、份额变化态势见图1。

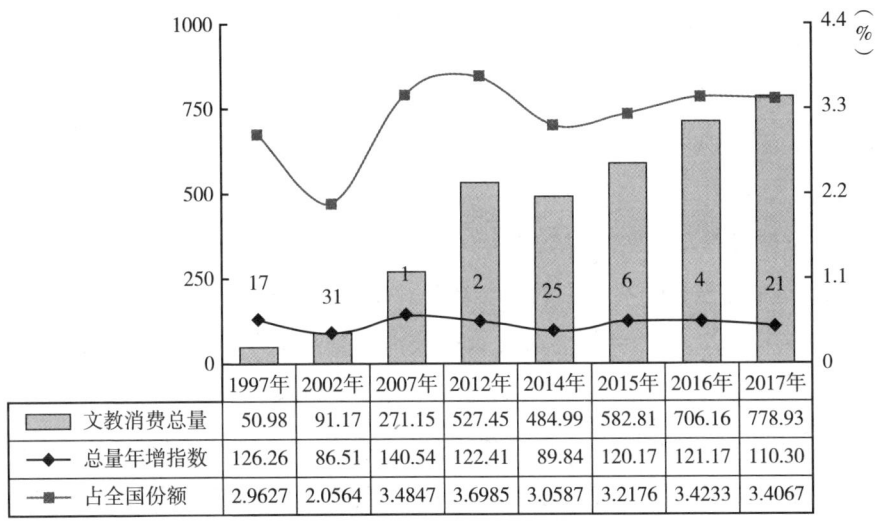

图1　安徽城镇文教消费总量增长、份额变化态势

左轴柱形：文教消费总量（亿元）。左轴曲线：年度增长指数（上年=100，小于100为负增长），标注历年增长省域位次。右轴曲线：占全国份额（%）。

1997~2017年，安徽城镇文教消费总量由50.98亿元增至778.93亿元，增加727.95亿元，20年间总增长1427.91%，年均增长14.61%，增长幅度处于省域间第12位。其中，第一个五年年均增长12.33%；第二个五年年均增长24.36%；第三个五年年均增长14.23%；第四个五年年均增长

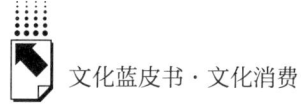

8.11%。总量最高增长年度为1998年,增长率为41.14%;最低增长年度为2002年,增长率为-13.49%。

同期,全国城镇文教消费总量年均增长13.81%,略微低于安徽0.80个百分点。安徽城镇文教消费总量占全国份额由2.96%升高为3.41%,上升幅度为14.99%,增长幅度和份额升降变化排序处于省域间第12位。

其中,第一个五年,全国城镇文教消费总量年均增长20.84%,极显著高于安徽8.51个百分点,安徽总量占全国份额下降30.59%;第二个五年,全国城镇文教消费总量年均增长11.91%,极显著低于安徽12.45个百分点,安徽总量占全国份额上升69.46%;第三个五年,全国城镇文教消费总量年均增长12.88%,较明显低于安徽1.35个百分点,安徽总量占全国份额上升6.14%;第四个五年,全国城镇文教消费总量年均增长9.90%,较明显高于安徽1.79个百分点,安徽总量占全国份额下降7.89%。

2. 文教消费人均绝对值增长

20年来安徽城镇人均文教消费增长、增幅变化态势见图2。

1997~2017年,安徽城镇人均文教消费由358.83元增至2372.22元,增加2013.39元,总增长561.10%,20年间年均增长9.90%,增长幅度处于省域间第14位。其中,第一个五年人均值总增长33.67%,年均增长5.98%;第二个五年人均值总增长143.93%,年均增长19.52%;第三个五年人均值总增长65.19%,年均增长10.56%;第四个五年人均值总增长22.74%,年均增长4.18%。人均值最高增长年度为2007年,增长率为34.60%;最低增长年度为2002年,增长率为-18.07%。

同期,全国城镇人均文教消费年均增长9.68%,略微低于安徽0.22个百分点(对照图5)。安徽城镇人均文教消费从全国城镇人均值的80.03%提高至83.33%,人均绝对值在省域间排序由第20位降低为第21位。

其中,第一个五年全国城镇人均文教消费年均增长15.01%,极显著高于安徽,2002年安徽城镇人均值降低至全国人均值的53.16%,处于省域间

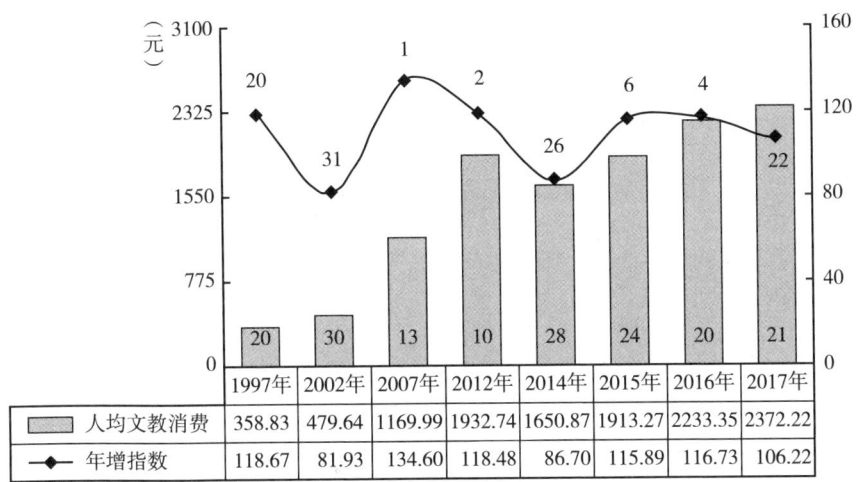

图 2 安徽城镇人均文教消费增长、增幅变化态势

左轴柱形：人均文教消费（元）。右轴曲线：年度增长指数（上年=100，小于100为负增长），标注历年增长、人均值省域位次。

第 30 位。第二个五年全国城镇人均文教消费年均增长 8.06%，极显著低于安徽，2007 年安徽城镇人均值提高至全国人均值的 88.02%，处于省域间第 13 位。第三个五年全国城镇人均文教消费年均增长 8.88%，较明显低于安徽，2012 年安徽城镇人均值提高至全国人均值的 95.04%，处于省域间第 10 位。第四个五年全国城镇人均文教消费年均增长 6.96%，安徽年均增长 4.18%，明显低于全国。

二 安徽城镇文教消费相关背景情况

20 年来安徽城镇文教消费相关比值变动态势见图 3。

1. 文教消费与产值比关系

1997～2017 年，安徽城镇文教消费与产值比由 9.13% 降低至 5.47%，在省域间排序保持在第 10 位。其间，此项比值在 1997～1999 年、2001 年、2003 年、2006～2007 年、2012 年、2015～2016 年 10 个年度出现增高，其余年度则为降低；前后对比下降 40.15%，升降变化程度处于省域间第 18

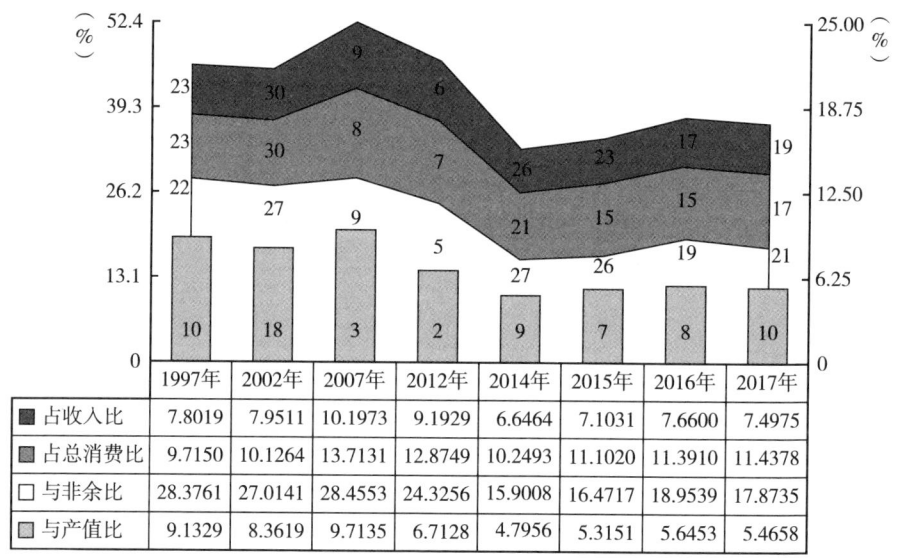

图 3　安徽城镇文教消费相关比值变动态势

左轴面积：人均文教消费占收入比、占总消费比、与非文消费剩余（简称"非余"）比（％），各项比值历年升降呈直观比例。右轴柱形：人均文教消费与产值比（％）。保留 4 位小数以便精确演算各项比值变化，标注各项比值省域位次。

位。最高比值为 1999 年的 11.42％，最低比值为 2014 年的 4.80％。

2. 文教消费占收入比关系

1997～2017 年，安徽城镇文教消费占收入比由 7.80％降低至 7.50％，由于其他省域此项比值降低更加明显，安徽从第 23 位上升到第 19 位。其间，此项比值在 1997～1999 年、2001 年、2004 年、2006～2007 年、2010 年、2012 年、2015～2016 年 11 个年度出现增高，其余年度则为降低；前后对比下降 3.90％，升降变化程度处于省域间第 13 位。最高比值为 2001 年的 10.33％，最低比值为 2014 年的 6.65％。

3. 文教消费占总消费比关系

1997～2017 年，安徽城镇文教消费占总消费比由 9.72％提高至 11.44％，在省域间排序从第 23 位上升到第 17 位。其间，此项比值在 1997～1999 年、2001 年、2003～2004 年、2006～2007 年、2010 年、2012

年、2015~2017年13个年度出现增高,其余年度则为降低;前后对比上升17.73%,升降变化程度处于省域间第10位。最高比值为2007年的13.71%,最低比值为1997年的9.72%。

4. 文教消费与非文消费剩余比关系

1997~2017年,安徽城镇文教消费与非文消费剩余比由28.38%降低至17.87%,由于其他省域此项比值降低更加明显,安徽从第22位上升到第21位。其间,此项比值在1997年、1999~2000年、2002年、2008~2009年、2011年、2013~2014年、2017年10个年度出现增高,其余年度则为降低;前后对比下降37.01%,升降变化程度处于省域间第14位。最高比值为2001年的33.71%,最低比值为2014年的15.90%。

安徽城镇文教消费相关各项比值的具体分析表明,在文教消费需求增长与当地经济发展、城镇民生进步的协调性关系中,20年以来文教消费占总消费比呈提升态势,与产值比、占收入比、与非文消费剩余比呈下降态势。

三　安徽文教消费城乡、区域协调状况

1. 文教消费人均值城乡比

20年来安徽人均文教消费城乡比变动态势见图4。

1997~2017年,安徽人均文教消费城乡比由2.7918缩减至2.2068,由于其他省域文教消费城乡比缩小更为显著,安徽城乡比在省域间排序从第11位下降到第12位。最小城乡比为2017年的2.2068,最大城乡比为2013年的5.0554。

其间,城乡比在2000年、2002~2003年、2005年、2008~2009年、2014年、2017年8个年度出现缩减,其余年度则为扩增。前后对比,安徽文教消费城乡比缩小20.95%,城乡比扩减变化状况处于省域间第22位。这意味着安徽属于文教消费城乡比扩减变化态势良好的省域之一。

分期考察安徽城镇文教消费城乡差距变化动态,第一个五年略有加大,

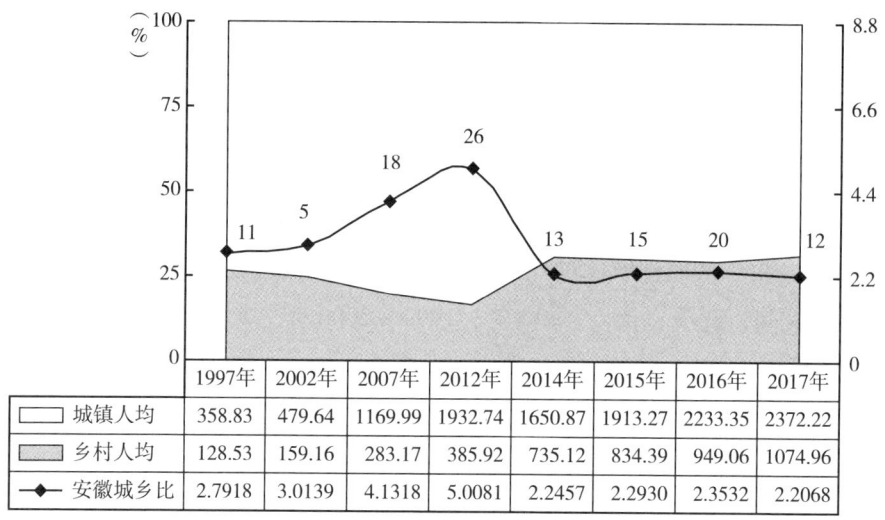

图 4　安徽人均文教消费城乡比变动态势

左轴面积：城镇、乡村人均文教消费（元转换为%），城乡间历年升降呈直观比例关系。
右轴曲线：人均文教消费城乡比（乡村＝1），标注城乡比省域位次。

扩增7.94%；第二个五年明显加大，扩增37.11%；第三个五年继续明显加大，扩增21.21%；第四个五年显著减小，缩减55.94%。

据既往20年动态推演测算，2020年安徽文教消费城乡比将为2.1303，相比当前较明显缩减；2035年安徽文教消费城乡比将为1.7859，相比当前继续极显著缩减。

2. 城镇文教消费人均值地区差

20年来安徽城镇人均文教消费地区差变动态势见图5。

1997～2017年，安徽城镇人均文教消费与全国城镇地区差由1.1997缩减至1.1667，由于其他省域城镇文教消费与全国地区差缩小更为显著，安徽城镇地区差在省域间排序从第12位下降到第16位。最小地区差为1998年的1.0459，最大地区差为2002年的1.4684。

其间，地区差在1998年、2001年、2003～2007年、2010年、2012年、2015～2016年11个年度出现缩减，其余年度则为扩增。前后对比，安徽城镇文教消费地区差缩小2.75%，地区差扩减变化状况处于省域间第17位。

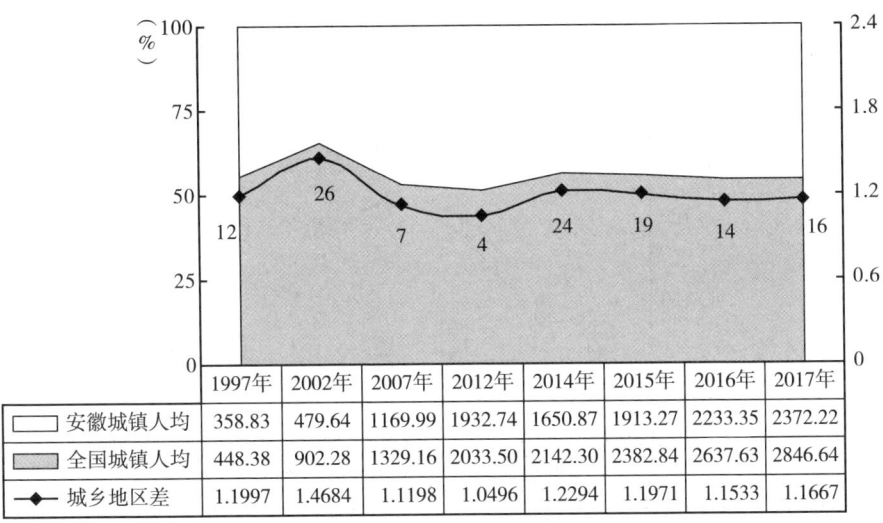

图5 安徽城镇人均文教消费地区差变动态势

左轴面积：当地、全国人均文教消费（元转换为%），二者数值历年升降呈直观比例关系。
右轴曲线：文教消费地区差（无差距=1），标注地区差省域位次。

这意味着安徽属于城镇文教消费地区差扩减变化态势良好的省域之一。

分期考察安徽城镇文教消费地区差距变化动态，第一个五年极显著加大，扩增22.40%；第二个五年极显著减小，缩减23.74%；第三个五年继续明显减小，缩减6.27%；第四个五年显著加大，扩增11.16%。

据既往20年动态推演测算，2020年安徽文教消费地区差将为1.1616，相比当前略微缩减；2035年安徽文教消费地区差将为1.1247，相比当前继续略微缩减。

四 安徽城镇文教消费需求景气指数测评

综合以上分析：20年以来安徽城镇文教消费总量年均增长略微高于全国增长，人均值年均增长也略微高于全国平均增长；文教消费占总消费比呈提升态势，与产值比、占收入比、与非文消费剩余比呈下降态势；城乡比较明显缩小，与全国城镇地区差较明显缩小。这些都集中体现在安徽城镇文教消费需求景气指数的测评演算中。20年来安徽城镇文教消费需求景气指数变动态势见图6。

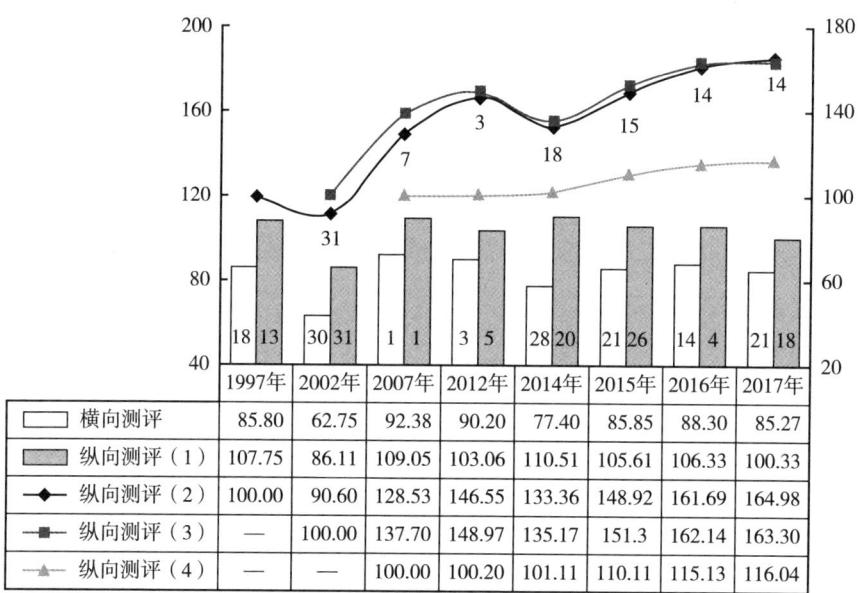

图6　安徽城镇文教消费需求景气指数变动态势

左轴柱形：左横向测评（无差距理想值=100）；右纵向测评（1），上年=100。右轴曲线：纵向测评（起点年基数值=100），（2）以1997年为起点，（3）以2002年为起点，（4）以2007年为起点。标注横向测评、纵向测评（1）（2）省域排行，纵向测评（2）起点年不计。

1. 各年度无差距理想值横向测评

以全国城镇文教消费总量份额值、人均绝对值、相对比值为基准，并以相关增率比达到平衡，城乡、地区之间实现无差距状态为"理想值"100来衡量，2017年安徽城镇此项景气指数为85.27，低于理想值14.73%，也低于上一年3.03个点。安徽在省域间排行，1997年为第18位，2002年为第30位，2007年为第1位，2012年为第3位，2017年从上一年第14位下降为第21位。

2. 1997年以来20年基数值纵向测评

以1997年为起点基数值100，2017年安徽城镇此项景气指数为164.98，高于 1997 年起点基数 64.98%，也高于上一年 3.29 个点。安徽在省域间排行，起点 1997 年不计，2002 年为第 31 位，2007 年为第 7 位，2012 年为第 3 位，2017 年与上一年持平，皆为第 14 位。

3. 2002年以来15年基数值纵向测评

以 2002 年为起点基数值 100，2017 年安徽城镇此项景气指数为 163.30，高于 2002 年起点基数 63.30%，也高于上一年 1.16 个点。安徽在省域间排行，起点 2002 年不计，2007 年为第 1 位，2012 年与之持平，2017 年与上一年持平，皆为第 1 位。

4. 2007年以来10年基数值纵向测评

以 2007 年为起点基数值 100，2017 年安徽城镇此项景气指数为 116.04，高于 2007 年起点基数 16.04%，也高于上一年 0.91 个点。安徽在省域间排行，起点 2007 年不计，2012 年为第 17 位，2017 年与上一年持平，皆为第 26 位。

5. 逐年度上年基数值纵向测评

以 2016 年为起点基数值 100，2017 年安徽城镇此项景气指数为 100.33，高于 2016 年起点基数 0.33%。安徽在省域间排行，1997 年为第 13 位，2002 年为第 31 位，2007 年为第 1 位，2012 年为第 5 位，2017 年从上一年第 4 位下降为第 18 位。

B.13
云南：2007~2017年城镇景气指数提升第1位

郭 娜*

摘 要： 2017年，云南城镇文教消费总量增长处于第16位，人均值增长处于第21位。云南城镇文教消费需求景气评价排行结果：在省域横向测评中，2017年度景气指数排名第15位；在自身纵向测评中，1997~2017年景气指数提升第15位，2002~2017年景气指数提升第9位，2007~2017年景气指数提升第1位，2012~2017年景气指数提升第7位，2016~2017年景气指数提升第17位。

关键词： 云南城镇 文教消费 景气评价

一 云南城镇文教消费需求增长状况

1. 文教消费总量份额值变化

20年来云南城镇文教消费总量增长、份额变化态势见图1。

1997~2017年，云南城镇文教消费总量由40.08亿元增至518.68亿元，增加478.60亿元，20年间总增长1194.11%，年均增长13.66%，增长幅度处于省域间第16位。其中，第一个五年年均增长18.22%；第二个五年年

---

* 郭娜，云南省社会科学院科研处副处长、副研究员，主要从事可持续发展、民族生态学研究。

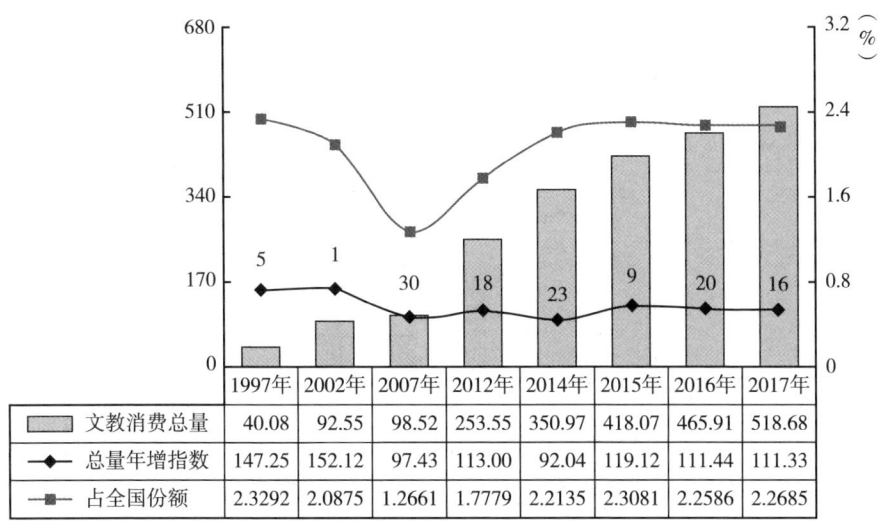

图1 云南城镇文教消费总量增长、份额变化态势

左轴柱形:文教消费总量(亿元)。左轴曲线:年度增长指数(上年=100,小于100为负增长),标注历年增长省域位次。右轴曲线:占全国份额(%)。

均增长1.26%;第三个五年年均增长20.81%;第四个五年年均增长15.39%。总量最高增长年度为2002年,增长率为52.12%;最低增长年度为2003年,增长率为-8.85%。

同期,全国城镇文教消费总量年均增长13.81%,略微高于云南0.15个百分点。云南城镇文教消费总量占全国份额由2.33%降低为2.27%,下降幅度为2.61%,增长幅度和份额升降变化排序处于省域间第16位。

其中,第一个五年,全国城镇文教消费总量年均增长20.84%,明显高于云南2.62个百分点,云南总量占全国份额下降10.38%;第二个五年,全国城镇文教消费总量年均增长11.91%,极显著高于云南10.65个百分点,云南总量占全国份额下降39.35%;第三个五年,全国城镇文教消费总量年均增长12.88%,极显著低于云南7.93个百分点,云南总量占全国份额上升40.42%;第四个五年,全国城镇文教消费总量年均增长9.90%,显著低于云南5.49个百分点,云南总量占全国份额上升27.59%。

2. 文教消费人均绝对值增长

20年来云南城镇人均文教消费增长、增幅变化态势见图2。

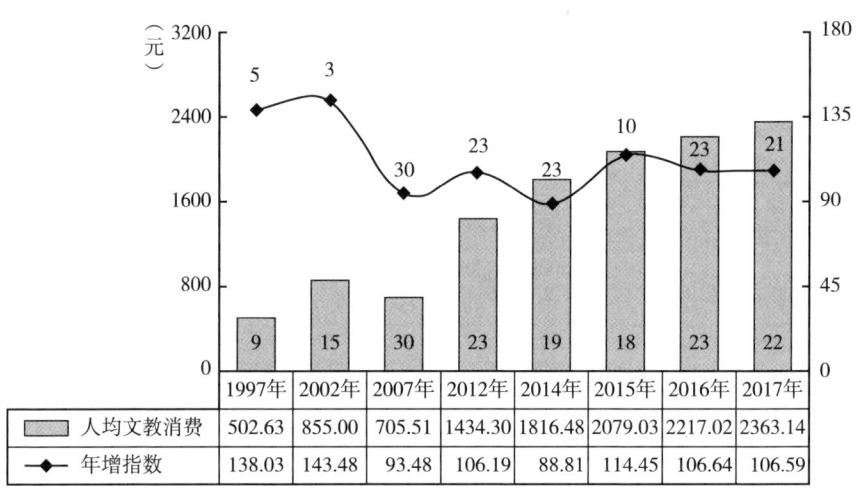

图2 云南城镇人均文教消费增长、增幅变化态势

左轴柱形：人均文教消费（元）。右轴曲线：年度增长指数（上年=100，小于100为负增长），标注历年增长、人均值省域位次。

1997～2017年，云南城镇人均文教消费由502.63元增至2363.14元，增加1860.51元，总增长370.15%，20年间年均增长8.05%，增长幅度处于省域间第27位。其中，第一个五年人均值总增长70.11%，年均增长11.21%；第二个五年人均值总增长-17.48%，年均增长-3.77%；第三个五年人均值总增长103.30%，年均增长15.25%；第四个五年人均值总增长64.76%，年均增长10.50%。人均值最高增长年度为2002年，增长率为43.48%；最低增长年度为2003年，增长率为-13.93%。

同期，全国城镇人均文教消费年均增长9.68%，较明显高于云南1.63个百分点（对照图5）。云南城镇人均文教消费从全国城镇人均值的112.10%降低至83.02%，人均绝对值在省域间排序由第9位降低为第22位。

其中，第一个五年全国城镇人均文教消费年均增长15.01%，明显高于云南，2002年云南城镇人均值降低至全国人均值的94.76%，处于省域间第

15 位。第二个五年全国城镇人均文教消费年均增长 8.06%，极显著高于云南，2007 年云南城镇人均值降低至全国人均值的 53.08%，处于省域间第 30 位。第三个五年全国城镇人均文教消费年均增长 8.88%，极显著低于云南，2012 年云南城镇人均值提高至全国人均值的 70.53%，处于省域间第 23 位。第四个五年全国城镇人均文教消费年均增长 6.96%，云南年均增长 10.50%，明显高于全国。

二 云南城镇文教消费相关背景情况

20 年来云南城镇文教消费相关比值变动态势见图 3。

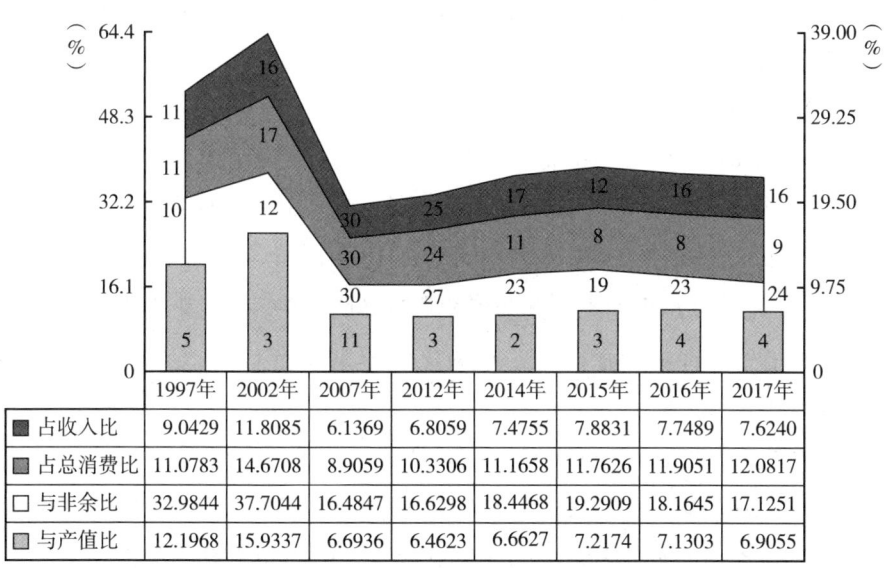

图 3 云南城镇文教消费相关比值变动态势

左轴面积：人均文教消费占收入比、占总消费比、与非文消费剩余（简称"非余"）比（%），各项比值历年升降呈直观比例。右轴柱形：人均文教消费与产值比（%）。保留 4 位小数以便精确演算各项比值变化，标注各项比值省域位次。

1. 文教消费与产值比关系

1997～2017 年，云南城镇文教消费与产值比由 12.20% 降低至 6.91%，由于其他省域此项比值降低更加明显,云南从第5位上升到第4位。其间,此项比值在1997~1998年、2000年、2002年、2009~2011年、2013年、2015年9个年度出现增高,其余年度则为降低;前后对比下降43.38%,升降变化程度处于省域间第23位。最高比值为2002年的15.93%,最低比值为2008年的5.82%。

2. 文教消费占收入比关系

1997~2017年,云南城镇文教消费占收入比由9.04%降低至7.62%,在省域间排序从第11位下降到第16位。其间,此项比值在1997~1998年、2000年、2002年、2005年、2009~2011年、2013年、2015年10个年度出现增高,其余年度则为降低;前后对比下降15.69%,升降变化程度处于省域间第21位。最高比值为2002年的11.81%,最低比值为2008年的5.53%。

3. 文教消费占总消费比关系

1997~2017年,云南城镇文教消费占总消费比由11.08%提高至12.08%,在省域间排序从第11位上升到第9位。其间,此项比值在1997~1998年、2000年、2002年、2005年、2010~2011年、2013年、2015~2017年11个年度出现增高,其余年度则为降低;前后对比上升9.06%,升降变化程度处于省域间第16位。最高比值为2002年的14.67%,最低比值为2009年的7.83%。

4. 文教消费与非文消费剩余比关系

1997~2017年,云南城镇文教消费与非文消费剩余比由32.98%降低至17.13%,在省域间排序从第10位下降到第24位。其间,此项比值在1997~1998年、2000~2001年、2003~2004年、2006~2007年、2012年、2014年、2016~2017年12个年度出现增高,其余年度则为降低;前后对比下降48.08%,升降变化程度处于省域间第25位。最高比值为2002年的37.70%,最低比值为2008年的14.94%。

云南城镇文教消费相关各项比值的具体分析表明,在文教消费需求增长与当地经济发展、城镇民生进步的协调性关系中,20年以来文教消费占总消费比呈提升态势，与产值比、占收入比、与非文消费剩余比呈下降态势。

三 云南文教消费城乡、区域协调状况

1. 文教消费人均值城乡比

20年来云南人均文教消费城乡比变动态势见图4。

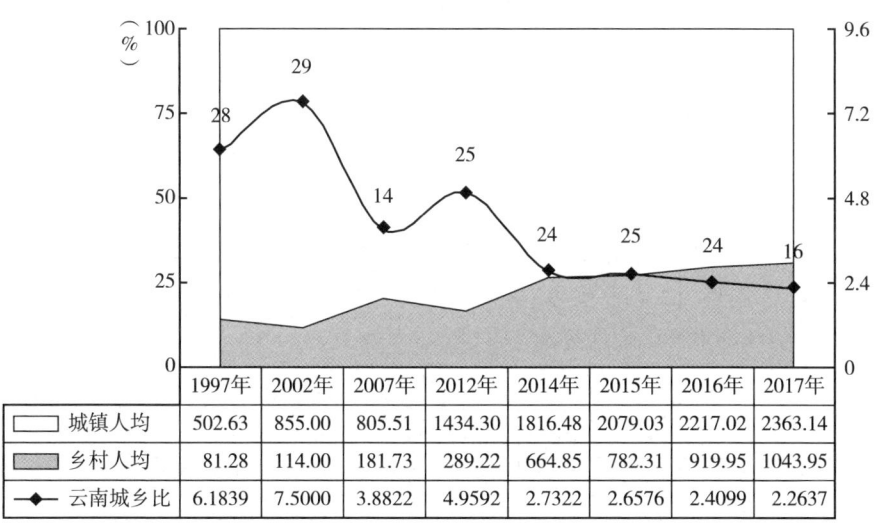

图4 云南人均文教消费城乡比变动态势

左轴面积：城镇、乡村人均文教消费（元转换为%），城乡间历年升降呈直观比例关系。
右轴曲线：人均文教消费城乡比（乡村=1），标注城乡比省域位次。

1997~2017年，云南人均文教消费城乡比由6.1839缩减至2.2637，在省域间排序从第28位上升到第16位。最小城乡比为2017年的2.2637，最大城乡比为2013年的8.4820。

其间，城乡比在1998~1999年、2001年、2003~2007年、2012年、2014~2017年13个年度出现缩减，其余年度则为扩增。前后对比，云南文教消费城乡比缩小63.39%，城乡比扩减变化状况处于省域间第5位。这意味着云南属于文教消费城乡比扩减变化态势良好的省域之一。

分期考察云南城镇文教消费城乡差距变化动态,第一个五年明显加大,扩增21.28%;第二个五年显著减小,缩减48.24%;第三个五年明显加大,扩增27.74%;第四个五年显著减小,缩减54.35%。

据既往20年动态推演测算,2020年云南文教消费城乡比将为1.9469,相比当前显著缩减;2035年云南文教消费城乡比将为0.9162,相比当前继续极显著缩减。

2.城镇文教消费人均值地区差

20年来云南城镇人均文教消费地区差变动态势见图5。

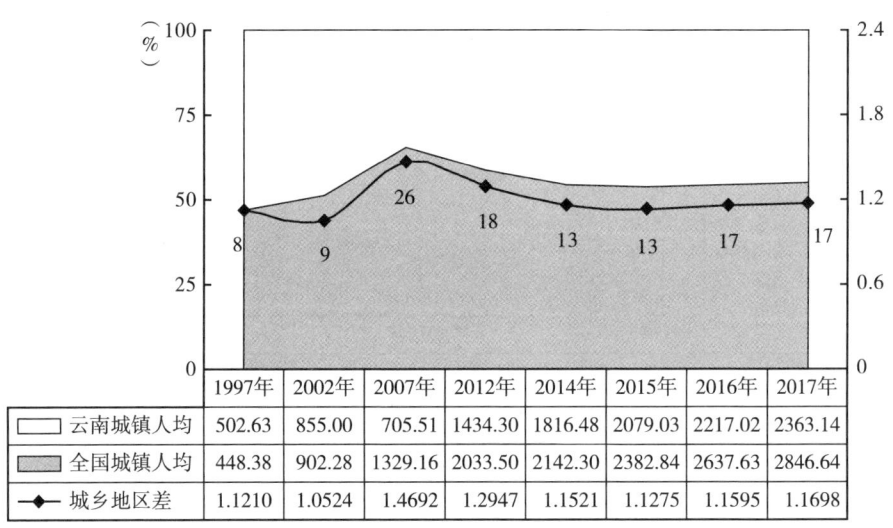

图5 云南城镇人均文教消费地区差变动态势

左轴面积:当地、全国人均文教消费(元转换为%),二者数值历年升降呈直观比例关系。
右轴曲线:文教消费地区差(无差距=1),标注地区差省域位次。

1997~2017年,云南城镇人均文教消费与全国城镇地区差由1.1210扩增至1.1698,在省域间排序从第8位下降到第17位。最小地区差为1999年的1.0091,最大地区差为2007年的1.4692。

其间,地区差在1999年、2002年、2005年、2008~2011年、2013年、2015年9个年度出现缩减,其余年度则为扩增。前后对比,云南城镇文教消费地区差扩大4.35%，地区差扩减变化状况处于省域间第21位。这意味着云南属于城镇文教消费地区差扩减变化态势不甚严重的省域之一。

分期考察云南城镇文教消费地区差距变化动态，第一个五年明显减小，缩减6.12%；第二个五年极显著加大，扩增39.60%；第三个五年显著减小，缩减11.88%；第四个五年继续明显减小，缩减9.65%。

据既往20年动态推演测算，2020年云南文教消费地区差将为1.2064，相比当前略微扩增；2035年云南文教消费地区差将为1.3612，相比当前继续明显扩增。

四 云南城镇文教消费需求景气指数测评

综合以上分析：20年以来云南城镇文教消费总量年均增长略微低于全国增长，人均值年均增长也较明显低于全国平均增长；文教消费占总消费比呈提升态势，与产值比、占收入比、与非文消费剩余比呈下降态势；城乡比显著缩小，与全国城镇地区差较明显扩大。这些都集中体现在云南城镇文教消费需求景气指数的测评演算中。20年来云南城镇文教消费需求景气指数变动态势见图6。

1. 各年度无差距理想值横向测评

以全国城镇文教消费总量份额值、人均绝对值、相对比值为基准，并以相关增率比达到平衡，城乡、地区之间实现无差距状态为"理想值"100来衡量，2017年云南城镇此项景气指数为87.39，低于理想值12.61%，但高于上一年0.10个点。云南在省域间排行，1997年为第7位，2002年为第4位，2007年为第30位，2012年为第23位，2017年从上一年第18位上升为第15位。

2. 1997年以来20年基数值纵向测评

以1997年为起点基数值100，2017年云南城镇此项景气指数为163.29，高于1997年起点基数63.29%，也高于上一年5.97个点。云南在省域间排行，起点1997年不计，2002年为第19位，2007年为第31位，2012年为第

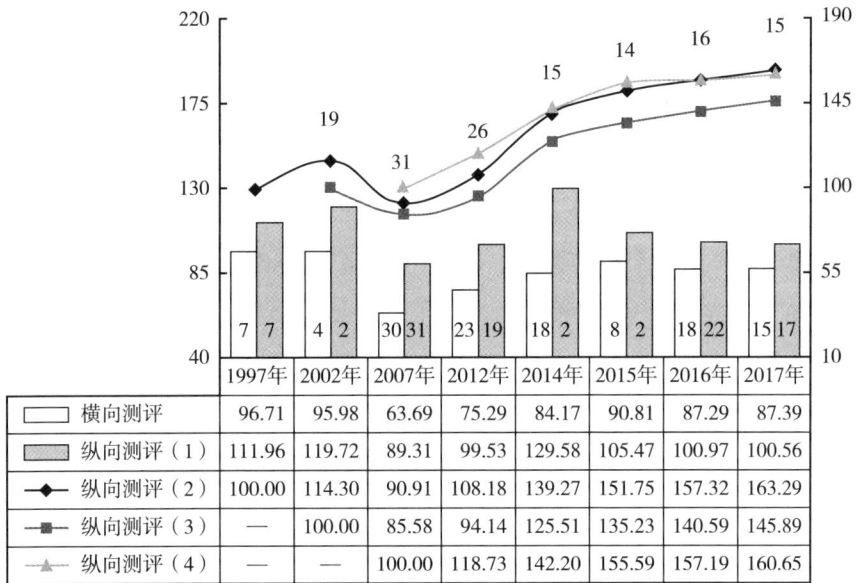

图 6　云南城镇文教消费需求景气指数变动态势

左轴柱形：左横向测评（无差距理想值=100）；右纵向测评（1），上年=100。右轴曲线：纵向测评（起点年基数值=100），（2）以1997年为起点，（3）以2002年为起点，（4）以2007年为起点。标注横向测评、纵向测评（1）（2）省域排行，纵向测评（2）起点年不计。

26位，2017年从上一年第16位上升为第15位。

3. 2002年以来15年基数值纵向测评

以2002年为起点基数值100，2017年云南城镇此项景气指数为145.89，高于2002年起点基数45.89%，也高于上一年5.30个点。云南在省域间排行，起点2002年不计，2007年为第27位，2012年为第20位，2017年与上一年持平，皆为第9位。

4. 2007年以来10年基数值纵向测评

以2007年为起点基数值100，2017年云南城镇此项景气指数为160.65，高于2007年起点基数60.65%，也高于上一年3.46个点。云南在省域间排行，起点2007年不计，2012年为第1位，2017年与上一年持平，皆为第1位。

5.逐年度上年基数值纵向测评

以2016年为起点基数值100,2017年云南城镇此项景气指数为100.56,高于2016年起点基数0.56%。云南在省域间排行,1997年为第7位,2002年为第2位,2007年为第31位,2012年为第19位,2017年从上一年第22位上升为第17位。

B.14
辽宁：2017年度城镇景气指数排名第3位

蒋坤洋*

摘　要： 2017年，辽宁城镇文教消费总量增长处于第28位，人均值增长处于第26位。辽宁城镇文教消费需求景气评价排行结果：在省域横向测评中，2017年度景气指数排名第3位；在自身纵向测评中，1997～2017年景气指数提升第9位，2002～2017年景气指数提升第10位，2007～2017年景气指数提升第14位，2012～2017年景气指数提升第19位，2016～2017年景气指数提升第24位。

关键词： 辽宁城镇　文教消费　景气评价

一　辽宁城镇文教消费需求增长状况

1.文教消费总量份额值变化

20年来辽宁城镇文教消费总量增长、份额变化态势见图1。

1997～2017年，辽宁城镇文教消费总量由75.41亿元增至933.17亿元，增加857.76亿元，20年间总增长1137.46%，年均增长13.40%，增长幅度处于省域间第18位。其中，第一个五年年均增长16.62%；第二个五年年均增长10.38%；第三个五年年均增长14.50%；第四个五年年均增长12.21%。总量最高增长年度为2007年，增长率为24.95%；最低增长年度

---

* 蒋坤洋，云南省社会科学院培训部助理研究员，主要从事民族法文化研究。

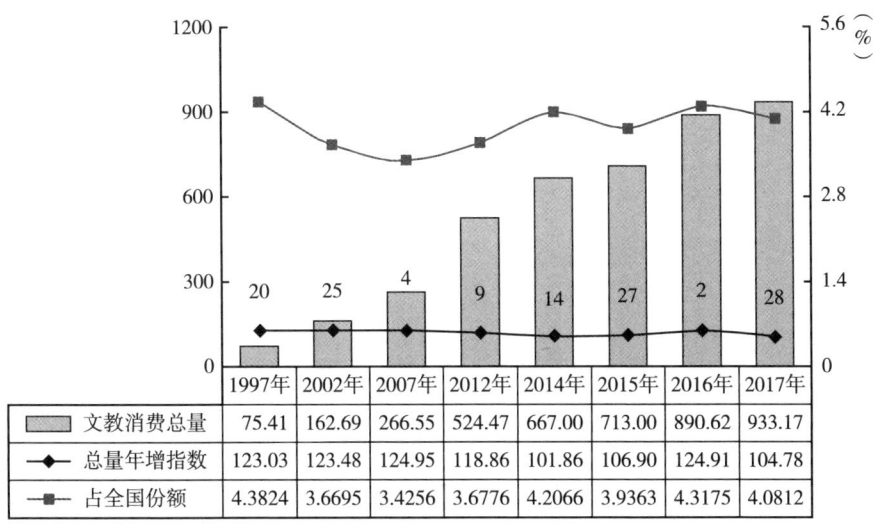

图 1　辽宁城镇文教消费总量增长、份额变化态势

左轴柱形：文教消费总量（亿元）。左轴曲线：年度增长指数（上年=100，小于100为负增长），标注历年增长省域位次。右轴曲线：占全国份额（%）。

为2014年，增长率为1.86%。

同期，全国城镇文教消费总量年均增长13.81%，略微高于辽宁0.41个百分点。辽宁城镇文教消费总量占全国份额由4.38%降低为4.08%，下降幅度为6.87%，增长幅度和份额升降变化排序处于省域间第18位。

其中，第一个五年，全国城镇文教消费总量年均增长20.84%，显著高于辽宁4.22个百分点，辽宁总量占全国份额下降16.27%；第二个五年，全国城镇文教消费总量年均增长11.91%，较明显高于辽宁1.53个百分点，辽宁总量占全国份额下降6.65%；第三个五年，全国城镇文教消费总量年均增长12.88%，较明显低于辽宁1.62个百分点，辽宁总量占全国份额上升7.36%；第四个五年，全国城镇文教消费总量年均增长9.90%，明显低于辽宁2.31个百分点，辽宁总量占全国份额上升10.97%。

2. 文教消费人均绝对值增长

20年来辽宁城镇人均文教消费增长、增幅变化态势见图2。

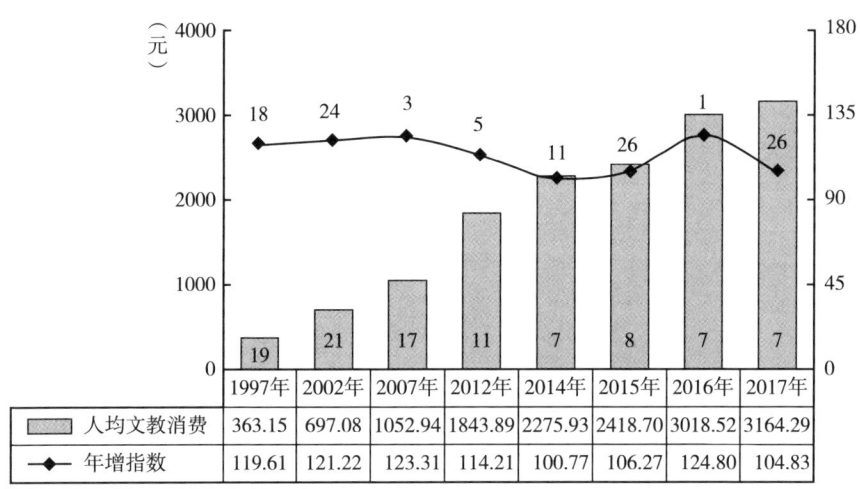

图 2　辽宁城镇人均文教消费增长、增幅变化态势

左轴柱形：人均文教消费（元）。右轴曲线：年度增长指数（上年＝100，小于100为负增长），标注历年增长、人均值省域位次。

1997～2017年，辽宁城镇人均文教消费由363.15元增至3164.29元，增加2801.14元，总增长771.35%，20年间年均增长11.43%，增长幅度处于省域间第2位。其中，第一个五年人均值总增长91.95%，年均增长13.93%；第二个五年人均值总增长51.05%，年均增长8.60%；第三个五年人均值总增长75.12%，年均增长11.86%；第四个五年人均值总增长71.61%，年均增长11.41%。人均值最高增长年度为2016年，增长率为24.80%；最低增长年度为2005年，增长率为0.49%。

同期，全国城镇人均文教消费年均增长9.68%，较明显低于辽宁1.75个百分点（对照图5）。辽宁城镇人均文教消费从全国城镇人均值的80.99%提高至111.16%，人均绝对值在省域间排序由第19位提高为第7位。

其中，第一个五年全国城镇人均文教消费年均增长15.01%，较明显高于辽宁，2002年辽宁城镇人均值降低至全国人均值的77.26%，处于省域间第21位。第二个五年全国城镇人均文教消费年均增长8.06%，略微低于辽宁，2007年辽宁城镇人均值提高至全国人均值的79.22%，处于省域间第17位。第三个五年全国城镇人均文教消费年均增长8.88%，明显低于辽宁，

2012年辽宁城镇人均值提高至全国人均值的90.68%，处于省域间第11位。第四个五年全国城镇人均文教消费年均增长6.96%，辽宁年均增长11.41%，显著高于全国。

二 辽宁城镇文教消费相关背景情况

20年来辽宁城镇文教消费相关比值变动态势见图3。

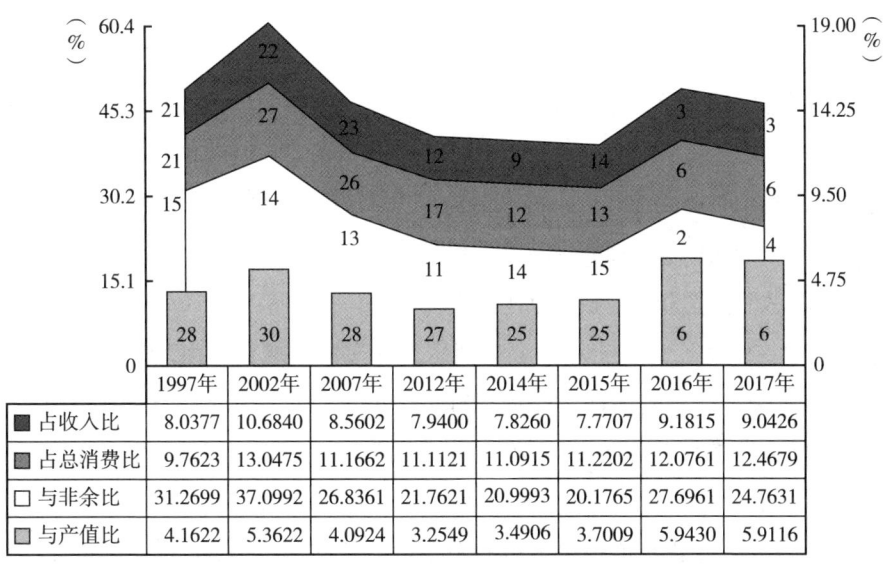

图3 辽宁城镇文教消费相关比值变动态势

左轴面积：人均文教消费占收入比、占总消费比、与非文消费剩余（简称"非余"）比（%），各项比值历年升降呈直观比例。右轴柱形：人均文教消费与产值比（%）。保留4位小数以便精确演算各项比值变化，标注各项比值省域位次。

1. 文教消费与产值比关系

1997～2017年，辽宁城镇文教消费与产值比由4.16%提高至5.91%，在省域间排序从第28位上升到第6位。其间，此项比值在1997～1999年、2001～2002年、2004年、2007年、2012～2013年、2015～2016年11个年度出现增高，其余年度则为降低；前后对比上升42.03%，升降变化程度处于省域间第1位。最高比值为2016年的5.94%，最低比值为2011年的3.18%。

2. 文教消费占收入比关系

1997~2017年，辽宁城镇文教消费占收入比由8.04%提高至9.04%，在省域间排序从第21位上升到第3位。其间，此项比值在1997~2002年、2004年、2007年、2009~2010年、2012~2013年、2016年13个年度出现增高，其余年度则为降低；前后对比上升12.50%，升降变化程度处于省域间第4位。最高比值为2002年的10.68%，最低比值为2015年的7.77%。

3. 文教消费占总消费比关系

1997~2017年，辽宁城镇文教消费占总消费比由9.76%提高至12.47%，在省域间排序从第21位上升到第6位。其间，此项比值在1997~2002年、2004年、2007年、2009~2010年、2012~2013年、2015~2017年15个年度出现增高，其余年度则为降低；前后对比上升27.71%，升降变化程度处于省域间第8位。最高比值为2002年的13.05%，最低比值为1997年的9.76%。

4. 文教消费与非文消费剩余比关系

1997~2017年，辽宁城镇文教消费与非文消费剩余比由31.27%降低至24.76%，由于其他省域此项比值降低更加明显，辽宁从第15位上升到第4位。其间，此项比值在1999~2000年、2002年、2005~2006年、2011年、2014年、2016年8个年度出现增高，其余年度则为降低；前后对比下降20.81%，升降变化程度处于省域间第5位。最高比值为2003年的39.13%，最低比值为2015年的20.18%。

辽宁城镇文教消费相关各项比值的具体分析表明，在文教消费需求增长与当地经济发展、城镇民生进步的协调性关系中，20年以来文教消费与产值比、占收入比、占总消费比呈提升态势，与非文消费剩余比呈下降态势。

三 辽宁文教消费城乡、区域协调状况

1. 文教消费人均值城乡比

20年来辽宁人均文教消费城乡比变动态势见图4。

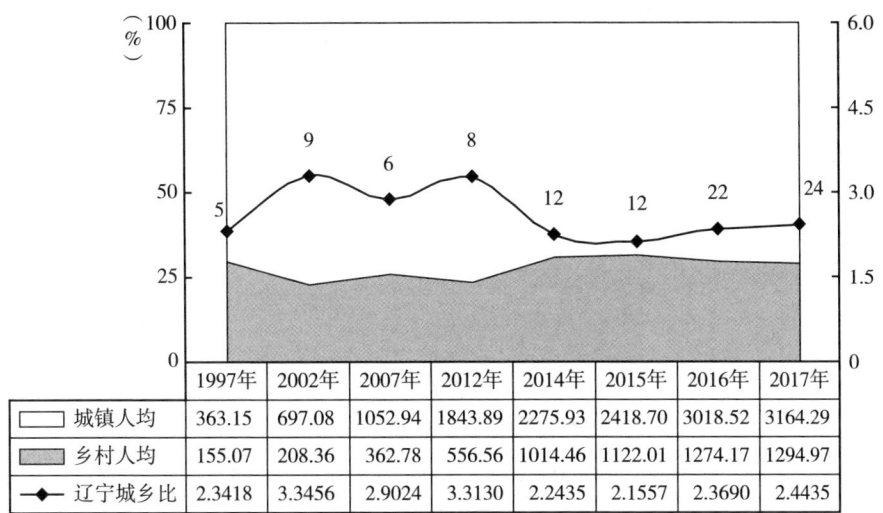

图 4 辽宁人均文教消费城乡比变动态势

左轴面积：城镇、乡村人均文教消费（元转换为%），城乡间历年升降呈直观比例关系。
右轴曲线：人均文教消费城乡比（乡村=1），标注城乡比省域位次。

1997~2017年，辽宁人均文教消费城乡比由2.3418扩增至2.4435，在省域间排序从第5位下降到第24位。最小城乡比为2015年的2.1557，最大城乡比为2004年的3.8787。

其间，城乡比在2000年、2005年、2009年、2011年、2014~2015年6个年度出现缩减，其余年度则为扩增。前后对比，辽宁文教消费城乡比扩大4.34%，城乡比扩减变化状况处于省域间第28位。这意味着辽宁属于文教消费城乡比扩减变化态势较好的省域之一。

分期考察辽宁城镇文教消费城乡差距变化动态，第一个五年显著加大，扩增42.86%；第二个五年较明显减小，缩减13.25%；第三个五年较明显加大，扩增14.15%；第四个五年明显减小，缩减26.25%。

据既往20年动态推演测算，2020年辽宁文教消费城乡比将为2.4592，相比当前略微扩增；2035年辽宁文教消费城乡比将为2.5388，相比当前继续较明显扩增。

2.城镇文教消费人均值地区差

20年来辽宁城镇人均文教消费地区差变动态势见图5。

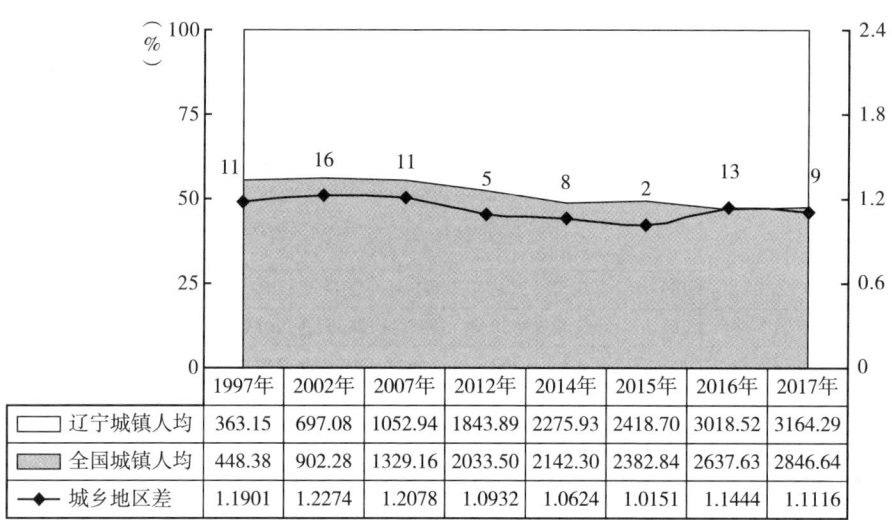

图5 辽宁城镇人均文教消费地区差变动态势

左轴面积：当地、全国人均文教消费（元转换为%），二者数值历年升降呈直观比例关系。
右轴曲线：文教消费地区差（无差距=1），标注地区差省域位次。

1997~2017年，辽宁城镇人均文教消费与全国城镇地区差由1.1901缩减至1.1116，在省域间排序从第11位上升到第9位。最小地区差为2015年的1.0151，最大地区差为2006年的1.2902。

其间，地区差在1997~1998年、2001年、2003~2004年、2007~2010年、2012~2013年、2015年、2017年13个年度出现缩减，其余年度则为扩增。前后对比，辽宁城镇文教消费地区差缩小6.60%，地区差扩减变化状况处于省域间第15位。这意味着辽宁属于城镇文教消费地区差扩减变化态势良好的省域之一。

分期考察辽宁城镇文教消费地区差距变化动态，第一个五年较明显加大，扩增3.13%；第二个五年较明显减小，缩减1.60%；第三个五年继续明显减小，缩减9.49%；第四个五年较明显加大，扩增1.68%。

据既往20年动态推演测算，2020年辽宁文教消费地区差将为1.1657，相比当前较明显扩增；2035年辽宁文教消费地区差将为1.3672，相比当前继续显著扩增。

四 辽宁城镇文教消费需求景气指数测评

综合以上分析：20年以来辽宁城镇文教消费总量年均增长略微低于全国增长，人均值年均增长较明显高于全国平均增长；文教消费与产值比、占收入比、占总消费比呈提升态势，与非文消费剩余比呈下降态势；城乡比略有扩大，与全国城镇地区差明显缩小。这些都集中体现在辽宁城镇文教消费需求景气指数的测评演算中。20年来辽宁城镇文教消费需求景气指数变动态势见图6。

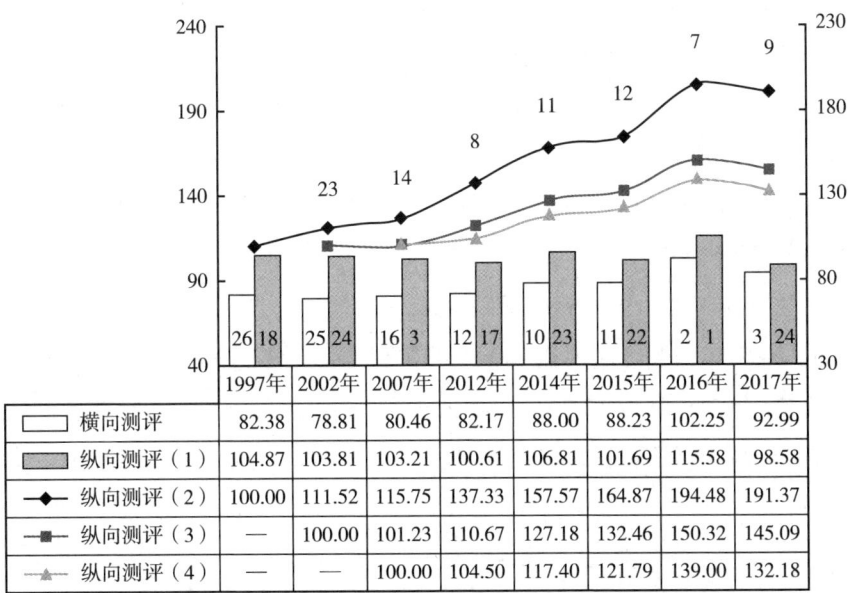

图6 辽宁城镇文教消费需求景气指数变动态势

左轴柱形：左横向测评（无差距理想值=100）；右纵向测评（1），上年=100。右轴曲线：纵向测评（起点年基数值=100），（2）以1997年为起点，（3）以2002年为起点，（4）以2007年为起点。标注横向测评、纵向测评（1）(2)省域排行，纵向测评（2）起点年不计。

1.各年度无差距理想值横向测评

以全国城镇文教消费总量份额值、人均绝对值、相对比值为基准,并以相关增率比达到平衡,城乡、地区之间实现无差距状态为"理想值"100来衡量,2017年辽宁城镇此项景气指数为92.99,低于理想值7.01%,也低于上一年9.26个点。辽宁在省域间排行,1997年为第26位,2002年为第25位,2007年为第16位,2012年为第12位,2017年从上一年第2位下降为第3位。

2.1997年以来20年基数值纵向测评

以1997年为起点基数值100,2017年辽宁城镇此项景气指数为191.37,高于1997年起点基数91.37%,但低于上一年3.11个点。辽宁在省域间排行,起点1997年不计,2002年为第23位,2007年为第14位,2012年为第8位,2017年从上一年第7位下降为第9位。

3.2002年以来15年基数值纵向测评

以2002年为起点基数值100,2017年辽宁城镇此项景气指数为145.09,高于2002年起点基数45.09%,但低于上一年5.23个点。辽宁在省域间排行,起点2002年不计,2007年为第7位,2012年为第5位,2017年从上一年第3位下降为第10位。

4.2007年以来10年基数值纵向测评

以2007年为起点基数值100,2017年辽宁城镇此项景气指数为132.18,高于2007年起点基数32.18%,但低于上一年6.82个点。辽宁在省域间排行,起点2007年不计,2012年为第11位,2017年从上一年第9位下降为第14位。

5.逐年度上年基数值纵向测评

以2016年为起点基数值100,2017年辽宁城镇此项景气指数为98.58,低于2016年起点基数1.42%。辽宁在省域间排行,1997年为第18位,2002年为第24位,2007年为第3位,2012年为第17位,2017年从上一年第1位下降为第24位。

B.15
宁夏：2007～2017年城镇景气指数提升第3位

杨媛媛*

摘 要： 2017年，宁夏城镇文教消费总量增长处于第13位，人均值增长处于第15位。宁夏城镇文教消费需求景气评价排行结果：在省域横向测评中，2017年度景气指数排名第5位；在自身纵向测评中，1997～2017年景气指数提升第7位，2002～2017年景气指数提升第8位，2007～2017年景气指数提升第3位，2012～2017年景气指数提升第11位，2016～2017年景气指数提升第15位。

关键词： 宁夏城镇 文教消费 景气评价

一 宁夏城镇文教消费需求增长状况

1.文教消费总量份额值变化

20年来宁夏城镇文教消费总量增长、份额变化态势见图1。

1997～2017年，宁夏城镇文教消费总量由4.69亿元增至101.95亿元，增加97.26亿元，20年间总增长2073.77%，年均增长16.64%，增长幅度处于省域间第1位。其中，第一个五年年均增长24.87%；第二个五年年均

---

* 杨媛媛，云南省社会科学院财务部副主任、助理研究员，主要从事会计、财务相关研究。

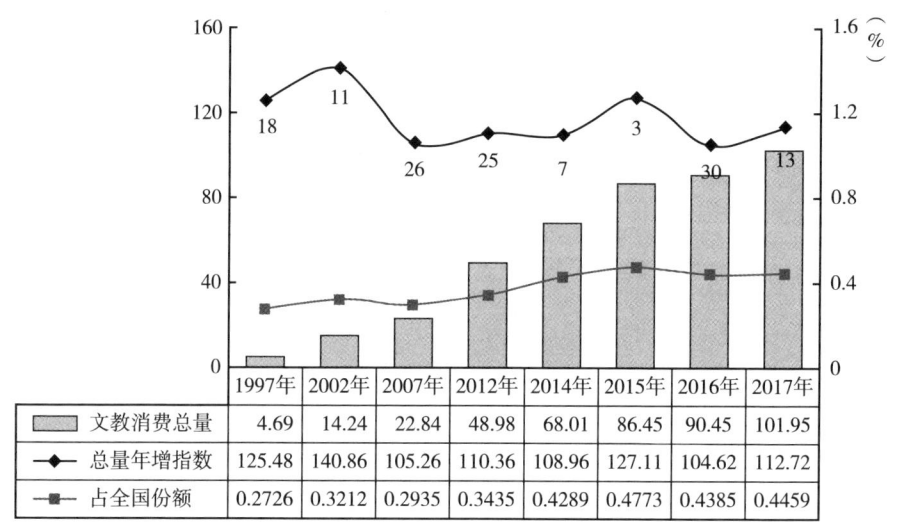

图 1 宁夏城镇文教消费总量增长、份额变化态势

左轴柱形：文教消费总量（亿元）。左轴曲线：年度增长指数（上年＝100，小于 100 为负增长），标注历年增长省域位次。右轴曲线：占全国份额（%）。

增长 9.91%；第三个五年年均增长 16.48%；第四个五年年均增长 15.79%。总量最高增长年度为 2002 年，增长率为 40.86%；最低增长年度为 2003 年，增长率为 -2.84%。

同期，全国城镇文教消费总量年均增长 13.81%，明显低于宁夏 2.83 个百分点。宁夏城镇文教消费总量占全国份额由 0.27% 升高为 0.45%，上升幅度为 63.57%，增长幅度和份额升降变化排序处于省域间第 1 位。

其中，第一个五年，全国城镇文教消费总量年均增长 20.84%，显著低于宁夏 4.03 个百分点，宁夏总量占全国份额上升 17.83%；第二个五年，全国城镇文教消费总量年均增长 11.91%，明显高于宁夏 2.00 个百分点，宁夏总量占全国份额下降 8.62%；第三个五年，全国城镇文教消费总量年均增长 12.88%，明显低于宁夏 3.60 个百分点，宁夏总量占全国份额上升 17.04%；第四个五年，全国城镇文教消费总量年均增长 9.90%，显著低于宁夏 5.89 个百分点，宁夏总量占全国份额上升 29.81%。

2. 文教消费人均绝对值增长

20年来宁夏城镇人均文教消费增长、增幅变化态势见图2。

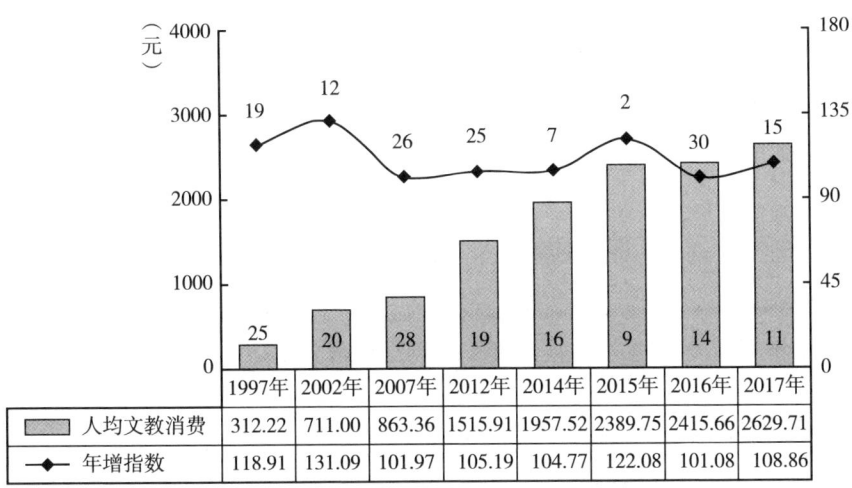

图2 宁夏城镇人均文教消费增长、增幅变化态势

左轴柱形：人均文教消费（元）。右轴曲线：年度增长指数（上年=100，小于100为负增长），标注历年增长、人均值省域位次。

1997~2017年，宁夏城镇人均文教消费由312.22元增至2629.71元，增加2317.49元，总增长742.26%，20年间年均增长11.24%，增长幅度处于省域间第3位。其中，第一个五年人均值总增长127.72%，年均增长17.89%；第二个五年人均值总增长21.43%，年均增长3.96%；第三个五年人均值总增长75.58%，年均增长11.92%；第四个五年人均值总增长73.47%，年均增长11.65%。人均值最高增长年度为2002年，增长率为31.09%；最低增长年度为2003年，增长率为-9.32%。

同期，全国城镇人均文教消费年均增长9.68%，较明显低于宁夏1.56个百分点（对照图5）。宁夏城镇人均文教消费从全国城镇人均值的69.63%提高至92.38%，人均绝对值在省域间排序由第25位提高为第11位。

其中，第一个五年全国城镇人均文教消费年均增长15.01%，明显低于宁夏，2002年宁夏城镇人均值提高至全国人均值的78.80%，处于省域间第

20位。第二个五年全国城镇人均文教消费年均增长8.06%，显著高于宁夏，2007年宁夏城镇人均值降低至全国人均值的64.96%，处于省域间第28位。第三个五年全国城镇人均文教消费年均增长8.88%，明显低于宁夏，2012年宁夏城镇人均值提高至全国人均值的74.55%，处于省域间第19位。第四个五年全国城镇人均文教消费年均增长6.96%，宁夏年均增长11.65%，显著高于全国。

二 宁夏城镇文教消费相关背景情况

20年来宁夏城镇文教消费相关比值变动态势见图3。

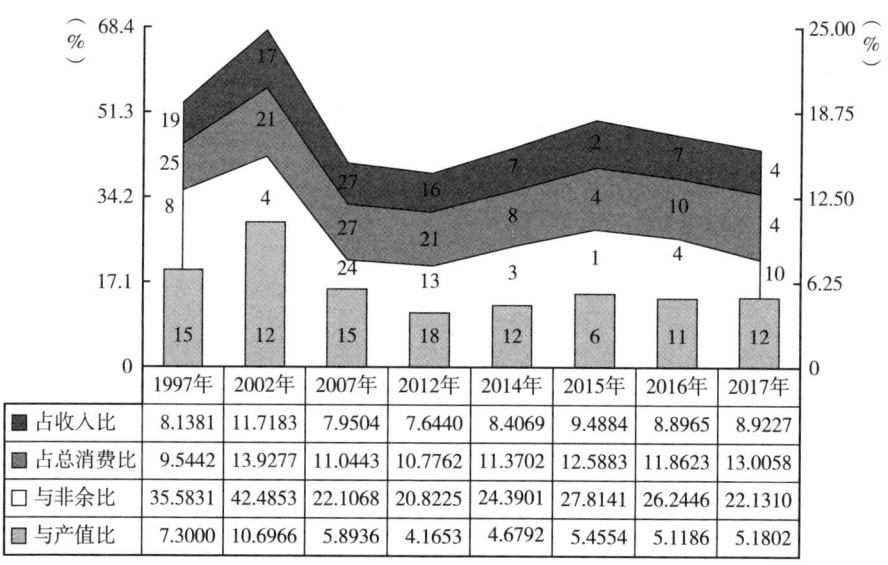

图3 宁夏城镇文教消费相关比值变动态势

左轴面积：人均文教消费占收入比、占总消费比、与非文消费剩余（简称"非余"）比（%），各项比值历年升降呈直观比例。右轴柱形：人均文教消费与产值比（%）。保留4位小数以便精确演算各项比值变化，标注各项比值省域位次。

1. 文教消费与产值比关系

1997~2017年，宁夏城镇文教消费与产值比由7.30%降低至5.18%，由于其他省域此项比值降低更加明显,宁夏从第15位上升到第12位。其间,此项比值在1997~2000年、2002年、2005年、2013年、2015年、2017年9个年度出现增高,其余年度则为降低;前后对比下降29.04%,升降变化程度处于省域间第10位。最高比值为2002年的10.70%,最低比值为2012年的4.17%。

2. 文教消费占收入比关系

1997~2017年,宁夏城镇文教消费占收入比由8.14%提高至8.92%,在省域间排序从第19位上升到第4位。其间,此项比值在1997~2000年、2002年、2005年、2008年、2010年、2013年、2015年、2017年11个年度出现增高,其余年度则为降低;前后对比上升9.64%,升降变化程度处于省域间第5位。最高比值为2002年的11.72%,最低比值为2012年的7.64%。

3. 文教消费占总消费比关系

1997~2017年,宁夏城镇文教消费占总消费比由9.54%提高至13.01%,在省域间排序从第25位上升到第4位。其间,此项比值在1997~2000年、2002年、2005年、2010年、2013年、2015年、2017年10个年度出现增高,其余年度则为降低;前后对比上升36.27%,升降变化程度处于省域间第4位。最高比值为2002年的13.93%,最低比值为1997年的9.54%。

4. 文教消费与非文消费剩余比关系

1997~2017年,宁夏城镇文教消费与非文消费剩余比由35.58%降低至22.13%,在省域间排序从第8位下降到第10位。其间,此项比值在1997年、2001年、2003~2004年、2007年、2009年、2011~2012年、2016年9个年度出现增高,其余年度则为降低;前后对比下降37.80%,升降变化程度处于省域间第15位。最高比值为2000年的42.97%,最低比值为2012年的20.82%。

宁夏城镇文教消费相关各项比值的具体分析表明,在文教消费需求增长与当地经济发展、城镇民生进步的协调性关系中,20年以来文教消费占收入比、占总消费比呈提升态势,与产值比、与非文消费剩余比呈下降态势。

三 宁夏文教消费城乡、区域协调状况

1. 文教消费人均值城乡比

20年来宁夏人均文教消费城乡比变动态势见图4。

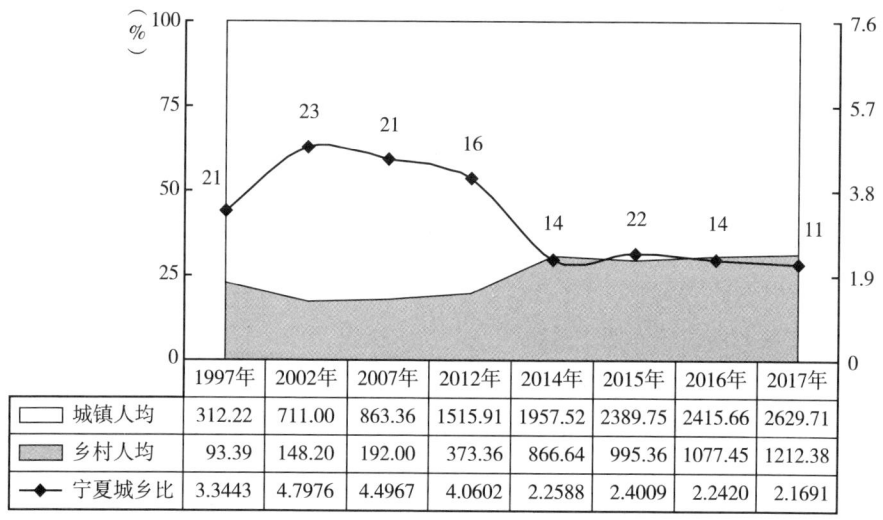

图4 宁夏人均文教消费城乡比变动态势

左轴面积：城镇、乡村人均文教消费（元转换为%），城乡间历年升降呈直观比例关系。
右轴曲线：人均文教消费城乡比（乡村=1），标注城乡比省域位次。

1997~2017年，宁夏人均文教消费城乡比由3.3443缩减至2.1691，在省域间排序从第21位上升到第11位。最小城乡比为2017年的2.1691，最大城乡比为2008年的5.4200。

其间，城乡比在1999年、2003~2004年、2007年、2009年、2011~2012年、2014年、2016~2017年10个年度出现缩减，其余年度则为扩增。前后对比，宁夏文教消费城乡比缩小35.14%，城乡比扩减变化状况处于省域间第10位。这意味着，宁夏属于文教消费城乡比扩减变化态势良好的省域之一。

分期考察宁夏城镇文教消费城乡差距变化动态,第一个五年显著加大,扩增43.46%;第二个五年略有减小,缩减6.27%;第三个五年继续略有减小,缩减9.71%;第四个五年继续显著减小,缩减46.58%。

据既往20年动态推演测算,2020年宁夏文教消费城乡比将为2.0327,相比当前较明显缩减;2035年宁夏文教消费城乡比将为1.4691,相比当前继续极显著缩减。

2. 城镇文教消费人均值地区差

20年来宁夏城镇人均文教消费地区差变动态势见图5。

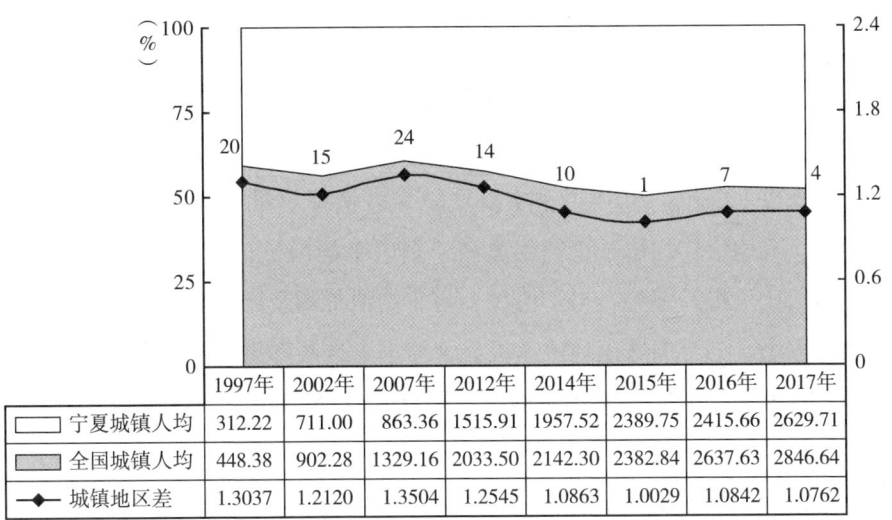

图5 宁夏城镇人均文教消费地区差变动态势

左轴面积:当地、全国人均文教消费(元转换为%),二者数值历年升降呈直观比例关系。
右轴曲线:文教消费地区差(无差距=1),标注地区差省域位次。

1997~2017年,宁夏城镇人均文教消费与全国城镇地区差由1.3037缩减至1.0762,在省域间排序从第20位上升到第4位。最小地区差为2015年的1.0029,最大地区差为2004年的1.3695。

其间,地区差在1998~2000年、2002年、2005~2006年、2008年、2010年、2013~2015年、2017年12个年度出现缩减,其余年度则为扩增。

前后对比，宁夏城镇文教消费地区差缩小17.45%，地区差扩减变化状况处于省域间第5位。这意味着宁夏属于城镇文教消费地区差扩减变化态势良好的省域之一。

分期考察宁夏城镇文教消费地区差距变化动态，第一个五年明显减小，缩减7.03%；第二个五年显著加大，扩增11.42%；第三个五年明显减小，缩减7.10%；第四个五年继续显著减小，缩减14.21%。

据既往20年动态推演测算，2020年宁夏文教消费地区差将为1.0362，相比当前略微缩减；2035年宁夏文教消费地区差将为1.0833，相比当前略微扩增。

四　宁夏城镇文教消费需求景气指数测评

综合以上分析：20年以来宁夏城镇文教消费总量年均增长明显高于全国增长，人均值年均增长也较明显高于全国平均增长；文教消费占收入比、占总消费比呈提升态势，与产值比、与非文消费剩余比呈下降态势；城乡比较明显缩小，与全国城镇地区差极显著缩小。这些都集中体现在宁夏城镇文教消费需求景气指数的测评演算中。20年来宁夏城镇文教消费需求景气指数变动态势见图6。

1. 各年度无差距理想值横向测评

以全国城镇文教消费总量份额值、人均绝对值、相对比值为基准，并以相关增率比达到平衡，城乡、地区之间实现无差距状态为"理想值"100来衡量，2017年宁夏城镇此项景气指数为91.05，低于理想值8.95%，但高于上一年1.79个点。宁夏在省域间排行，1997年为第25位，2002年为第19位，2007年为第29位，2012年为第21位，2017年从上一年第11位上升为第5位。

2. 1997年以来20年基数值纵向测评

以1997年为起点基数值100，2017年宁夏城镇此项景气指数为201.15，高于1997年起点基数101.15%，也高于上一年10.02个点。宁夏在省域间

宁夏：2007~2017年城镇景气指数提升第3位

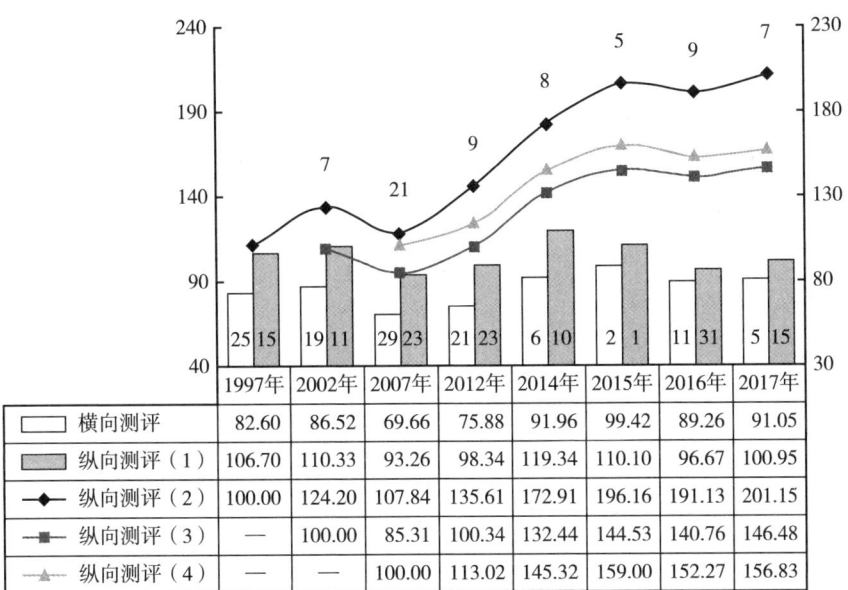

图6 宁夏城镇文教消费需求景气指数变动态势

左轴柱形：左横向测评（无差距理想值=100）；右纵向测评（1），上年=100。右轴曲线：纵向测评（起点年基数值=100），（2）以1997年为起点，（3）以2002年为起点，（4）以2007年为起点。标注横向测评、纵向测评（1）（2）省域排行，纵向测评（2）起点年不计。

排行，起点1997年不计，2002年为第7位，2007年为第21位，2012年为第9位，2017年从上一年第9位上升为第7位。

3.2002年以来15年基数值纵向测评

以2002年为起点基数值100，2017年宁夏城镇此项景气指数为146.48，高于2002年起点基数46.48%，也高于上一年5.72个点。宁夏在省域间排行，起点2002年不计，2007年为第28位，2012年为第13位，2017年与上一年持平，皆为第8位。

4.2007年以来10年基数值纵向测评

以2007年为起点基数值100，2017年宁夏城镇此项景气指数为156.83，高于2007年起点基数56.83%，也高于上一年4.56个点。宁夏在省域间排行，起点2007年不计，2012年为第2位，2017年与上一年持平，皆为第3位。

5. 逐年度上年基数值纵向测评

以2016年为起点基数值100,2017年宁夏城镇此项景气指数为100.95,高于2016年起点基数0.95%。宁夏在省域间排行,1997年为第15位,2002年为第11位,2007年为第23位,2012年与之持平,2017年从上一年第31位上升为第15位。

B.16
海南：2012~2017年城镇景气指数提升第3位

官 珏*

摘　要： 2017年，海南城镇文教消费总量增长处于第3位，人均值增长处于第2位。海南城镇文教消费需求景气评价排行结果：在省域横向测评中，2017年度景气指数排名第19位；在自身纵向测评中，1997~2017年景气指数提升第18位，2002~2017年景气指数提升第15位，2007~2017年景气指数提升第8位，2012~2017年景气指数提升第3位，2016~2017年景气指数提升第4位。

关键词： 海南城镇　文教消费　景气评价

一　海南城镇文教消费需求增长状况

1. 文教消费总量份额值变化

20年来海南城镇文教消费总量增长、份额变化态势见图1。

1997~2017年，海南城镇文教消费总量由8.79亿元增至118.31亿元，增加109.52亿元，20年间总增长1245.96%，年均增长13.88%，增长幅度处于省域间第14位。其中，第一个五年年均增长23.01%；第二个五年年

---

* 官珏，云南省社会科学院东南亚研究所副研究员，主要从事民族文化、东南亚研究。

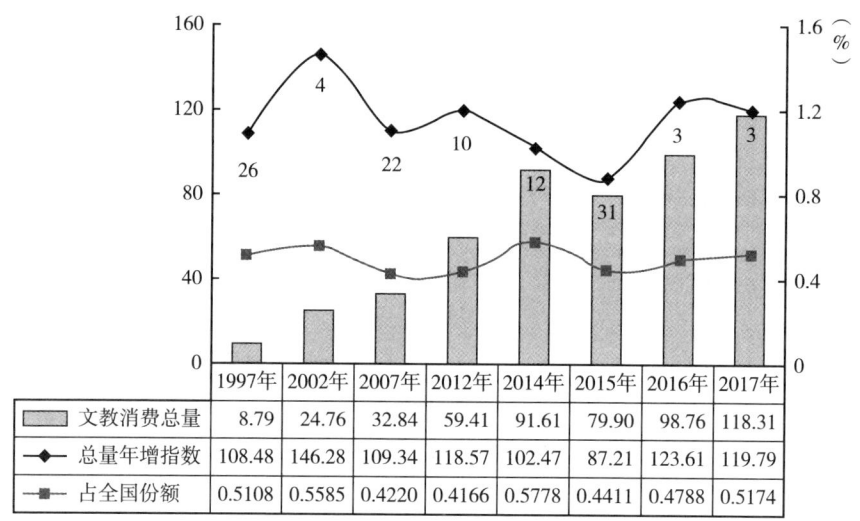

图 1　海南城镇文教消费总量增长、份额变化态势

左轴柱形：文教消费总量（亿元）。左轴曲线：年度增长指数（上年=100，小于100为负增长），标注历年增长省域位次。右轴曲线：占全国份额（%）。

均增长 5.81%；第三个五年年均增长 12.59%；第四个五年年均增长 14.77%。总量最高增长年度为 2013 年，增长率为 50.48%；最低增长年度为 2015 年，增长率为 -12.79%。

同期，全国城镇文教消费总量年均增长 13.81%，略微低于海南 0.07 个百分点。海南城镇文教消费总量占全国份额由 0.51% 升高为 0.52%，上升幅度为 1.29%，增长幅度和份额升降变化排序处于省域间第 14 位。

其中，第一个五年，全国城镇文教消费总量年均增长 20.84%，明显低于海南 2.17 个百分点，海南总量占全国份额上升 9.34%；第二个五年，全国城镇文教消费总量年均增长 11.91%，极显著高于海南 6.10 个百分点，海南总量占全国份额下降 24.44%；第三个五年，全国城镇文教消费总量年均增长 12.88%，略微高于海南 0.29 个百分点，海南总量占全国份额下降 1.28%；第四个五年，全国城镇文教消费总量年均增长 9.90%，显著低于海南 4.87 个百分点，海南总量占全国份额上升 24.20%。

2. 文教消费人均绝对值增长

20年来海南城镇人均文教消费增长、增幅变化态势见图2。

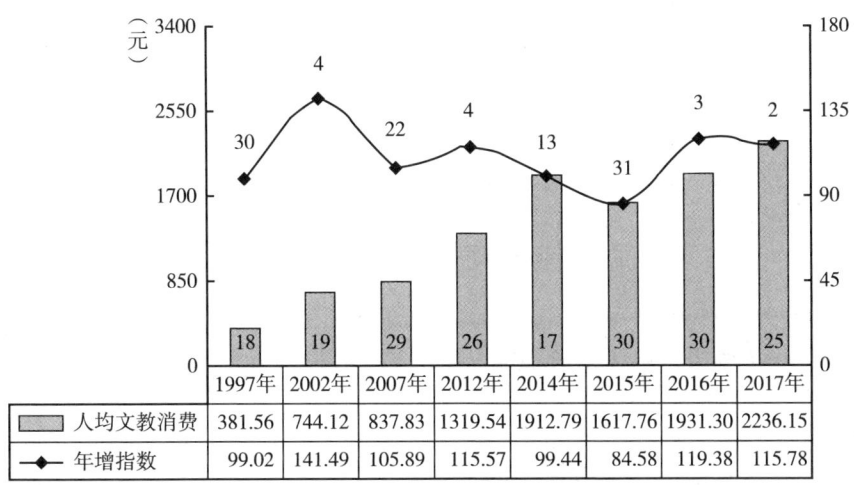

图2 海南城镇人均文教消费增长、增幅变化态势

左轴柱形：人均文教消费（元）。右轴曲线：年度增长指数（上年=100，小于100为负增长），标注历年增长、人均值省域位次。

1997~2017年，海南城镇人均文教消费由381.56元增至2236.15元，增加1854.59元，总增长486.05%，20年间年均增长9.24%，增长幅度处于省域间第17位。其中，第一个五年人均值总增长95.02%，年均增长14.29%；第二个五年人均值总增长12.59%，年均增长2.40%；第三个五年人均值总增长57.49%，年均增长9.51%；第四个五年人均值总增长69.46%，年均增长11.13%。人均值最高增长年度为2013年，增长率为45.77%；最低增长年度为2015年，增长率为-15.42%。

同期，全国城镇人均文教消费年均增长9.68%，略微高于海南0.44个百分点（对照图5）。海南城镇人均文教消费从全国城镇人均值的85.10%降低至78.55%，人均绝对值在省域间排序由第18位降低为第25位。

其中，第一个五年全国城镇人均文教消费年均增长15.01%，略微高于海南，2002年海南城镇人均值降低至全国人均值的82.47%，处于省域间第

19位。第二个五年全国城镇人均文教消费年均增长8.06%，显著高于海南，2007年海南城镇人均值降低至全国人均值的63.03%，处于省域间第29位。第三个五年全国城镇人均文教消费年均增长8.88%，略微低于海南，2012年海南城镇人均值提高至全国人均值的64.89%，处于省域间第26位。第四个五年全国城镇人均文教消费年均增长6.96%，海南年均增长11.13%，显著高于全国。

二 海南城镇文教消费相关背景情况

20年来海南城镇文教消费相关比值变动态势见图3。

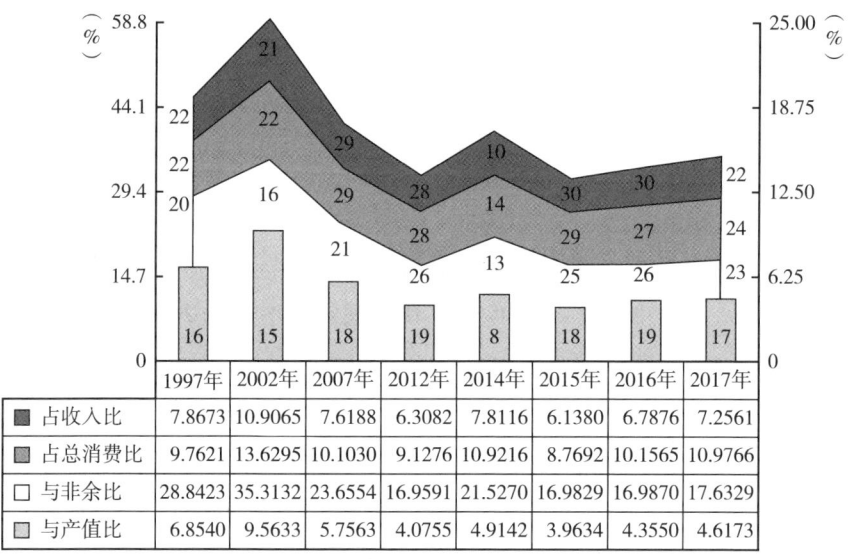

图3　海南城镇文教消费相关比值变动态势

左轴面积：人均文教消费占收入比、占总消费比、与非文消费剩余（简称"非余"）比（%），各项比值历年升降呈直观比例。右轴柱形：人均文教消费与产值比（%）。保留4位小数以便精确演算各项比值变化，标注各项比值省域位次。

1. 文教消费与产值比关系

1997~2017年，海南城镇文教消费与产值比由6.85%降低至4.62%，在省域间排序从第 16 位下降到第 17 位。其间，此项比值在 1999 年、2001~2002 年、2006 年、2012~2013 年、2016~2017 年 8 个年度出现增高，其余年度则为降低；前后对比下降 32.63%，升降变化程度处于省域间第 13 位。最高比值为 2002 年的 9.56%，最低比值为 2011 年的 3.95%。

2. 文教消费占收入比关系

1997~2017 年，海南城镇文教消费占收入比由 7.87% 降低至 7.26%，在省域间排序保持在第 22 位。其间，此项比值在 1997~1999 年、2001~2002 年、2004 年、2006 年、2012~2013 年、2016~2017 年 11 个年度出现增高，其余年度则为降低；前后对比下降 7.77%，升降变化程度处于省域间第 14 位。最高比值为 2002 年的 10.91%，最低比值为 2015 年的 6.14%。

3. 文教消费占总消费比关系

1997~2017 年，海南城镇文教消费占总消费比由 9.76% 提高至 10.98%，由于其他省域此项比值提高更加明显，海南从第 22 位下降到第 24 位。其间，此项比值在 1998~1999 年、2001~2002 年、2004 年、2006 年、2012~2013 年、2016~2017 年 10 个年度出现增高，其余年度则为降低；前后对比上升 12.44%，升降变化程度处于省域间第 14 位。最高比值为 2002 年的 13.63%，最低比值为 2015 年的 8.77%。

4. 文教消费与非文消费剩余比关系

1997~2017 年，海南城镇文教消费与非文消费剩余比由 28.84% 降低至 17.63%，在省域间排序从第 20 位下降到第 23 位。其间，此项比值在 1997~1998 年、2000 年、2003~2005 年、2007 年、2009~2011 年、2015 年 11 个年度出现增高，其余年度则为降低；前后对比下降 38.86%，升降变化程度处于省域间第 17 位。最高比值为 2002 年的 35.31%，最低比值为 2011 年的 16.63%。

海南城镇文教消费相关各项比值的具体分析表明，在文教消费需求增长与当地经济发展、城镇民生进步的协调性关系中，20 年以来文教消费占总消费比呈提升态势，与产值比、占收入比、与非文消费剩余比呈下降态势。

三 海南文教消费城乡、区域协调状况

1. 文教消费人均值城乡比

20年来海南人均文教消费城乡比变动态势见图4。

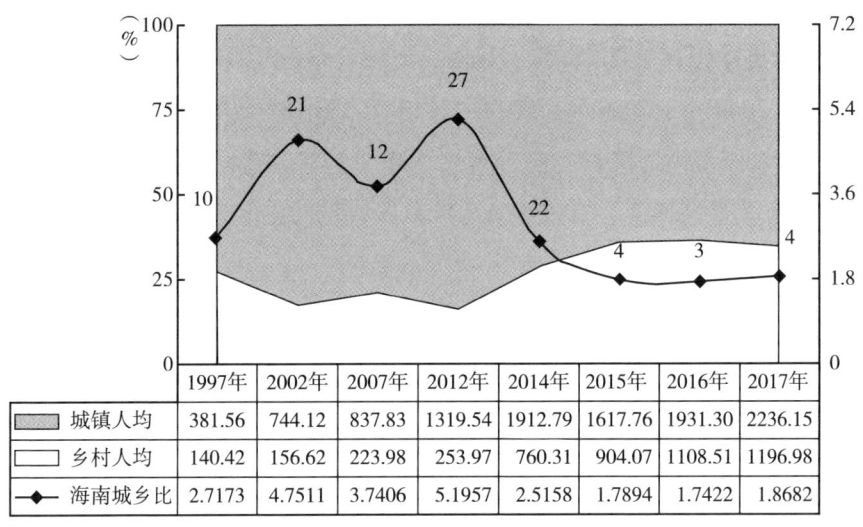

图4 海南人均文教消费城乡比变动态势

左轴面积：城镇、乡村人均文教消费（元转换为%），城乡间历年升降呈直观比例关系。右轴曲线：人均文教消费城乡比（乡村=1），标注城乡比省域位次。

1997~2017年，海南人均文教消费城乡比由2.7173缩减至1.8682，在省域间排序从第10位上升到第4位。最小城乡比为2016年的1.7422，最大城乡比为2013年的5.4265。

其间，城乡比在1997~1998年、2000年、2003年、2005年、2008年、2010年、2014~2016年10个年度出现缩减，其余年度则为扩增。前后对比，海南文教消费城乡比缩小31.25%，城乡比扩减变化状况处于省域间第15位。这意味着海南属于文教消费城乡比扩减变化态势良好的省域之一。

分期考察海南城镇文教消费城乡差距变化动态，第一个五年极显著加大，扩增74.85%；第二个五年明显减小，缩减21.27%；第三个五年明显加大，扩增38.90%；第四个五年极显著减小，缩减64.04%。

据既往20年动态推演测算，2020年海南文教消费城乡比将为1.7661，相比当前较明显缩减；2035年海南文教消费城乡比将为1.3334，相比当前继续极显著缩减。

2. 城镇文教消费人均值地区差

20年来海南城镇人均文教消费地区差变动态势见图5。

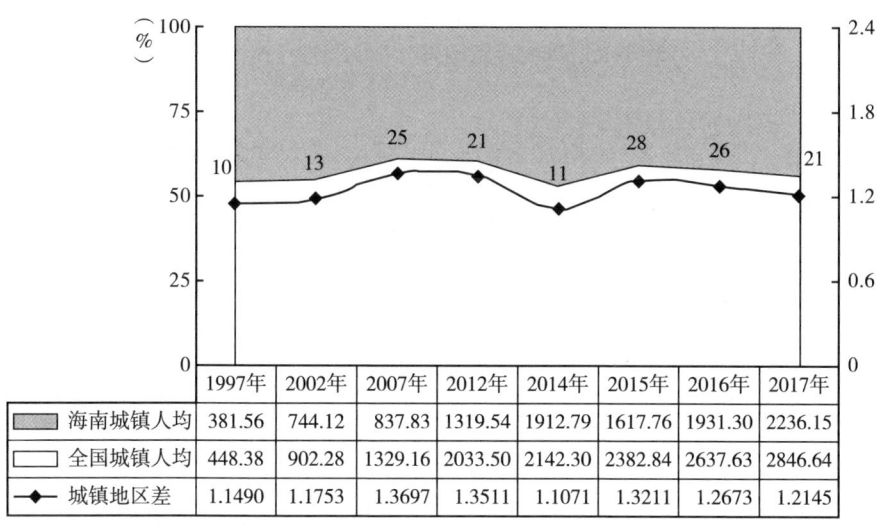

图5　海南城镇人均文教消费地区差变动态势

左轴面积：当地、全国人均文教消费（元转换为%），二者数值历年升降呈直观比例关系。右轴曲线：文教消费地区差（无差距=1），标注地区差省域位次。

1997～2017年，海南城镇人均文教消费与全国城镇地区差由1.1490扩增至1.2145，在省域间排序从第10位下降到第21位。最小地区差为2014年的1.1071，最大地区差为2005年的1.4059。

其间，地区差在1999年、2001～2002年、2006年、2008年、2012～2014年、2016～2017年10个年度出现缩减，其余年度则为扩增。前后对比，海南城镇文教消费地区差扩大5.70%，地区差扩减变化状况处于省域间第23位。这意味着海南属于城镇文教消费地区差扩减变化态势较为严重的省域之一。

分期考察海南城镇文教消费地区差距变化动态，第一个五年较明显加大，扩增2.29%；第二个五年极显著加大，扩增16.54%；第三个五年较明显减小，缩减1.36%；第四个五年继续显著减小，缩减10.11%。

据既往20年动态推演测算，2020年海南文教消费地区差将为1.2238，相比当前略微扩增；2035年海南文教消费地区差将为1.2075，相比当前略微缩减。

四 海南城镇文教消费需求景气指数测评

综合以上分析：20年以来海南城镇文教消费总量年均增长略微高于全国增长，人均值年均增长略微低于全国平均增长；文教消费占总消费比呈提升态势，与产值比、占收入比、与非文消费剩余比呈下降态势；城乡比较明显缩小，与全国城镇地区差明显扩大。这些都集中体现在海南城镇文教消费需求景气指数的测评演算中。20年来海南城镇文教消费需求景气指数变动态势见图6。

1. 各年度无差距理想值横向测评

以全国城镇文教消费总量份额值、人均绝对值、相对比值为基准，并以相关增率比达到平衡，城乡、地区之间实现无差距状态为"理想值"100来衡量，2017年海南城镇此项景气指数为86.51，低于理想值13.49%，但高于上一年1.76个点。海南在省域间排行，1997年为第27位，2002年为第20位，2007年为第28位，2012年为第27位，2017年从上一年第22位上升为第19位。

2. 1997年以来20年基数值纵向测评

以1997年为起点基数值100，2017年海南城镇此项景气指数为160.94，高于1997年起点基数60.94%，也高于上一年9.55个点。海南在省域间排行，起点1997年不计，2002年为第14位，2007年为第26位，2012年为第

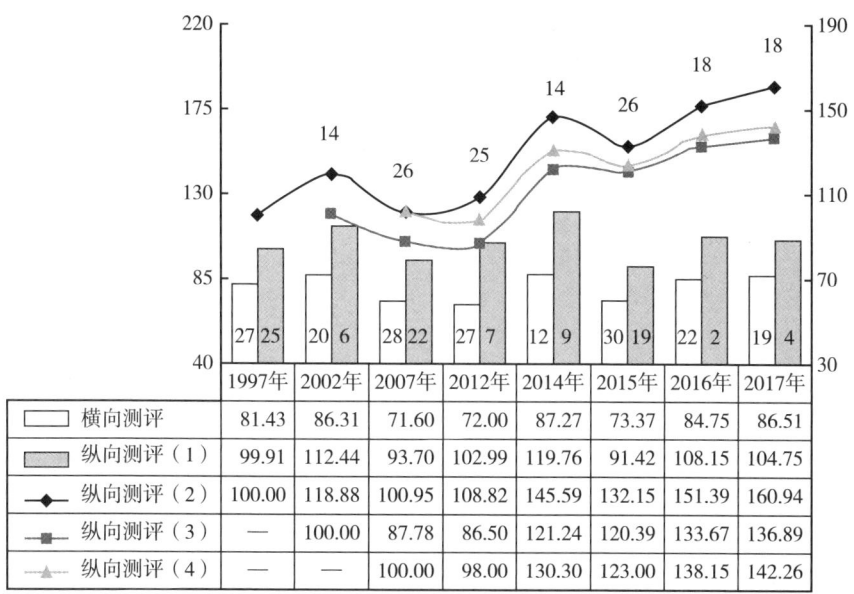

图 6　海南城镇文教消费需求景气指数变动态势

左轴柱形：左横向测评（无差距理想值=100）；右纵向测评（1），上年=100。右轴曲线：纵向测评（起点年基数值=100），（2）以 1997 年为起点，（3）以 2002 年为起点，（4）以 2007 年为起点。标注横向测评、纵向测评（1）（2）省域排行，纵向测评（2）起点年不计。

25 位，2017 年与上一年持平，皆为第 18 位。

3. 2002年以来15年基数值纵向测评

以 2002 年为起点基数值 100，2017 年海南城镇此项景气指数为 136.89，高于 2002 年起点基数 36.89%，也高于上一年 3.22 个点。海南在省域间排行，起点 2002 年不计，2007 年为第 26 位，2012 年为第 30 位，2017 年与上一年持平，皆为第 15 位。

4. 2007年以来10年基数值纵向测评

以 2007 年为起点基数值 100，2017 年海南城镇此项景气指数为 142.26，高于 2007 年起点基数 42.26%，也高于上一年 4.11 个点。海南在省域间排行，起点 2007 年不计，2012 年为第 20 位，2017 年从上一年第 10 位上升为第 8 位。

5.逐年度上年基数值纵向测评

以2016年为起点基数值100,2017年海南城镇此项景气指数为104.75,高于2016年起点基数4.75%。海南在省域间排行,1997年为第25位,2002年为第6位,2007年为第22位,2012年为第7位,2017年从上一年第2位下降为第4位。

B.17
上海：2017年度城镇景气指数排名第9位

邓云斐*

摘　要： 2017年，上海城镇文教消费总量增长处于第14位，人均值增长处于第8位。上海城镇文教消费需求景气评价排行结果：在省域横向测评中，2017年度景气指数排名第9位；在自身纵向测评中，1997～2017年景气指数提升第22位，2002～2017年景气指数提升第30位，2007～2017年景气指数提升第31位，2012～2017年景气指数提升第29位，2016～2017年景气指数提升第11位。

关键词： 上海城镇　文教消费　景气评价

一　上海城镇文教消费需求增长状况

1. 文教消费总量份额值变化

20年来上海城镇文教消费总量增长、份额变化态势见图1。

1997～2017年，上海城镇文教消费总量由95.43亿元增至1080.46亿元，增加985.03亿元，20年间总增长1032.20%，年均增长12.90%，增长幅度处于省域间第21位。其中，第一个五年年均增长20.18%；第二个五年年均增长12.56%；第三个五年年均增长12.70%；第四个五年年均增长6.57%。总量最高增长年度为2000年，增长率为27.24%；最低增长年度

---

* 邓云斐，云南省社会科学院东南亚研究所副研究员，主要从事民族文化和社会问题研究。

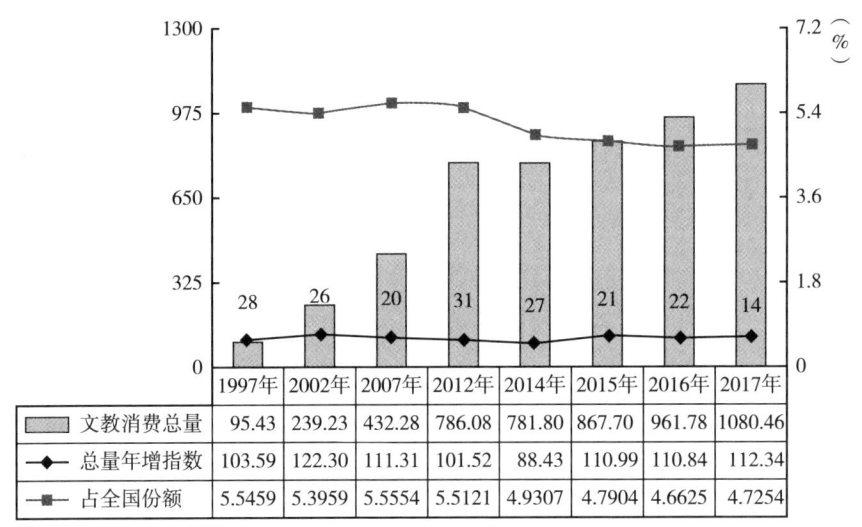

图 1　上海城镇文教消费总量增长、份额变化态势

左轴柱形：文教消费总量（亿元）。左轴曲线：年度增长指数（上年=100，小于100为负增长），标注历年增长省域位次。右轴曲线：占全国份额（％）。

为2014年，增长率为－11.57％。

同期，全国城镇文教消费总量年均增长13.81％，略微高于上海0.91个百分点。上海城镇文教消费总量占全国份额由5.55％降低为4.73％，下降幅度为14.79％，增长幅度和份额升降变化排序处于省域间第21位。

其中，第一个五年，全国城镇文教消费总量年均增长20.84％，略微高于上海0.66个百分点，上海总量占全国份额下降2.70％；第二个五年，全国城镇文教消费总量年均增长11.91％，略微低于上海0.65个百分点，上海总量占全国份额上升2.96％；第三个五年，全国城镇文教消费总量年均增长12.88％，略微高于上海0.18个百分点，上海总量占全国份额下降0.78％；第四个五年，全国城镇文教消费总量年均增长9.90％，明显高于上海3.33个百分点，上海总量占全国份额下降14.27％。

2.文教消费人均绝对值增长

20年来上海城镇人均文教消费增长、增幅变化态势见图2。

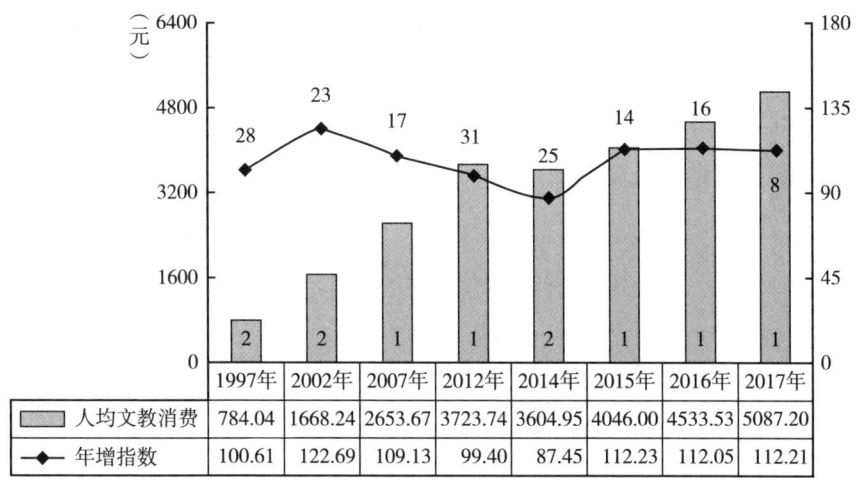

图 2　上海城镇人均文教消费增长、增幅变化态势

左轴柱形：人均文教消费（元）。右轴曲线：年度增长指数（上年＝100，小于100为负增长），标注历年增长、人均值省域位次。

1997~2017年，上海城镇人均文教消费由784.04元增至5087.20元，增加4303.16元，总增长548.84%，20年间年均增长9.80%，增长幅度处于省域间第15位。其中，第一个五年人均值总增长112.77%，年均增长16.30%；第二个五年人均值总增长59.07%，年均增长9.73%；第三个五年人均值总增长40.32%，年均增长7.01%；第四个五年人均值总增长36.62%，年均增长6.44%。人均值最高增长年度为1999年，增长率为22.74%；最低增长年度为2014年，增长率为-12.55%。

同期，全国城镇人均文教消费年均增长9.68%，略微低于上海0.12个百分点（对照图5）。上海城镇人均文教消费从全国城镇人均值的174.86%提高至178.71%，人均绝对值在省域间排序由第2位提高为第1位。

其中，第一个五年全国城镇人均文教消费年均增长15.01%，较明显低于上海，2002年上海城镇人均值提高至全国人均值的184.89%，处于省域间第2位。第二个五年全国城镇人均文教消费年均增长8.06%，较明显低于上海，2007年上海城镇人均值提高至全国人均值的199.65%，处于省域间第1位。第三个五年全国城镇人均文教消费年均增长8.88%,较明显高于上海,2012年上海城镇人均值降低至全国人均值的183.12%,处于省域间第1位。第四个五年全国城镇人均文教消费年均增长6.96%,上海年均增长6.44%,略微低于全国。

二 上海城镇文教消费相关背景情况

20年来上海城镇文教消费相关比值变动态势见图3。

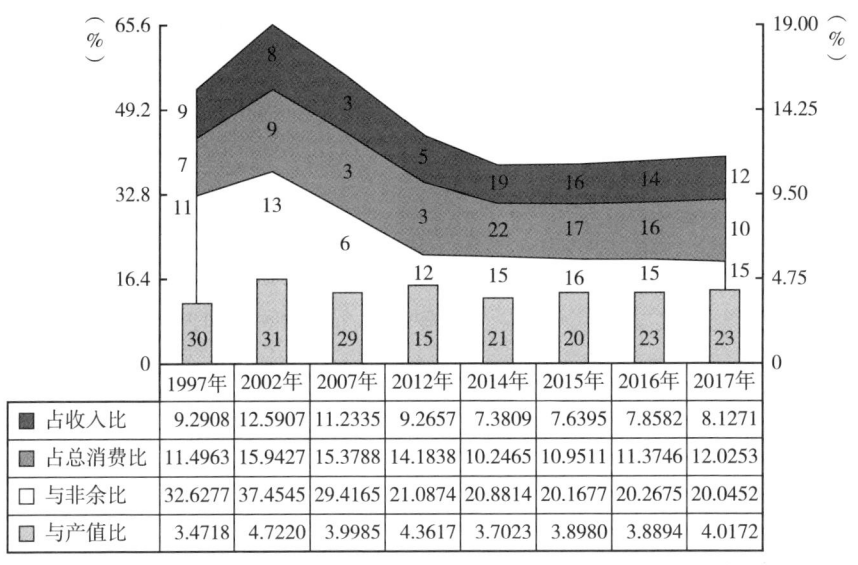

图3 上海城镇文教消费相关比值变动态势

左轴面积:人均文教消费占收入比、占总消费比、与非文消费剩余(简称"非余")比(%),各项比值历年升降呈直观比例。右轴柱形:人均文教消费与产值比(%)。保留4位小数以便精确演算各项比值变化,标注各项比值省域位次。

1. 文教消费与产值比关系

1997~2017年,上海城镇文教消费与产值比由3.47%提高至4.02%,在省域间排序从第30位上升到第23位。其间,此项比值在1999~2002年、2004年、2009~2011年、2013年、2015年、2017年11个年度出现增高,其余年度则为降低；前后对比上升15.71%，升降变化程度处于省域间第3位。最高比值为2004年的4.74%，最低比值为1998年的3.44%。

2. 文教消费占收入比关系

1997~2017年，上海城镇文教消费占收入比由9.29%降低至8.13%，在省域间排序从第9位下降到第12位。其间，此项比值在1998年、2000~2002年、2004年、2009年、2013年、2015~2017年10个年度出现增高，其余年度则为降低；前后对比下降12.53%，升降变化程度处于省域间第19位。最高比值为2004年的13.16%，最低比值为2014年的7.38%。

3. 文教消费占总消费比关系

1997~2017年，上海城镇文教消费占总消费比由11.50%提高至12.03%，由于其他省域此项比值提高更加明显，上海从第7位下降到第10位。其间，此项比值在1998~2004年、2009年、2011年、2013年、2015~2017年13个年度出现增高，其余年度则为降低；前后对比上升4.60%，升降变化程度处于省域间第19位。最高比值为2004年的17.38%，最低比值为2014年的10.25%。

4. 文教消费与非文消费剩余比关系

1997~2017年，上海城镇文教消费与非文消费剩余比由32.63%降低至20.05%，在省域间排序从第11位下降到第15位。其间，此项比值在1999~2001年、2003~2004年、2008~2009年、2015~2017年10个年度出现增高，其余年度则为降低；前后对比下降38.56%，升降变化程度处于省域间第16位。最高比值为2002年的37.45%，最低比值为2017年的20.05%。

上海城镇文教消费相关各项比值的具体分析表明，在文教消费需求增长与当地经济发展、城镇民生进步的协调性关系中，20年来文教消费与产值比、占总消费比呈提升态势，占收入比、与非文消费剩余比呈下降态势。

三 上海文教消费城乡、区域协调状况

1. 文教消费人均值城乡比

20年来上海人均文教消费城乡比变动态势见图4。

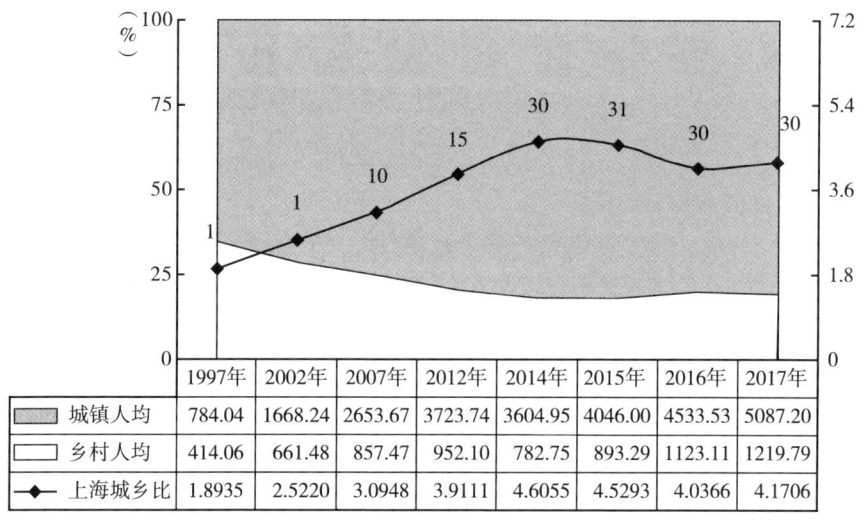

图4 上海人均文教消费城乡比变动态势

左轴面积：城镇、乡村人均文教消费（元转换为%），城乡间历年升降呈直观比例关系。右轴曲线：人均文教消费城乡比（乡村=1），标注城乡比省域位次。

1997~2017年，上海人均文教消费城乡比由1.8935扩增至4.1706，在省域间排序从第1位下降到第30位。最小城乡比为1998年的1.8229，最大城乡比为2014年的4.6055。

其间，城乡比在1997~1998年、2001年、2005年、2009年、2012年、2015~2016年8个年度出现缩减，其余年度则为扩增。前后对比，上海文教消费城乡比扩大120.26%，城乡比扩减变化状况处于省域间第31位。这意味着上海属于文教消费城乡比扩减变化态势极严重的省域之一。

分期考察上海城镇文教消费城乡差距变化动态，第一个五年明显加大，扩增33.19%；第二个五年明显加大，扩增22.71%；第三个五年继续明显加大，扩增26.38%；第四个五年继续略有加大，扩增6.63%。

据既往20年动态推演测算，2020年上海文教消费城乡比将为4.6950，相比当前极显著扩增；2035年上海文教消费城乡比将为8.4884，相比当前继续极显著扩增。

2. 城镇文教消费人均值地区差

20年来上海城镇人均文教消费地区差变动态势见图5。

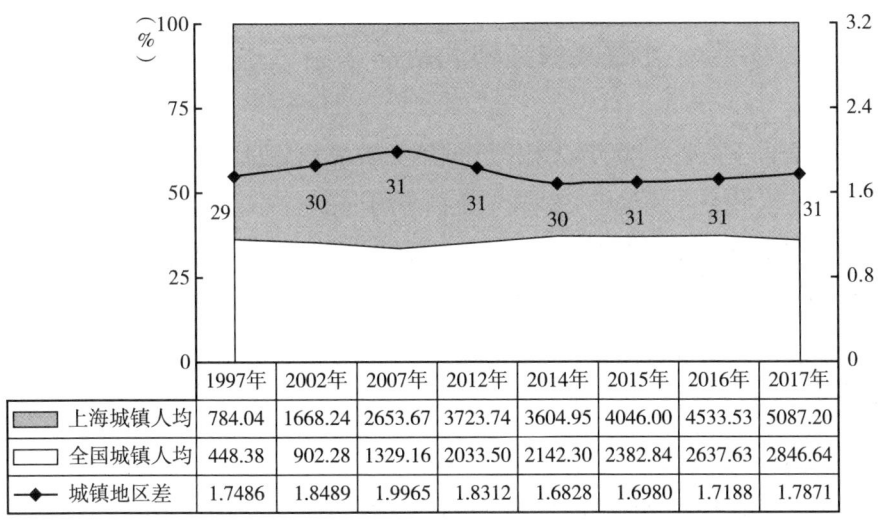

图5　上海城镇人均文教消费地区差变动态势

左轴面积：当地、全国人均文教消费（元转换为%），二者数值历年升降呈直观比例关系。右轴曲线：文教消费地区差（无差距=1），标注地区差省域位次。

1997～2017年，上海城镇人均文教消费与全国城镇地区差由1.7486扩增至1.7871，在省域间排序从第29位下降到第31位。最小地区差为2014年的1.6828，最大地区差为2009年的2.1314。

其间，地区差在1997～1998年、2002年、2005～2007年、2010～2014年11个年度出现缩减，其余年度则为扩增。前后对比，上海城镇文教消费地区差扩大2.20%，地区差扩减变化状况处于省域间第20位。

这意味着上海属于城镇文教消费地区差扩减变化态势不甚严重的省域之一。

分期考察上海城镇文教消费地区差距变化动态,第一个五年明显加大,扩增5.74%;第二个五年明显加大,扩增7.98%;第三个五年明显减小,缩减8.28%;第四个五年继续较明显减小,缩减2.41%。

据既往20年动态推演测算,2020年上海文教消费地区差将为1.7929,相比当前略微扩增;2035年上海文教消费地区差将为1.2961,相比当前极显著缩减。

四 上海城镇文教消费需求景气指数测评

综合以上分析:20年以来上海城镇文教消费总量年均增长略微低于全国增长,人均值年均增长略微高于全国平均增长;文教消费与产值比、占总消费比呈提升态势,占收入比、与非文消费剩余比呈下降态势;城乡比极显著扩大,与全国城镇地区差较明显扩大。这些都集中体现在上海城镇文教消费需求景气指数的测评演算中。20年来上海城镇文教消费需求景气指数变动态势见图6。

1. 各年度无差距理想值横向测评

以全国城镇文教消费总量份额值、人均绝对值、相对比值为基准,并以相关增率比达到平衡,城乡、地区之间实现无差距状态为"理想值"100来衡量,2017年上海城镇此项景气指数为89.19,低于理想值10.81%,但高于上一年1.89个点。上海在省域间排行,1997年为第15位,2002年为第7位,2007年为第2位,2012年为第6位,2017年从上一年第17位上升为第9位。

2. 1997年以来20年基数值纵向测评

以1997年为起点基数值100,2017年上海城镇此项景气指数为151.88,高于1997年起点基数51.88%,也高于上一年8.44个点。上海在省域间排行,起点1997年不计,2002年为第9位,2007年与之持平,2012年为第

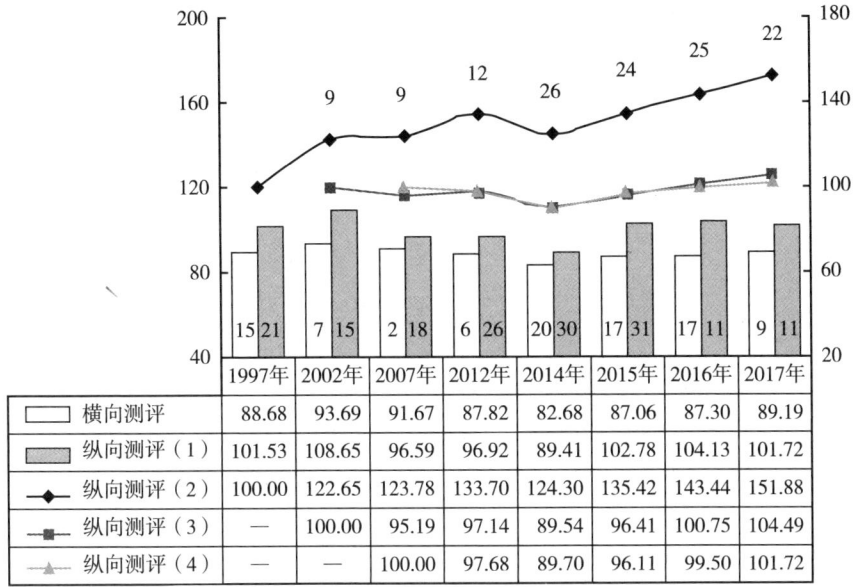

图 6　上海城镇文教消费需求景气指数变动态势

左轴柱形：左横向测评（无差距理想值 = 100）；右纵向测评（1），上年 = 100。右轴曲线：纵向测评（起点年基数值 = 100），（2）以 1997 年为起点，（3）以 2002 年为起点，（4）以 2007 年为起点。标注横向测评、纵向测评（1）（2）省域排行，纵向测评（2）起点年不计。

12 位，2017 年从上一年第 25 位上升为第 22 位。

3.2002 年以来 15 年基数值纵向测评

以 2002 年为起点基数值 100，2017 年上海城镇此项景气指数为 104.49，高于 2002 年起点基数 4.49%，也高于上一年 3.74 个点。上海在省域间排行，起点 2002 年不计，2007 年为第 13 位，2012 年为第 17 位，2017 年与上一年持平，皆为第 30 位。

4.2007 年以来 10 年基数值纵向测评

以 2007 年为起点基数值 100，2017 年上海城镇此项景气指数为 101.72，高于 2007 年起点基数 1.72%，也高于上一年 2.22 个点。上海在省域间排行，起点 2007 年不计，2012 年为第 23 位，2017 年与上一年持平，皆为第 31 位。

5.逐年度上年基数值纵向测评

以2016年为起点基数值100,2017年上海城镇此项景气指数为101.72,高于2016年起点基数1.72%。上海在省域间排行,1997年为第21位,2002年为第15位,2007年为第18位,2012年为第26位,2017年与上一年持平,皆为第11位。

省域乡村报告*

Reports on Rural Areas among Provinces

B.18
四川：2016～2017年乡村景气指数提升第1位

李 雪**

摘　要： 2017年，四川乡村文教消费总量增长处于第2位，人均值增长处于第2位。四川乡村文教消费需求景气评价排行结果：在省域横向测评中，2017年度景气指数排名第18位；在自身纵向测评中，1997～2017年景气指数提升第19位，2002～2017年景气指数提升第22位，2007～2017年景气指数提升第8位，2012～2017年景气指数提升第17位，2016～2017

---

* 省域乡村子报告选取依据B.5乡村排行报告表8（乡村单行测评排行汇总表）。若各类前几位省域与城乡、城镇子报告地名重叠，则顺推选取后续次位（青海、内蒙古乡村积蓄背景数据出现逻辑异常，影响制图，后延取四川、广西），同样按各地最高位次拟题排文，相同位次以先横向后较长时段纵向测评为序。至此选取12省3直辖市3自治区不重复，未有独立子报告的省域见该报告各地对比及排行。

** 李雪，云南省社会科学院哲学研究所助理研究员，主要从事文学、伦理学研究。

年景气指数提升第 1 位。

关键词： 四川乡村　文教消费　景气评价

一　四川乡村文教消费需求增长状况

1. 文教消费总量份额值变化

20 年来四川乡村文教消费总量增长、份额变化态势见图 1。

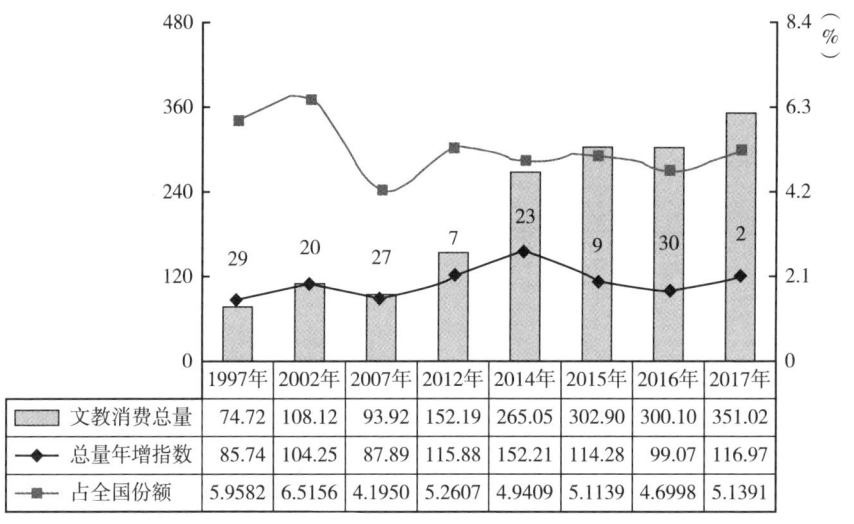

图 1　四川乡村文教消费总量增长、份额变化态势

左轴柱形：文教消费总量（亿元）。左轴曲线：年度增长指数（上年 = 100，小于 100 为负增长），标注历年增长省域位次。右轴曲线：占全国份额（%）。

1997～2017 年，四川乡村文教消费总量由 74.72 亿元增至 351.02 亿元，增加 276.30 亿元，20 年间总增长 369.78%，年均增长 8.04%，增长幅度处于省域间第 25 位。其中，第一个五年年均增长 7.67%；第二个五年年均增长 -2.78%；第三个五年年均增长 10.14%；第四个五年年均增长 18.19%。总量最高增长年度为 2014 年，增长率为 52.21%；最低增长年度为 2006 年，

增长率为 -17.19%。

同期，全国乡村文教消费总量年均增长8.84%，略微高于四川0.80个百分点。四川乡村文教消费总量占全国份额由5.96%降低为5.14%，下降幅度为13.75%，增长幅度和份额升降变化排序处于省域间第25位。

其中，第一个五年，全国乡村文教消费总量年均增长5.76%，较明显低于四川1.91个百分点，四川总量占全国份额上升9.36%；第二个五年，全国乡村文教消费总量年均增长6.17%，极显著高于四川8.95个百分点，四川总量占全国份额下降35.62%；第三个五年，全国乡村文教消费总量年均增长5.26%，显著低于四川4.88个百分点，四川总量占全国份额上升25.40%；第四个五年，全国乡村文教消费总量年均增长18.75%，略微高于四川0.56个百分点，四川总量占全国份额下降2.31%。

2. 文教消费人均绝对值增长

20年来四川乡村人均文教消费增长、增幅变化态势见图2。

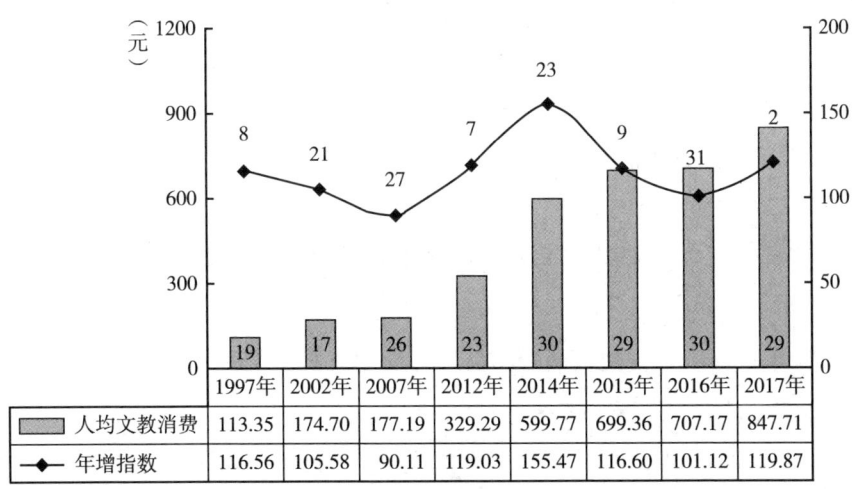

图2 四川乡村人均文教消费增长、增幅变化态势

左轴柱形：人均文教消费（元）。右轴曲线：年度增长指数（上年=100，小于100为负增长），标注历年增长、人均值省域位次。

1997~2017年，四川乡村人均文教消费由113.35元增至847.71元，增加734.36元，总增长647.87%，20年间年均增长10.58%，增长幅度处于省域间第23位。其中，第一个五年人均值总增长54.12%，年均增长9.04%；第二个五年人均值总增长1.43%，年均增长0.28%；第三个五年人均值总增长85.84%，年均增长13.20%；第四个五年人均值总增长157.44%，年均增长20.82%。人均值最高增长年度为2014年，增长率为55.47%；最低增长年度为2006年，增长率为-12.67%。

同期，全国乡村人均文教消费年均增长10.89%，略微高于四川0.31个百分点（对照图5）。四川乡村人均文教消费从全国乡村人均值的76.49%降低至72.38%，人均绝对值在省域间排序由第19位降低为第29位。

其中，第一个五年全国乡村人均文教消费年均增长7.25%，较明显低于四川，2002年四川乡村人均值提高至全国人均值的83.07%，处于省域间第17位。第二个五年全国乡村人均文教消费年均增长7.76%，极显著高于四川，2007年四川乡村人均值降低至全国人均值的57.97%，处于省域间第26位。第三个五年全国乡村人均文教消费年均增长7.83%，显著低于四川，2012年四川乡村人均值提高至全国人均值的73.92%，处于省域间第23位。第四个五年全国乡村人均文教消费年均增长21.33%，四川年均增长20.82%，略微低于全国。

二 四川乡村文教消费相关背景情况

20年来四川乡村文教消费相关比值变动态势见图3。

1. 文教消费与产值比关系

1997~2017年，四川乡村文教消费与产值比由2.81%降低至1.90%，在省域间排序从第10位下降到第20位。其间，此项比值在1997~1998年、2000年、2003年、2009年、2011~2015年、2017年11个年度出现增高，其余年度则为降低；前后对比下降32.47%，升降变化程度处于省域间第24位。最高比值为2000年的3.22%，最低比值为2010年的1.03%。

四川：2016～2017年乡村景气指数提升第1位

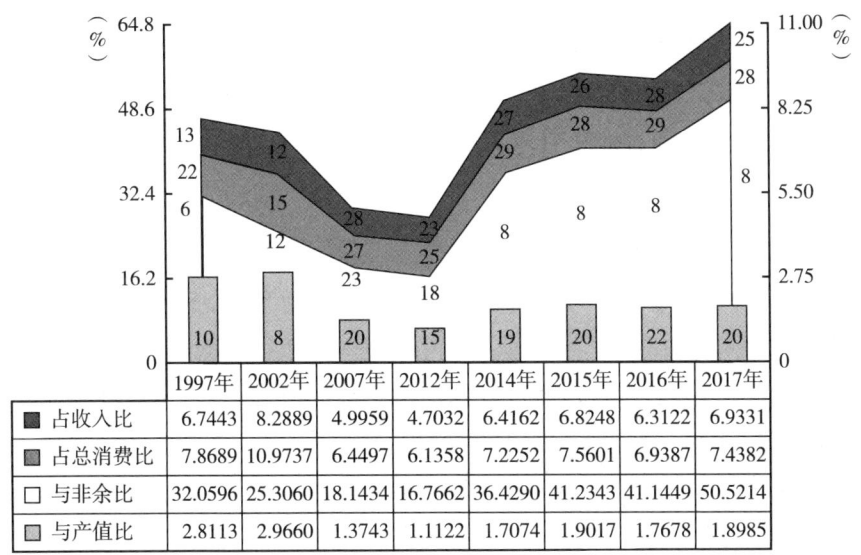

图3 四川乡村文教消费相关比值变动态势

左轴面积：人均文教消费占收入比、占总消费比、与非文消费剩余（简称"非余"）比（%），各项比值历年升降呈直观比例。右轴柱形：人均文教消费与产值比（%）。保留4位小数以便精确演算各项比值变化，标注各项比值省域位次。

2. 文教消费占收入比关系

1997～2017年，四川乡村文教消费占收入比由6.74%提高至6.93%，由于其他省域此项比值提高更加明显，四川从第13位下降到第25位。其间，此项比值在1997～1998年、2000年、2003年、2009年、2011～2015年、2017年11个年度出现增高，其余年度则为降低；前后对比上升2.80%，升降变化程度处于省域间第26位。最高比值为2003年的9.07%，最低比值为2008年的4.20%。

3. 文教消费占总消费比关系

1997～2017年，四川乡村文教消费占总消费比由7.87%降低至7.44%，在省域间排序从第22位下降到第28位。其间，此项比值在1997～2001年、2003年、2010～2012年、2014～2015年、2017年12个年度出现增高，其余年度则为降低；前后对比下降5.47%，升降变化程度处于省域间第26

位。最高比值为2003年的11.58%，最低比值为2009年的4.99%。

4. 文教消费与非文消费剩余比关系

1997~2017年，四川乡村文教消费与非文消费剩余比由32.06%提高至50.52%，由于其他省域此项比值提高更加明显，四川从第6位下降到第8位。其间，此项比值在1999年、2002年、2004~2008年、2010年、2014年、2016年10个年度出现增高，其余年度则为降低；前后对比上升57.59%，升降变化程度处于省域间第14位。最高比值为2017年的50.52%，最低比值为2008年的14.85%。

四川乡村文教消费相关各项比值的具体分析表明，在文教消费需求增长与当地经济发展、乡村民生进步的协调性关系中，20年以来文教消费占收入比、与非文消费剩余比呈提升态势，与产值比、占总消费比呈下降态势。

三 四川文教消费城乡、区域协调状况

1. 文教消费人均值城乡比

20年来四川人均文教消费城乡比变动态势见图4。

1997~2017年，四川人均文教消费城乡比由4.0594缩减至2.6211，由于其他省域文教消费城乡比缩小更为显著，四川城乡比在省域间排序从第24位下降到第25位。最小城乡比为2017年的2.6211，最大城乡比为2007年的5.8232。

其间，城乡比在1998年、2000年、2003年、2005年、2008年、2011~2012年、2014~2015年、2017年10个年度出现缩减，其余年度则为扩增。前后对比，四川文教消费城乡比缩小35.43%，城乡比扩减变化状况处于省域间第9位。这意味着四川属于文教消费城乡比扩减变化态势良好的省域之一。

分期考察四川乡村文教消费城乡差距变化动态，第一个五年较明显加大，扩增17.08%；第二个五年明显加大，扩增22.53%；第三个五年较明显减小，缩减17.21%；第四个五年继续显著减小，缩减45.63%。

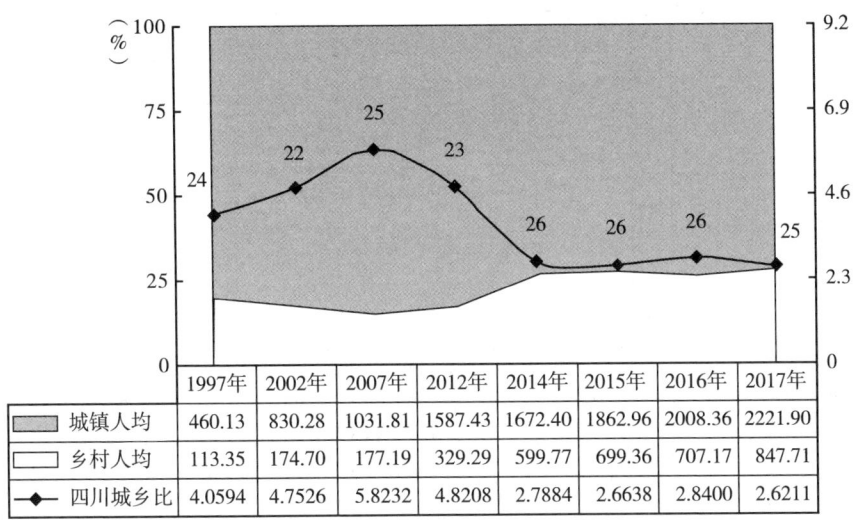

图4 四川人均文教消费城乡比变动态势

左轴面积：城镇、乡村人均文教消费（元转换为%），城乡间历年升降呈直观比例关系。右轴曲线：人均文教消费城乡比（乡村=1），标注城乡比省域位次。

据既往20年动态推演测算，2020年四川文教消费城乡比将为2.4546，相比当前明显缩减；2035年四川文教消费城乡比将为1.7680，相比当前继续极显著缩减。

2.乡村文教消费人均值地区差

20年来四川乡村人均文教消费地区差变动态势见图5。

1997~2017年，四川乡村人均文教消费与全国乡村地区差由1.2351扩增至1.2762，在省域间排序从第12位下降到第26位。最小地区差为1998年的1.1388，最大地区差为2008年的1.4491。

其间，地区差在1997~1998年、2000~2001年、2003年、2009年、2011~2013年、2015年、2017年11个年度出现缩减，其余年度则为扩增。前后对比，四川乡村文教消费地区差扩大3.33%，地区差扩减变化状况处于省域间第26位。这意味着四川属于乡村文教消费地区差扩减变化态势不甚严重的省域之一。

分期考察四川乡村文教消费地区差距变化动态，第一个五年明显减小，

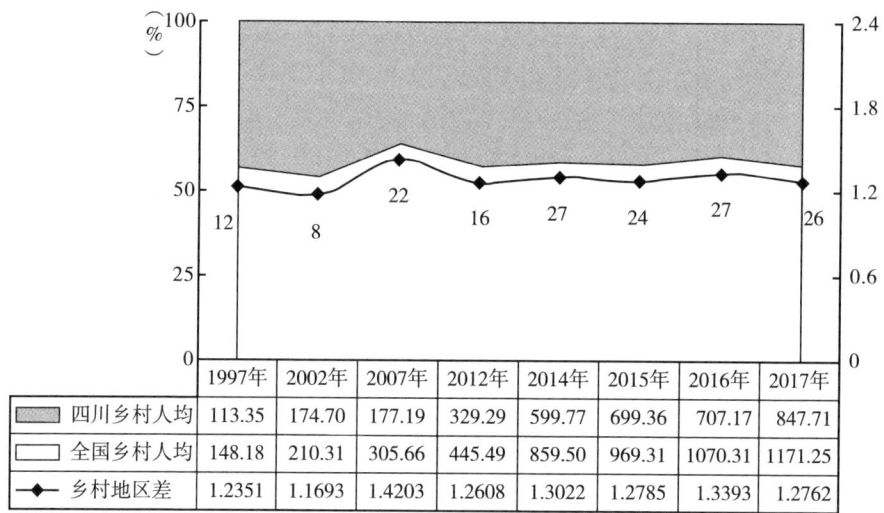

图 5　四川乡村人均文教消费地区差变动态势

左轴面积：当地、全国人均文教消费（元转换为%），二者数值历年升降呈直观比例关系。右轴曲线：文教消费地区差（无差距=1），标注地区差省域位次。

缩减5.33%；第二个五年极显著加大，扩增21.47%；第三个五年显著减小，缩减11.23%；第四个五年较明显加大，扩增1.22%。

据既往20年动态推演测算，2020年四川文教消费地区差将为1.2822，相比当前略微扩增；2035年四川文教消费地区差将为1.3895，相比当前继续较明显扩增。

四　四川乡村文教消费需求景气指数测评

综合以上分析：20年以来四川乡村文教消费总量年均增长略微低于全国增长，人均值年均增长也略微低于全国平均增长；文教消费占收入比、与非文消费剩余比呈提升态势，与产值比、占总消费比呈下降态势；城乡比较明显缩小，与全国乡村地区差较明显扩大。这些都集中体现在四川乡村文教消费需求景气指数的测评演算中。20年来四川乡村文教消费需求景气指数变动态势见图6。

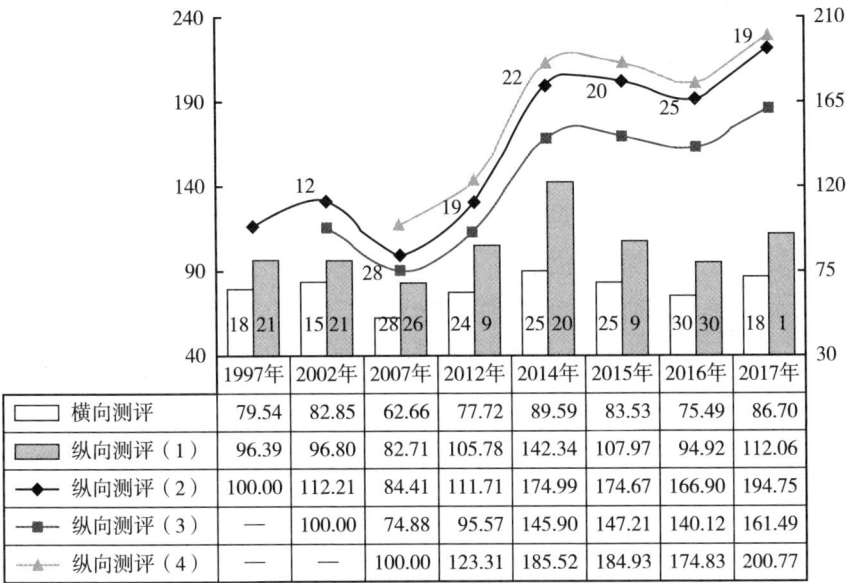

图6 四川乡村文教消费需求景气指数变动态势

左轴柱形：左横向测评（无差距理想值=100）；右纵向测评（1），上年=100。右轴曲线：纵向测评（起点年基数值=100），（2）以1997年为起点，（3）以2002年为起点，（4）以2007年为起点。标注横向测评、纵向测评（1）（2）省域排行，纵向测评（2）起点年不计。

1. 各年度无差距理想值横向测评

以全国乡村文教消费总量份额值、人均绝对值、相对比值为基准，并以相关增率比达到平衡，城乡、地区之间实现无差距状态为"理想值"100来衡量，2017年四川乡村此项景气指数为86.70，低于理想值13.30%，但高于上一年11.21个点。四川在省域间排行，1997年为第18位，2002年为第15位，2007年为第28位，2012年为第24位，2017年从上一年第30位上升为第18位。

2. 1997年以来20年基数值纵向测评

以1997年为起点基数值100，2017年四川乡村此项景气指数为194.75，高于1997年起点基数94.75%，也高于上一年27.85个点。四川在省域间排行，起点1997年不计，2002年为第12位，2007年为第28位，2012年为第

19位,2017年从上一年第25位上升为第19位。

3. 2002年以来15年基数值纵向测评

以2002年为起点基数值100,2017年四川乡村此项景气指数为161.49,高于2002年起点基数61.49%,也高于上一年21.37个点。四川在省域间排行,起点2002年不计,2007年为第29位,2012年为第22位,2017年从上一年第25位上升为第22位。

4. 2007年以来10年基数值纵向测评

以2007年为起点基数值100,2017年四川乡村此项景气指数为200.77,高于2007年起点基数100.77%,也高于上一年25.94个点。四川在省域间排行,起点2007年不计,2012年为第5位,2017年从上一年第11位上升为第8位。

5. 逐年度上年基数值纵向测评

以2016年为起点基数值100,2017年四川乡村此项景气指数为112.06,高于2016年起点基数12.06%。四川在省域间排行,1997年为第21位,2002年与之持平,2007年为第26位,2012年为第9位,2017年从上一年第30位上升为第1位。

B.19
广西：2007~2017年乡村景气指数提升第3位

沈宗涛*

摘　要： 2017年，广西乡村文教消费总量增长处于第6位，人均值增长处于第8位。广西乡村文教消费需求景气评价排行结果：在省域横向测评中，2017年度景气指数排名第8位；在自身纵向测评中，1997~2017年景气指数提升第21位，2002~2017年景气指数提升第12位，2007~2017年景气指数提升第3位，2012~2017年景气指数提升第4位，2016~2017年景气指数提升第3位。

关键词： 广西乡村　文教消费　景气评价

一　广西乡村文教消费需求增长状况

1. 文教消费总量份额值变化

20年来广西乡村文教消费总量增长、份额变化态势见图1。

1997~2017年，广西乡村文教消费总量由59.07亿元增至281.57亿元，增加222.50亿元，20年间总增长376.67%，年均增长8.12%，增长幅度处于省域间第24位。其中，第一个五年年均增长-0.21%；第二个五年年均

---

* 沈宗涛，云南省社会科学院信息中心副主任、助理研究员，主要从事网络信息分析研究。

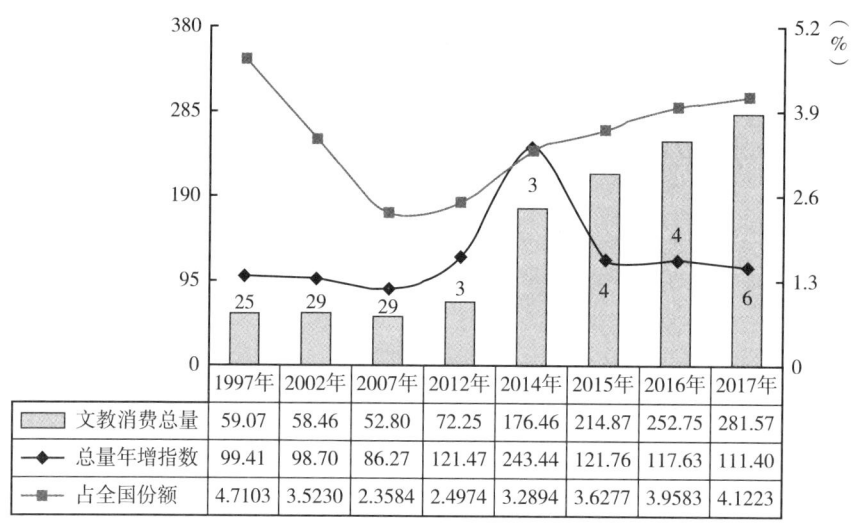

图1 广西乡村文教消费总量增长、份额变化态势

左轴柱形：文教消费总量（亿元）。左轴曲线：年度增长指数（上年=100，小于100为负增长），标注历年增长省域位次。右轴曲线：占全国份额（%）。

增长-2.02%；第三个五年年均增长6.47%；第四个五年年均增长31.27%。总量最高增长年度为2014年，增长率为143.44%；最低增长年度为2006年，增长率为-15.43%。

同期，全国乡村文教消费总量年均增长8.84%，略微高于广西0.72个百分点。广西乡村文教消费总量占全国份额由4.71%降低为4.12%，下降幅度为12.48%，增长幅度和份额升降变化排序处于省域间第24位。

其中，第一个五年，全国乡村文教消费总量年均增长5.76%，显著高于广西5.97个百分点，广西总量占全国份额下降25.21%；第二个五年，全国乡村文教消费总量年均增长6.17%，极显著高于广西8.19个百分点，广西总量占全国份额下降33.06%；第三个五年，全国乡村文教消费总量年均增长5.26%，较明显低于广西1.21个百分点，广西总量占全国份额上升5.89%；第四个五年，全国乡村文教消费总量年均增长18.75%，极显著低于广西12.52个百分点，广西总量占全国份额上升65.06%。

2. 文教消费人均绝对值增长

20年来广西乡村人均文教消费增长、增幅变化态势见图2。

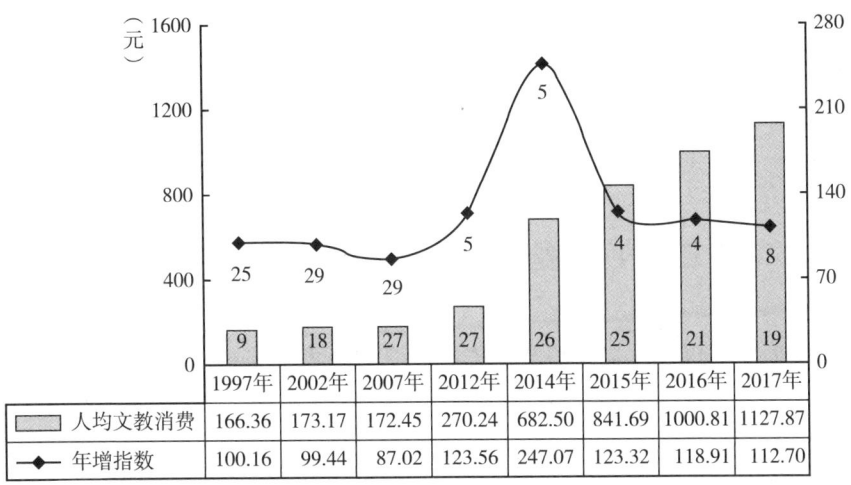

图2 广西乡村人均文教消费增长、增幅变化态势

左轴柱形：人均文教消费（元）。右轴曲线：年度增长指数（上年=100，小于100为负增长），标注历年增长、人均值省域位次。

1997~2017年，广西乡村人均文教消费由166.36元增至1127.87元，增加961.51元，总增长577.97%，20年间年均增长10.04%，增长幅度处于省域间第27位。其中，第一个五年人均值总增长4.09%，年均增长0.81%；第二个五年人均值总增长-0.42%，年均增长-0.08%；第三个五年人均值总增长56.71%，年均增长9.40%；第四个五年人均值总增长317.36%，年均增长33.08%。人均值最高增长年度为2014年，增长率为147.07%；最低增长年度为2007年，增长率为-12.98%。

同期，全国乡村人均文教消费年均增长10.89%，略微高于广西0.85个百分点（对照图5）。广西乡村人均文教消费从全国乡村人均值的112.27%降低至96.30%，人均绝对值在省域间排序由第9位降低为第19位。

其中，第一个五年全国乡村人均文教消费年均增长7.25%，极显著高于广西，2002年广西乡村人均值降低至全国人均值的82.34%，处于省域间第18位。第二个五年全国乡村人均文教消费年均增长7.76%,极显著高于广西,2007年广西乡村人均值降低至全国人均值的56.42%,处于省域间第27位。第三个五年全国乡村人均文教消费年均增长7.83%,较明显低于广西,2012年广西乡村人均值提高至全国人均值的60.66%,处于省域间第27位。第四个五年全国乡村人均文教消费年均增长21.33%,广西年均增长33.08%,极显著高于全国。

二 广西乡村文教消费相关背景情况

20年来广西乡村文教消费相关比值变动态势见图3。

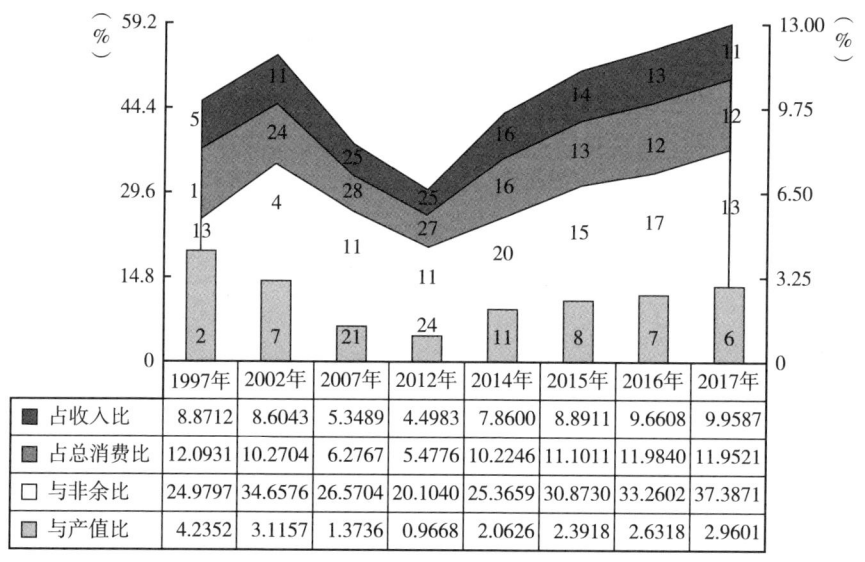

图3 广西乡村文教消费相关比值变动态势

左轴面积:人均文教消费占收入比、占总消费比、与非文消费剩余(简称"非余")比(%),各项比值历年升降呈直观比例。右轴柱形:人均文教消费与产值比(%)。保留4位小数以便精确演算各项比值变化,标注各项比值省域位次。

1. 文教消费与产值比关系

1997~2017年,广西乡村文教消费与产值比由4.24%降低至2.96%,

在省域间排序从第2位下降到第6位。其间，此项比值在2000年、2005年、2009年、2012年、2014~2017年8个年度出现增高，其余年度则为降低；前后对比下降30.11%，升降变化程度处于省域间第23位。最高比值为1997年的4.24%，最低比值为2011年的0.86%。

2. 文教消费占收入比关系

1997~2017年，广西乡村文教消费占收入比由8.87%提高至9.96%，由于其他省域此项比值提高更加明显，广西从第5位下降到第11位。其间，此项比值在2000年、2005年、2009年、2011~2012年、2014~2017年9个年度出现增高，其余年度则为降低；前后对比上升12.26%，升降变化程度处于省域间第22位。最高比值为2000年的10.02%，最低比值为2010年的4.02%。

3. 文教消费占总消费比关系

1997~2017年，广西乡村文教消费占总消费比由12.09%降低至11.95%，在省域间排序从第1位下降到第12位。其间，此项比值在1997~1998年、2000年、2005年、2009年、2012年、2014~2016年9个年度出现增高，其余年度则为降低；前后对比下降1.17%，升降变化程度处于省域间第24位。最高比值为2000年的12.55%，最低比值为2011年的5.19%。

4. 文教消费与非文消费剩余比关系

1997~2017年，广西乡村文教消费与非文消费剩余比由24.98%提高至37.39%，在省域间排序保持在第13位。其间，此项比值在2001~2004年、2006~2008年、2010年、2013年9个年度出现增高，其余年度则为降低；前后对比上升49.67%，升降变化程度处于省域间第16位。最高比值为2005年的60.94%，最低比值为2010年的14.37%。

广西乡村文教消费相关各项比值的具体分析表明，在文教消费需求增长与当地经济发展、乡村民生进步的协调性关系中，20年以来文教消费占收入比、与非文消费剩余比呈提升态势，与产值比、占总消费比呈下降态势。

三 广西文教消费城乡、区域协调状况

1. 文教消费人均值城乡比

20 年来广西人均文教消费城乡比变动态势见图 4。

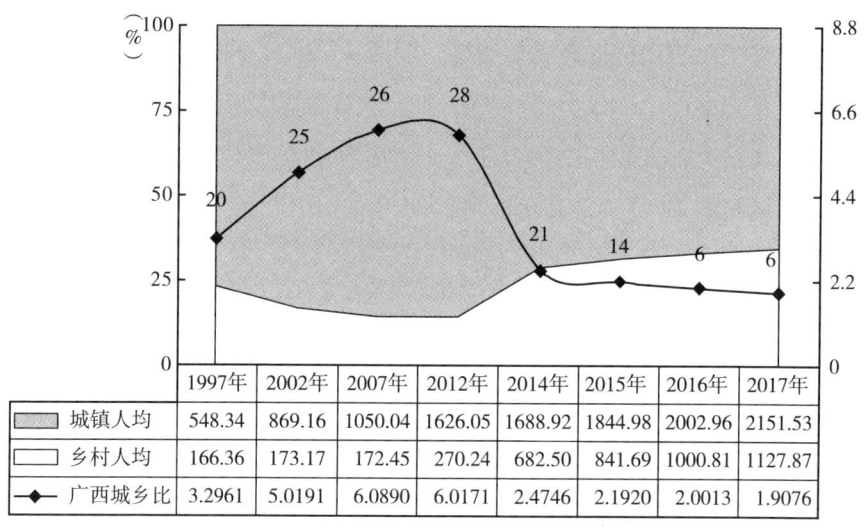

图 4 广西人均文教消费城乡比变动态势

左轴面积：城镇、乡村人均文教消费（元转换为%），城乡间历年升降呈直观比例关系。右轴曲线：人均文教消费城乡比（乡村 =1），标注城乡比省域位次。

1997~2017 年，广西人均文教消费城乡比由 3.2961 缩减至 1.9076，在省域间排序从第 20 位上升到第 6 位。最小城乡比为 2017 年的 1.9076，最大城乡比为 2013 年的 7.5443。

其间，城乡比在 1998 年、2000 年、2003 年、2005~2006 年、2009 年、2012 年、2014~2017 年 11 个年度出现缩减，其余年度则为扩增。前后对比，广西文教消费城乡比缩小 42.13%，城乡比扩减变化状况处于省域间第 7 位。这意味着广西属于文教消费城乡比扩减变化态势良好的省域之一。

分期考察广西乡村文教消费城乡差距变化动态,第一个五年显著加大,扩增52.27%;第二个五年明显加大,扩增21.32%;第三个五年略有减小,缩减1.18%;第四个五年继续极显著减小,缩减68.30%。

据既往20年动态推演测算,2020年广西文教消费城乡比将为1.7574,相比当前明显缩减;2035年广西文教消费城乡比将为1.1661,相比当前继续极显著缩减。

2. 乡村文教消费人均值地区差

20年来广西乡村人均文教消费地区差变动态势见图5。

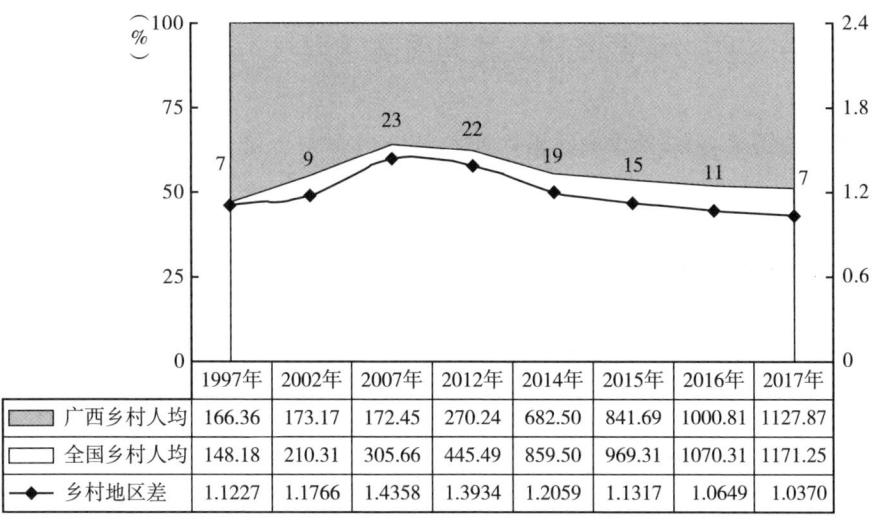

图5　广西乡村人均文教消费地区差变动态势

左轴面积:当地、全国人均文教消费(元转换为%),二者数值历年升降呈直观比例关系。右轴曲线:文教消费地区差(无差距=1),标注地区差省域位次。

1997~2017年,广西乡村人均文教消费与全国乡村地区差由1.1227缩减至1.0370,在省域间排序保持在第7位。最小地区差为2000年的1.0002,最大地区差为2010年的1.5022。

其间,地区差在1997~2000年、2005年、2009年、2011~2012年、2014~2017年12个年度出现缩减,其余年度则为扩增。前后对比,广西乡村文教消费地区差缩小7.63%,地区差扩减变化状况处于省域间第18

位。这意味着,广西属于乡村文教消费地区差扩减变化态势良好的省域之一。

分期考察广西乡村文教消费地区差距变化动态,第一个五年较明显加大,扩增4.80%;第二个五年极显著加大,扩增22.03%;第三个五年较明显减小,缩减2.95%;第四个五年继续极显著减小,缩减25.58%。

据既往20年动态推演测算,2020年广西文教消费地区差将为1.0590,相比当前略微扩增;2035年广西文教消费地区差将为1.4576,相比当前继续极显著扩增。

四 广西乡村文教消费需求景气指数测评

综合以上分析:20年以来广西乡村文教消费总量年均增长略微低于全国增长,人均值年均增长也略微低于全国平均增长;文教消费占收入比、与非文消费剩余比呈提升态势,与产值比、占总消费比呈下降态势;城乡比明显缩小,与全国乡村地区差明显缩小。这些都集中体现在广西乡村文教消费需求景气指数的测评演算中。20年来广西乡村文教消费需求景气指数变动态势见图6。

1. 各年度无差距理想值横向测评

以全国乡村文教消费总量份额值、人均绝对值、相对比值为基准,并以相关增率比达到平衡,城乡、地区之间实现无差距状态为"理想值"100来衡量,2017年广西乡村此项景气指数为98.90,低于理想值1.10%,但高于上一年2.86个点。广西在省域间排行,1997年为第8位,2002年为第12位,2007年为第27位,2012年为第26位,2017年从上一年第11位上升为第8位。

2. 1997年以来20年基数值纵向测评

以1997年为起点基数值100,2017年广西乡村此项景气指数为189.02,高于1997年起点基数89.02%,也高于上一年13.13个点。广西在省域间排行,起点1997年不计,2002年为第26位,2007年为第30位,2012年与之

广西：2007~2017年乡村景气指数提升第3位

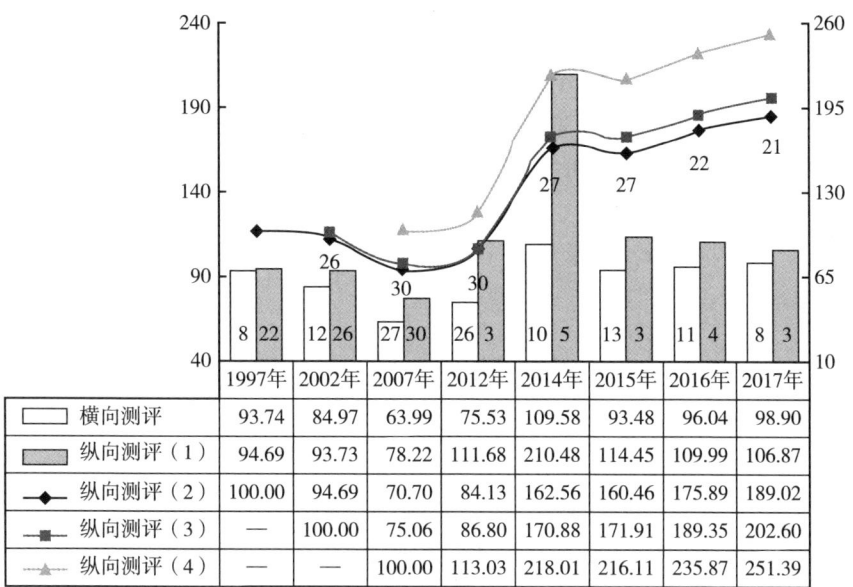

图6 广西乡村文教消费需求景气指数变动态势

左轴柱形：左横向测评（无差距理想值=100）；右纵向测评（1），上年=100。右轴曲线：纵向测评（起点年基数值=100），（2）以1997年为起点，（3）以2002年为起点，（4）以2007年为起点。标注横向测评、纵向测评（1）（2）省域排行，纵向测评（2）起点年不计。

持平，2017年从上一年第22位上升为第21位。

3. 2002年以来15年基数值纵向测评

以2002年为起点基数值100，2017年广西乡村此项景气指数为202.60，高于2002年起点基数102.60%，也高于上一年13.25个点。广西在省域间排行，起点2002年不计，2007年为第28位，2012年为第29位，2017年从上一年第15位上升为第12位。

4. 2007年以来10年基数值纵向测评

以2007年为起点基数值100，2017年广西乡村此项景气指数为251.39，高于2007年起点基数151.39%，也高于上一年15.52个点。广西在省域间排行，起点2007年不计，2012年为第8位，2017年与上一年持平，皆为第3位。

275

5. 逐年度上年基数值纵向测评

以2016年为起点基数值100，2017年广西乡村此项景气指数为106.87，高于2016年起点基数6.87%。广西在省域间排行，1997年为第22位，2002年为第26位，2007年为第30位，2012年为第3位，2017年从上一年第4位上升为第3位。

B.20
广东：2007~2017年乡村景气指数提升第6位

张 戈*

摘　要： 2017年，广东乡村文教消费总量增长处于第5位，人均值增长处于第11位。广东乡村文教消费需求景气评价排行结果：在省域横向测评中，2017年度景气指数排名第23位；在自身纵向测评中，1997~2017年景气指数提升第29位，2002~2017年景气指数提升第23位，2007~2017年景气指数提升第6位，2012~2017年景气指数提升第14位，2016~2017年景气指数提升第11位。

关键词： 广东乡村　文教消费　景气评价

一　广东乡村文教消费需求增长状况

1. 文教消费总量份额值变化

20年来广东乡村文教消费总量增长、份额变化态势见图1。

1997~2017年，广东乡村文教消费总量由120.73亿元增至400.57亿元，增加279.84亿元，20年间总增长231.79%，年均增长6.18%，增长幅度处于省域间第31位。其中，第一个五年年均增长-3.25%；第二个五年

---

* 张戈，云南省社会科学院马列主义研究所副研究员，主要从事中国特色社会主义与重大现实问题研究。

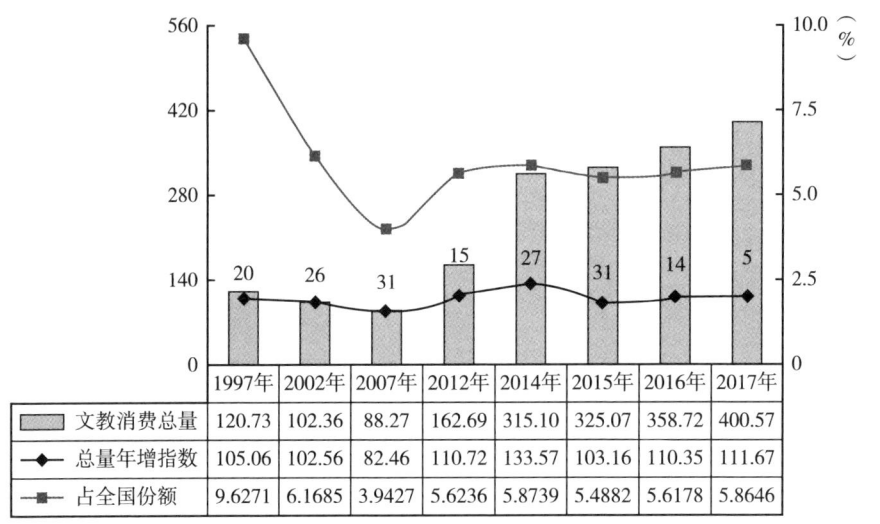

图 1　广东乡村文教消费总量增长、份额变化态势

左轴柱形：文教消费总量（亿元）。左轴曲线：年度增长指数（上年＝100，小于100为负增长），标注历年增长省域位次。右轴曲线：占全国份额（%）。

年均增长 -2.92%；第三个五年年均增长 13.01%；第四个五年年均增长 19.75%。总量最高增长年度为 2013 年，增长率为 45.01%；最低增长年度为 2007 年，增长率为 -17.54%。

同期，全国乡村文教消费总量年均增长 8.84%，明显高于广东 2.66 个百分点。广东乡村文教消费总量占全国份额由 9.63% 降低为 5.86%，下降幅度为 39.08%，增长幅度和份额升降变化排序处于省域间第 31 位。

其中，第一个五年，全国乡村文教消费总量年均增长 5.76%，极显著高于广东 9.01 个百分点，广东总量占全国份额下降 35.93%；第二个五年，全国乡村文教消费总量年均增长 6.17%，极显著高于广东 9.09 个百分点，广东总量占全国份额下降 36.08%；第三个五年，全国乡村文教消费总量年均增长 5.26%，极显著低于广东 7.75 个百分点，广东总量占全国份额上升 42.63%；第四个五年，全国乡村文教消费总量年均增长 18.75%，较明显低于广东 1.00 个百分点，广东总量占全国份额上升 4.29%。

2. 文教消费人均绝对值增长

20年来广东乡村人均文教消费增长、增幅变化态势见图2。

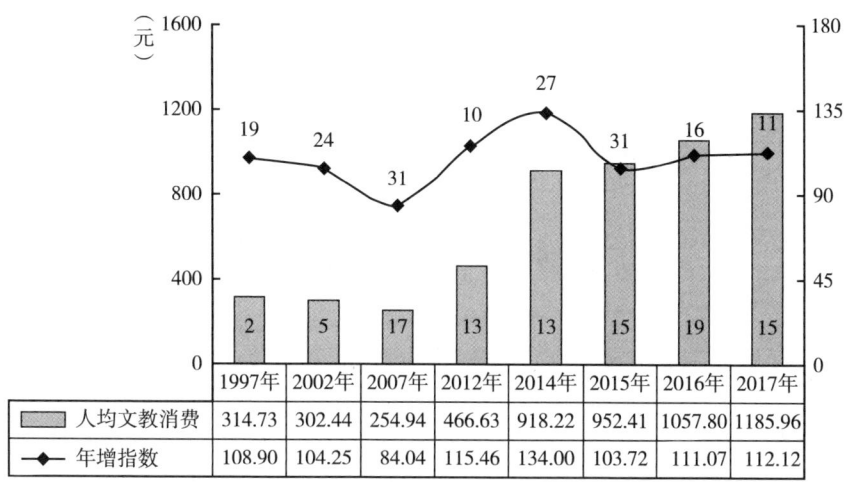

图2 广东乡村人均文教消费增长、增幅变化态势

左轴柱形：人均文教消费（元）。右轴曲线：年度增长指数（上年＝100，小于100为负增长），标注历年增长、人均值省域位次。

1997~2017年，广东乡村人均文教消费由314.73元增至1185.96元，增加871.23元，总增长276.82%，20年间年均增长6.86%，增长幅度处于省域间第30位。其中，第一个五年人均值总增长-3.90%，年均增长-0.79%；第二个五年人均值总增长-15.71%，年均增长-3.36%；第三个五年人均值总增长83.04%，年均增长12.85%；第四个五年人均值总增长154.15%，年均增长20.51%。人均值最高增长年度为2013年，增长率为46.85%；最低增长年度为2007年，增长率为-15.96%。

同期，全国乡村人均文教消费年均增长10.89%，显著高于广东4.03个百分点（对照图5）。广东乡村人均文教消费从全国乡村人均值的212.40%降低至101.26%，人均绝对值在省域间排序由第2位降低为第15位。

其中，第一个五年全国乡村人均文教消费年均增长7.25%，极显著高于广东，2002年广东乡村人均值降低至全国人均值的143.81%，处于省域间第5位。第二个五年全国乡村人均文教消费年均增长7.76%，极显著高于广东，2007年广东乡村人均值降低至全国人均值的83.41%，处于省域间第17位。第三个五年全国乡村人均文教消费年均增长7.83%，显著低于广东，2012年广东乡村人均值提高至全国人均值的104.75%，处于省域间第13位。第四个五年全国乡村人均文教消费年均增长21.33%，广东年均增长20.51%，略微低于全国。

二 广东乡村文教消费相关背景情况

20年来广东乡村文教消费相关比值变动态势见图3。

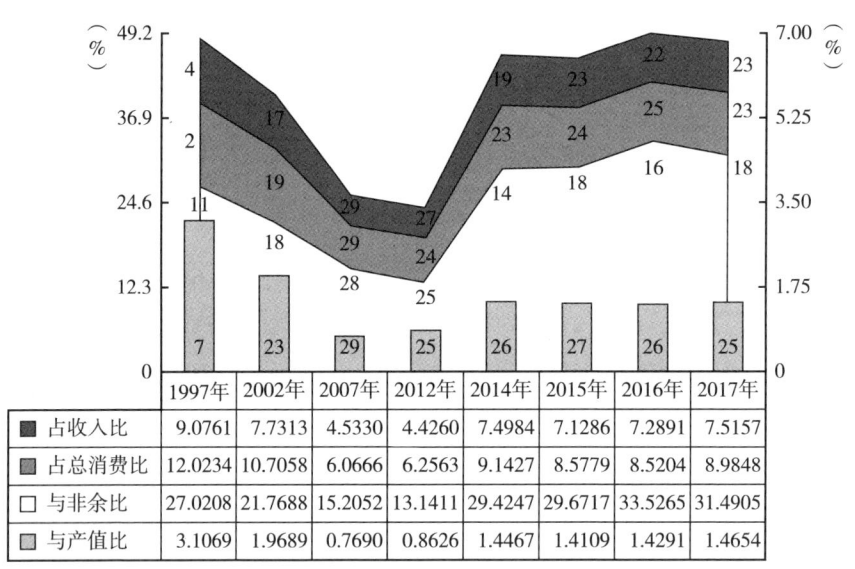

图3 广东乡村文教消费相关比值变动态势

左轴面积：人均文教消费占收入比、占总消费比、与非文消费剩余（简称"非余"）比（%），各项比值历年升降呈直观比例。右轴柱形：人均文教消费与产值比（%）。保留4位小数以便精确演算各项比值变化，标注各项比值省域位次。

1. 文教消费与产值比关系

1997~2017年，广东乡村文教消费与产值比由3.11%降低至1.47%，在省域间排序从第7位下降到第25位。其间，此项比值在2010~2014年、2016~2017年7个年度出现增高，其余年度则为降低；前后对比下降52.83%，升降变化程度处于省域间第31位。最高比值为1997年的3.11%，最低比值为2009年的0.72%。

2. 文教消费占收入比关系

1997~2017年，广东乡村文教消费占收入比由9.08%降低至7.52%，在省域间排序从第4位下降到第23位。其间，此项比值在2002年、2005年、2009年、2011~2014年、2016~2017年9个年度出现增高，其余年度则为降低；前后对比下降17.19%，升降变化程度处于省域间第29位。最高比值为1997年的9.08%，最低比值为2010年的4.14%。

3. 文教消费占总消费比关系

1997~2017年，广东乡村文教消费占总消费比由12.02%降低至8.98%，在省域间排序从第2位下降到第23位。其间，此项比值在1997年、1999年、2005年、2009~2014年、2017年10个年度出现增高，其余年度则为降低；前后对比下降25.27%，升降变化程度处于省域间第29位。最高比值为1997年的12.02%，最低比值为2008年的5.60%。

4. 文教消费与非文消费剩余比关系

1997~2017年，广东乡村文教消费与非文消费剩余比由27.02%提高至31.49%，由于其他省域此项比值提高更加明显，广东从第11位下降到第18位。其间，此项比值在2007年、2012~2013年、2017年4个年度出现增高，其余年度则为降低；前后对比上升16.54%，升降变化程度处于省域间第23位。最高比值为2016年的33.53%，最低比值为2010年的12.09%。

广东乡村文教消费相关各项比值的具体分析表明，在文教消费需求增长与当地经济发展、乡村民生进步的协调性关系中，20年以来文教消费与非文消费剩余比呈提升态势，与产值比、占收入比、占总消费比呈下降态势。

三 广东文教消费城乡、区域协调状况

1. 文教消费人均值城乡比

20年来广东人均文教消费城乡比变动态势见图4。

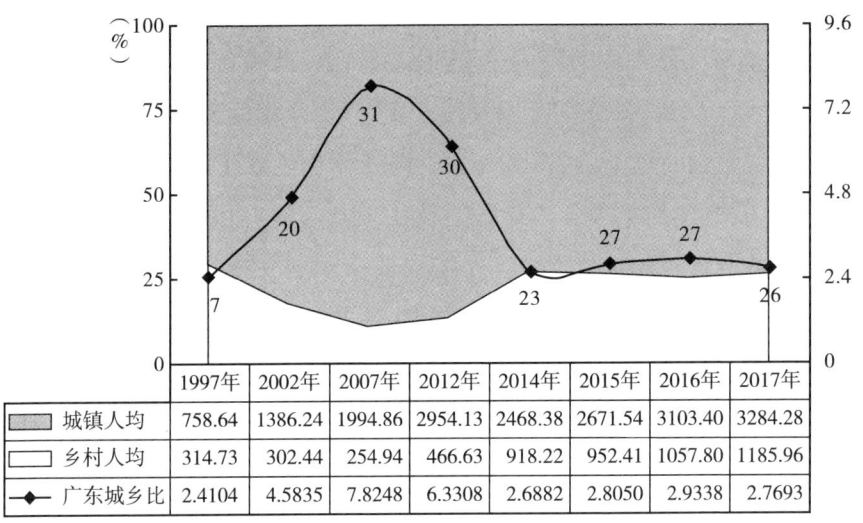

图4 广东人均文教消费城乡比变动态势

左轴面积：城镇、乡村人均文教消费（元转换为%），城乡间历年升降呈直观比例关系。
右轴曲线：人均文教消费城乡比（乡村=1），标注城乡比省域位次。

1997~2017年，广东人均文教消费城乡比由2.4104扩增至2.7693，在省域间排序从第7位下降到第26位。最小城乡比为1997年的2.4104，最大城乡比为2007年的7.8248。

其间，城乡比在1997年、2005年、2008年、2010~2014年、2017年9个年度出现缩减，其余年度则为扩增。前后对比，广东文教消费城乡比扩大14.89%，城乡比扩减变化状况处于省域间第30位。这意味着广东属于文教消费城乡比扩减变化态势较好的省域之一。

分期考察广东乡村文教消费城乡差距变化动态，第一个五年极显著加大，扩增90.16%；第二个五年极显著加大，扩增70.72%；第三个五年较

明显减小，缩减 19.09%；第四个五年继续显著减小，缩减 56.26%。

据既往 20 年动态推演测算，2020 年广东文教消费城乡比将为 2.8276，相比当前较明显扩增；2035 年广东文教消费城乡比将为 3.1377，相比当前继续极显著扩增。

2. 乡村文教消费人均值地区差

20 年来广东乡村人均文教消费地区差变动态势见图 5。

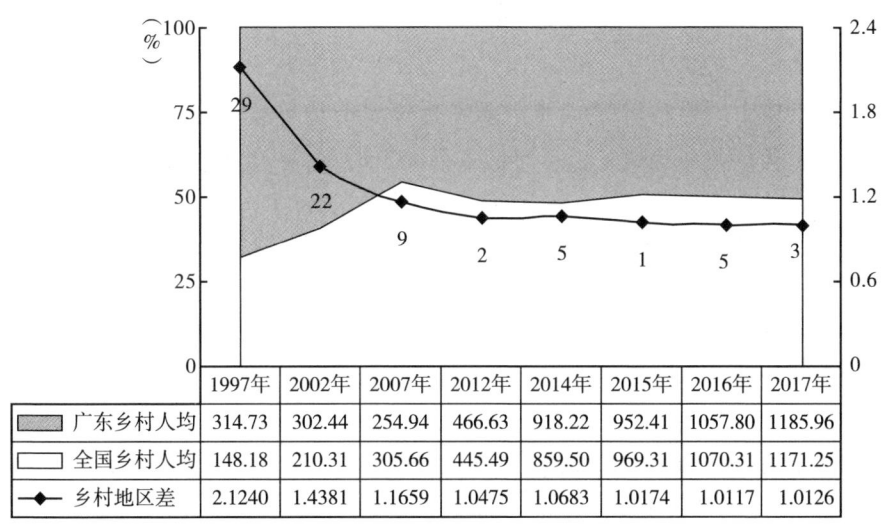

图 5　广东乡村人均文教消费地区差变动态势

左轴面积：当地、全国人均文教消费（元转换为%），二者数值历年升降呈直观比例关系。右轴曲线：文教消费地区差（无差距=1），标注地区差省域位次。

1997~2017 年，广东乡村人均文教消费与全国乡村地区差由 2.1240 缩减至 1.0126，在省域间排序从第 29 位上升到第 3 位。最小地区差为 2006 年的 1.0058，最大地区差为 1997 年的 2.1240。

其间，地区差在 1997~2006 年、2008~2011 年、2014~2016 年 17 个年度出现缩减，其余年度则为扩增。前后对比，广东乡村文教消费地区差缩小 52.33%，地区差扩减变化状况处于省域间第 2 位。这意味着广东属于乡村文教消费地区差扩减变化态势良好的省域之一。

分期考察广东乡村文教消费地区差距变化动态，第一个五年极显著减小，缩减32.29%；第二个五年极显著减小，缩减18.93%；第三个五年继续显著减小，缩减10.16%；第四个五年继续较明显减小，缩减3.33%。

据既往20年动态推演测算，2020年广东文教消费地区差将为1.0939，相比当前较明显扩增；2035年广东文教消费地区差将为1.0669，相比当前较明显扩增。

四 广东乡村文教消费需求景气指数测评

综合以上分析：20年以来广东乡村文教消费总量年均增长明显低于全国增长，人均值年均增长也显著低于全国平均增长；文教消费与非文消费剩余比呈提升态势，与产值比、占收入比、占总消费比呈下降态势；城乡比略有扩大，与全国乡村地区差极显著缩小。这些都集中体现在广东乡村文教消费需求景气指数的测评演算中。20年来广东乡村文教消费需求景气指数变动态势见图6。

1. 各年度无差距理想值横向测评

以全国乡村文教消费总量份额值、人均绝对值、相对比值为基准，并以相关增率比达到平衡，城乡、地区之间实现无差距状态为"理想值"100来衡量，2017年广东乡村此项景气指数为84.61，低于理想值15.39%，但高于上一年0.09个点。广东在省域间排行，1997年为第4位，2002年为第16位，2007年为第29位，2012年为第23位，2017年从上一年第21位下降为第23位。

2. 1997年以来20年基数值纵向测评

以1997年为起点基数值100，2017年广东乡村此项景气指数为137.22，高于1997年起点基数37.22%，也高于上一年4.52个点。广东在省域间排行，起点1997年不计，2002年为第29位，2007年与之持平，2012年为第28位，2017年从上一年第30位上升为第29位。

3. 2002年以来15年基数值纵向测评

以2002年为起点基数值100，2017年广东乡村此项景气指数为152.33，高于2002年起点基数52.33%，也高于上一年6.11个点。广东在省域间排

广东：2007~2017年乡村景气指数提升第6位

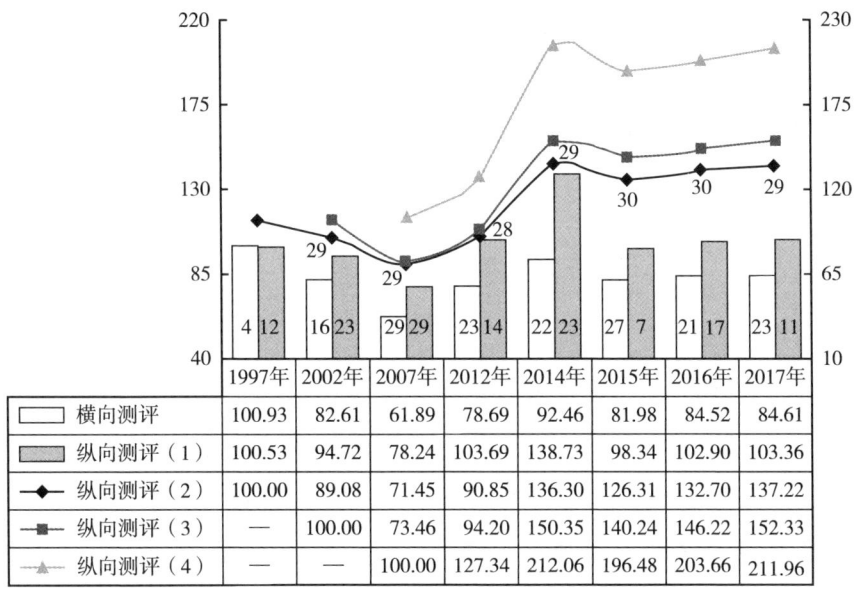

图6 广东乡村文教消费需求景气指数变动态势

左轴柱形：左横向测评（无差距理想值=100）；右纵向测评（1），上年=100。右轴曲线：纵向测评（起点年基数值=100），（2）以1997年为起点，（3）以2002年为起点，（4）以2007年为起点。标注横向测评、纵向测评（1）（2）省域排行，纵向测评（2）起点年不计。

行，起点2002年不计，2007年为第30位，2012年为第23位，2017年与上一年持平，皆为第23位。

4.2007年以来10年基数值纵向测评

以2007年为起点基数值100，2017年广东乡村此项景气指数为211.96，高于2007年起点基数111.96%，也高于上一年8.30个点。广东在省域间排行，起点2007年不计，2012年为第4位，2017年与上一年持平，皆为第6位。

5.逐年度上年基数值纵向测评

以2016年为起点基数值100，2017年广东乡村此项景气指数为103.36，高于2016年起点基数3.36%。广东在省域间排行，1997年为第12位，2002年为第23位，2007年为第29位，2012年为第14位，2017年从上一年第17位上升为第11位。

B.21
山东：2016～2017年乡村景气指数提升第6位

平金良*

摘 要： 2017年，山东乡村文教消费总量增长处于第11位，人均值增长处于第9位。山东乡村文教消费需求景气评价排行结果：在省域横向测评中，2017年度景气指数排名第22位；在自身纵向测评中，1997～2017年景气指数提升第22位，2002～2017年景气指数提升第25位，2007～2017年景气指数提升第27位，2012～2017年景气指数提升第24位，2016～2017年景气指数提升第6位。

关键词： 山东乡村 文教消费 景气评价

一 山东乡村文教消费需求增长状况

1. 文教消费总量份额值变化

20年来山东乡村文教消费总量增长、份额变化态势见图1。

1997～2017年，山东乡村文教消费总量由91.84亿元增至457.54亿元，增加365.70亿元，20年间总增长398.19%，年均增长8.36%，增长幅度处于省域间第22位。其中，第一个五年年均增长8.67%；第二个五年年均增

---
* 平金良，云南省社会科学院副研究员，主要从事农村社会学相关研究。

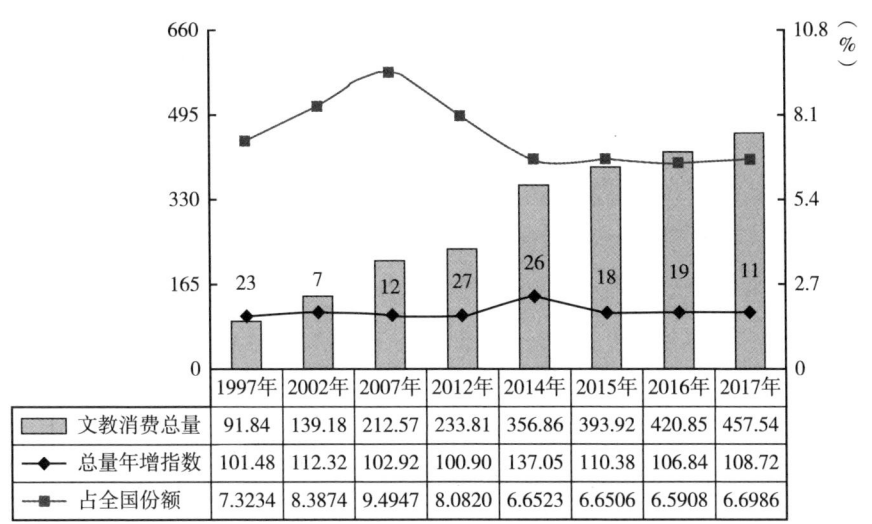

图1 山东乡村文教消费总量增长、份额变化态势

左轴柱形：文教消费总量（亿元）。左轴曲线：年度增长指数（上年=100，小于100为负增长），标注历年增长省域位次。右轴曲线：占全国份额（%）。

长8.84%；第三个五年年均增长1.92%；第四个五年年均增长14.37%。总量最高增长年度为2014年，增长率为37.05%；最低增长年度为2009年，增长率为-5.06%。

同期，全国乡村文教消费总量年均增长8.84%，略微高于山东0.48个百分点。山东乡村文教消费总量占全国份额由7.32%降低为6.70%，下降幅度为8.53%，增长幅度和份额升降变化排序处于省域间第22位。

其中，第一个五年，全国乡村文教消费总量年均增长5.76%，明显低于山东2.91个百分点，山东总量占全国份额上升14.53%；第二个五年，全国乡村文教消费总量年均增长6.17%，明显低于山东2.67个百分点，山东总量占全国份额上升13.20%；第三个五年，全国乡村文教消费总量年均增长5.26%，明显高于山东3.34个百分点，山东总量占全国份额下降14.88%；第四个五年，全国乡村文教消费总量年均增长18.75%，显著高于山东4.38个百分点，山东总量占全国份额下降17.12%。

2. 文教消费人均绝对值增长

20年来山东乡村人均文教消费增长、增幅变化态势见图2。

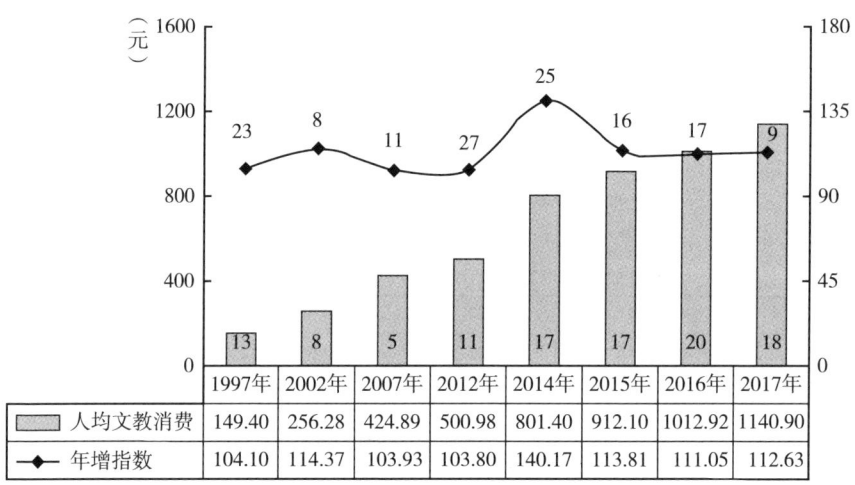

图2　山东乡村人均文教消费增长、增幅变化态势

左轴柱形：人均文教消费（元）。右轴曲线：年度增长指数（上年=100，小于100为负增长），标注历年增长、人均值省域位次。

1997~2017年，山东乡村人均文教消费由149.40元增至1140.90元，增加991.50元，总增长663.65%，20年间年均增长10.70%，增长幅度处于省域间第22位。其中，第一个五年人均值总增长71.54%，年均增长11.40%；第二个五年人均值总增长65.79%，年均增长10.64%；第三个五年人均值总增长17.91%，年均增长3.35%；第四个五年人均值总增长127.73%，年均增长17.89%。人均值最高增长年度为2014年，增长率为40.17%；最低增长年度为2009年，增长率为-4.15%。

同期，全国乡村人均文教消费年均增长10.89%，略微高于山东0.19个百分点（对照图5）。山东乡村人均文教消费从全国乡村人均值的100.82%降低至97.41%，人均绝对值在省域间排序由第13位降低为第18位。

其中,第一个五年全国乡村人均文教消费年均增长7.25%,显著低于山东,2002年山东乡村人均值提高至全国人均值的121.86%,处于省域间第8位。第二个五年全国乡村人均文教消费年均增长7.76%,明显低于山东,2007年山东乡村人均值提高至全国人均值的139.01%,处于省域间第5位。第三个五年全国乡村人均文教消费年均增长7.83%,显著高于山东,2012年山东乡村人均值降低至全国人均值的112.46%,处于省域间第11位。第四个五年全国乡村人均文教消费年均增长21.33%,山东年均增长17.89%,明显低于全国。

二 山东乡村文教消费相关背景情况

20年来山东乡村文教消费相关比值变动态势见图3。

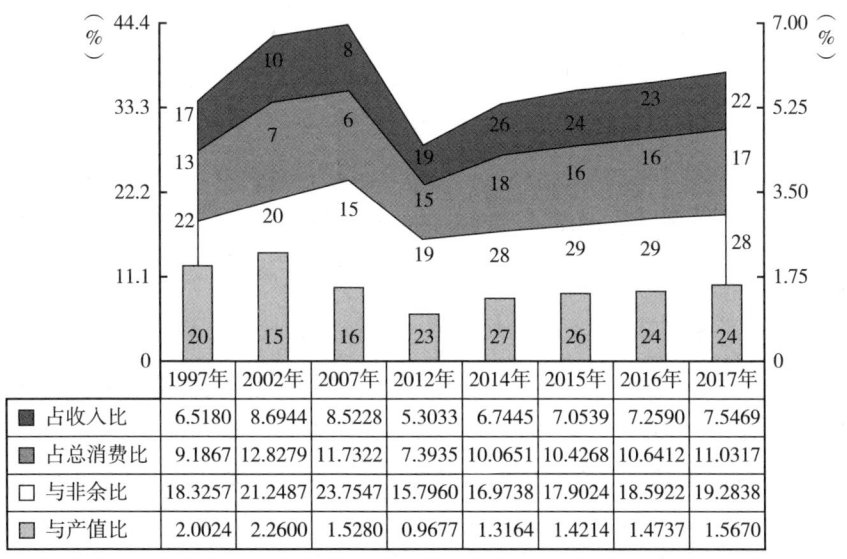

图3 山东乡村文教消费相关比值变动态势

左轴面积:人均文教消费占收入比、占总消费比、与非文消费剩余(简称"非余")比(%),各项比值历年升降呈直观比例。右轴柱形:人均文教消费与产值比(%)。保留4位小数以便精确演算各项比值变化,标注各项比值省域位次。

1. 文教消费与产值比关系

1997~2017年，山东乡村文教消费与产值比由2.00%降低至1.57%，在省域间排序从第20位下降到第24位。其间，此项比值在1999~2000年、2002年、2005年、2013~2017年9个年度出现增高，其余年度则为降低；前后对比下降21.74%，升降变化程度处于省域间第21位。最高比值为2002年的2.26%，最低比值为2012年的0.97%。

2. 文教消费占收入比关系

1997~2017年，山东乡村文教消费占收入比由6.52%提高至7.55%，由于其他省域此项比值提高更加明显，山东从第17位下降到第22位。其间，此项比值在1999~2003年、2005年、2013~2017年11个年度出现增高，其余年度则为降低；前后对比上升15.79%，升降变化程度处于省域间第20位。最高比值为2005年的9.60%，最低比值为2012年的5.30%。

3. 文教消费占总消费比关系

1997~2017年，山东乡村文教消费占总消费比由9.19%提高至11.03%，由于其他省域此项比值提高更加明显，山东从第13位下降到第17位。其间，此项比值在1997~2003年、2005年、2013~2017年13个年度出现增高，其余年度则为降低；前后对比上升20.08%，升降变化程度处于省域间第17位。最高比值为2005年的13.79%，最低比值为2012年的7.39%。

4. 文教消费与非文消费剩余比关系

1997~2017年，山东乡村文教消费与非文消费剩余比由18.33%提高至19.28%，由于其他省域此项比值提高更加明显，山东从第22位下降到第28位。其间，此项比值在1998~2003年、2005~2007年、2011年、2013年11个年度出现增高，其余年度则为降低；前后对比上升5.23%，升降变化程度处于省域间第25位。最高比值为2006年的25.03%，最低比值为2013年的15.05%。

山东乡村文教消费相关各项比值的具体分析表明，在文教消费需求增长与当地经济发展、乡村民生进步的协调性关系中，20年以来文教消费占收入比、占总消费比、与非文消费剩余比呈提升态势，与产值比呈下降态势。

三 山东文教消费城乡、区域协调状况

1. 文教消费人均值城乡比

20 年来山东人均文教消费城乡比变动态势见图 4。

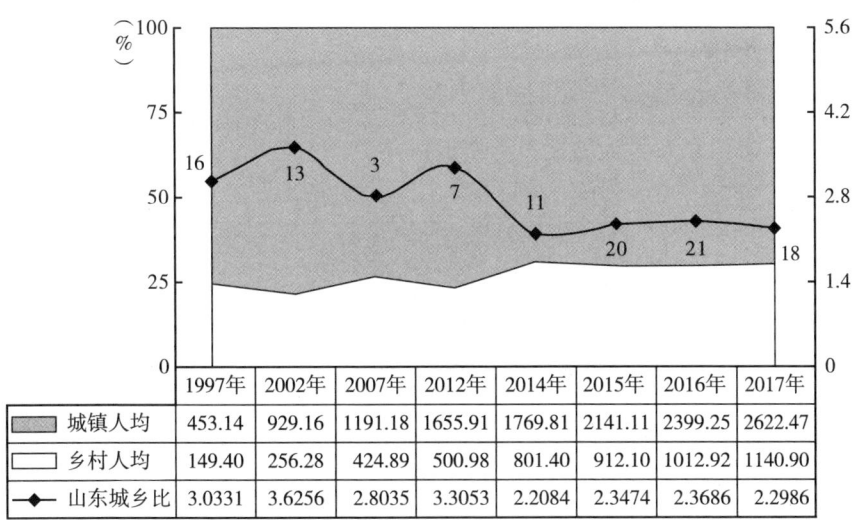

图 4 山东人均文教消费城乡比变动态势

左轴面积：城镇、乡村人均文教消费（元转换为%），城乡间历年升降呈直观比例关系。右轴曲线：人均文教消费城乡比（乡村=1），标注城乡比省域位次。

1997~2017 年，山东人均文教消费城乡比由 3.0331 缩减至 2.2986，由于其他省域文教消费城乡比缩小更为显著，山东城乡比在省域间排序从第 16 位下降到第 18 位。最小城乡比为 2014 年的 2.2084，最大城乡比为 2002 年的 3.6256。

其间，城乡比在 1999 年、2003 年、2005 年、2007 年、2010~2011 年、2014 年、2017 年 8 个年度出现缩减，其余年度则为扩增。前后对

比，山东文教消费城乡比缩小24.22%，城乡比扩减变化状况处于省域间第19位。这意味着，山东属于文教消费城乡比扩减变化态势良好的省域之一。

分期考察山东乡村文教消费城乡差距变化动态，第一个五年较明显加大，扩增19.53%；第二个五年明显减小，缩减22.67%；第三个五年较明显加大，扩增17.90%；第四个五年明显减小，缩减30.46%。

据既往20年动态推演测算，2020年山东文教消费城乡比将为2.2049，相比当前较明显缩减；2035年山东文教消费城乡比将为1.7909，相比当前继续极显著缩减。

2. 乡村文教消费人均值地区差

20年来山东乡村人均文教消费地区差变动态势见图5。

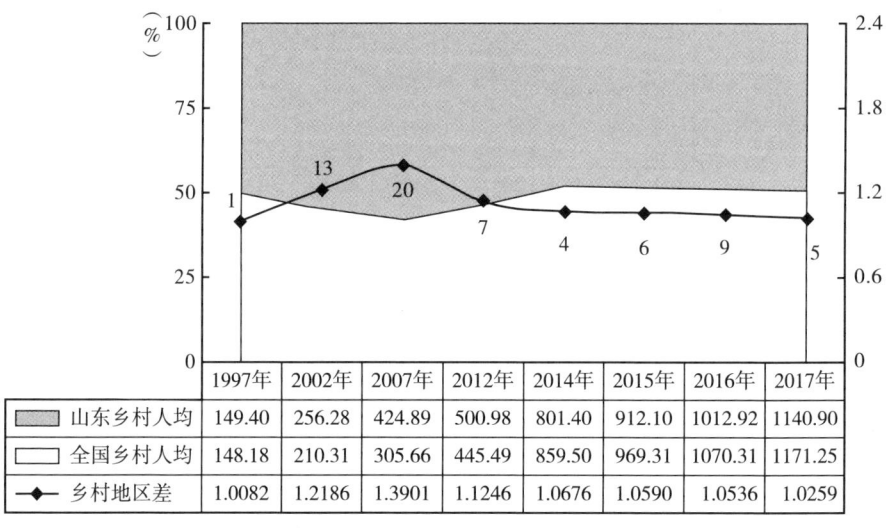

图5 山东乡村人均文教消费地区差变动态势

左轴面积：当地、全国人均文教消费（元转换为%），二者数值历年升降呈直观比例关系。
右轴曲线：文教消费地区差（无差距=1），标注地区差省域位次。

1997~2017年，山东乡村人均文教消费与全国乡村地区差由1.0082扩增至1.0259，在省域间排序从第1位下降到第5位。最小地区差为1997年的1.0082，最大地区差为2007年的1.3901。

其间，地区差在1997年、2004年、2008~2010年、2012年、2014~2017年10个年度出现缩减，其余年度则为扩增。前后对比，山东乡村文教消费地区差扩大1.76%，地区差扩减变化状况处于省域间第25位。这意味着，山东属于乡村文教消费地区差扩减变化态势较好的省域之一。

分期考察山东乡村文教消费地区差距变化动态，第一个五年极显著加大，扩增20.87%；第二个五年显著加大，扩增14.07%；第三个五年极显著减小，缩减19.10%；第四个五年继续明显减小，缩减8.78%。

据既往20年动态推演测算，2020年山东文教消费地区差将为1.0309，相比当前略微扩增；2035年山东文教消费地区差将为1.1706，相比当前继续较明显扩增。

四 山东乡村文教消费需求景气指数测评

综合以上分析：20年以来山东乡村文教消费总量年均增长略微低于全国增长，人均值年均增长也略微低于全国平均增长；文教消费占收入比、占总消费比、与非文消费剩余比呈提升态势，与产值比呈下降态势；城乡比较明显缩小，与全国乡村地区差较明显扩大。这些都集中体现在山东乡村文教消费需求景气指数的测评演算中。20年来山东乡村文教消费需求景气指数变动态势见图6。

1. 各年度无差距理想值横向测评

以全国乡村文教消费总量份额值、人均绝对值、相对比值为基准，并以相关增率比达到平衡，城乡、地区之间实现无差距状态为"理想值"100来衡量，2017年山东乡村此项景气指数为84.86，低于理想值15.14%，但高于上一年2.37个点。山东在省域间排行，1997年为第16位，2002年为第10位，2007年为第8位，2012年为第17位，2017年从上一年第25位上升为第22位。

2. 1997年以来20年基数值纵向测评

以1997年为起点基数值100，2017年山东乡村此项景气指数为187.15，

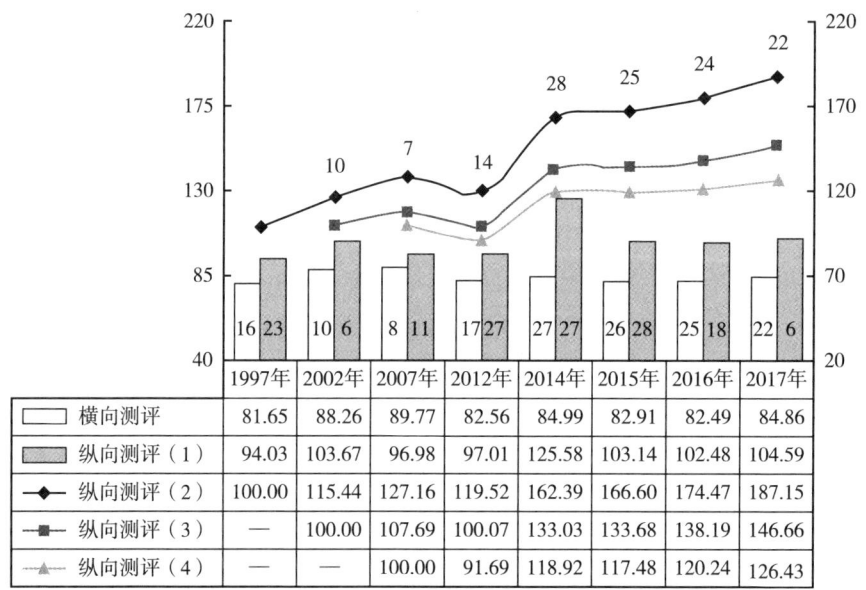

图 6　山东乡村文教消费需求景气指数变动态势

左轴柱形：左横向测评（无差距理想值 = 100）；右纵向测评（1），上年 = 100。右轴曲线：纵向测评（起点年基数值 = 100），（2）以1997年为起点，（3）以2002年为起点，（4）以2007年为起点。标注横向测评、纵向测评（1）（2）省域排行，纵向测评（2）起点年不计。

高于1997年起点基数87.15%，也高于上一年12.68个点。山东在省域间排行，起点1997年不计，2002年为第10位，2007年为第7位，2012年为第14位，2017年从上一年第24位上升为第22位。

3. 2002年以来15年基数值纵向测评

以2002年为起点基数值100，2017年山东乡村此项景气指数为146.66，高于2002年起点基数46.66%，也高于上一年8.47个点。山东在省域间排行，起点2002年不计，2007年为第8位，2012年为第20位，2017年从上一年第26位上升为第25位。

4. 2007年以来10年基数值纵向测评

以2007年为起点基数值100，2017年山东乡村此项景气指数为126.43，高于2007年起点基数26.43%，也高于上一年6.19个点。山东在省域间排行,起点2007年不计,2012年为第28位,2017年从上一年第28位上升为第27位。

5. 逐年度上年基数值纵向测评

以2016年为起点基数值100,2017年山东乡村此项景气指数为104.59,高于2016年起点基数4.59%。山东在省域间排行,1997年为第23位,2002年为第6位,2007年为第11位,2012年为第27位,2017年从上一年第18位上升为第6位。

B.22
湖北：2016~2017年乡村景气指数提升第7位

代 丽*

摘 要： 2017年，湖北乡村文教消费总量增长处于第3位，人均值增长处于第4位。湖北乡村文教消费需求景气评价排行结果：在省域横向测评中，2017年度景气指数排名第9位；在自身纵向测评中，1997~2017年景气指数提升第25位，2002~2017年景气指数提升第20位，2007~2017年景气指数提升第14位，2012~2017年景气指数提升第8位，2016~2017年景气指数提升第7位。

关键词： 湖北乡村 文教消费 景气评价

一 湖北乡村文教消费需求增长状况

1. 文教消费总量份额值变化

20年来湖北乡村文教消费总量增长、份额变化态势见图1。

1997~2017年，湖北乡村文教消费总量由75.46亿元增至323.88亿元，增加248.42亿元，20年间总增长329.21%，年均增长7.56%，增长幅度处于省域间第27位。其中，第一个五年年均增长1.68%；第二个五年年均增

---

* 代丽，云南省社会科学院信息中心网站编辑部主任、助理研究员，主要从事发展社会学、社会福利与社会保障、文化消费研究。

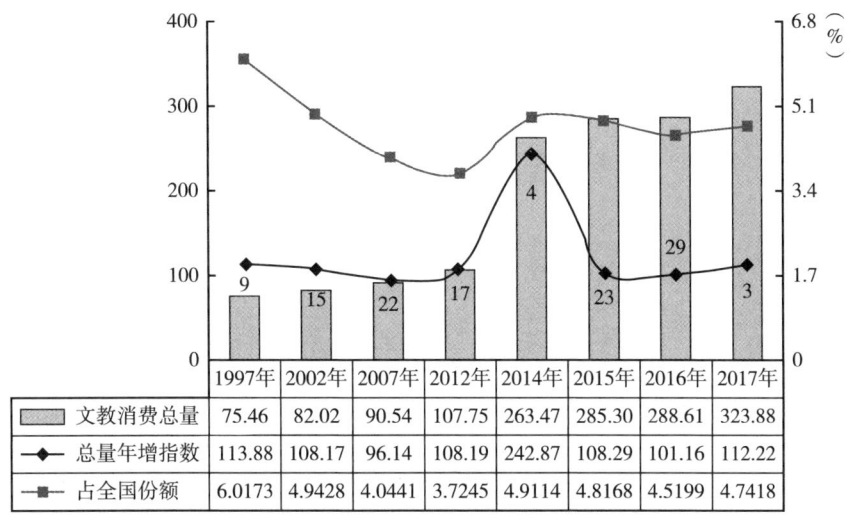

图 1 湖北乡村文教消费总量增长、份额变化态势

左轴柱形：文教消费总量（亿元）。左轴曲线：年度增长指数（上年＝100，小于100为负增长），标注历年增长省域位次。右轴曲线：占全国份额（%）。

长 2.00%；第三个五年年均增长 3.54%；第四个五年年均增长 24.62%。总量最高增长年度为 2014 年，增长率为 142.87%；最低增长年度为 2008 年，增长率为 -7.00%。

同期，全国乡村文教消费总量年均增长 8.84%，较明显高于湖北 1.28 个百分点。湖北乡村文教消费总量占全国份额由 6.02% 降低为 4.74%，下降幅度为 21.20%，增长幅度和份额升降变化排序处于省域间第 27 位。

其中，第一个五年，全国乡村文教消费总量年均增长 5.76%，显著高于湖北 4.08 个百分点，湖北总量占全国份额下降 17.86%；第二个五年，全国乡村文教消费总量年均增长 6.17%，显著高于湖北 4.17 个百分点，湖北总量占全国份额下降 18.18%；第三个五年，全国乡村文教消费总量年均增长 5.26%，较明显高于湖北 1.72 个百分点，湖北总量占全国份额下降 7.90%；第四个五年，全国乡村文教消费总量年均增长 18.75%，显著低于湖北 5.87 个百分点，湖北总量占全国份额上升 27.31%。

2. 文教消费人均绝对值增长

20年来湖北乡村人均文教消费增长、增幅变化态势见图2。

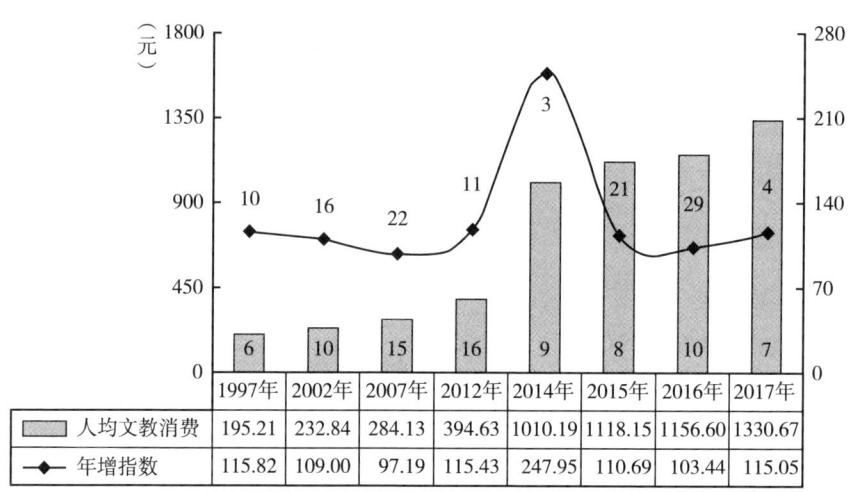

图2 湖北乡村人均文教消费增长、增幅变化态势

左轴柱形：人均文教消费（元）。右轴曲线：年度增长指数（上年=100，小于100为负增长），标注历年增长、人均值省域位次。

1997~2017年，湖北乡村人均文教消费由195.21元增至1330.67元，增加1135.46元，总增长581.66%，20年间年均增长10.07%，增长幅度处于省域间第25位。其中，第一个五年人均值总增长19.28%，年均增长3.59%；第二个五年人均值总增长22.03%，年均增长4.06%；第三个五年人均值总增长38.89%，年均增长6.79%；第四个五年人均值总增长237.19%，年均增长27.52%。人均值最高增长年度为2014年，增长率为147.95%；最低增长年度为2008年，增长率为-5.98%。

同期，全国乡村人均文教消费年均增长10.89%，略微高于湖北0.82个百分点（对照图5）。湖北乡村人均文教消费从全国乡村人均值的131.74%降低至113.61%，人均绝对值在省域间排序由第6位降低为第7位。

其中，第一个五年全国乡村人均文教消费年均增长7.25%，明显高于湖北，2002年湖北乡村人均值降低至全国人均值的110.71%，处于省域间第10位。第二个五年全国乡村人均文教消费年均增长7.76%，明显高于湖北，2007年湖北乡村人均值降低至全国人均值的92.96%，处于省域间第15位。第三个五年全国乡村人均文教消费年均增长7.83%，较明显高于湖北，2012年湖北乡村人均值降低至全国人均值的88.58%，处于省域间第16位。第四个五年全国乡村人均文教消费年均增长21.33%，湖北年均增长27.52%，极显著高于全国。

二 湖北乡村文教消费相关背景情况

20年来湖北乡村文教消费相关比值变动态势见图3。

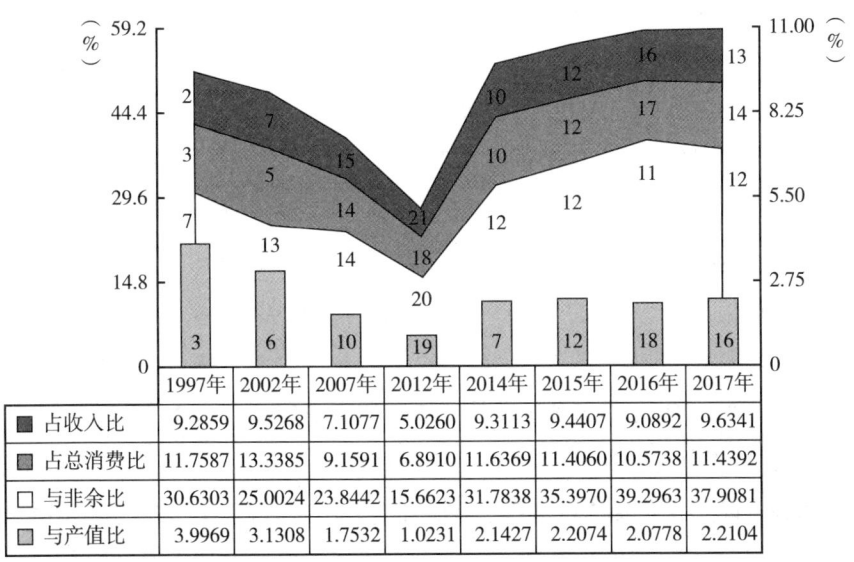

图3 湖北乡村文教消费相关比值变动态势

左轴面积：人均文教消费占收入比、占总消费比、与非文消费剩余（简称"非余"）比（%），各项比值历年升降呈直观比例。右轴柱形：人均文教消费与产值比（%）。保留4位小数以便精确演算各项比值变化，标注各项比值省域位次。

1. 文教消费与产值比关系

1997~2017年，湖北乡村文教消费与产值比由4.00%降低至2.21%，在省域间排序从第3位下降到第16位。其间，此项比值在1997年、1999年、2002年、2012年、2014~2015年、2017年7个年度出现增高，其余年度则为降低；前后对比下降44.70%，升降变化程度处于省域间第29位。最高比值为1997年的4.00%，最低比值为2013年的0.95%。

2. 文教消费占收入比关系

1997~2017年，湖北乡村文教消费占收入比由9.29%提高至9.63%，由于其他省域此项比值提高更加明显，湖北从第2位下降到第13位。其间，此项比值在1997~1999年、2002年、2005年、2011~2012年、2014~2015年、2017年10个年度出现增高，其余年度则为降低；前后对比上升3.75%，升降变化程度处于省域间第25位。最高比值为2017年的9.63%，最低比值为2013年的4.59%。

3. 文教消费占总消费比关系

1997~2017年，湖北乡村文教消费占总消费比由11.76%降低至11.44%，在省域间排序从第3位下降到第14位。其间，此项比值在1997~1999年、2002年、2009年、2012年、2014年、2017年8个年度出现增高，其余年度则为降低；前后对比下降2.72%，升降变化程度处于省域间第25位。最高比值为1999年的13.53%，最低比值为2013年的6.49%。

4. 文教消费与非文消费剩余比关系

1997~2017年，湖北乡村文教消费与非文消费剩余比由30.63%提高至37.91%，由于其他省域此项比值提高更加明显，湖北从第7位下降到第12位。其间，此项比值在1997年、2005年、2007~2010年、2013~2014年、2017年9个年度出现增高，其余年度则为降低；前后对比上升23.76%，升降变化程度处于省域间第21位。最高比值为2016年的39.30%，最低比值为2013年的13.60%。

湖北乡村文教消费相关各项比值的具体分析表明，在文教消费需求增长与当地经济发展、乡村民生进步的协调性关系中，20年以来文教消费占收入比、与非文消费剩余比呈提升态势,与产值比、占总消费比呈下降态势。

三 湖北文教消费城乡、区域协调状况

1. 文教消费人均值城乡比

20年来湖北人均文教消费城乡比变动态势见图4。

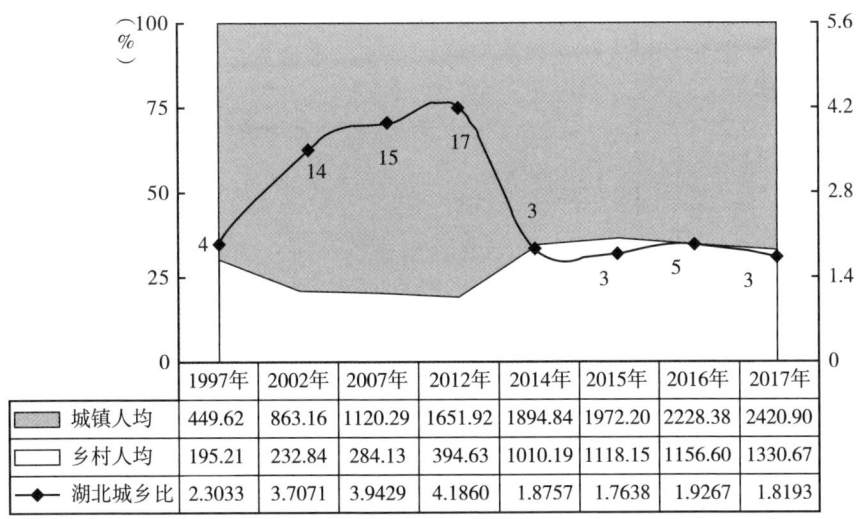

图4 湖北人均文教消费城乡比变动态势

左轴面积:城镇、乡村人均文教消费(元转换为%),城乡间历年升降呈直观比例关系。右轴曲线:人均文教消费城乡比(乡村=1),标注城乡比省域位次。

1997~2017年,湖北人均文教消费城乡比由2.3033缩减至1.8193,在省域间排序从第4位上升到第3位。最小城乡比为2015年的1.7638,最大城乡比为2013年的4.7196。

其间,城乡比在1997年、2000年、2005年、2008年、2011~2012年、2014~2015年、2017年9个年度出现缩减,其余年度则为扩增。前后对比,湖北文教消费城乡比缩小21.01%,城乡比扩减变化状况处于省域间第21位。这意味着,湖北属于文教消费城乡比扩减变化态势良好

的省域之一。

分期考察湖北乡村文教消费城乡差距变化动态,第一个五年极显著加大,扩增60.95%;第二个五年略有加大,扩增6.36%;第三个五年继续略有加大,扩增6.17%;第四个五年显著减小,缩减56.54%。

据既往20年动态推演测算,2020年湖北文教消费城乡比将为1.7561,相比当前较明显缩减;2035年湖北文教消费城乡比将为1.4713,相比当前继续显著缩减。

2. 乡村文教消费人均值地区差

20年来湖北乡村人均文教消费地区差变动态势见图5。

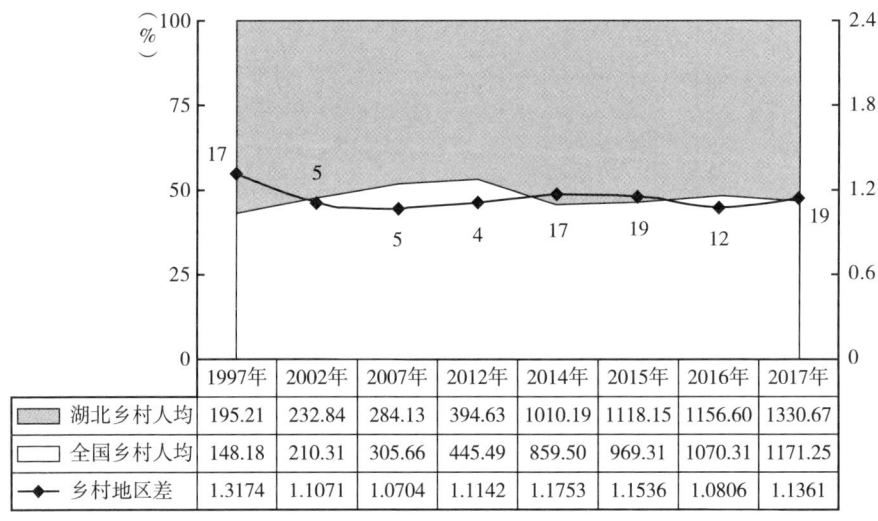

图5 湖北乡村人均文教消费地区差变动态势

左轴面积:当地、全国人均文教消费(元转换为%),二者数值历年升降呈直观比例关系。右轴曲线:文教消费地区差(无差距=1),标注地区差省域位次。

1997~2017年,湖北乡村人均文教消费与全国乡村地区差由1.3174缩减至1.1361,由于其他省域乡村文教消费与全国地区差缩小更为显著,湖北乡村地区差在省域间排序从第17位下降到第19位。最小地区差为2004年的1.0079,最大地区差为1997年的1.3174。

其间,地区差在1998~2004年、2006年、2011~2012年、2015~2016

年12个年度出现缩减，其余年度则为扩增。前后对比，湖北乡村文教消费地区差缩小13.76%，地区差扩减变化状况处于省域间第15位。这意味着湖北属于乡村文教消费地区差扩减变化态势良好的省域之一。

分期考察湖北乡村文教消费地区差距变化动态，第一个五年极显著减小，缩减15.96%；第二个五年较明显减小，缩减3.31%；第三个五年较明显加大，扩增4.09%；第四个五年继续较明显加大，扩增1.97%。

据既往20年动态推演测算，2020年湖北文教消费地区差将为1.1112，相比当前略微缩减；2035年湖北文教消费地区差将为1.2391，相比当前较明显扩增。

四 湖北乡村文教消费需求景气指数测评

综合以上分析：20年以来湖北乡村文教消费总量年均增长较明显低于全国增长，人均值年均增长也略微低于全国平均增长；文教消费占收入比、与非文消费剩余比呈提升态势，与产值比、占总消费比呈下降态势；城乡比较明显缩小，与全国乡村地区差显著缩小。这些都集中体现在湖北乡村文教消费需求景气指数的测评演算中。20年来湖北乡村文教消费需求景气指数变动态势见图6。

1. 各年度无差距理想值横向测评

以全国乡村文教消费总量份额值、人均绝对值、相对比值为基准，并以相关增率比达到平衡，城乡、地区之间实现无差距状态为"理想值"100来衡量，2017年湖北乡村此项景气指数为95.97，低于理想值4.03%，但高于上一年3.44个点。湖北在省域间排行，1997年为第5位，2002年为第8位，2007年为第16位，2012年为第20位，2017年从上一年第15位上升为第9位。

2. 1997年以来20年基数值纵向测评

以1997年为起点基数值100，2017年湖北乡村此项景气指数为174.26，高于1997年起点基数74.26%，也高于上一年11.81个点。湖北在省域间排

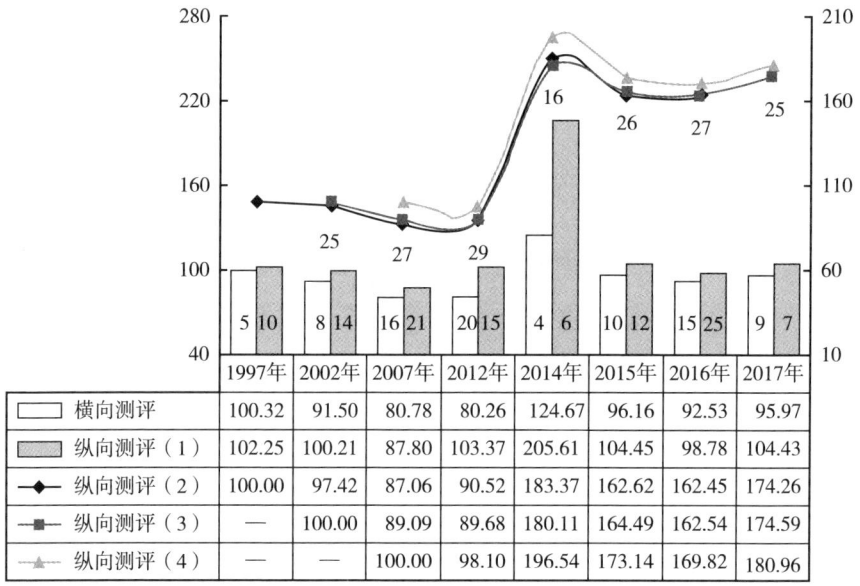

图6　湖北乡村文教消费需求景气指数变动态势

左轴柱形：左横向测评（无差距理想值=100）；右纵向测评（1），上年=100。右轴曲线：纵向测评（起点年基数值=100），（2）以1997年为起点，（3）以2002年为起点，（4）以2007年为起点。标注横向测评、纵向测评（1）（2）省域排行，纵向测评（2）起点年不计。

行，起点1997年不计，2002年为第25位，2007年为第27位，2012年为第29位，2017年从上一年第27位上升为第25位。

3. 2002年以来15年基数值纵向测评

以2002年为起点基数值100，2017年湖北乡村此项景气指数为174.59，高于2002年起点基数74.59%，也高于上一年12.05个点。湖北在省域间排行，起点2002年不计，2007年为第24位，2012年为第27位，2017年从上一年第21位上升为第20位。

4. 2007年以来10年基数值纵向测评

以2007年为起点基数值100，2017年湖北乡村此项景气指数为180.96，高于2007年起点基数80.96%，也高于上一年11.14个点。湖北在省域间排行，起点2007年不计，2012年为第20位，2017年从上一年第15位上升为第 14 位。

5. 逐年度上年基数值纵向测评

以2016年为起点基数值100，2017年湖北乡村此项景气指数为104.43，高于2016年起点基数4.43%。湖北在省域间排行，1997年为第10位，2002年为第14位，2007年为第21位，2012年为第15位，2017年从上一年第25位上升为第7位。

B.23
天津：2007～2017年乡村景气指数提升第11位

秦瑞婧*

摘　要： 2017年，天津乡村文教消费总量增长处于第25位，人均值增长处于第25位。天津乡村文教消费需求景气评价排行结果：在省域横向测评中，2017年度景气指数排名第27位；在自身纵向测评中，1997～2017年景气指数提升第20位，2002～2017年景气指数提升第21位，2007～2017年景气指数提升第11位，2012～2017年景气指数提升第28位，2016～2017年景气指数提升第25位。

关键词： 天津乡村　文教消费　景气评价

一　天津乡村文教消费需求增长状况

1. 文教消费总量份额值变化

20年来天津乡村文教消费总量增长、份额变化态势见图1。

1997～2017年，天津乡村文教消费总量由5.08亿元增至35.76亿元，增加30.68亿元，20年间总增长603.94%，年均增长10.25%，增长幅度处于省域间第13位。其中，第一个五年年均增长7.58%；第二个五年年均增

---
* 秦瑞婧，云南省社会科学院助理研究员，主要从事周边国情和文化产业研究。

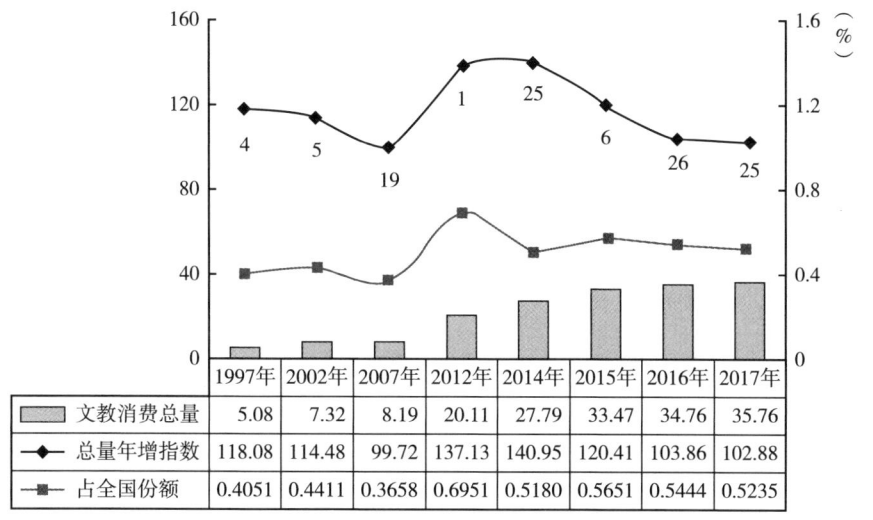

图1 天津乡村文教消费总量增长、份额变化态势

左轴柱形：文教消费总量（亿元）。左轴曲线：年度增长指数（上年=100，小于100为负增长），标注历年增长省域位次。右轴曲线：占全国份额（%）。

长2.27%；第三个五年年均增长19.68%；第四个五年年均增长12.20%。总量最高增长年度为2014年，增长率为40.95%；最低增长年度为2005年，增长率为-13.47%。

同期，全国乡村文教消费总量年均增长8.84%，较明显低于天津1.41个百分点。天津乡村文教消费总量占全国份额由0.41%升高为0.52%，上升幅度为29.23%，增长幅度和份额升降变化排序处于省域间第13位。

其中，第一个五年，全国乡村文教消费总量年均增长5.76%，较明显低于天津1.82个百分点，天津总量占全国份额上升8.89%；第二个五年，全国乡村文教消费总量年均增长6.17%，明显高于天津3.90个百分点，天津总量占全国份额下降17.07%；第三个五年，全国乡村文教消费总量年均增长5.26%，极显著低于天津14.42个百分点，天津总量占全国份额上升90.02%；第四个五年，全国乡村文教消费总量年均增长18.75%，极显著高于天津6.55个百分点，天津总量占全国份额下降24.69%。

2. 文教消费人均绝对值增长

20年来天津乡村人均文教消费增长、增幅变化态势见图2。

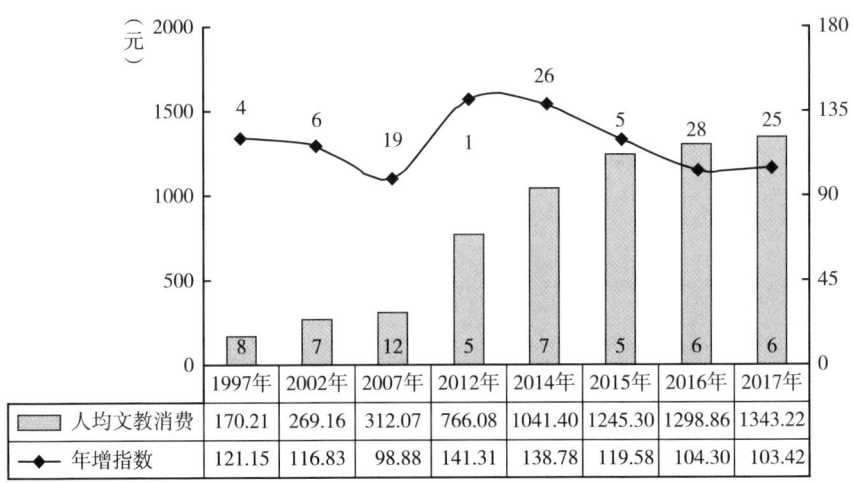

图2　天津乡村人均文教消费增长、增幅变化态势

左轴柱形：人均文教消费（元）。右轴曲线：年度增长指数（上年＝100，小于100为负增长），标注历年增长、人均值省域位次。

1997～2017年，天津乡村人均文教消费由170.21元增至1343.22元，增加1173.01元，总增长689.15%，20年间年均增长10.88%，增长幅度处于省域间第21位。其中，第一个五年人均值总增长58.13%，年均增长9.60%；第二个五年人均值总增长15.94%，年均增长3.00%；第三个五年人均值总增长145.48%，年均增长19.68%；第四个五年人均值总增长75.34%，年均增长11.89%。人均值最高增长年度为2012年，增长率为41.31%；最低增长年度为2005年，增长率为-12.74%。

同期，全国乡村人均文教消费年均增长10.89%，略微高于天津0.01个百分点（对照图5）。天津乡村人均文教消费从全国乡村人均值的114.87%降低至114.68%，人均绝对值在省域间排序由第8位提高为第6位。

其中，第一个五年全国乡村人均文教消费年均增长7.25%，明显低于天津，2002年天津乡村人均值提高至全国人均值的127.98%，处于省域间第7位。第二个五年全国乡村人均文教消费年均增长7.76%，显著高于天津，2007年天津乡村人均值降低至全国人均值的102.10%，处于省域间第12位。第三个五年全国乡村人均文教消费年均增长7.83%，极显著低于天津，2012年天津乡村人均值提高至全国人均值的171.96%，处于省域间第5位。第四个五年全国乡村人均文教消费年均增长21.33%，天津年均增长11.89%，极显著低于全国。

二 天津乡村文教消费相关背景情况

20年来天津乡村文教消费相关比值变动态势见图3。

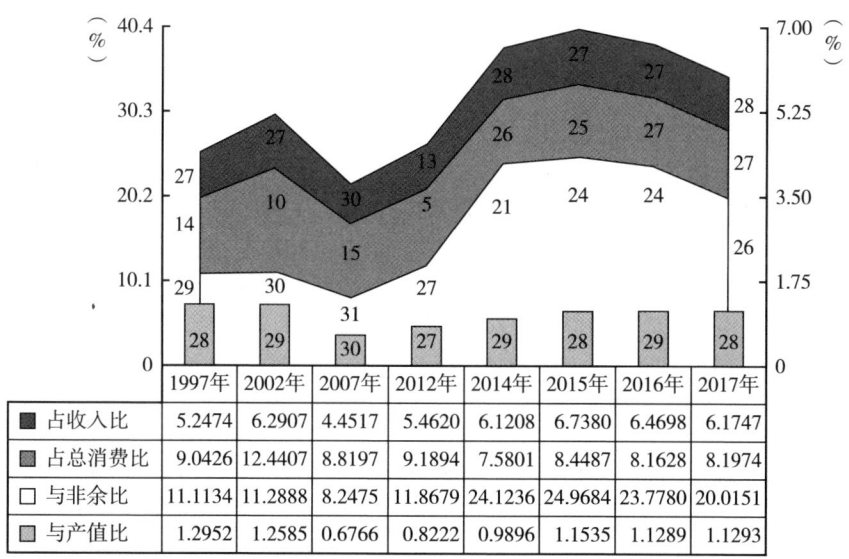

图3 天津乡村文教消费相关比值变动态势

左轴面积：人均文教消费占收入比、占总消费比、与非文消费剩余（简称"非余"）比（%），各项比值历年升降呈直观比例。右轴柱形：人均文教消费与产值比（%）。保留4位小数以便精确演算各项比值变化，标注各项比值省域位次。

1. 文教消费与产值比关系

1997~2017年,天津乡村文教消费与产值比由1.30%降低至1.13%,在省域间排序保持在第28位。其间,此项比值在1997~1998年、2000年、2002~2003年、2009~2012年、2014~2015年、2017年12个年度出现增高,其余年度则为降低;前后对比下降12.81%,升降变化程度处于省域间第16位。最高比值为2003年的1.49%,最低比值为2008年的0.58%。

2. 文教消费占收入比关系

1997~2017年,天津乡村文教消费占收入比由5.25%提高至6.17%,由于其他省域此项比值提高更加明显,天津从第27位下降到第28位。其间,此项比值在1997~2000年、2002~2003年、2009~2010年、2012年、2014~2015年11个年度出现增高,其余年度则为降低;前后对比上升17.67%,升降变化程度处于省域间第19位。最高比值为2003年的8.31%,最低比值为2008年的4.10%。

3. 文教消费占总消费比关系

1997~2017年,天津乡村文教消费占总消费比由9.04%降低至8.20%,在省域间排序从第14位下降到第27位。其间,此项比值在1997~2000年、2002~2003年、2009~2010年、2012年、2014~2015年、2017年12个年度出现增高,其余年度则为降低;前后对比下降9.35%,升降变化程度处于省域间第27位。最高比值为2003年的16.36%,最低比值为2013年的7.39%。

4. 文教消费与非文消费剩余比关系

1997~2017年,天津乡村文教消费与非文消费剩余比由11.11%提高至20.02%,在省域间排序从第29位上升到第26位。其间,此项比值在1997~1998年、2000年、2002~2003年、2008~2012年、2015年11个年度出现增高,其余年度则为降低;前后对比上升80.10%,升降变化程度处于省域间第12位。最高比值为2015年的24.97%,最低比值为2008年的7.36%。

天津乡村文教消费相关各项比值的具体分析表明,在文教消费需求增长与当地经济发展、乡村民生进步的协调性关系中，20年以来文教消费占收入比、与非文消费剩余比呈提升态势，与产值比、占总消费比呈下降态势。

三 天津文教消费城乡、区域协调状况

1. 文教消费人均值城乡比

20年来天津人均文教消费城乡比变动态势见图4。

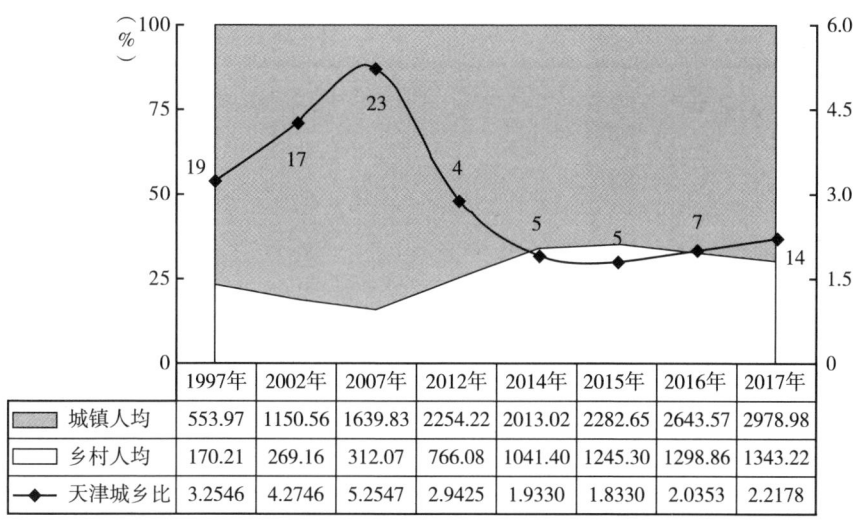

图4 天津人均文教消费城乡比变动态势

左轴面积：城镇、乡村人均文教消费（元转换为%），城乡间历年升降呈直观比例关系。右轴曲线：人均文教消费城乡比（乡村=1），标注城乡比省域位次。

1997~2017年，天津人均文教消费城乡比由3.2546缩减至2.2178，在省域间排序从第19位上升到第14位。最小城乡比为2015年的1.8330，最大城乡比为2007年的5.2547。

其间，城乡比在1998年、2000年、2003年、2008~2012年、2014~2015年10个年度出现缩减，其余年度则为扩增。前后对比，天津文教消费城乡比缩小31.86%，城乡比扩减变化状况处于省域间第14位。这意味着，天津属于文教消费城乡比扩减变化态势良好的省域之一。

分期考察天津乡村文教消费城乡差距变化动态,第一个五年明显加大,扩增31.34%;第二个五年明显加大,扩增22.93%;第三个五年显著减小,缩减44.00%;第四个五年继续明显减小,缩减24.63%。

据既往20年动态推演测算,2020年天津文教消费城乡比将为2.0938,相比当前较明显缩减;2035年天津文教消费城乡比将为1.5704,相比当前继续极显著缩减。

2. 乡村文教消费人均值地区差

20年来天津乡村人均文教消费地区差变动态势见图5。

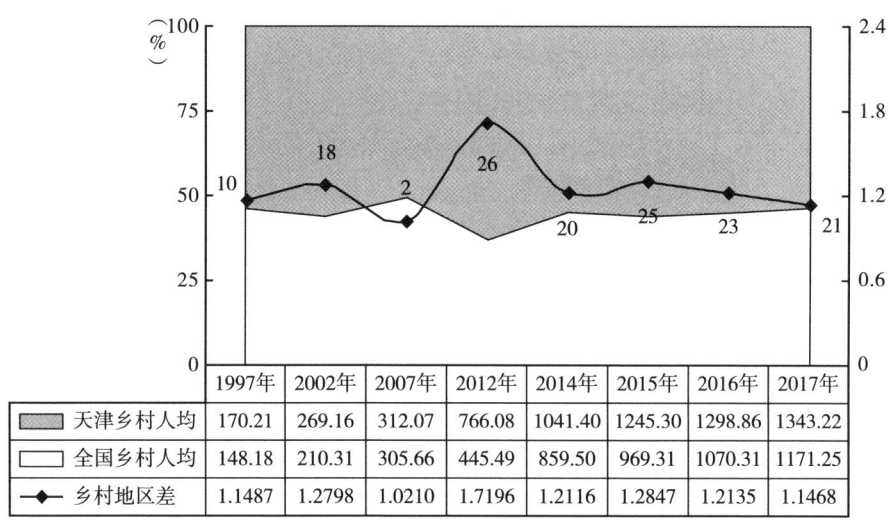

图5　天津乡村人均文教消费地区差变动态势

左轴面积:当地、全国人均文教消费(元转换为%),二者数值历年升降呈直观比例关系。
右轴曲线:文教消费地区差(无差距=1),标注地区差省域位次。

1997~2017年,天津乡村人均文教消费与全国乡村地区差由1.1487缩减至1.1468,由于其他省域乡村文教消费与全国地区差缩小更为显著,天津乡村地区差在省域间排序从第10位下降到第21位。最小地区差为2007年的1.0210,最大地区差为2012年的1.7196。

其间,地区差在1999年、2001年、2004~2007年、2013~2014年、2016~2017年10个年度出现缩减,其余年度则为扩增。前后对比,天津乡村文教消费地区差缩小0.17%，地区差扩减变化状况处于省域间第24位。这意味着，天津属于乡村文教消费地区差扩减变化态势良好的省域之一。

分期考察天津乡村文教消费地区差距变化动态，第一个五年显著加大，扩增11.41%；第二个五年极显著减小，缩减20.22%；第三个五年极显著加大，扩增68.42%；第四个五年极显著减小，缩减33.31%。

据既往20年动态推演测算，2020年天津文教消费地区差将为1.1465，相比当前略微缩减；2035年天津文教消费地区差将为1.0143，相比当前继续较明显缩减。

四 天津乡村文教消费需求景气指数测评

综合以上分析：20年以来天津乡村文教消费总量年均增长较明显高于全国增长，人均值年均增长略微低于全国平均增长；文教消费占收入比、与非文消费剩余比呈提升态势，与产值比、占总消费比呈下降态势；城乡比较明显缩小，与全国乡村地区差略有缩小。这些都集中体现在天津乡村文教消费需求景气指数的测评演算中。20年来天津乡村文教消费需求景气指数变动态势见图6。

1. 各年度无差距理想值横向测评

以全国乡村文教消费总量份额值、人均绝对值、相对比值为基准，并以相关增率比达到平衡，城乡、地区之间实现无差距状态为"理想值"100来衡量，2017年天津乡村此项景气指数为78.82，低于理想值21.18%，也低于上一年2.43个点。天津在省域间排行，1997年为第17位，2002年为第19位，2007年为第22位，2012年为第7位，2017年从上一年第26位下降为第27位。

2. 1997年以来20年基数值纵向测评

以1997年为起点基数值100，2017年天津乡村此项景气指数为194.71，高于1997年起点基数94.71%，但低于上一年2.43个点。天津在省域间排行，起点1997年不计，2002年为第19位，2007年为第23位，2012年为第

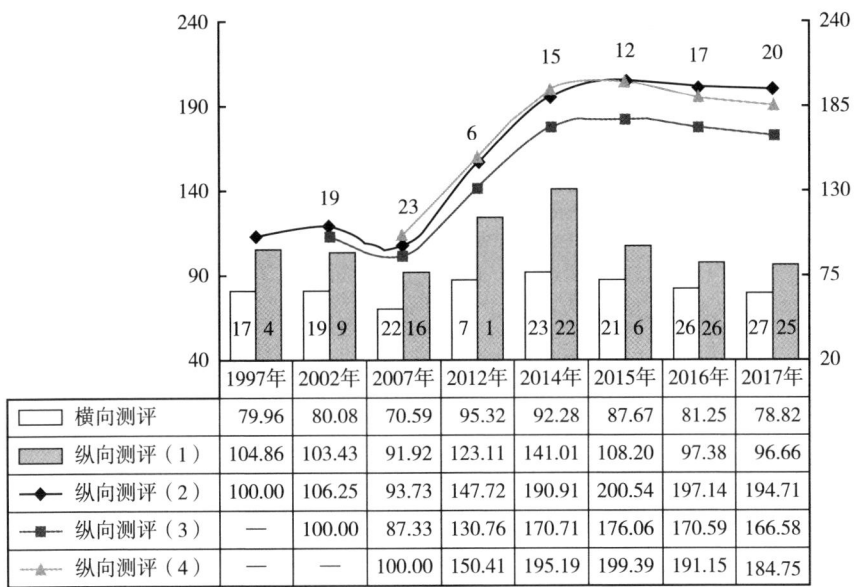

图 6　天津乡村文教消费需求景气指数变动态势

左轴柱形：左横向测评（无差距理想值 = 100）；右纵向测评（1），上年 = 100。右轴曲线：纵向测评（起点年基数值 = 100），（2）以 1997 年为起点，（3）以 2002 年为起点，（4）以 2007 年为起点。标注横向测评、纵向测评（1）（2）省域排行，纵向测评（2）起点年不计。

6 位，2017 年从上一年第 17 位下降为第 20 位。

3. 2002年以来15年基数值纵向测评

以 2002 年为起点基数值 100，2017 年天津乡村此项景气指数为 166.58，高于 2002 年起点基数 66.58%，但低于上一年 4.01 个点。天津在省域间排行，起点 2002 年不计，2007 年为第 25 位，2012 年为第 6 位，2017 年从上一年第 20 位下降为第 21 位。

4. 2007年以来10年基数值纵向测评

以 2007 年为起点基数值 100，2017 年天津乡村此项景气指数为 184.75，高于 2007 年起点基数 84.75%，但低于上一年 6.40 个点。天津在省域间排行，起点 2007 年不计，2012 年为第 2 位，2017 年从上一年第 8 位下降为第 11 位。

5. 逐年度上年基数值纵向测评

以2016年为起点基数值100,2017年天津乡村此项景气指数为96.66,低于2016年起点基数3.34%。天津在省域间排行,1997年为第4位,2002年为第9位,2007年为第16位,2012年为第1位,2017年从上一年第26位上升为第25位。

Abstract

From 1997 to 2017, the countrywide overall culture and education consumption in urban and rural areas increased from 297.479 billion yuan to 2969.531 billion yuan, an increase of 2672.052 billion yuan. During the 20 years, the total growth was 898.23% and the average annual growth was 12.19%. The highest annual growth appeared in 2002 and the growth rate was 27.28%; the lowest one was in 2008 and the growth rate was 4.10%. At the same time, the per capita value of the countrywide culture and education consumption in urban and rural areas increased from 241.84 yuan to 2141.91 yuan, an increase of 1900.07 yuan. During the 20 years, the total growth was 785.67% and the average annual growth was 11.52%. At this period, the total culture and education consumption in urban and rural areas increased with annual average of more than 10% in 31 provinces, in 2 of which by over 15%; the per capita value of culture and education consumption in urban and rural areas increased with annual average of more than 10% in 26 provinces, none of which by over 15%.

In 2017, the countrywide overall culture and education consumption demand in urban and rural areas continued to maintain growth: The total culture and education consumption went up by 9.93%, the per capita value went up by 9.31%. As measured by per capita value, the annual growth of culture and education consumption in urban and rural areas was certainly lower than the GDP growth, slightly lower than the residents' income growth and evidently higher than the total consumption growth, also remarkably lower than the savings growth. The disparity in culture and education consumption between urban and rural areas shrank by 1.38%; the regional gap of culture and education consumption in urban and rural areas among various provinces shrank by 0.38% over the previous year. It is the disparities between rural and urban areas, among regions that mostly represent China's unbalanced and inadequate development.

The ranking of the status evaluation of the culture and education consumption demand in urban and rural areas across the provinces is as follows: In the lateral evaluation of ideal value without urban-rural and regional gaps, Hunan, Guizhou, Heilongjiang, Liaoning and Inner Mongolia ranked top five in the "2017 annual urban and rural leaders"; in the vertical evaluation of own base value throughout the past years, Tibet, Jiangsu, Qinghai, Guizhou and Ningxia ranked top five in the "1997 – 2017 urban and rural runners-up"; Guizhou, Yunnan, Henan, Anhui and Ningxia ranked top five in the "2002 – 2017 urban and rural runners-up"; Guizhou, Yunnan, Ningxia, Guangxi and Qinghai ranked top five in the "2007 – 2017 urban and rural runners-up"; Tibet, Guizhou, Hainan, Hunan and Guangxi ranked top five in the "2012 – 2017 urban and rural runners-up"; Tibet, Sichuan, Hunan, Chongqing and Heilongjiang ranked top five in the "2016 – 2017 urban and rural runners-up".

Contents

I General Report

B. 1 The Overall Status Evaluation of China's Culture and Education
Consumption Demand in Urban and Rural Areas
—The Analysis Since the Past 20 Years and the Annual
Evaluation of 2017   Wang Ya'nan, Liu Ting and Fang Yu / 001

    1. The Growth Trends of the Countrywide Urban and Rural Culture
and Education Consumption Demand   / 002
    2. The Relevant Background of the Countrywide Urban and Rural
Culture and Education Consumption   / 007
    3. The Urban-Rural and Regional Coordination Situation of the
Countrywide Culture and Education Consumption   / 013
    4. The Status Evaluation of the Countrywide Urban and Rural
Culture and Education Consumption Demand   / 018

Abstract: In 2017, the countrywide overall culture and education consumption demand in urban and rural areas continued to maintain growth; The total culture and education consumption went up by 9.93%, reaching 2969.531 billion yuan; the per capita value went up by 9.31%, reaching 2141.91 yuan. As measured by per capita value, the annual growth of culture and education consumption in urban and rural areas was certainly lower than the GDP growth, slightly lower than the residents' income growth and evidently higher than the total consumption growth, also remarkably lower than the savings growth. The disparity in culture and education consumption between urban and rural areas shrank by 1.38%; the regional gap of culture and education consumption in urban and rural areas among various provinces shrank by 0.38% over the previous year. It is the disparities between rural and urban areas, among regions that mostly represent China's unbalanced and inadequate development. The status evaluations of the countrywide overall culture and education consumption demand in urban and rural areas in 2017 are as follows: The vertical evaluation of two decades since 1997, 15 years since 2002, 10 years since 2007, 5 years since 2012 are remarkably higher than the base value and 1 years since previous year is slightly higher than the base value. The annual lateral evaluation without urban-rural and regional gaps is evidently lower than the ideal value, because of the continuous existing disparity of the urban-rural and the regional gaps.

Keywords: Countrywide Urban and Rural Areas; Culture and Education Consumption; Status Evaluation; Integrative Measure

Ⅱ Technical Report and Comprehensive Analysis

B.2 Technical Report on The Status Evaluation System of the China's Cultural Consumption Demand
—*Concurring the Analysis of the Cultural People's Livelihood Demand Situation from 1997 to 2017*

Wang Ya'nan, Fang Yu / 022

Abstract: The paper is a technical report on "The Status Evaluation System of the China's Cultural Consumption Demand". Based on the comprehensive data calculation of the overall urban and rural areas, it illustrates the basic data source, the data inference method, the related numerical relationship and the specific index calculation. Thus, it analyses the basic situation of the countrywide culture and education consumption demand in urban and rural areas revealed by the kinds of data. This evaluation system is in common use of the integrative measure of the urban and rural areas across the provinces, the single measure of the city-towns and the rural areas, and also the key cities. The index and the calculation methods are the same in the above measure. Some special mechanics are also explained in this paper, thus no repeated technical report in other volumes.

Keywords: Culture and Education Consumption; Status Evaluation; Integrative Measure of the Urban and Rural Areas; Index and Method

B. 3 Ranking on Status Evaluation of the Culture and Education Consumption Demand in Urban and Rural Areas across the Provinces
—*The Measure from 1997 to 2017 and the Forecast for 2020*
Wang Ya'nan, Zhao Juan and Liang Ziping / 054

Abstract: From 1997 to 2017, the total culture and education consumption in urban and rural areas increased with annual average of more than 10% in 31 provinces, in 2 of which by over 15%; the per capita value of culture and education consumption in urban and rural areas increased with annual average of more than 10% in 26 provinces, none of which by over 15%. The ranking of the status evaluation of the culture and education consumption demand in urban and rural areas across the provinces is as follows: In the lateral evaluation of ideal value without urban-rural and regional gaps, Hunan, Guizhou, Heilongjiang, Liaoning and Inner Mongolia ranked top five in the "2017 annual urban and rural leaders"; in the vertical evaluation of own base value throughout the past years, Tibet, Jiangsu, Qinghai, Guizhou and Ningxia ranked top five in the "1997 - 2017 urban and rural runners-up"; Guizhou, Yunnan, Henan, Anhui and Ningxia ranked top five in the "2002 - 2017 urban and rural runners-up"; Guizhou, Yunnan, Ningxia, Guangxi and Qinghai ranked top five in the "2007 - 2017 urban and rural runners-up"; Tibet, Guizhou, Hainan, Hunan and

Guangxi ranked top five in the "2012 −2017 urban and rural runners-up"; Tibet, Sichuan, Hunan, Chongqing and Heilongjiang ranked top five in the "2016 − 2017 urban and rural runners-up".

Keywords: Urban and Rural Areas across the Provinces; Culture and Education Consumption; Integrative Evaluation; Ranking of the Status

B. 4 Ranking on Status Evaluation of the Culture and Education Consumption Demand in City-towns across the Provinces

—The Measure from 1997 to 2017 and the Forecast for 2020

Wang Ya'nan, Chen Yongqiang and Wei Haiyan / 085

Abstract: From 1997 to 2017, the total culture and education consumption in city-towns increased with annual average of more than 10% in 31 provinces, in 6 of which by over 15%; the per capita value of culture and education consumption in city-towns increased with annual average of more than 10% in 13 provinces, none of which by over 15%. The ranking of the status evaluation of the culture and education consumption demand in city-towns across the provinces is as follows: In the lateral evaluation of ideal value without urban-rural and regional gaps, Hunan, Guizhou, Liaoning, Heilongjiang and Ningxia ranked top five in the "2017 annual city-towns leaders"; in the vertical evaluation of own base value throughout the past years, Tibet, Qinghai, Jiangsu, Guizhou and Heilongjiang ranked top five in the "1997 − 2017 city-towns runners-up"; Anhui, Guizhou, Heilongjiang, Tibet and Hunan ranked top five in the "2002 − 2017 city-towns runners-up"; Yunnan, Guizhou, Ningxia, Chongqing and Qinghai ranked top five in the "2007 − 2017 city-towns runners-up"; Tibet, Guizhou, Hainan, Hunan and Qinghai ranked top five in the "2012 − 2017 city-towns runners-up"; Hunan, Tibet, Heilongjiang, Hainan and Chongqing ranked top five in the "2016 −2017 city-towns runners-up".

Keywords: City-towns across the Provinces; Culture and Education Consumption; Single Evaluation; Ranking of the Status

B.5 Ranking on Status Evaluation of the Culture and Education Consumption Demand in Rural Areas across the Provinces
—*The Measure from 1997 to 2017 and the Forecast for 2020*
Wang Ya'nan, Feng Rui and Wei Haiyan / 113

Abstract: From 1997 to 2017, the total culture and education consumption in rural areas increased with annual average of more than 10% in 13 provinces, in 2 of which by over 15% and in 1 of which by over 20%; the per capita value of culture and education consumption in rural areas increased with annual average of more than 10% in 27 provinces, in 4 of which by over 15% and in 1 of which by over 20%. The ranking of the status evaluation of the culture and education consumption demand in rural areas across the provinces is as follows: In the lateral evaluation of ideal value without urban-rural and regional gaps, Qinghai, Inner Mongolia, Hunan, Guizhou and Heilongjiang ranked top five in the "2017 annual rural leaders"; in the vertical evaluation of own base value throughout the past years, Tibet, Qinghai, Jiangsu, Guizhou and Yunnan ranked top five in the "1997 -2017 rural runners-up"; Guizhou, Qinghai, Yunnan, Tibet and Ningxia ranked top five in the "2002 -2017 rural runners-up"; Guizhou, Qinghai, Guangxi, Chongqing and Ningxia ranked top five in the "2007 -2017 rural runners-up"; Tibet, Guizhou, Hainan, Guangxi and Hunan ranked top five in the "2012 -2017 rural runners-up"; Sichuan, Tibet, Guangxi, Yunnan and Anhui ranked top five in the "2016 -2017 rural runners-up".

Keywords: Rural Areas across the Provinces; Culture and Education Consumption; Single Evaluation; Ranking of the Status

Contents

III   Reports on Urban and Rural Areas among Provinces

B.6   Hunan: Ranked the 1st in the 2017 Annual Urban and
Rural Status Evaluation Leaders   *Zhang Lin* / 141

Abstract: In 2017, Hunan ranked the 2nd in the increase of the total culture and education consumption in urban and rural areas and the 2nd in the growth of per capita value. The Rankings of the status evaluation are as follows: In the lateral evaluation among various provinces, Hunan ranked the 1st in the 2017 annual status evaluation leaders; In vertical evaluation itself, Hunan ranked the 12th in the 1997 −2017 status evaluation runners-up, as well as 8th, 6th, 4th and 3rd during the periods of 1997 −2017, 2002 −2017, 2007 −2017 and 2012 − 2017 respectively.

Keywords: Hunan's Urban and Rural Areas; Culture and Education Consumption; Status Evaluation

B.7   Tibet: Ranked the 1st in the 1999 −2017 Urban and
Rural Status Evaluation Runners-up   *Liu Ting* / 151

Abstract: In 2017, Tibet ranked the 1st in the increase of the total culture and education consumption in urban and rural areas and the 1st in the growth of per capita value. The Rankings of the status evaluation are as follows: In the lateral evaluation among various provinces, Tibet ranked the 31st in the 2017 annual status evaluation leaders; In vertical evaluation itself, Tibet ranked the 1st in the 1999 − 2017 status evaluation runners-up, as well as 6th, 24th, 1st and 1st during the periods of 1999 −2017, 2002 −2017, 2007 −2017 and 2012 −2017 respectively.

Keywords: Tibet's Urban and Rural Areas; Culture and Education Consumption; Status Evaluation

B.8 Guizhou: Ranked the 1st in the 2002 -2017 Urban and Rural Status Evaluation Runners-up *Yuan Chunsheng* / 160

Abstract: In 2017, Guizhou ranked the 7th in the increase of the total culture and education consumption in urban and rural areas and the 9th in the growth of per capita value. The Rankings of the status evaluation are as follows: In the lateral evaluation among various provinces, Guizhou ranked the 2nd in the 2017 annual status evaluation leaders; In vertical evaluation itself, Guizhou ranked the 4th in the 1997 -2017 status evaluation runners-up, as well as 1st, 1st, 2nd and 15th during the periods of 1997 -2017, 2002 -2017, 2007 -2017 and 2012 -2017 respectively.

Keywords: Guizhou's Urban and Rural Areas; Culture and Education Consumption; Status Evaluation

B.9 Jiangsu: Ranked the 2nd in the 1997 -2017 Urban and Rural Status Evaluation Runners-up *Xiao Yunxin* / 170

Abstract: In 2017, Jiangsu ranked the 19th in the increase of the total culture and education consumption in urban and rural areas and the 17th in the growth of per capita value. The Rankings of the status evaluation are as follows: In the lateral evaluation among various provinces, Jiangsu ranked the 20th in the 2017 annual status evaluation leaders; In vertical evaluation itself, Jiangsu ranked the 2nd in the 1997 -2017 status evaluation runners-up, as well as 23rd, 28th, 30th and 21st during the periods of 1997 -2017, 2002 -2017, 2007 -2017 and 2012 -2017 respectively.

Keywords: Jiangsu's Urban and Rural Areas; Culture and Education Consumption; Status Evaluation

B.10 Heilongjiang: Ranked the 3rd in the 2017 Annual Urban and Rural Status Evaluation Leaders　　*Zhao Juan* / 180

Abstract: In 2017, Heilongjiang ranked the 11th in the increase of the total culture and education consumption in urban and rural areas and the 7th in the growth of per capita value. The Rankings of the status evaluation are as follows: In the lateral evaluation among various provinces, Heilongjiang ranked the 3rd in the 2017 annual status evaluation leaders; In vertical evaluation itself, Heilongjiang ranked the 10th in the 1997 -2017 status evaluation runners-up, as well as 10th, 17th, 14th and 5th during the periods of 1997 -2017, 2002 -2017, 2007 -2017 and 2012 -2017 respectively.

Keywords: Heilongjiang's Urban and Rural Areas; Culture and Education Consumption; Status Evaluation

B.11 Chongqing: Ranked the 4th in the 2016 -2017 Urban and Rural Status Evaluation Runners-up　　*Ma Jianyu* / 189

Abstract: In 2017, Chongqing ranked the 3rd in the increase of the total culture and education consumption in urban and rural areas and the 4th in the growth of per capita value. The Rankings of the status evaluation are as follows: In the lateral evaluation among various provinces, Chongqing ranked the 10th in the 2017 annual status evaluation leaders; In vertical evaluation itself, Chongqing ranked the 13th in the 1997 -2017 status evaluation runners-up, as well as 11th, 7th, 10th and 4th during the periods of 1997 -2017, 2002 -2017, 2007 -2017 and 2012 -2017 respectively.

Keywords: Chongqing's Urban and Rural Areas; Culture and Education Consumption; Status Evaluation

Ⅳ Reports on City-Towns among Provinces

B.12 Anhui: Ranked the 1st in the 2002-2017 City-towns Status
　　　Evaluation Runners-up　　　　　　　　　　　　　　*Wang Yang* / 198

Abstract: In 2017, Anhui ranked the 21st in the increase of the total culture and education consumption in city-towns and the 22nd in the growth of per capita value. The Rankings of the status evaluation are as follows: In the lateral evaluation among various provinces, Anhui ranked the 21st in the 2017 annual status evaluation leaders; In vertical evaluation itself, Anhui ranked the 14th in the 1997-2017 status evaluation runners-up, as well as 1st, 26th, 23rd and 18th during the periods of 1997-2017, 2002-2017, 2007-2017 and 2012-2017 respectively.

Keywords: Anhui's City-towns; Culture and Education Consumption; Status Evaluation

B.13 Yunnan: Ranked the 1st in the 2007-2017 City-towns
　　　Status Evaluation Runners-up　　　　　　　　　　　*Guo Na* / 208

Abstract: In 2017, Yunnan ranked the 16th in the increase of the total culture and education consumption in city-towns and the 21st in the growth of per capita value. The Rankings of the status evaluation are as follows: In the lateral evaluation among various provinces, Yunnan ranked the 15th in the 2017 annual status evaluation leaders; In vertical evaluation itself, Yunnan ranked the 15th in the 1997-2017 status evaluation runners-up, as well as 9th, 1st, 7th and 17th during the periods of 1997-2017, 2002-2017, 2007-2017 and 2012-2017 respectively.

Keywords: Yunnan's City-towns; Culture and Education Consumption; Status Evaluation

B.14 Liaoning: Ranked the 3rd in the 2017 Annual City-towns Status Evaluation Leaders　　　　　*Jiang Kunyang* / 218

Abstract: In 2017, Liaoning ranked the 28th in the increase of the total culture and education consumption in city-towns and the 26th in the growth of per capita value. The Rankings of the status evaluation are as follows: In the lateral evaluation among various provinces, Liaoning ranked the 3rd in the 2017 annual status evaluation leaders; In vertical evaluation itself, Liaoning ranked the 9th in the 1997 −2017 status evaluation runners-up, as well as 10th, 14th, 19th and 24th during the periods of 1997 −2017, 2002 −2017, 2007 −2017 and 2012 −2017 respectively.

Keywords: Liaoning's City-towns; Culture and Education Consumption; Status Evaluation

B.15 Ningxia: Ranked the 3rd in the 2007 −2017 City-towns Status Evaluation Runners-up　　　　　*Yang Yuanyuan* / 227

Abstract: In 2017, Ningxia ranked the 13th in the increase of the total culture and education consumption in city-towns and the 15th in the growth of per capita value. The Rankings of the status evaluation are as follows: In the lateral evaluation among various provinces, Ningxia ranked the 5th in the 2017 annual status evaluation leaders; In vertical evaluation itself, Ningxia ranked the 7th in the 1997 −2017 status evaluation runners-up, as well as 8th, 3rd, 11th and 15th during the periods of 1997 −2017, 2002 −2017, 2007 −2017 and 2012 −2017

respectively.

Keywords: Ningxia's City-towns; Culture and Education Consumption; Status Evaluation

B.16 Hainan: Ranked the 3rd in the 2012 -2017 City-towns Status Evaluation Runners-up *Gong Jue / 237*

Abstract: In 2017, Hainan ranked the 3rd in the increase of the total culture and education consumption in city-towns and the 2nd in the growth of per capita value. The Rankings of the status evaluation are as follows: In the lateral evaluation among various provinces, Hainan ranked the 19th in the 2017 annual status evaluation leaders; In vertical evaluation itself, Hainan ranked the 18th in the 1997 -2017 status evaluation runners-up, as well as 15th, 8th, 3rd and 4th during the periods of 1997 -2017, 2002 -2017, 2007 -2017 and 2012 -2017 respectively.

Keywords: Hainan's City-towns; Culture and Education Consumption; Status Evaluation

B.17 Shanghai: Ranked the 9th in the 2017 Annual City-towns Status Evaluation Leaders *Deng Yunfei / 247*

Abstract: In 2017, Shanghai ranked the 14th in the increase of the total culture and education consumption in city-towns and the 8th in the growth of per capita value. The Rankings of the status evaluation are as follows: In the lateral evaluation among various provinces, Shanghai ranked the 9th in the 2017 annual status evaluation leaders; In vertical evaluation itself, Shanghai ranked the 22nd in the 1997 -2017 status evaluation runners-up, as well as 30th, 31st, 29th and 11th during the periods of 1997 -2017, 2002 -2017, 2007 -2017 and 2012 -

2017 respectively.

Keywords: Shanghai's City-towns; Culture and Education Consumption; Status Evaluation

V Reports on Rural Areas among Provinces

B. 18 Sichuan: Ranked the 1st in the 2016 −2017 Rural Status
Evaluation Runners-up　　　　　　　　　　　　　　*Li Xue* / 257

Abstract: In 2017, Sichuan ranked the 2nd in the increase of the total culture and education consumption in rural areas and the 2nd in the growth of per capita value. The Rankings of the status evaluation are as follows: In the lateral evaluation among various provinces, Sichuan ranked the 18th in the 2017 annual status evaluation leaders; In vertical evaluation itself, Sichuan ranked the 19th in the 1997 −2017 status evaluation runners-up, as well as 22nd, 8th, 17th and 1st during the periods of 1997 −2017, 2002 −2017, 2007 −2017 and 2012 −2017 respectively.

Keywords: Sichuan's Rural Areas; Culture and Education Consumption; Status Evaluation

B. 19 Guangxi: Ranked the 3rd in the 2007 −2017 Rural Status
Evaluation Runners-up　　　　　　　　　　*Shen Zongtao* / 267

Abstract: In 2017, Guangxi ranked the 6th in the increase of the total culture and education consumption in rural areas and the 8th in the growth of per capita value. The Rankings of the status evaluation are as follows: In the lateral evaluation among various provinces, Guangxi ranked the 8th in the 2017 annual status evaluation leaders; In vertical evaluation itself, Guangxi ranked the 21st in the 1997 −2017 status evaluation runners-up, as well as 12th, 3rd, 4th and 3rd during the periods of 1997 –2017, 2002 –2017, 2007 –2017 and 2012 –2017 respectively.

Keywords: Guangxi's Rural Areas; Culture and Education Consumption; Status Evaluation

B.20 Guangdong: Ranked the 6th in the 2007 –2017 Rural Status Evaluation Runners-up   *Zhang Ge / 277*

Abstract: In 2017, Guangdong ranked the 5th in the increase of the total culture and education consumption in rural areas and the 11th in the growth of per capita value. The Rankings of the status evaluation are as follows: In the lateral evaluation among various provinces, Guangdong ranked the 23rd in the 2017 annual status evaluation leaders; In vertical evaluation itself, Guangdong ranked the 29th in the 1997 –2017 status evaluation runners-up, as well as 23rd, 6th, 14th and 11th during the periods of 1997 –2017, 2002 –2017, 2007 –2017 and 2012 –2017 respectively.

Keywords: Guangdong's Rural Areas; Culture and Education Consumption; Status Evaluation

B.21 Shandong: Ranked the 6th in the 2016 –2017 Rural Status Evaluation Runners-up   *Ping Jinliang / 286*

Abstract: In 2017, Shandong ranked the 11th in the increase of the total culture and education consumption in rural areas and the 9th in the growth of per capita value. The Rankings of the status evaluation are as follows: In the lateral evaluation among various provinces, Shandong ranked the 22nd in the 2017 annual status evaluation leaders; In vertical evaluation itself, Shandong ranked the 22nd in the 1997 –2017 status evaluation runners-up, as well as 25th, 27th,

24th and 6th during the periods of 1997 −2017, 2002 −2017, 2007 −2017 and 2012 −2017 respectively.

Keywords: Shandong's Rural Areas; Culture and Education Consumption; Status Evaluation

B. 22 Hubei: Ranked the 7th in the 2016 −2017 Rural Status
       Evaluation Runners-up   *Dai Li* / 296

Abstract: In 2017, Hubei ranked the 3rd in the increase of the total culture and education consumption in rural areas and the 4th in the growth of per capita value. The Rankings of the status evaluation are as follows: In the lateral evaluation among various provinces, Hubei ranked the 9th in the 2017 annual status evaluation leaders; In vertical evaluation itself, Hubei ranked the 25th in the 1997 −2017 status evaluation runners-up, as well as 20th, 14th, 8th and 7th during the periods of 1997 −2017, 2002 −2017, 2007 −2017 and 2012 −2017 respectively.

Keywords: Hubei's Rural Areas; Culture and Education Consumption; Status Evaluation

B. 23 Tianjin: Ranked the 11th in the 2007 −2017 Rural Status
       Evaluation Runners-up   *Qin Ruijing* / 306

Abstract: In 2017, Tianjin ranked the 25th in the increase of the total culture and education consumption in rural areas and the 25th in the growth of per capita value. The Rankings of the status evaluation are as follows: In the lateral evaluation among various provinces, Tianjin ranked the 27th in the 2017 annual status evaluation leaders; In vertical evaluation itself, Tianjin ranked the 20th in the 1997 −2017 status evaluation runners-up, as well as 21st, 11th, 28th and

25th during the periods of 1997 -2017, 2002 -2017, 2007 -2017 and 2012 - 2017 respectively.

Keywords: Tianjin's Rural Areas; Culture and Education Consumption; Status Evaluation

权威报告·一手数据·特色资源

皮书数据库
ANNUAL REPORT(YEARBOOK) DATABASE

当代中国经济与社会发展高端智库平台

所获荣誉

- 2016年,入选"'十三五'国家重点电子出版物出版规划骨干工程"
- 2015年,荣获"搜索中国正能量 点赞2015""创新中国科技创新奖"
- 2013年,荣获"中国出版政府奖·网络出版物奖"提名奖
- 连续多年荣获中国数字出版博览会"数字出版·优秀品牌"奖

成为会员

通过网址www.pishu.com.cn访问皮书数据库网站或下载皮书数据库APP,进行手机号码验证或邮箱验证即可成为皮书数据库会员。

会员福利

- 已注册用户购书后可免费获赠100元皮书数据库充值卡。刮开充值卡涂层获取充值密码,登录并进入"会员中心"—"在线充值"—"充值卡充值",充值成功即可购买和查看数据库内容。
- 会员福利最终解释权归社会科学文献出版社所有。

数据库服务热线:400-008-6695
数据库服务QQ:2475522410
数据库服务邮箱:database@ssap.cn
图书销售热线:010-59367070/7028
图书服务QQ:1265056568
图书服务邮箱:duzhe@ssap.cn

卡号:396576659646
密码:

中国社会发展数据库（下设12个子库）

全面整合国内外中国社会发展研究成果，汇聚独家统计数据、深度分析报告，涉及社会、人口、政治、教育、法律等12个领域，为了解中国社会发展动态、跟踪社会核心热点、分析社会发展趋势提供一站式资源搜索和数据分析与挖掘服务。

中国经济发展数据库（下设12个子库）

基于"皮书系列"中涉及中国经济发展的研究资料构建，内容涵盖宏观经济、农业经济、工业经济、产业经济等12个重点经济领域，为实时掌控经济运行态势、把握经济发展规律、洞察经济形势、进行经济决策提供参考和依据。

中国行业发展数据库（下设17个子库）

以中国国民经济行业分类为依据，覆盖金融业、旅游、医疗卫生、交通运输、能源矿产等100多个行业，跟踪分析国民经济相关行业市场运行状况和政策导向，汇集行业发展前沿资讯，为投资、从业及各种经济决策提供理论基础和实践指导。

中国区域发展数据库（下设6个子库）

对中国特定区域内的经济、社会、文化等领域现状与发展情况进行深度分析和预测，研究层级至县及县以下行政区，涉及地区、区域经济体、城市、农村等不同维度。为地方经济社会宏观态势研究、发展经验研究、案例分析提供数据服务。

中国文化传媒数据库（下设18个子库）

汇聚文化传媒领域专家观点、热点资讯，梳理国内外中国文化发展相关学术研究成果、一手统计数据，涵盖文化产业、新闻传播、电影娱乐、文学艺术、群众文化等18个重点研究领域。为文化传媒研究提供相关数据、研究报告和综合分析服务。

世界经济与国际关系数据库（下设6个子库）

立足"皮书系列"世界经济、国际关系相关学术资源，整合世界经济、国际政治、世界文化与科技、全球性问题、国际组织与国际法、区域研究6大领域研究成果，为世界经济与国际关系研究提供全方位数据分析，为决策和形势研判提供参考。

法律声明

"皮书系列"(含蓝皮书、绿皮书、黄皮书)之品牌由社会科学文献出版社最早使用并持续至今,现已被中国图书市场所熟知。"皮书系列"的相关商标已在中华人民共和国国家工商行政管理总局商标局注册,如LOGO( )、皮书、Pishu、经济蓝皮书、社会蓝皮书等。"皮书系列"图书的注册商标专用权及封面设计、版式设计的著作权均为社会科学文献出版社所有。未经社会科学文献出版社书面授权许可,任何使用与"皮书系列"图书注册商标、封面设计、版式设计相同或者近似的文字、图形或其组合的行为均系侵权行为。

经作者授权,本书的专有出版权及信息网络传播权等为社会科学文献出版社享有。未经社会科学文献出版社书面授权许可,任何就本书内容的复制、发行或以数字形式进行网络传播的行为均系侵权行为。

社会科学文献出版社将通过法律途径追究上述侵权行为的法律责任,维护自身合法权益。

欢迎社会各界人士对侵犯社会科学文献出版社上述权利的侵权行为进行举报。电话:010-59367121,电子邮箱:fawubu@ssap.cn。

社会科学文献出版社